阮元

学海堂旧址

阮元用印

好花宜趁曉來看 趁向花前擁鏏盤
雲彩忽驚隨水動 雲浮草猶覺著
衣寒扶枝邀蝶笑 然画嘯葉砡蜂
每忘餐記名勝林春未到迴風飛雪
撲闌干　壬申穀雨京郊看花詩

瑾齋四兄雅政
　　　癸酉穀雨愚弟阮元書

阮元京郊看花詩軸

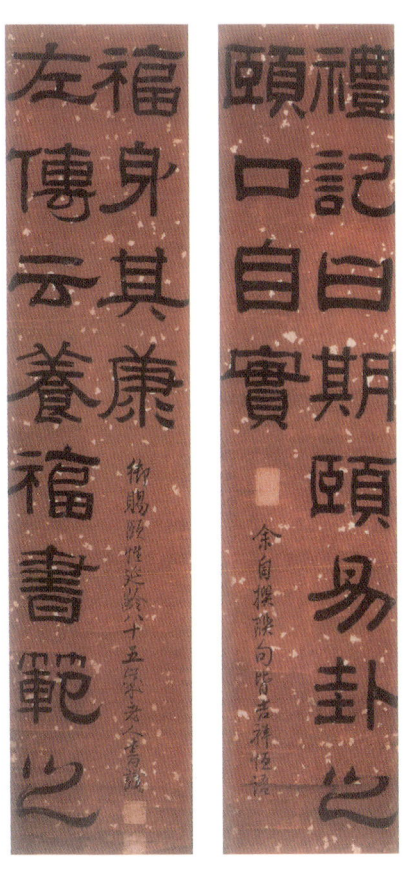

阮元隶书十二言联

朱子谓天即理也又云性即理也所谓虚灵不昧人欲净而天理自流行於是心正者也

芸臺

阮元行书轴

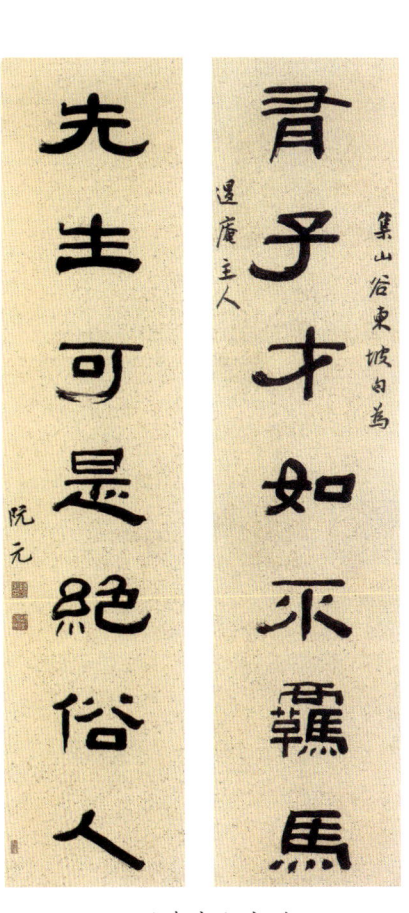

阮元隶书七言联

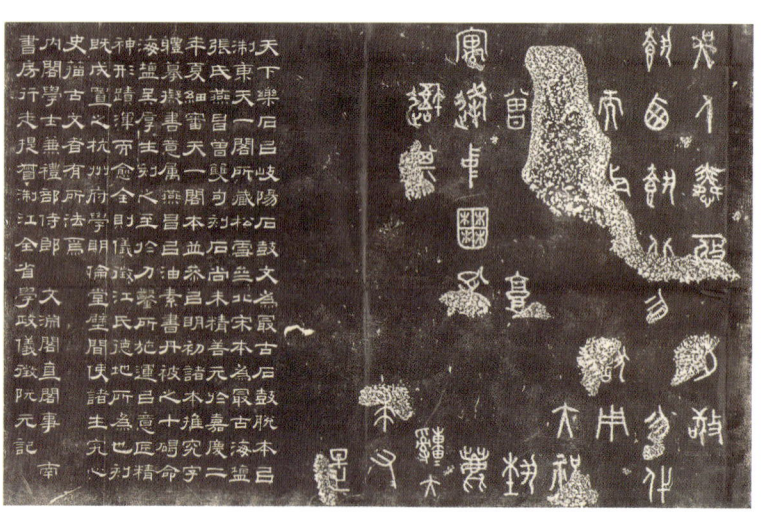

阮元《重抚天一阁北宋石鼓文并记》拓片

壹卷
YE BOOK

洞 见 人 和 时 代

论世衡史
- 丛书 -

阮元思想研究

李成良 著

四川人民出版社

新版序言

罗志田

李成良兄的《阮元思想研究》要再版了，这是一件很让人高兴的事。我和成良兄都是七七级的学生，那是大学毕业生包分配的年代，我们同在1982年被分配到四川师范学院（后改名四川师范大学）历史系工作，又被分配到同一栋筒子楼里居住。我们一起经历人生中有了正式工作（当时叫做"参加革命"）的初始阶段，留下难以忘怀的记忆。

记得成良兄考入大学前是高三毕业，而我仅读了不到一年的初中，年龄相差不少。但即便是我，大学毕业也已接近30岁。此前不论是当知青还是读大学，都还靠父母供养，实在惭愧！因急于自己养活自己，故明知考研究生更有利于学术成长，仍不能不放弃。而成良兄比我还大五岁，作为要养家糊口的人，当会更加珍惜这来之不易的工作机会吧。那年同时分配来的几位与我年相若，于是成良兄自然成为我们的大哥。用今日的话说，成良兄是一位情商很高的人，天生就有大人物的味道。所以不仅在年龄上，在为人处事方面，他均以其风范"扮演"我们的兄长角色。

当年我似乎是带着川大历史系某种形式的"组织意见"进入

川师的，后来一位老先生告诉我，川师历史系还专门召开全系教师会，传达川大的"意见"，说此人读书很好，本拟留校，但有某些缺点，希望大家以后多"帮助"他。身为党员的成良兄就是组织上安排来具体"帮助"我的人（后来他告诉我了），或因此我们的接触比别人略多，逐渐从相逢到相知，生活中的事也彼此分享。我还记得他有一个外甥，念书特别好，他很骄傲地介绍给我认识。

那时川师很重视青年教师（其实依传统认知多已进入中年）的培养，常送我们出去进修。我曾进入成都科技大学的英语培训班读了一学期，后又到北大历史学系跟罗荣渠、林被甸两位老师学拉丁美洲史一学期，[1]虽散而无序，但皆对我的成长有实际的帮助。成良兄更成熟，采取了一种循序渐进的"计划"进修。他先往华中师范大学历史文献研究所研究生班随张舜徽老师学习两年，后又到北京师范大学跟瞿林东老师学习一年；在华中师大初步确定研究阮元的计划，又在北师大落实了这一题目，终修成正果。

成良兄从1988年起进入管理序列，先后任四川省高校师资培训中心办公室主任、专职副主任等。那是省教育厅安放在川师的全省培训机构，半独立于学校，还有自己的饭厅、宾馆，记得他就曾在那里招待我吃饭。其间成良兄还兼任川师的人事处长，后又出任川师党委副书记，前途似锦。

我和成良兄差不多同时写出了自己的第一本书，算是"进入"了学术界。两书都是写人物，都由四川人民出版社出版。我在1995

---

[1] 我的正式指导老师是林被甸师，但因那时川师历史系的总支书记唐仕润老师曾在罗荣渠师名下进修，特函先容，而罗师亦是我们四川乡前辈，所以对我特别关照，常予指导。

年仓促赶出《再造文明之梦——胡适传》,①他在1997年写出《阮元思想研究》。那是第一本现代意义的阮元研究,用瞿林东教授的话说,就是"阮元研究终于有了第一部专著"。以"青年教师"而成为重要选题的开拓者,成良兄的学术前景本应非常光明,不幸于2004年8月因病遽归道山,能不令人唏嘘!

当初听说成良兄要研究阮元,坦白说是既感佩服也有些吃惊。因为阮元历乾隆、嘉庆、道光三朝,早达而高寿,久为重臣,是清代少数勋业和学术两皆达到顶峰的人。龚自珍在阮元60岁时为其年谱作序,说"古之不朽有三,而公实兼之",亦即兼立德、立功、立言于一身。然后历数其学问、勋绩:学问包括训诂之学、校勘之学、目录之学、典章制度之学、史学、金石之学、九数之学、文章之学、性道之学和掌故之学,共十种;勋绩则有察吏、抚字、训迪、武事、制赋和治漕,凡六类。②就像一个百科全书式的学者而四处剸繁治剧,其把握之不易,又岂是一个"难"字可了。此前没人写,亦良有以也。

作为一个初出茅庐的"青年教师",要写这样的重量级人物,真是谈何容易!尤其清代学术以考据著称,处处直指先秦两汉;到清中叶后又出现激烈的"汉宋之争",不能不兼及宋明理学。而阮元所长在经学,那对老成宿儒也是一个无底洞。稍有疏失而见訾于人,就很可能被人"一掴一掌血"。而成良兄拈出"思想研究"定

---

① 写那本书是临时受命于隗瀛涛老师,从拿到题目到交稿也就半年时间,的确非常仓促。参见《再造文明之梦:胡适传·新序》(修订本),社科文献出版社,2015。

② 龚自珍:《阮尚书年谱第一序》(1823),樊克政编《中国近代思想家文库·龚自珍卷》,中国人民大学出版社,2015,第129—132页。

为题目,以"实事求是"和"明体达用"两点联结阮元的学问与政事,既兼顾方方面面,也可收可放,特别能体现他的眼光和情商。阮元本人也是一位情商很高的人,所以能学政两栖而均达高峰。窃以为"情商"二字,是理解成良兄大著的一把钥匙。[1]或需"好学深思",然后能"心知其意"。[2]

《阮元思想研究》开篇先述传主"生活的时代",现在这种欲知人先论世的取向也许已是写人物的选项之一,但在当年实不多见。[3]这与成良兄熟读马克思、恩格斯的著作而深有领悟密切关联。他在书的开始部分即引了恩格斯所说"主要人物是一定阶级和倾向的代表,因而也是他们时代的一定思想的代表,他们的动机不是从琐碎的个人欲望中,而正是从他们所处的历史潮流中得来的";以及马克思所说"人的本质并不是单个人所固有的抽象物。在其现实性上,它是一切社会关系的总和"。在此基础上,成良兄提出对阮元的研究也应该放在"总的历史环境中来考察"(李成良:《阮元思想研究》,四川人民出版社,1997,第9页,下文中征引是书,皆为旧版页码),探讨其何以能在"一个特殊历史时期得以善终"(第2页),并获得政学"双赢"的难能成就。

书中有长达50多页的《阮元学术交游考略》,择其要者胪举知

---

[1] 当然,就具体内容言,本书的论述核心应是成良兄反复提到的"明体达用"(出现三十多次)和"实事求是"(出现七八十次)两大特点,特别是后者。

[2] "好学深思,心知其意"语出《史记·五帝本纪》,别有意蕴,此借用而已。

[3] 记得我的《胡适传》也以重建胡适生活的语境为开端,出版社编辑看了就认为人物传记没有这样写的,也不应这样写。如果不是因为那是丛书中的一本,必须配合整体进度,据说当时是打算退稿的。

交55人。这样一个学术交流和思想碰撞的广泛网络，使阮元能够兼收并蓄，为他在学术甚或政治上的成功提供了坚实基础。虽列为"附录"，对于全面认识阮元及其学术，其价值不在正文之下。且成良兄不仅论世知人，进而据此知人论世，以为这交游考不仅对了解阮元大有助益，还"可以从一个大的横断面进行剖析，更深入地研究这个时期的历史"（311页）。此见甚高。如焦循和阮元是年纪相若的至交，而且是亲戚。阮元不仅赞誉焦循为一代"通儒"，更一再赞扬焦循"不入城市"，强调他"弱冠与元齐名，自元服官后，君学乃精深博大，远迈于元"。①所谓"不入城市"，是昔年称许那些无意入仕者或未能入仕者的常用语。自己长期"入城"的阮元如此表彰，不仅体现出个人的别样情怀，也让我们更深入地了解那个时代。

成良兄以青年而敢担重任，与他受学于张舜徽直接相关。张先生从一开始就肯定了成良兄研究阮元的计划，并赐赠自己"多年保存的资料"以为鼓励，惜未见此书出版，已归道山。在清代学术史上，张先生特别看重"扬州学派"，一生揄扬不息，而阮元正是其中要角。阮元在"扬州学派"中的地位，既涉及清代学术的发展转变，更牵涉到阮元在清代学风转变中的地位，不可不略加探索。

清代学术思想史上的阮元

张舜徽一生看重也乐道"扬州学派"。据他自述，曾在1946

---

① 阮元：《通儒扬州焦君传》，《揅经室集》上册，邓经元点校，中华书局，1993，第476、481页。

年任教兰州大学时开了一门"中国近三百年学术史"的课。那是梁启超和钱穆都开过的名课,出版的讲义也已成经典。舜徽先生自学成才,时不过三十多岁,或需展现独到的见解。他将"重点放在扬州学派,竭力表扬"。以为清代学术,"吴学最专,徽学最精,扬州之学最通。无吴、皖之专精,则清学不能盛;无扬州之通学,则清学不能大"。且"为专精之学易,为通学则难",故吴学"其失也固",皖学"其失也偏",只有"由专精汇为通学"的扬州之学"中正无弊"。①

平心而论,这样的"竭力表扬"或稍有些过。盖此前"扬州学派"并无多少人提及,更不用说共识,却突然成了清代学术的顶峰,是需要有所论证的。不过其中也有两点颇具提示性的新见,一是以"通"言学,虽暗示着其实没什么特色,但既然已"通",自不能不有些义理方面的进展;二是所谓乾嘉之学不像一般所说的逐渐由盛而衰,反呈后来居上之势。若乾嘉汉学确有这样的发展,则阮元在清代学术中的地位,也就需要厘清了。

成良兄秉承师说,在书中引了张先生上面的论述,并将阮元列入扬州学派。但全书并未局限于扬州学派,亦可见其情商。且与张先生述扬州学派从王懋竑、王念孙说起不同,书中径以阮元为"扬州学派的开派人物"(40页)。此意或承支伟成之创意,先是支伟成在其《清代朴学大师列传》中提出,"凌廷堪以歙人居扬州,与焦循友善;阮元问教于焦、凌,遂别创扬州学派"。②这一"开

---

① 张舜徽:《清儒学记·扬州学记》,华中师范大学出版社,2005,第255页。
② 支伟成:《清代朴学大师列传》(1925),岳麓书社,1998,第76页。按:支伟成虽有此说,亦仅点到为止。其全书列各学派甚广,然未及扬州学派。引文所言,是在叙述皖派汉学时偶然述及,也仅见此一说。

派"的说法视野开阔,多少缩短了扬州学派的时段,更有了新的定义,即不仅看地域,而且重学风。

众皆认可的吴派和皖派,皆有惠栋和戴震这样单一的标志性人物。扬州学派则不同,呈现出一种集众的态势,仿佛天才成群地来。[1]阮元自己提倡"通儒之学",而以"通儒"称汪中、[2]称焦循。[3]如汪中说,这些人"并才力所诣,各成其学。虽有讲习,不相依附"。[4]但因"同在一个地区,彼此影响,自然形成一种学术风尚"。[5]阮元年轻时与焦循以及居扬州的皖人凌廷堪相聚一地,互通声气,原本各自成学的一群"天才"无意之中形成某种能"汇通前圣微言大义而涉其藩篱"的通儒学风。[6]

扬州学派之"通"与阮元本人的心胸颇有关联。王汎森兄即注意到,江藩的《国朝汉学师承记》和方东树的《汉学商兑》在观点上相当对立,而这"针锋相对的两本书都由阮元所刊行,这或许象征着阮元后来逐渐显露出的一种同时包容汉宋之学的趋向"。[7]阮元本人的见解当然接近汉学,但他不仅接纳言之有据的尖锐批

---

[1] 参见王汎森《天才为何总是成群地来》,收入其《天才为何成群地来》,社会科学文献出版社,2019,第88—91页。该文讨论的就是学术环境的重要性。
[2] 阮元:《〈传经图〉记》,《国粹学报》第1年第3号,1905年4月,撰录页1a。
[3] 阮元:《通儒扬州焦君传》,《揅经室集》上册,第475—481页。
[4] 汪中:《大清故候选知县李君之铭》,《述学》,戴庆钰、涂小马校点,辽宁教育出版社,2000,第66页。
[5] 张舜徽:《清儒学记·自序》,第2页(序页)。
[6] 阮元:《〈传经图〉记》,《国粹学报》第1年第3号,1905年4月,撰录页1a。
[7] 王汎森:《方东树与汉学的衰退》,收入其《中国近代思想与学术的系谱》,台北:联经出版公司,2003,第11页。

评,且用心刊刻以使其传世。成良兄进而指出,阮元不仅对宋学持包容态度,"在对古今诸家之学上,亦主张不立门户,广采博取"(124页)。这种对一切之学都"不立门户"的通达学术气度,略近于后世蔡元培所提倡的"兼容并包",在学风的转变中呈现出某种"集大成"的意味,开启了稍后道咸新学开放的样态。

以汉学著称的清代学术出现这样的转变,过去的注意是不够的。如余师英时所说,以前很多人都认为"清代两百余年的儒学传统只有学术史上的意义,而几乎在思想史上占不到一席之地"。其实若"通观考证学从清初到中叶的发展",可以看到"其整个过程显然表现出一个确定的思想史的方向",确有"思想史上的内在理路可寻"。故清儒虽有排斥宋儒"义理"的倾向,"却在不知不觉之中受到儒学内部一种新的义理要求的支配"。[①]阮元那一辈志同道合的学人之所以走上"汇通前圣微言大义"之路,正是这一思想史方向的表征。

胡适先已指出,在戴震同时或以后的几十年中,"反对戴学的人固然不少,但戴学的影响却渐渐发展,使清朝中叶的学术史起一种重大的变化"。具体表现在"这时期的经学家渐渐倾向于哲学化了。凌廷堪、焦循、阮元很可以代表这个倾向"。可以说"从戴震到阮元是清朝思想史上的一个新时期;这个时期,我们可以叫做'新理学时期'"。[②]

值得注意的是,胡适特别说明,凌廷堪、焦循、阮元的学说

[①] 余英时:《论戴震与章学诚:清代中期学术思想史研究》自序,生活·读书·新知三联书店,2012,第2—3页(序页)。

[②] 本段与下段,胡适:《戴东原的哲学》(1925),《胡适全集》第6卷,安徽教育出版社,2003,第458、472页。

并"不算是戴学的真传,然而他们都想在经学上建立他们的哲学思想,这一点不能不说是戴学的影响"。具体言,他们"都是能实行致知穷理的,又都是能敬重戴学的"。然而他们并"不知道戴震的大功在于提倡一种新的理学来代替那矛盾的,不彻底的旧理学。他们不能继续这个新理学的运动,只能徘徊于新经学与新理学之间"。所以他的结论是,戴震的"哲学只落得及身而绝,不曾有继续发达的机会"。若换一种说法,则阮元等人是有继承也有突破。

在"哲学"刚传入中国之时,王国维就从戴震和阮元的学术中看到了"哲学"。他认为清代汉学中之"巨子,亦悟其说之庞杂破碎,无当于学。遂出汉学固有之范围外,而取宋学之途径。于是孟子以来所提出之人性论,复为争论之问题。其中之最有价值者,如戴东原之《原善》《孟子字义疏证》,阮文达之《性命古训》等,皆由三代秦汉之说,以建设其心理学及伦理学"。换言之,汉学家"以其考证之眼转而攻究古代之性命道德之说",于是"一方复活先秦之古学,一方又加以新解释,此我国最近哲学上唯一有兴味之事"。①

后来傅斯年也指出,阮元的《性命古训》和《论语论仁》《孟子论仁》等篇及其"论性、命、仁、智诸文",皆"为儒家道德论探其原始之见解"。尤其《性命古训》一书"实为戴震《原善》《孟子字义疏证》两书之后劲,足以表显清代所谓汉学家反宋明理学之立场"。②正如胡适所说,"戴震的哲学,从历史上看来,

---

① 王国维:《国朝汉学派戴阮二家之哲学说》(1904),谢维扬、房鑫亮主编《王国维全集》第1卷,浙江教育出版社,2009,第96、104页。
② 傅斯年:《〈性命古训〉辨证》(1936),《傅斯年全集》第2册,台北:联经出版公司,1980,第165页。

可说是宋明理学的根本革命,也可以说是新理学的建设——哲学的中兴"。所以"阮元虽然自居于新式的经学家,其实他是一个哲学家。他很像戴震,表面上精密的方法遮不住骨子里的哲学主张"。①

侯外庐对此并不同意,明言"阮元不是一个哲学家,而是一个史料辨析者"。尽管他"在客观上追求过历史的义训",但这只是"史料判别的贡献"。胡适的错误在于,"哲学家起码要有自己的体系。我们读遍阮元的《揅经室集》,除了接受戴震的一些思想外,丝毫找不出他自己的哲学思想,像焦循的均衡论那样的体系在他也是没有的。他整理古史的方法,绝不能代替哲学"。②

不过侯先生也指出,阮元"在《揅经室集》自序结尾自己标榜说:'余之说经,推明古训,实事求是而已,非敢立异也。'然而汉学家有他的世界观,有他的理想,所谓'推明古训',并不一定就能够'实事求是'。"③此虽出以批判口吻,亦有所见。世界观和理想即使不是严格意义的"哲学",多少也接近哲学。一位作者因受自己世界观及其理想的影响,虽欲实事求是,但在史料辨析方面的表述必有心中所蓄的言外之意,亦即他说出的不仅是实事之"是",也是自己的"哲学"。

其实哲学是一个近代传入的新名词,昔人之言是否在说"哲学",本是后人据后见之明的一种诠释,难有定论,或也不必有定论。胡适自己就说,"经学与哲学的疆界不分明,这是中国思想史

---

① 胡适:《戴东原的哲学》(1925),《胡适全集》第6卷,第396、439页。
② 侯外庐:《中国思想通史》第5卷,张岂之主编《侯外庐著作与思想研究》第18卷,长春出版社,2016,第550页。
③ 侯外庐:《中国思想通史》第5卷,第555页。

上的一大毛病"。经学家"名为解经,实是各人说他自己的哲学见解",不过"挂上说经的大帽子而已"。他认为"戴震的门下,传经学的有人,传音韵学的有人,传古制度学的有人;只是传他的哲学的,竟没有人"。却又说"阮元的《揅经室集》里颇有不少的哲学文章",他是"用戴学治经的方法来治哲学的问题"。①可知以后出的名相说前人实不容易,连胡适自己也有些游移。

无论如何,在乾隆后期以迄道光,清代学术出现了具有"义理要求"的明显转变,而阮元是其中不能不提之人。胡适明言,从阮元的《揅经室集》里的哲学文章可以看出,"他不但能继续戴学的训诂名物的方面,并且能在哲学方面有所发挥,有所贡献,成绩在凌廷堪与焦循之上"。②进一步的问题是,这转变是由戴震开始而阮元继之,还是到阮元时又有进一步的转变,而阮元就是这转变的表征。换言之,阮元是某种学风的最后殿军还是另一种学风的开先之人,或是两种学风的过渡者,各说不一,需要有所辨析。

胡适说"阮元是清代朴学的大护法",又一再说他是"戴学的一个最有力的护法",是"戴学的一个大护法"。③他主要视阮元为清代朴学的维护者和戴震学说的延续人。钱穆称阮元为"清代经学名臣最后一重镇",④虽有些特别的界定,"最后"的意思还是明显的。张舜徽同样说阮元是"乾嘉学者最后一重镇",不过是从

---

① 胡适:《戴东原的哲学》(1925),《胡适全集》第6卷,第439、397、436页。
② 胡适:《戴东原的哲学》(1925),《胡适全集》第6卷,第436页。
③ 胡适:《戴东原的哲学》(1925),《胡适全集》第6卷,第459、435、443页。
④ 钱穆:《中国近三百年学术史》下册,(台湾)商务印书馆,1964,第478页。

学术上的总成就来说的。①侯外庐也认为阮元"是一个戴学的继承者",但强调他"是一个在最后倡导汉学学风的人"。具体"在汇刻编纂上结束乾嘉汉学的成绩",而整体上"扮演了总结18世纪汉学思潮的角色"。②因为加上了"总结","最后"就显得更加名副其实了。

另一方面,钱穆已指出,"阮伯元、焦里堂、凌次仲,皆途穷将变之候"。③此说虽悲观而不积极,却指出了他们在将要终结之时还有转向的一面。成良兄对前人各说有继承也有发展,以为阮元是"17、18世纪汉学总结者"(39页),他"作为乾嘉学术的殿军,对昌明汉学起了总结作用"(107页)。同时又视阮元为"扬州学派的开派人物",强调他不仅"对清代乾嘉学术做了大量总结性的工作",更是"新思想的酝酿者"(50页)。这同样展示了转向的意味,而更积极主动。

如前所述,在乾隆后期以迄道光,清代学术确实出现了某种转向。故我自己倾向于成良兄的见解,即阮元可以说是两种学风之间的过渡人,他不仅是一种学术风气的护法或殿军,也是另一种学术风气的开先者。阮元的学术开新主要表现在两方面,一是利用官身推动学术,所到之处,或编书或办学,皆成名山之业——编书即成名书,办学即成名校;二是他自己的学问,亦即今人所说的研究,不仅在方法上有突破,也留下不少示范性的作品。

---

① 张舜徽:《清代扬州学记》,《清代扬州学记·顾亭林学记》,华中师范大学出版社,2005,第141页。
② 侯外庐:《中国思想通史》第5卷,第549—550页。
③ 钱穆:《中国近三百年学术史·自序》上册,第2页(序页)。

阮元的学术开新

前面说过,阮元是一个情商很高的人,所以能学政两不耽误。他一生爱好学问,也能做大学问,因自己任官而无暇专注时,所至皆利用其身份和识见,做推动学术之大事。如胡适所说,阮元"在浙江设诂经精舍、在广州设学海堂,汇刻清代经师的经解,造成了一种伟大的学风",使这个时期成为"清学最时髦的时期"。[①]钱穆进而具体点出阮元"所至提倡后学,主持风气,不遗余力。督学浙江,修《经籍籑诂》。及抚浙,立诂经精舍。任国史馆总纂,创立《儒林传》。抚江西,刻《十三经注疏》。总督两广,立学海堂,编刻《皇清经解》"。[②]这些事能做成一两项已是了不起的大成就,何况成于一人之手,真非同寻常。正如成良兄所指出的,"阮元的一个重要成就,即倡导学风"(23页)。

用今日媒体的话说,利用地方长官身份的物质和非物质资源办著名书院,是阮元文化事业的一大"亮点"。他所立的诂经精舍和学海堂,在书院史上具有划时代的意义。因为从"朱子重建白鹿洞书院,明定学规"后直到清初的几百年,书院的模式大致如此。而乾隆朝"朴学之风气已成,方才有一种新式的书院起来"。阮元所创的诂经精舍和学海堂,就是"这种新式书院的代表"。[③]

[①] 胡适:《戴东原的哲学》(1925),《胡适全集》第6卷,第458页。
[②] 钱穆:《中国近三百年学术史》下册,第478页。
[③] 《胡适日记全集》第5册,1928年4月9日,曹伯言整理,台北:联经出版公司,2004,第38页。

阮元在这两个书院中"延名流以课士子",故"得士极盛","一时学者多出于其中","其影响于当时学风至巨"。①形成一个好的读书风气,亦即孔子所说的"修文德"(《论语·季氏》)。蒙文通先生曾概括朱熹等礼下庶人的宗旨,即"养以厚民生,教以齐民德"。②文德自带感召力,③而文风的好坏影响到民德的升降。④如果说浙江本是所谓人文荟萃之地,广东那时的文风恐怕还相对"落后",广西更是近于野而不文的边远地区。而在阮元任总督期间,两广地区一度科名鼎盛,接连中状元、探花共六人。科举可以带动文风,也反映文风的优劣。成良兄据此指出,阮元"通过科举,加强了对边疆的控制"(32页),可谓别具只眼。

办学只是阮元"提倡文化"的一方面,而他"先后提倡刻书,尤于文化有莫大裨益"。⑤他的弟弟阮亨说他"早岁能文章,尤研经义"。但后来"督学管部,领封疆,无暇潜研"。故"沉精覃思,独发古谊之作甚少",因不能专力,"入官以后,编纂之书较多"。他在浙江编成《经籍纂诂》,在江西刻《十三经注疏》,在

---

① 萧一山:《清代通史》第2册,华东师范大学出版社,2005,第544页;支伟成:《清代朴学大师列传》,第342页;胡适:《戴东原的哲学》(1925),《胡适全集》第6卷,第435页。
② 蒙文通:《宋明之社会设计》,《儒学五论》,广西师范大学出版社,2007,第131—148页。
③ 前些年余师英时等所编中国文化史研究一书,便以"The Power of Culture"译"文德"。参见Willard J. Peterson, Andrew H. Plaks and Yu Ying—shih, ed., *The Power of Culture: Studies in Chinese Cultural History*, Hong Kong: The Chinese University of Hong Kong Press, 1994.
④ 傅斯年指出,"群众对于学术无爱好心,其结果不特学术销沉而已,堕落民德为尤巨"。傅斯年:《〈新潮〉发刊旨趣书》,《新潮》1卷1号,1919年1月,上海书店1986年影印本,第1页。
⑤ 萧一山:《清代通史》第2册,第544页。

广东刻《皇清经解》等，以及编纂《畴人传》《金石志》等开学术风气之书，"皆自起凡例，择友人弟子分任之，而亲加朱墨"改定（《瀛舟笔谈》）。成良兄对阮亨的话略有异议，以为未充分表出其意义，强调这些书"都是清代学术史上的重大事件。虽是编纂之书，可以说是这些学术研究领域的界碑"（43页）。

换言之，这些努力远不止侯外庐所说"在汇刻编纂上结束乾嘉汉学的成绩"那么消极，而是对当时和后来的学术发展起了很大的推动和引导作用。胡适早已指出，阮元的"特别长处，在于能收罗一时大师，请他们合作，编辑重大的书籍"。[①]这是强调他的组织能力，成良兄也注意到阮元善于"集中集体的智慧，完成一般学者个体很难完成的大型文献整理项目"（266页）。

而阮元能收罗一时大师请其合作，当然因其"名位、著述，足以弁冕群材，领袖一世"；[②]也要靠他在"发凡起例"方面的创见（265页）和自己的积极参与。如《十三经注疏校勘记》，便"多出段懋堂、洪震煊、徐养原诸人手"，[③]而阮氏总其成。按段玉裁不仅是大名家，年辈亦高，最能代表"一时大师"。他就说阮元"其学赡，其识精"，在编纂中"以官事之暇，乙夜燃烛，定其是非"。[④]该书不仅成为治经学者必备之书，且有些类似司马光的《通鉴考异》，是方法论的重要著作。张之洞说《十三经注疏》"凡有关校勘

---

① 胡适：《戴东原的哲学》（1925），《胡适全集》第6卷，第436页。
② 钱穆：《中国近三百年学术史》下册，第478页。
③ 钱穆：《中国近三百年学术史》下册，第478页。
④ 段玉裁：《〈十三经注疏释文校勘记〉序》，赵航、薛正与整理《经韵楼集》，凤凰出版社，2010，第2页。

处旁有一圈,依圈检之,精妙全在于此",①最是解人。

成良兄进而指出,在编书过程中,在阮元的"指导下,不仅出了一批著作,而且带出了一批人才,影响到若干代之后"(39页)。阮元办诂经精舍和学海堂培养了众多人才,这是有目共睹的。但从大型的书刊编纂看到"带出了一批人才",则其开拓意义,更不限于作品本身了。或因成良兄自己那时也从事学术的"管理",故能心有灵犀,触处机来,而生此难得的领会。他并从另一个角度指出,由于阮元"硕学高寿,又愿意和年轻人接触,且时常能学些新的东西,故又具有转型期学者的特点"(188页)。

在阮元主持编撰的书中,《畴人传》是一套比较特别的书。它与当年的经学主流有一定距离,却也不无关联,反映出时代学风的某种转变。阮元年轻时作《〈考工记〉车制图解》,被认为是"与戴学的大师王念孙、任大椿等人做朋友"相关,而其作品则"有江永、戴震诸人所未发的精义"。②换言之,从江永、戴震到王念孙、任大椿等人,相关的题目已成为这些重要学人的关注对象。而阮元的好友焦循、李锐、凌廷堪被时人称为"谈天三友",③可知阮元周围有相当一些人重视天文步算,已形成一种学术氛围(295—297页)。编撰《畴人传》,正是这种学术环境的产物。

从后来的眼光看,这属于科技史,是"中国史学史上一项开拓性的工作"(194页);而对当时人言,则可能反映清代"新理学时期"学风的进一步转变。如阮元所说,"术数之妙,穷幽极微,

---

① 张之洞:《书目答问》,苑书义等编《张之洞全集》第12册,河北人民出版社,1998,第9825页。
② 胡适:《戴东原的哲学》(1925),《胡适全集》第6卷,第435页。
③ 一说为凌廷堪、李锐和汪莱,又说为焦循、汪莱和李锐,各有出处。

足以纲纪群伦,经纬天地,乃儒流实事求是之学",是"有志乎通天地人者"应读之书。①这反映出一种将考据推广到六艺中已渐处边缘的术数之学的倾向,而这一"实事求是"的新方向又是"穷幽极微"的"通天地人"之学,与宋学重视的"性与天道"十分接近。换言之,恰在汉学家开始重义理的时候,却出现一种从"形而上"转趋"形而下"的另类(alternative)趋向。将此书放在清代"新理学时期"寻求义理的脉络中,探索其间的互动与紧张,则此时清代学术的异动,实不可小觑。

阮元主持编纂的《山左金石志》《两浙金石志》和《积古斋钟鼎款识》等,继承了宋人注意钟鼎彝器款识的传统,也是开学术风气之书。此前已有人注重实物史料,如戴震的学生程瑶田,而阮元自己也多有这方面的研究,但将材料集中起来并加以提倡,则推动作用又大不同。阮元曾以程瑶田的研究为例,指出程氏说经虽多"与郑注相违,而证之于古器之仅存者,无有不合",视之为"不刊之论"。②

侯外庐注意到阮元能"根据周金的新工具,就以为违背汉儒的注疏也合乎真理",但仅承认其"有极小的实事求是的价值"。③然而阮元明确提出了"器者所以藏礼"的主张,以为古器铭文,"其重与'九经'同之"。④张舜徽就认为"这是前人没有说过的",⑤显有开拓之功。成良兄并注意到阮元在督学山东时,在积

---

① 阮元:《〈畴人传〉序》,《畴人传(附畴人传续编)》上册,彭卫国点校,广陵书社,2021,第2页(序、凡例页)。此承清华大学历史系李欣然老师提示,谨此致谢!
② 阮元:《焦里堂循〈群经宫室图〉序》,《揅经室集》上册,第140页。
③ 侯外庐:《中国思想通史》第5卷,第554页。
④ 阮元:《商周铜器说上》,《揅经室集》下册,第632页。
⑤ 张舜徽:《清儒学记》,第304页。

砂中发现金代重刻唐代史承节所撰的郑玄碑文。以此校勘范晔的《后汉书·郑玄传》，发现二者之间的异同，解决了几个重要的问题。又曾对北宋名将狄青夜袭昆仑关一事有所疑，遂亲至其地进行田野调查，并利用几方碑刻纠正了历史记载的错误，而得出"碑胜于史"的结论。[①]龚自珍已说阮氏注重"以目验获"的特点，成良兄注意及此，认为后来经王国维提倡而著称的"二重证据法"，阮元已实践在先（186、190—192页）。

而阮元影响时人和后人的"发凡起例"，又不仅在编书，更在其治学的基本方法。他最强调"实事求是"，并曾明言："稽古之学，必确得古人之义例，执其正，穷其变，而后其说之也不诬。"[②]这"执其正"和"穷其变"，或就是他"实事求是"的基本方法。其前提则如成良兄所言，"只有深刻理解了'古人之义例'，才能'执其正，穷其变'"（265页）。换言之，阮元的方法先秉持一种"温故知新"的取向，又在知古人义例的基础上，进而从昔人言说的演变中探索文字、事物那发展中的本义。

王国维已指出，阮元"以宋儒之说还宋儒，以三代之说还三代，而使吾人得明认三代与唐宋以后之说之所以异，其功固不可没也"。[③]这样一种"以什么还什么"的思路，后来成为新文化运动时整理国故的基本取向。但这一"还"字却不限于"执其正"，还要进而"穷其变"。两者的结合，有重要的方法论意义。

---

① 阮元：《由宾州至邕州过昆仑关观狄武襄进兵处》，《揅经室集》下册，第961页。
② 阮元：《〈汉读考·周礼〉六卷序》，《揅经室集》上册，第241页。
③ 王国维：《国朝汉学派戴阮二家之哲学说》（1904），《王国维全集》第1卷，第103页。

如阮元曾"集合许多学者,合力做成一部空前的《经籍纂诂》"。这样一种"'索引'式的整理"典范,到民初整理国故时期便被胡适视为当时"国学的系统的整理的第一步"。胡适并注意到,在钱大昕为《经籍纂诂》所作的序中,已说到该书"即字而审其义,依韵而类其字,有本训,有转训,次叙布列,若网在纲"。①这就体现出阮元在继承清儒重《说文》这一传统的基础上"把一切古训诂都搜集排列,看作有同等的参考作用",体现出"他的比较方法与历史眼光"。盖阮元"深知文字是跟着时代变迁的,只有归纳比较的方法可以使我们知道文字的古义与原来的价值"。他的《诗书古训》和《经籍纂诂》,都是据此"用归纳比较的方法来寻出文字训诂的变迁"。②

胡适进一步申论说,阮元"论性,论仁,都只是要把一个时代的思想归还给那一个时代"。而他的方法就是"从诂训名物入手,而比较归纳,指出古今文字的意义的变迁沿革,剥去后人涂饰上去的意义,回到古代朴实的意义"。如阮元释"仁"为"相人偶","犹言尔我亲爱之辞",就是"用历史眼光与归纳方法",把"这样一个抽象的观念剥皮剥到那样朴素的本义",从而显现出此说"前人都不曾懂得"的"哲学意义"。故阮元的贡献不仅在于他的结论,更重要的"还在他的方法"。阮元"用举例的方法,搜罗论性的话,略依时代的先后,排列比较,使我们容易看出字义的变迁沿革"。他指出"古今'性'字的意义不同",就使我们"明白哲

---

① 胡适:《〈国学季刊〉发刊宣言》(1922年11月),《胡适全集》第2卷,第10—11页。
② 本段与下段,胡适:《戴东原的哲学》(1925),《胡适全集》第6卷,第436—437、450—455、465页。

学观念是常常随着时代变迁的"。

熟读《性命古训》的傅斯年因而特别看重"求其古"的历史眼光,以区别于过去宋儒和清儒"皆以古儒家义为一固定不移之物、不知分解其变动"的"求其是"旧观。盖"所谓'是'者,相对之词非绝对之词,一时之准非永久之准"也。在这方面,戴震等清儒尚不如"差能用历史方法"的朱子。本来历代"思想家陈义多方,若丝之纷",若"求其是"则容易"师心自用";必以"求其古"的眼光,"明证其环境、罗列其因革,则有条不紊者见",而后可以明其在思想史上之地位。①在某种程度上,"求其是"和"求其古",大体就是"执其正"和"穷其变"的转语。前人各执一端,而阮元则兼而有之。

傅先生以为,阮元所作《论语论仁》《孟子论仁》诸篇,特别是《性命古训》一书,既"为儒家道德论探其原始之见解",又"最能表见彼治此问题之方法"。此书"实为戴震《原善》《孟子字义疏证》两书之后劲",但"戴氏之书犹未脱乎一家之言",而"至《性命古训》一书而方法丕变"——"阮氏聚积《诗》《书》《论语》《孟子》中之论性、命字,以训诂学的方法定其字义,而后就其字义疏为理论"。其"结论固多不能成立,然其方法则足为后人治思想史者所仪型"。这方法就是"以语言学的观点解决思想史中之问题"。

前面说到胡适把"从戴震到阮元"视为清朝思想史上的"新理学时期",并提示凌廷堪、焦循、阮元等人是有继承也有突破。而

---

① 本段与下段,傅斯年:《〈性命古训〉辨证》(1936),《傅斯年全集》第2册,第169—170、165—166页。按一般认为皖派"求其是",吴派"求其古",阮元以其"通"汇合了清学之吴、皖二派,正展现其学术的思想史意义。此承清华大学历史系李欣然提示,谨此致谢!

像胡适和傅斯年这样有现代学术观念武装的学人,更容易看出阮元在方法论上的开创意义。所以他不仅"有功于清代学术界",[①]更具有为后人"所仪型"的示范作用,其典范意义实不可低估。

或可以说,看到阮元对戴震的突破,也就可以看出阮元在清代学术史上承先启后的重要意义。成良兄是把阮元视为扬州学派"开派人物"的,所以注意到"阮元的治学规模和学术气象,就其所著述的成果而言,见解独到,硕果累累,显示了大家气象"。但他也指出,"若干年来,人们时常以他身居高位,而只注意了他的辉煌政绩,忽视了对他学问上的研究"(37—38页)。这一倾向在《阮元思想研究》出版后的二十年里有了很大的转变,在我看到的五本阮元研究专著中,除王章涛的一本是综合性的传记外,[②]其余四本都偏向阮元学问上的研究,[③]这也证明了成良兄的开拓眼光。

阮元曾说顾炎武"志趣远大",与那些"习科条而无学术、守章句而无经世之具"的世人不同。[④]这也可以看作他自己志趣的表述。阮元能在"经术政事"两方面都表现卓越,固因其情商甚高,也因他素怀"经世之具"。前引阮元说稽古之学须"执其正,穷其变"一句之后,接着就说"政事之学,必审知利弊之所从生,与后日所终极,而立之法,使其弊不胜利,可持久不变"。他的结论

[①] 萧一山:《清代通史》第2册,第544页。
[②] 王章涛:《阮元评传》,广陵书社,2004。
[③] 郭明道的《阮元评传》(社会科学文献出版社,2005)是"扬州学派系列"中的一本,其余三本在书名上就清楚地表现出这一特点,分别是戚学民:《阮元〈儒林传稿〉研究》,生活·读书·新知三联书店,2011;钟玉发:《阮元学术思想研究》,中国社会科学出版社,2013;林久贵:《阮元经学研究》,人民出版社,2015。
[④] 阮元:《顾亭林先生〈肇域志〉跋》,《揅经室集》下册,第674页。

是:"未有不精于稽古而能精于政事者也。"①

成良兄注意到阮元"把'政事'与'稽古'联系起来"的特点,以为"这是他的一大创见"。而把治学主张"应用到政事中去",则是他"成功的一个原因"。具体言,"实事求是"和"明体达用"这两个阮元治学上的特点,都"已经贯串其整个政治思想体系中。其政治思想体系中的"孝弟"、仁学、经济、外交等思想,都具有不同于其前辈的许许多多的新鲜东西"。由于阮元在政治上"将其治学特点和风格熔铸其中,形成自己的特点和风格"。故"和同一时期的官吏们相比,阮元之经济事功,就更具有理论的高度,就更是超人一筹"(265、43—47、104、67页)。

自己情商也高的成良兄,对阮元很容易产生陈寅恪提倡的"了解之同情"。②他此前的一文说:

> 一个幽灵——商贾势力在公元前三世纪末到公元一世纪初的中国大地回荡,它神奇的魔力影响了社会的各个方面,从经济生活到政治、军事、思想文化诸方面无不显示出它的顽强存在。西汉王朝为之制定的一系列政策,对西汉的封建经济和中国封建社会的历史进程都产生了重要影响。③

这显然受到《共产党宣言》的影响,但是运用并不突兀。那时他正在研究阮元,这段话与阮元论"稽古之学"和"政事之学"的

---

① 阮元:《〈汉读考·周礼〉六卷序》,《揅经室集》上册,第241页。
② 陈寅恪:《冯友兰〈中国哲学史〉上册审查报告》(1930),《陈寅恪集·金明馆丛稿二编》,生活·读书·新知三联书店,2001,279—280页。
③ 李成良:《西汉的商贾和商贾政策》,《四川师范大学学报》1991年第2期。

关联颇有相通之处,很能彰显他眼光的通达。或因此,成良兄虽知既存阮元研究忽视了学问的一面,但自己写得特别精彩的,恰是阮元的"政治思想"一章。那是全书最长的一章,长达五十多页。其一个核心,就是体现阮元与清代绝大多数高官的异趣,在于以学养政,以学带政,形成一种"有学问的政治"。

有学问的政治

"政治思想"一章的写法由虚入实,先述阮元的"孝弟"思想和"仁学"思想,然后进入胜意迭出而极具特色的"经国济世思想"一节。大量地以诗为史料,在当时是不多见的,而此节多引阮元自己的诗作。盖诗言志,更言情,最能展现作者的心意志趣;然而也因诗多比兴,用起来要非常小心。那时成良兄自己也已从事管理多年,或因此而生出某种"了解之同情",写得格外亲切生动,读之每觉情见乎辞,频见触景生情之妙解。

此节又分为四个小节,前两个小节皆用嘉庆皇帝的上谕为题。以20世纪90年代前期的学术氛围言,这样做是有些不够"正确"的,却也可看出成良兄是解人。阮元的确少年早达,乾隆朝末期任礼部侍郎时不过31岁。然而正是嘉庆帝看到了阮元善治"方面"(指"方面大员"的意思)的才干。如龚自珍所说,嘉庆帝亲政,"公受殊知;谓先皇将任汝枢臣,今汝其作朕疆吏"。[①]盖初亲政

---

① 龚自珍:《阮尚书年谱第一序》(1823),《中国近代思想家文库·龚自珍卷》,第131页。

时枢臣多为乾隆帝所任命，调整不易，即使嘉庆帝自己的老师朱珪奉诏入京，也隔了好几年才能"入阁"。而疆吏数量多也相对容易安排，36岁的阮元旋被任为署浙江巡抚，开始了较长时期的疆吏生涯，至71岁始卸任云贵总督而入京任体仁阁大学士。

阮元去浙江上任时，嘉庆帝的上谕要他"勿忘训言，切防引诱，立定脚跟做去，庶可有成。处顺境时切勿肆志，若不顺亦莫灰心。知此道理，庶乎可希古大臣之风"。次年上谕又要他"不因贵显更易素心，常忆寒窗灯下辛苦。到此地位，应显亲扬名，为国宣力，成一代伟人"。两皆不是官话，语颇亲切体贴。从成良兄所引的数次上谕看，君臣之相得，跃然纸上。特别是嘉庆八年，阮元在浙江巡抚任上接到上谕，要他"勉力为公，慎终如始，不可忘儒生本色"。更强调"经济必从典谟中推求，无不可办之事"。后一句即本节第一小节的题目，而这也正是阮元自己的思想，他固以为要"精于稽古"才能"精于政事"。

第二个小节的题目"务令实惠在民，无使一夫失所"也是上谕中语。这方面阮元贯彻得不错，他见西湖"旧树婆娑新树稀，折柳人多种柳少"，遂命海塘兵剪柳3000余枝遍插西湖，并令海防道以后每年添插1000枝。此虽小事，成良兄却能见其大，以为"不仅是美化了西湖的环境，更重要的是要影响一代社会风气"（74页）。阮元在浙江任职期间多次以灾情上奏请蠲免钱粮。在成良兄看来，这"给人民带来了实惠，给政府也带来了安定"（75页），点出了"实惠在民"的好处其实是双向的。

而实现这样一种双向好处的关键，就是身处民间的"士"。阮元有《行赈湖州示官士》一诗，因为面对的受众广泛，几乎就是白话，胡适看了一定喜欢。诗中明言，"天下有好官，绝无好胥吏。政入胥吏手,必作害民事"。而"士与民同心,多有爱民意。分以赈民事,庶不谋其利"。只要"士之任事者"能"与官共手足",则"民乃受所赐"。①这是对南宋以后逐渐兴起的民间社会之最佳表达,清楚地说明了"士""官""胥吏"和"民"之间的关系。即"士与民同心",而出好官也是可能的,故士在任公事时要"与官共手足",才能真正有利于民。特别是他在公共性文告里明言地方官员实际依赖的胥吏总在"害民",表出当年学而优则仕者的基本心态。

由于认识到士的重要,阮元在己未科任副主考时说:"必当求士之正者,以收国家得人之效。"而"教育必须得士"也成为这一章第三小节的题目。阮元初任学政时,即秉持"取士当先器识"。此后取士,亦皆遵循唐朝裴行俭"士先器识而后文艺"的主张,觅器识于文字之间。因为学问会表现在试卷文字之中,故"求士者惟在乎求有学之文"。②前述文德与民德的密切关联,正体现于取士之中。同时如成良兄所言,阮元自己并不以科场得意为交往的标准,其过从甚密朋友中,也有如汪中、焦循、李锐等最高科名就是举人的科场失意人,而他们正是典型的有学之士(90页)。

本章的最后一节是"外交思想"。按阮元在编纂《畴人传》时就常比较中西学问,故对冲击中国的"西潮"并不陌生。在他任两广总督期间,总体上奉行朝廷"实力外交"与"和平外交"并重的取向。但如成良兄所云,他又"悉心致力于边防建设,在广州及其周围增强了保卫设施。和一般官吏相比,确实是比同时代人看得更深,想得更远","反映了新的时代特色"(94—96页)。

---

① 阮元:《行赈湖州示官士》,《揅经室集》下册,第875页。
② 阮元:《诰封光禄大夫户部左侍郎显考湘圃府君显妣一品夫人林夫人行状》《嘉庆四年己未科会试录后序》,《揅经室集》上册,第371、572页。

阮元通过实际调查，在道光四年五月上《请定洋米易货折》，提出"便民、绥远，均有裨益"的指导原则。他指出西洋米价仅是内地之半，但税收高则贩米无利。若免去米船入口船及米之税，仍征其出口船货之税，此后可能"米船倍来，则关税仍不短"；还能在中国歉收而米贵时，因洋米大集而水旱不饥，可谓双赢。在退休后已不过问政事的阮元，又在道光二十一年致函钦差大臣伊里布，提出以夷制夷即用"咪夷制英夷"的建议。咪夷即美国，是在粤通市各国中实力仅次于英国者。而"咪夷在粤，向系安静，非若英夷之顽梗。若优待咪夷，免其货税，又将英夷之贸易移给，咪夷必感荷天恩，力与英夷相对抗"。这表明阮元的识见"比其前辈前进了一大步"，他"不仅是那个时代外交理论的探索者，同时，也是其外交实践活动的成功者"（97—103页）。

重要的是成良兄指出，阮元的这些方法乃是"从古代典谟中得来"。这就提示我们，对外方略的好与坏，在于是否知己知彼。即不仅要"开眼看世界"，还要"开眼看传统"，方能如嘉庆帝所说，"经济必从典谟中推求"，于是"无不可办之事"。很多年前胡适已注意到，当年在广东主政的"阮元、林则徐等还不曾表现大弱点"，就是因为那时"嘉道的学风还在"。[①]而后来之所以每况愈下，也因为一些内外的重大变化。

前面说到阮元等一些居扬州的青年学人互通声气，在学风的转变中呈现出某种"集大成"的意味。而所谓"集大成"，也便有了某种功成名就的"完成"之意，于是出现想要全面告别乾嘉学术，

---

① 《胡适日记全集》第4册，1927年1月23日，第626页。

以"务为前人所不为"为表征的道咸新学。①以阮元为代表的通达学风没能使乾嘉学术后来居上,他自己反成为清代汉学终结的表征,实有重大的外缘性因素——西潮冲击和太平天国都是转移性的巨变,前者的作用要稍后才大显,后者的影响则是当下立显。②

阮元弃世的次年,太平天国起,此后"十几年之中,东南的财富之区、学校的中心,都遭兵燹,公私的藏书多被烧毁;学者奔走避兵,学问之事遂衰歇了。事平之后,曾国藩一班人也颇想提倡朴学,但残破困穷的基础之上已建立不起学术文化的盛业了。故咸丰以后,'汉学'之焰确然'渐熄'"。③一旦学问的根基不能复兴,被学术指导的政事也就成了无根之木;经济不能从自家"典谟中推求",就只剩从东瀛求西学的单一富强之路。于是不论学术政治,都逐渐从"能动"走向"受动",的确进入另一个时代了。

※ ※ ※

在成良兄笔下,阮元是一位继承者,总结者,也是开拓者。他"以其深厚的学术功底和精湛的学术造诣,主持风会、倡导文化的杰出工作,奠定了其在清代中叶学术界的地位","起到了同时代学者不可替代的作用"(50—51页)。如此重要的人物,张舜徽和瞿林东两位老师自己虽皆有所涉猎,却并未有专门、系

---

① 参见罗志田《能动与受动:道咸新学表现的转折与"冲击/反应"模式》,《近代史研究》2022年第1期。

② 钱穆注意到阮元的致仕和去世在这两方面与时代的关联:阮元"致仕归里之年,清廷以林则徐为钦差大臣查办广东鸦片烟事,奏禁鸦片,固芸台督两广先言之也。及芸台卒之明年,而洪、杨起于广西"。钱穆:《中国近三百年学术史》下册,第478页。

③ 胡适:《戴东原的哲学》(1925),《胡适全集》第6卷,第460页。

统的研究。他们能鼓励一位初涉学术的年轻教师"勇挑重担",应是早就看出成良兄深厚的学术潜力。尽管筚路蓝缕的历程充满艰辛,成良兄终不负两位老师的厚望,成功展示了阮元思想的丰富性和多样性。

一般情形下,我不甚赞同分门别类的写法。但像阮元这样学政两栖而广博之人,龚自珍便只能出之以分门别类的方式,成良兄书中也这样处理,自有不得不如是的苦心,却也因此从多个维度展示了一个更加全面的阮元形象。关注阮元的交友和人际网络,在本书出版的时代是得风气之先的,对今天继续研究那些年士人的学术社会,仍有参考价值。针对阮元的学术史地位,本书充实了张舜徽"以专精汇为通学"的论述,展现了嘉道以降清代学术发展的能动情状,更提示出可以进一步探索的方向。

成良兄深具乡土情怀,曾花费很大精力编写了一本乡土读物——《可爱的四川》。在这本书前言中他提到,"编写一部雅俗共赏、通俗易懂的四川历史,进行爱国、爱乡的教育是我的夙愿"。在他看来,"历史上的四川人似乎有一种俯瞰天下的气势。在过去的沧桑岁月里,她更多的是默无声息地奉献,对一切突发事件显得游刃有余,应付自若。许多冲撞到了这里都会被安详地化解,不再会那么火爆,那样有破坏力"。[①]这多少有些夫子自道的意味,成良兄在工作中就时常能化解冲撞,安然自若,在著述中则以碎立通,俯瞰天下。

转眼间,成良兄离开我们已二十年了。在历史的长河中,每一个人的人生都是短暂的,却也留下许多会被长久记忆的事。与他共

---

① 李成良、杨振之主编《可爱的四川》,四川文艺出版社,1995,第5、2页。

同生活过的人会留下各种各样的印象,在我的记忆里,成良兄不仅是一位优秀学者,更是一个特别关怀小兄弟的大哥。开风气的《阮元思想研究》于此时再版,对他是非常好的纪念。

2024年7月

初版序言

瞿林东

阮元是18世纪末至19世纪前半期中国学术史上的一位重要人物。他广博的学识和广泛的学术影响，甚至带有几分传奇的色彩。他漫长的政治生涯，也有相似的特点。

我接触阮元的著作，是1986年的事情。那一年夏天，以白寿彝先生为组织委员会主席的清史国际学术讨论会在大连举行。会前，寿彝先生要我写一篇论文，准备去参加这次学术讨论会。我一时不知写什么为好，同寿彝先生商量过后，决定写阮元在历史文献学方面成就的问题。这就是后来收在《清史国际学术讨论会论文集》中的那篇《阮元与历史文献学》的文章。这篇论文写得很长，收入论文集时按统一体例要求作了删削。我认识阮元的学术及其地位，就是从这里开始的。

十多年来，尽管我没有机会对阮元学术作进一步的研究，但是许多关于阮元研究的问题，却时常萦绕在我的脑际：他在经学上的造诣，他对历史文化遗产倾注心血的重视，他对诗歌、金石之学的执着爱好，他在兴办书院方面的突出成就和教育思想的独到之处及其实践，他对科技史的关注及其产生的深远影响，他还重视纂修方志、目录之学和藏书事业，他以豁达、开明的态度对待师弟子间的关系，他的广泛的交游和在师友中的崇高威望，等等，都是值得深入研究的问题。他同中唐杜佑的比较，同与他共世的毕沅的比较，也是很能激起人们的研究兴味的问题。尤其是龚自珍在道光三年（1823年）当阮元60岁时所撰写的《阮尚书年谱第一序》那滔滔不绝、掷地有声的叙述，把阮元在学术上的训诂之学、校勘之学、目录之学、典章制度之学、史学、金石之学、九数之学、文章之学、性道之学、掌故之学等，在为政上的察吏、抚民、训迪、武事、治赋、治漕等，提纲挈领，予以概括，使人诵读之后，难以忘怀，真想循此探索出一个究竟来。诚然，龚序所说，未必无可挑剔；但此序对于激起人们对阮元研究的关注和兴趣，确实起了重要的作用。

1994年到1995年，李成良副教授作为访问学者，在北京师范大学史学研究所进行研究工作。当我们谈到阮元研究时，立即引起共鸣，于是确定了把阮元研究作为他今后研究工作的一个重要领域。这样的决定，一是由于阮元的学术有重要的地位，不论是龚自珍对他的评价，《清史稿》本传称他"身历乾、嘉文物鼎盛之时，主持风会数十年，海内学者奉为山斗焉"，还是侯外庐先生在《中国思想通史》第五卷中说他是"扮演了总结18世纪汉学思潮的角色"，都表明阮元的学术地位是不可轻视的；二是由于这样一个重要的学术领域，至今还没有一本专门的著述加以阐述，不免令人惋惜，但也给人提供了进行开拓性研究的机会。对于我自己来说，似乎也可以借此弥补我的阮元研究情结。当成良同志一再表示要把阮元研究坚持下去、撰写出成果来时，我是出自内心地感到欣慰。1996年春夏之交，我到蜀中讲学，成良仔细地同我谈到此书的撰述情况。他有繁重的行政工作和教学工作，只是每天夜晚用于此书的撰述，其勤奋和毅力，着实难能可贵。

现在，当成良终于把《阮元思想研究》一书的打印稿放在我面前并要我为之作序的时候，我的确有几分激动。我深知阮元研究是一个艰难的领域，成良能跋涉到这一步，是值得祝贺的。灯下，我翻阅着这部书稿，品味着作者的叙述和评论，似乎与作者一齐在描述阮元的形象，揭示阮元的思想……这毕竟是十多年来时时牵动着我企图去探索的一些问题。我在慨叹学海无涯的同时，也看到学海可渡；而我为之兴奋的则是关于阮元研究终于有了第一部专著。

因为是第一部研究阮元的专著，故本书多有开创性的见解。其中尤其是对阮元的思想作全面的有系统的分析、评论，是本书最突出的特色，也是本书最重要的创获。在论述阮元的政治思想时，作者深刻分析了阮元的经国济世思想；在论述阮元的教育思想时，作者对阮元的教育方法、教育实践都有深入的发掘；在论述阮元的史学思想时，作者从评价清代史学入手，进而分析阮元的史学思想及史学贡献，显示出作者既尊重前贤而又不囿于前贤之定评的独到见解，等等。这表明作者在撰写本书过程中用功甚勤，思索甚深，才可能有如此突出的创获。这一创获不仅反映在作者对阮元的思想揭示方面，也反映在作者对阮元生平、交游的考察方面；本书通过对许多文献的爬梳、考辨，列举出数十人同阮元交游的有关事略，对于全面认识阮元及其学术是很有必要、很有价值的。

《阮元思想研究》作为第一部阮元研究专著，对于进一步认识18世纪末至19世纪40年代中国学术思想史，对于深入认识19世纪前半期中国史学面貌，都有学术上的参考价值。这首先是阮元的学术地位所决定的，而本书作者的开创性研究也是一个重要的因素。

阮元的学术范围恢宏，涉及许多专门的领域，而对其中每一领域作深入的研究，都要付出艰苦的努力，这可能正是阮元研究中难得有专门著作问世的原因之一。正因为如此，成良的这部书，自然也带着草创的性质，书中可展开的地方和可以深入的地方，以至于可以商榷的地方，都是难免的。作者表示，这只是他关于阮元研究的第一本专书，他将在此基础上继续研究下去。中国有句名言，叫做"有志者事竟成"。成良已经取得了可喜的成功；以他的谦逊、好学、深思、勤奋，我相信他是会不断地获得新的成功的。

是为序。

1997年11月21日
撰于北京师范大学史学所

题 记

本书所研究的阮元，是清代历史上一个重要角色。阮元，江苏扬州人，出生于公元1764年（清乾隆二十九年），卒于1849年（清道光二十九年），享年86岁。其中生活在乾隆间32年，嘉庆间25年，道光间29年。他经历了清王朝由盛到衰的重要时代，多次出任地方督抚，学政，充兵部、礼部、户部侍郎，拜体仁阁大学士。主持风会数十年，是乾嘉学派强有力的殿军，对清代学术起了一个总结作用。

恩格斯说："主要人物是一定阶级和倾向的代表，因而也是他们时代的一定思想的代表，他们的动机不是从琐碎的个人欲望中，而正是从他们所处的历史潮流中得来的。"阮元从普通平民成为大官僚，大学者，从一介书生到封疆大吏，从一汉族小百姓到中央枢臣，历仕三朝，"持节十三省"，宦海50年，成为政治上的"不倒翁"，在一个由少数民族统治者为主执掌政权的封建专制国家，确实是比较罕见的。他持身清慎，为官一任，造福一方，从初涉官场，到告老还乡，每到一处都博得了很好的官声。任职期间，他扶持教育，鼓励文化，开眼看世界，学习西方科技，脱离一般官僚的保守，在很多地方有开拓之功。他和唐代的大学者杜佑极其相似。杜佑从不到20岁就荫补济南郡参军，到78岁逝世为止，历仕玄宗、肃宗、代宗、德宗、顺宗、宪宗6朝，宦海近60年，从地方小吏到中央宰相，功名显赫。同时作为学者，又写成了流传千古的《通典》传世，并以高寿善终。而阮元的《十三经注疏校勘记》《经籍纂诂》《畴人传》等也都具有重要的影响，在中国历史文献学史上具有相当高的历史地位。阮元和杜佑，都是学者型的官僚，且都生活在一个封建王朝由盛至衰的转折时期。他们何以在这样的一个特殊历史时期得以善终，这种现象也是值得探讨的。

阮元作为乾嘉学派的最后重镇。他继承了清初学风的传统，兼容吴派、皖派，发扬了乾嘉时期的严谨、科学，并调和汉、宋，在历史上起到了总结作用。中国近代史上著名的思想家龚自珍说过："今阮公任道多，积德厚，履位高，成名众"；"励精朴学，兼万人之姿，宣六艺之奥"。并将其学问分为"训诂之学、校勘之学、目录之学、典章制度之学、史学、金石之学、九数之学、文章之学、性道之学、掌故之学"等十大类，对他佩服得五体投地，阮元对龚自珍也奖掖十分。阮元致仕后，以年老耳聋，不涉凡俗，但与龚却能畅谈尽夕。故有"阮公耳聋，遇龚必聪；阮公俭啬，交龚必阔"之说。

阮元在其所处历史条件下，为社会发展作了不少工作。他认为人才是一个社会盛衰的关键。因此，他把自己的这种思想体现在对人才的培养上。他两任会试的主考官，选拔了大量的朴学人才，这些人才大多成了清代嘉道年间统治阶级的中坚。直面西学东渐，他还注意把自己的这种思想贯彻到教育中去。他一生办了两所极有影响的学校。一个是浙江的诂经精舍，一个是广州的学海堂。他从选才、教学、考试各方面都进行了一定的改革，在教学内容上已经初步涉及一些西学的内容，培养了一批人才，对于改变当地的学风都产生了一定的影响。近代史上著名的学者俞樾、章太炎、梁启超等都感承到了这种遗风。面对西方科技的到来，阮元不是那种闭目不承认西方的愚顽。他在探索中西科技之间的差距及原因，积极地从中国古代寻找那些中国"古已有之"，而现在又落后于西方的东西。因此，他主持编撰了中国第一部关于科技史方面的专书《畴人传》。其关于科技方面的思想，使我们依稀可看到历史上的智者总是那样不停地在探索，在前进。

由于阮元生活在一个由盛到衰的时代，从严酷的文化专制到文网渐疏，从西方文化思想的东渐，到鸦片战争的爆发，新的社会矛盾的逐渐尖锐，"万马齐喑"的时代正在呼唤新的思想出现。作为封建统治集团中的一个清醒者，他对各种矛盾的体验也很深。在这种历史条件下，阮元提出的"明体达用"和"实事求是"的思想，以"推明古训"作为当时统治者拯救世风日下的一种对策。虽然，它不是挽救封建社会衰颓的灵丹妙药，但实际上已经孕育着中国近代史上洋务派的"中学为体，西学为用"的思想。通过对阮元思想的研究，可以探索转型期的封建地主官僚的思想变化，总结历史经验。

列宁说："全部历史本来由个人活动构成，而社会科学的任务在于解释这些活动……"我们纵观清代历史，有两个重要的学者是值得注意的。一个是阮元，一个是毕沅，两人之间还建立了比较好的个人友谊。二人都是高官兼学者，都是积极倡导文化，都有不少著作传世。但是，阮元作为一个学者，其才学是多方面的，经、史、子、集无所不通。他一生整理了大量的文献，这些整理，往往是他提出了超凡脱俗的思想，很有创造性的体例，组织得力人员，自始至终参与其中，署名阮元则是当之无愧的。而毕沅，则基本上是倩人捉刀，所留下的著作，实际上很多都不能算是他的著作。就思想深度来说，更是不可同日而语。当然，我们同样应当看到，阮元的这些努力，仍然是龚自珍所说的那样，"药方只卖旧时丹"，始终没有脱离封建地主阶级的窠臼，但是，就地位和影响来说，阮元则远远超过了毕沅，成为同时代的先行者。

应当说，阮元问题在国内学术界还未引起足够的重视，对其研究也是很不够的。近年来，国内仅有的十多篇文章中，而又限于文献学、文字学，或者个别著作、个别领域的研究上；港台对其研究文章也很少，近年来，也只有在书学和儒学上的少数几篇论文。目前，尚无人对阮元进行系统的全面性的研究。对于这样一个处在历史转折时期，并且具有一定影响的历史人物来说，不能说不是一件遗憾的事情。

笔者从1983年在华中师大历史文献所读书时开始接触这个问题。先师张舜徽教授曾对此多加教诲，勉励有加，并赐予了多年保存的资料。十多年来，由于种种原因未能遂愿，故心常惴惴，时有愧对先师之感。1994年9月，我到北京师范大学史学所作访问学者，师从瞿林东教授。瞿先生在制定我的研究课题时，对研究阮元加以充分肯定，认为这是一个十分有意义的问题，鼓励我用七八年的时间，集中精力，锲而不舍地把它作为一个系列问题研究下去，使我坚定了信心。《阮元思想研究》则是为我制定的计划中首先要完成的第一本专著。本书共分九章，加上附录一《阮元学术交游考略》、附录二《阮元生平纪要》（即年谱简编），实际是11章。笔者通过查阅阮元及其交游的同时代人的各种著作、档案、地方志、碑传等大量资料，将以阮元这个历史人物为突破口，拟从所涉及的政治问题、思想问题、学术问题三个方面着手,从一个较大的横断面来研究乾嘉学术产生的背景、发展,以及面临的重大社会问题。特别是对阮元这样一个封建营垒中的官僚,在西方文化东渐过程中的态度及其对中国近代史的影响进行深入探索。我想,这对于我们观察封建社会从鼎盛到衰亡期的变化过程,总结历史经验,是会具有重要意义的。

现在,当20多万字的书稿摆在案前的时候,我心潮万千。从1983年算起,一晃十多年了,我对阮元问题的研究算是有了一个初步的交代。其中,尤以近两年来的700多个日日夜夜,在完成繁重的教学与行政工作之外,全神贯注,致力于斯,几无一日之闲暇。其间酷暑伏案,寒月操觚,个中甘苦,实难尽述。承蒙四川省教育委员会和四川师大科研处的重视与支持,将此项研究列为1997年重点科研项目。四川人民出版社领导和责任编辑张苹同志思想敏锐,志存高远,致力于学术繁荣,当发现这一课题后,立即表示了极大的兴趣,对本书的出版给予了支持和帮助。如果不是这些同志的支持与鼓励,我的研究一定还会有更多的困难。当拙作付梓之时,饮水思源,我还要感谢先后指导我从事研究工作的彭久松教授、张舜徽教授、瞿林东教授,以及给我帮助和支持的其他导师们,朋友们,是他们给了我战胜困难的勇气和力量。

古人有言:"人之著述,不能无病。"斯诚实事求是之言。尤以对研究阮元这样一个重要的历史人物而言,虽然笔者已与阮元神交十余年,在师友的启迪下,亦有不少感悟,但"不能无病"是肯定的。何时才可将拙著奉献给读者呢?总想先放放再说。然清代学者焦循说过:"顾亭林语潘稼堂语曰:'人最忌以未定之书示人。'此言是也,而不然也。自以为定,诚定乎?人以为未定,诚未定乎？夫以为定，亦自以为定耳。而人视人之作，恒以为不足定。定不定果何是乎？少时之作，壮而视之或以为未定。壮时之作，老而视之，或以为未定。然究之，少壮之作，不必诚不定；老年之见，不必其遂定。……夫天下之言，未有能定者。"（《雕菰楼集》卷十，《说定上》）前哲的鼓励，故使笔者有此胆量将拙作献给读者，望方家学者以匡正我的过失，谨预致谢忱。

李成良

1997年孟冬于成都四川师范大学未名书屋

目 录

第一章 序论 ... 001
第一节 生活的时代 ... 001
第二节 主要经历 ... 011
第三节 学术成就 ... 038

第二章 政治思想 ... 056
第一节 "孝弟"思想 ... 056
第二节 "仁学"思想 ... 062
第三节 经国济世思想 ... 071
第四节 外交思想 ... 099

第三章 经学思想 ... 113
第一节 经学成就 ... 113
第二节 治经的思想特点 ... 126
第三节 在经学研究上的地位 ... 138

第四章 教育思想 ... 144
第一节 在教育史上的地位 ... 144

第二节　教育思想 153
第三节　诂经精舍和学海堂 163

第五章　史学思想 176
第一节　清代史学的地位 176
第二节　阮元的历史观 186
第三节　在史学上的贡献 200

第六章　文学思想 213
第一节　文学主张 213
第二节　骈文成就 224
第三节　诗作特点 231

第七章　金石学及书学思想 250
第一节　金石学成就 250
第二节　书法思想 259

第八章　文献学成就与研究 273
第一节　整理文献的成就 273
第二节　整理文献的方法 285
第三节　在文献学上的地位及影响 294

第九章　科技思想 301
第一节　科学技术观念 301
第二节　科学技术成就 314

第三节　第一部科学家传记——《畴人传》.................................. 323

附录一：阮元学术交游考略.. 333

附录二：阮元生平纪要.. 390

重版后记.. 406

第一章 序论

第一节 生活的时代

清王朝是中国历史上的一个重要时代,它曾以巍巍"天朝大国"屹立于地球的东方,在历史长河中占有令人敬畏的位置。日本著名的学者、原京都帝国大学教授文学博士今西龙曾说道:

> 我们通观清代史,觉得他以新兴强健的满州民族为骨子,以有数千年来教养和文化的汉民族为肌肉,合成一体,对外则拓展了历代以来广大无比的版图,把和平给了诸民族;对内,则整理了人类至宝的文化。假使没有这个清代的建设,那么,亚细亚因西力的东渐,现在果该成了个什么样子?清代的文勋武功,岂止是历史上的一个伟观![1]

---

[1] 今西龙:《今西龙序》,萧一山:《清代通史》(卷上),中华书局,1986,第4页。

今西龙这一论断，将清王朝的这一段历史说得是相当透彻的，可以这样说，清王朝，特别是在称为"康、雍、乾盛世"的三朝，在中国，或者说在整个世界的封建历史上，都是少有的灿烂辉煌！

1644年，当锐不可当的清军铁骑冲入山海关。顷刻间，曾经席卷全国的明末农民起义军分崩离析，明王朝的残余势力土崩瓦解，清王朝的龙旗则高高飘扬在北京紫禁城，一个新兴的封建王朝诞生了。

和一切的新兴王朝一样，为了巩固其政权，清王朝采取了一系列有利于人民休养生息的措施。

首先，大力笼络关内汉族地主，扩大其统治基础。

汉族地主是有着两千余年的历史，无论其思想、文化、政治、经济等方面，都形成了一种"民族心理状态"，这种强大的"习惯势力"对清王朝具有很强的对抗性，对满洲少数民族统治者来说，这是一种十分可怕的威胁。另一方面，出于阶级本性，汉族地主对农民起义军有着天生的仇恨，对新兴统治者来说，这又是一个可以很好利用的条件。针对这些特点，清初统治者审时度势，恰到好处地对此进行了利用。他们一再强调：清王朝"抚定燕都，得之于闯贼，非取之于明朝也"。① 并申明："义师为尔复君父仇，非杀尔百姓，今所诛惟闯贼。吏来归，复其位；民来归，复其业。"② 进入北京后，礼葬崇祯，保护明朝的祖陵和宗室，并对明朝贵族官僚"一仍旧封，不加改削"，对各衙门的官员照旧录用，对归顺的地方官员，一律"各升一级"。对长期受儒家传统思想教育，又多少

---

① 赵尔巽等：《清史稿》（第三十册）卷二一八《列传五·诸王四·睿忠亲王多尔衮传》，中华书局，1977，第9027页。
② 赵尔巽等：《清史稿》（第三十一册）卷二三二《范文程传》，第9352页。

有些"骨气"的汉族地主阶级知识分子，诏举"山林隐逸"，开"博学鸿词科"进行拉拢。缓解了社会矛盾，使清王朝的政治基础得以巩固。

其次，严肃军纪、澄清吏治、减免赋税、注意恢复生产。

清军一入山海关，当时摄政王多尔衮就与诸将誓约："今入关西征，勿杀无辜，勿斥财物，勿焚庐舍。"对为害居民的予以严惩。"凡强取民间一切细物者，鞭八十，贯耳"。①"军兵之出入民家者，论以斩律"。②对于人民愤恨最甚的明末"三饷"等项加派，宣布："自顺治元年为始，凡正额之外，一切加派，如辽饷、剿饷、练饷及召买米豆尽行蠲免。"③另外，还注意了减轻城市工商业者的负担，对恢复经济产生了积极的影响。

吏治的好坏，是关系到政权生死存亡的大事，也是明王朝垮台的一个重要原因。清初统治者心有余悸，决心严惩贪污，对天下文武官员都要定期进行考察，以三年为期，以定升降奖惩。规定："此后官吏犯赃，审实论斩。"④对于为官清廉者在全国进行表彰，如康熙时直隶巡抚于成龙被褒奖为"天下廉吏第一"，⑤这些确有成效的措施，都在一定程度上调整了和人民的关系，稳定了社会，巩固了政权，增强了国力。

---

① 《清世祖章皇帝实录》卷五，《清实录》（第三册），中华书局，1985年影印本，第58页上栏。
② 佚名：《沈馆录》卷七，《辽海丛书》，辽沈书社，1985年影印本，第2842页上栏。
③ 《清世祖章皇帝实录》卷六，《清实录》（第三册），第69页上栏。
④ 《清世祖实录》卷六，《清实录》（第三册），第67页下栏。
⑤ 赵尔巽等：《清史稿》（第三十三册）卷二七七《列传六十四·于成龙传》，第10087页。

再次，加快了全国的统一步伐。

清王朝利用其强大的武装力量，顺应了历史的要求，统一了全国，加强了对边疆的有效控制，为建立和发展中华民族大家庭起了积极的促进作用。

我国各族人民有着几千年来在政治、经济、文化上的悠久联系，统一是任何力量都无法遏制的趋势。

对促进全国统一，清王朝具有得天独厚的优势。满族在入关前就统一了蒙古地区，并与之建立了亲密的关系。他利用蒙古族与散居在新疆、青海的蒙古族的同族关系，加强了和他们的联系，依靠与蒙古族和藏族都信奉喇嘛教的关系，使之成为清王朝联结青海、新疆、西藏的有力纽带，并成为其进行有效控制的巨大力量。

由于东北地区是满族的故乡，是清王朝的发祥地，清军入关后，东北自然成为其疆域不可分割的一部分。他们一改过去汉族地主政权以中原为重心的政策，把边疆的建设放在了相当重要的位置。利用中国的广大的资源和财力组织了八旗和绿营军队。这支军队在清初具有相当强的军事力量和充足的物资供应，加上较好地运用了各种斗争策略，经过与外部侵略势力及内部分裂势力的一系列重大斗争，建立起一个空前统一和巩固的多民族国家。

清王朝不仅在内地建立了十八行省，而且，在西藏、青海、内外蒙古、新疆、台湾、黑龙江、吉林、盛京等地区都确立了比较巩固而稳定的权力，使这些地区与中央的关系进一步的密切，巩固和发展了中华民族大家庭，并为近代中国的疆域奠定了基础，在发展各族人民的经济文化生活及阻止外国势力入侵方面发挥了巨大作用。

如同许多新王朝一样，清王朝"其兴也勃勃"。其开国初期几个皇帝深知创业的艰辛，故励精图治，采取了一系列的巩固政权、发展经济的政策。到了康、雍、乾时期，清王朝边防安全，社会稳定、经济发达，国力已经相当强大。在封建社会，人口的多少是社会生产力发展的一个标志。据《清实录》统计，清初，有的一个县才仅仅几户人口，顺治十八年（1661年），全国人丁数仅0.1913亿；而到了乾隆五十五年（1790年），人口即增长至3.01亿。北京、南京、苏州、杭州、扬州等著名城市都十分繁华，其他如天津、济南、开封、太原、广州、厦门等地，也都是商业繁荣的城市，就连比较偏僻的北方宣化府，也是"市中贾店鳞比，各有名称，……各行交易铺沿长四、五里许，贾争居之"。[1]对外贸易也十分发达，"（西南洋）诸国咸来互市"。[2]并且，出现一些财力雄厚的富商大贾，如山西的票号、广东的行商和各地的粮商、布商，资产都达数十万到数百万两，故乾隆帝在接见英国使臣时都颇为自豪地说："我天朝大国，无所不有！"其强大，可以说是世界的东方堡垒，在当时的国际社会中起到了一个稳定的作用。这就是历史上所说的"康、雍、乾盛世"。

从另一方面来说，对统治阶级来说，其本质是镇压人民的。加之，清王朝又是一个少数民族统治者掌握的全国政权，由于民族矛盾的存在，为巩固其统治，就必须千方百计地加强对人民的思想控制。因此，清王朝除了保持强大的国家机器外，还制定了严酷的《大清律》，对人民集会结社、聚众罢市、喧闹公堂、编写或演唱

---

[1] 陈梦雷编纂《古今图书集成·方舆汇编·职方典》（第七十五册）卷一五五《宣化府部汇考七》，蒋廷锡校订，中华书局，巴蜀书社，1985年影印本，第9145页中、下栏。

[2] 王之春：《清朝柔远记》卷四，赵春晨点校，中华书局，1989，第79页。

违禁词曲以及一切有碍于封建统治的言行都严加禁止。虽然,在文化上整理了一些重要成果,如《古今图书集成》《四库全书》《续三通》《清三通》等,但对天生有点头脑、有点思考的知识分子,则不许有一言一行的反抗,不许有一字一句的不满。甚至还无中生有,罗织文网,制造了许多惨无人道的文字狱,让清代的知识分子在战战兢兢中过着朝不保夕的日子。

这样,清王朝"其衰也忽忽"。在18世纪后半期,统治着中国的清王朝开始走着下坡路,"康、雍、乾盛世"的金字招牌已经脱落。一生做了60年皇帝的乾隆到了其后期,奢侈之风盛行,社会矛盾尖锐,正如一部深刻的政治小说《红楼梦》所描写荣、宁二府那样,"外面的架子虽没很倒,内囊却也尽上来了"。[①]深刻的社会危机再也掩饰不住了,到处都隐藏着干柴烈火,这些都表现为:

首先,土地兼并日趋严重。

乾隆时期著名的奸贪权臣和珅,掠夺百姓的土地达80万亩,他的两个家丁也仗势掠夺别人土地6万多亩。在地主阶级采用各种手段大肆兼并土地的情况下,农民纷纷破产,变成地主的佃户和雇工。正如乾隆时期的湖广地区,"近日田之归于富户者,大约十之五六,旧时有田之人,今俱为佃耕之户,每岁所入,难敷一年口食"。[②]农民既要负担沉重的地租,又要向清政府交纳繁苛的赋税,而且"私派倍于官征,杂项浮于正额",故农民生活,"艰难实甚",[③]致使

[①] 曹雪芹:《红楼梦》第二回,人民文学出版社,1982,第27页。
[②] 杨锡绂:《陈明米贵之官疏》,贺长岭、魏源等编《清经世文编》卷三九,中华书局,1992,第958页。
[③] 俞越等:《川沙厅志》卷四,清光绪五年刻本,第18a页。

"富者日益其富，贫者日见其贫"，[1]再也不能照旧生活下去了。

其次，政治黑暗。

封建政权一般都难以脱离这样一个历史规律："其兴也勃勃，其亡也忽忽。"到乾隆后期，清初开国几个皇帝励精图治的精神已经淡化，好大喜功、贪图享受的风气盛行。有人谈及当时留居北京的体会说："居都下六年，求一不爱财之人而未之遇。"[2]到嘉庆初年，仅权臣和珅被抄家产竟可折合成白银达4亿两之巨，相当于当时清政府一年国库收入的七八倍，清廷权贵们刮取民脂民膏达到何等惊人的程度！统治集团溃烂了，整个社会风气也随之败坏了。

再次，军队腐化，政权根基开始动摇。

曾经骁勇善战、所向披靡的八旗劲旅，入关取得政权后开始"马放南山"，不仅其贵族得到了高官厚禄，得以养尊处优，就是一般旗民也地位特殊，坐享钱粮，这支军队迅速地腐化下去了。到康熙十二年（1673年）"三藩"变起（即吴三桂、尚之信、耿精忠等联合反清），八旗军已基本上不能作战了。在平定"三藩"之乱发挥了重要作用的"绿营"兵（入关后由汉人组成的职业兵，以绿旗为标志，故名），由于差务繁重，影响操练，军队素质也不断下降，加之满族统治者对汉兵天然的疑虑，军饷也十分菲薄，且常被拖欠克扣，士兵及其家属生活十分困难（绿营兵以吃粮为业，全家靠月饷维持生活），因而不得不兼做小贩或做手艺以糊口，这支军队也就越来越失去战斗力。根基的动摇，大厦则似将倾乎！

---

[1] 王先谦：《东华续录》卷一〇三，乾隆五十一年，光绪十三年刊本，第15页。

[2] 沈垚：《与张渊甫》，《落帆楼文集》（第三册）卷八，文物出版社，1987年影印本，第85页。

我们研究阮元生活的时代时,不应当只是把目光停留在中国,而要放得更宽一些,看得更远一些。

正当清王朝还在沉醉于在地球的东方,经营着可以"万岁,万岁,万万岁"的"天朝大国"时,西方世界则已经挣脱农奴制的羁绊,正发生着天翻地覆的变化。英国在1640年开始了资产阶级革命,生产力得到了迅猛的发展。到18世纪后半叶清王朝开始出现衰败的征兆时,西方世界则开始了资产阶级工业革命。地球在发生着颤抖,迅速增长的经济实力,引起了各殖民国家更为激烈的争夺霸权的斗争。在17到18世纪中,他们的争夺,已不仅仅局限于在地中海的周围或大西洋的沿岸。新兴的资本主义英国打败了老牌的殖民者西班牙、荷兰和法国,成为世界上最大的殖民国家,海上霸主。他们穿越大西洋、越过直布罗陀、横跨印度洋,把矛头对准了为世界发明了航海技术的中国,西方的虎狼已经在中国的大门前窥视。另一方面,昔日还处于蛮荒的俄罗斯人迅速崛起,极端扩张主义者沙皇彼得一世(1682—1725年)进行了一系列的改革,在一定程度上克服了其落后状态,建立了强大的海军和陆军。俄罗斯像一头关在竹篱笆里的北极熊,一觉醒来,一桌丰盛的筵席已经杯盘狼藉,饥饿至极,到处碰撞,千方百计地向四方扩张。在北方波罗的海上,不断地和瑞典争夺出海口;在南方则和土耳其争夺亚速海和黑海;向东,其剽悍的哥萨克骑兵则翻越乌拉尔山,穿越莽莽的西伯利亚,矛头直指东方大国——清王朝。

由于这些问题的存在,一方面,统治者对人民的残酷压迫与剥削,到了乾隆后期,盛世的败征已现。阶级矛盾迅速激化,星星点点的人民起义四处都在发生。到了嘉庆元年(1796年),人民的反抗浪潮已势不可挡了,爆发了大规模的白莲教起义,烽火延及四川、甘肃、陕西、湖北、河南5省，坚持了近10个年头。清政府调动了16个省的军队，耗资二万万两军费，屠杀了几十万农民，才把这次起义镇压下去。另一方面，由于清政府100多年的经营，"百足之蛇，死而不僵"，仍然具有比较强大的统治力量，还维持着其"天朝大国"的架子。但不管怎样，国内阶级矛盾尖锐，西方的虎狼又开始在叩响中国的大门，一场新的危机开始出现了。

阮元少年早达，身居显宦，历仕乾隆、嘉庆、道光三朝。他的一生，正是经历了清王朝由强盛到衰颓，并逐渐进入半殖民地半封建社会的痛苦过程。但他能始终把握住自己，在浮沉难料的宦海中，从平民百姓进入到上层社会，从一般侍从到封疆大吏，从一介书生到中央枢臣，在一个由少数民族统治者为主执掌的政权中纵横捭阖，多少为国家民族做了一点事情，并且有比较好的官声。在学术上，他"身历乾嘉文物鼎盛之时"，"于学无所不通"，继承和发展了乾嘉学派的遗风，被奉为学界泰斗，对18、19世纪的中国文化有着不可磨灭的贡献，被称为乾嘉学派的最后重镇。他86岁逝世后，谥为"文达"，被后学称为阮文达公。清王朝誉其为"极三朝之宠遇，为一代之完人"，地位是非常崇高的。

马克思说过："人的本质并不是单个人所固有的抽象物。在其现实性上，它是一切社会关系的总和。"[1]因此，对阮元的研究，也应该放在这个总的历史环境中来考察。

史籍均称阮元为清代江苏省扬州府仪征县籍贯，但阮元自述

---

[1] 马克思：《关于费尔巴哈的提纲》（1845年春），中共中央马克思、恩格斯、列宁、斯大林著作编译局编《马克思恩格斯选集》第1卷，人民出版社，1972，第18页。

说:"元但通籍仪征而已,实扬州郡城北湖人也。"[1]清初北湖属江都县。其后裔阮衍喜说:"当年江都县文化发达,人才济济。而仪征县文人不多,考试标准低一些。祖上报仪征籍,主要是考起来容易一些。"[2]因此,他的仪征籍实际上是应科举考试而报的,其所感受的文化氛围则主要是扬州和江都。

阮元的故乡扬州府,长江、运河交汇,交通发达,商业繁荣,是有清一代著名的财货集散地。扬州又是历史名城,物华天宝,人杰地灵,为历代所称颂。文人骚客,过往应答,为后世留下了脍炙人口的华章,也诞生了不少名垂青史的历史人物。因此,号称东南一大都会的扬州有一种磁力,吸引思想上和艺术上的杰出人物聚集在这里,著名的"扬州八怪"也汇集在这里,在学术上形成一种气候,一种流派。

阮元的同乡人薛寿说:

> 吾乡素称沃壤。国朝以来,翠华六幸,江淮繁富为天下冠。士有负宏才硕学者,不远千里百里,往来于其间。巨商大族,每以宾客争至为宠荣。兼有师儒之爱才,提倡风雅,以故文人荟萃,甲于他郡。[3]

---

[1] 阮元:《扬州北湖小志序》,《揅经室集》(上)二集卷二,邓经元点校,中华书局,1993,第391页。
[2] 阮衍喜:《阮元籍贯正》,《扬州师院学报(社会科学版)》1986年第三期,第58页。
[3] 薛寿:《读画舫录书后》,《学诂斋文集》卷下,广雅书局,光绪十五年刻本。也有可能是转引自张舜徽《清代扬州学记》,上海人民出版社,1962,第9页。

清代扬州商业资本主义经济的滋长，必然要在思想文化上反映出来。乾嘉学派中的许多代表人物与扬州都有密切的关系。乾嘉学派首先从江苏、浙江、安徽兴起，扬州学者，则具备各方面的优势，形成了一个重要的集结点。《清代朴学大师列传》中囊括从明末清初的顾炎武迄清末民初370余名学者中，其中祖籍扬州者，竟多达33位。加之，当地的达官贵人、富商大贾都崇尚儒雅，以礼贤下士为风度，一时有声望的学者名流，如戴震、惠栋等都喜欢留寓扬州，其数量竟在有清一代学者中占有相当大的比重。他们在这里开馆授徒，研究学问，形成了良好的学术氛围，这就给一代学人的成长创造了条件。

阮元就是生活在这样的一个历史背景条件下，从小就感受到这种强烈的文化氛围，这种特定的时代和环境，为阮元的思想形成奠定了客观基础。

第二节　主要经历

阮元，字云台（又字芸台），别号雷塘庵主，又称"揅经老人"，出生于清王朝的极盛时期，即乾隆二十九年（1764年）；卒于鸦片战争后9年，即道光二十九年（1849年），享年86岁。

阮氏家族最先可以追溯到商周时期的偃姓，南北朝时期是陈留郡的望族。唐宋时南迁，明朝初年迁至江苏淮安府。其高祖时代，弟兄四房，聚集一起而没有分家。到了曾祖时代，从兄弟九房亦未分家。阮元的高祖和曾祖为大家长，他们在家庭中办事公道，被称为："家事亦皆秉于公，公亦无一丝一粟之私，兄弟娣姒无间言。"①阮氏一家皆忠厚仁谨,乐善好施,有着封建社会中比较好的家风。阮氏一门多为武官,祖上曾以武功而显赫一时,故阮元有诗称自己:"半是将种半书生。"阮元的祖父阮玉堂(1695—1759年),字履庭,号琢庵,则是一个文武全才的儒将。但到其父时,则已家道中落。

阮元一生中主要经历,可以从以下简表中了解:

1769年(6岁)始就外傅。

1772年(9岁)受业于本乡宿儒乔书酉。

1780年(17岁)受业于进士李晴山。

1782年(19岁)得歙凌次仲廷堪为益友。

1783年(20岁)中秀才,为义征县学第四名。

1786年(23岁)应江南乡试,中第八名举人。

1789年(26岁)会试中进士第二十八名,殿试二甲第三名,朝考钦取第九名,改庶吉士。

1790年(27岁)散馆,钦取一等第一名,授翰林院编修。

1791年(28岁)升少詹事,命在南书房行走。

1793年(30岁)简放山东学政。

1795年(32岁)升内阁学士,礼部侍郎,调浙江学政。

1798年(35岁)升兵部右侍郎,转礼部右侍郎。

1799年(36岁)嘉庆亲政,仍命其在南书房行走。不久补经筵讲席官,调补礼部左侍郎兼署兵部左侍郎,并充当会试副

---

① 阮元:《诰赠昭勇将军高祖孚循太府君行述》,《揅经室集》(上)二集卷一,邓经元点校,第378页。

总裁。命署浙江巡抚,始任封疆。

1800年(37岁)实授浙江巡抚。

1805年(42岁)丁父忧,回家守制。

1807年(44岁)制满,再抚浙江。

1809年(46岁)因刘凤诰科场案受牵连被革职,因其官声较好,赏给编修。

1811年(48岁)补授内阁学士兼礼部侍郎。

1812年(49岁)补授漕运总督。

1814年(51岁)补授江西巡抚。

1816年(53岁)调补河南巡抚,补授湖广总督。

1817年(54岁)调补两广总督。

1826年(63岁)调云贵总督。

1832年(69岁)拜协办大学士。

1833年(70岁)充任会试副总裁。

1835年(72岁)卸云南总督任到京兼都察院左都御使。

1836年(73岁)充经筵讲席官,殿试读卷官,教习庶吉士。

1838年(75岁)因病足致仕返籍。

从上表可以看出,阮元在一生的道路上还是比较顺利的。为更进一步认识阮元,我们把阮元一生分为科第、成长、成熟、成功、致仕五个阶段来分析。

第一阶段:

从少年到26岁考中进士为止。这段时期是他在科举道路上的跋涉期,也是其学问的成长期。

阮元出生的时候,祖父阮玉堂已经去世5年,父亲阮承信已经

31岁，母亲林氏则29岁，家道中落，"家无儋担储"，过着十分清贫的生活。母亲亲自料理家务，抚养幼子，乳之5岁，亲口教他识字、读书，6岁时，开始到私塾读书，先后就外傅于姑父贾载清、宿儒乔书酉、进士李晴山。19岁得交益友凌廷堪，从此究心经学。20岁，中仪征县学第四名，23岁，应江南乡试中第八名。26岁会试中式第二十八名，圆明园复试，钦取一等第十名。殿试二甲第三名，赐进士出身。朝考第九名，改翰林院庶吉士，散馆，钦取一等第一名，授翰林院编修。从此，阮元开始在清王朝的政坛上活跃，一颗政治新星就升起来了。

其父阮承信，其母林氏，对社会人生都有深刻的认识，是阮元的人生启蒙老师。首先，他们注意对阮元意志品质培养，要有远大的志向，"读书当官，当为翰林"，必须善用一股"气"，并用射箭来比较。称："射须沉其气，气不沉，志不能正，体不能直。"要像《杜诗》所说的"顾视清高气深稳"，培养其专心一志。其次，注重教育他如何"择友"。阮元回忆说："及为成童，于亲师取友，慎言慎行之道诲尤切。"①阮元一生结交了不少朋友，应当说是与其幼年所受的教育分不开的。再次，教育阮元一定要为有用之学。阮承信对《左传》《资治通鉴》熟读于心，尤其是对成败治乱、战阵谋略进行纵横议论，颇有自己的独到见解，随时对阮元进行教育。特别对欧阳修的《纵囚论》、苏轼的《代张方平谏用兵书》十分欣赏，口讲意传，对阮元说："读书当明体达用，徒钻时艺，无益也。"②还曾

---

① 阮元：《雷塘阡表》，《揅经室集》（上）二集卷二，邓经元点校，第383页。
② 阮元：《诰封光禄大夫户部左侍郎显考湘圃府君显妣一品夫人林夫人行状》，《揅经室集》（上）二集卷一，邓经元点校，第365页。

经教过阮元骑射,并称:"此儒者事,亦吾家学也。"①

阮元自叙说:"吾年九岁,从乔先生学。年十七,从李先生学。两先生为吾乡特立独行之儒,而吾皆师之,吾所幸也。"②阮元受乔书酉、李晴山两位老师的影响一是道德方面。李、乔二先生在封建道德方面堪称楷模,操行刚正,以古名儒自励,均能穷且益坚,不堕青云之志。二是在学问上,两先生皆具"实事求是""耻为华靡"的治学风格,故人们奉之为"特立独行之儒"。阮元对自己的老师非常尊敬,一生都对他们感激和怀念,曾在《李晴山乔书酉二先生合传》中说道:

两先生绩学砥行,深自韬隐,而元窃高位厚禄,过于师,吾所愧也。呜呼!吾幼年见许于两先生,使先生今尚在,许吾耶?抑责吾耶?是以每念先生,深自省也。③

阮元在19岁所结交的凌廷堪,是学术界的奇人,"合志同方,谊若兄弟",④称凌为自己的终生益友。同时,先后结识了自己的恩师谢镛、朱珪、戴心亨、孙梅等,在北京,还结识了一大批各界的朋友,24岁即写成了《考工记车制图解》,为朴学界之有影响著

---

① 阮元:《雷塘阡表》,《揅经室集》(上)二集卷二,邓经元点校,第383页。
② 阮元:《李晴山乔书酉二先生合传》,《揅经室集》(上)二集卷二,邓经元点校,第398页。
③ 阮元:《李晴山乔书酉二先生合传》,《揅经室集》(上)二集卷二,邓经元点校,第398页。
④ 阮元:《凌母王太孺人寿诗序》,《揅经室集》(下)三集卷五,邓经元点校,第679—680页。

作。其治学博采众家,学问亦日臻成熟。

第二阶段:

从乾隆五十四年(1789年)考中进士,到嘉庆四年(1799年),即36岁任浙江巡抚前,其间约为11年。这是阮元在宦海的成长阶段,也是积累政治经验,蓄势待发的时期。

在这段时间中,阮元历任詹事府少詹事,翰林院编修,礼部、兵部侍郎,内阁学士,经筵讲席官,以及两度担任学政,是以参谋、幕僚和教育官员为主的职务,在皇帝身边工作过较长时间。乾隆五十八年(1793年),当阮元正是"三十而立"的时候,他被乾隆任命为山东学政。在清代,学政"掌一省学校士习文风之政"。[①] 其人选是在进士出身的侍郎、京堂、翰林、科道及部属等官中向各省简派,三年一任。学政则按期至所属各府、厅考试童生及生员。清王朝规定,不问官阶大小,在任学政期间,与督抚平行。

在山东三年时间,阮元为封建的清王朝选拔人才,出试各州县,提倡朴学,推崇汉代著名的朴学大师郑玄,捐修高密郑玄墓,访其后裔,上报礼部批准作为奉祠主。并遍访碑刻,撰《山左金石志》,其教育思想亦在初步形成中。其次,是以内阁学士兼礼部侍郎的身份,在浙江担任学政,为淳化社会风气,他极力推崇《曾子》。并以自己深厚的朴学功底,花了很大的精力,注释了《曾子》10篇。并奉诏举孝廉方正,仅在浙江就推举了12人。

阮元在两任学政任满后,奉旨担任了己未科会试的副总裁。协助其座师朱珪,出力尤多。

---

① 《清朝文献通考》(一)卷八五《职官九》,浙江古籍出版社,1988年影印本,第5617页中栏。

是科二三场文策，大兴朱公属先生一人披阅，及选出长策一千三百余卷，穷三日夜之力，再选出二百卷，分为三等，以观头场，名士经生多从此出。论者谓得士如鸿博科，洵空前绝后也。间有被房考锢闭，终不荐出者。[1]

该科取209人，"多积学之士"，号称"得士之盛"。如王引之、张惠言、许宗彦、郝懿行、陈寿祺、姚文田等一大批人才都出自本科。

在封建社会里，金榜题名的新贵们，是座师的朱笔点头，才使他们得以跃登龙门。因此，他们对自己的座主都十分尊敬，阮元也因此网罗了一大批关系，为以后的宦海遨游积蓄了力量。

第三阶段：

从嘉庆四年（1799年），即36岁署浙江巡抚开始，到嘉庆二十一年（1816年）53岁补授湖广总督时止。这18年间，是阮元于宦海的成熟阶段。

18年间，他先后担任了浙江巡抚、江西巡抚、河南巡抚、内阁学士兼礼部侍郎、漕运总督等职。除因刘凤诰科场舞弊案失察被冷落不到两年外，基本上都算是封疆大吏，掌握着军政实权。

其中尤以署浙江巡抚一职后，使自己的政治生涯到了一个新的转折点。清朝之巡抚，拥有很大的权力。史载：

---

[1] 张鉴：《雷塘庵主弟子记》卷一，张鉴等撰《阮元年谱》，黄爱平点校，中华书局，1995，第21页。

> 巡抚掌考察布按诸道及府、州、县之官吏称职不称职者,以举劾黜陟之;用兵则督理粮饷;三岁大比,则为监临合省之秀士升于礼部,于一省文职无所不统(标下有参将、游击等官)。①

这是省级地方行政长官,总揽了一省的军事、吏治、刑狱等。这段时间中,阮元担任巡抚一职竟达8年左右。漕运总督管理漕粮的取齐、上缴和监押运输,也是负有军政实权的职务。

阮元担任这些职务中都能持身清慎,恪尽职守,保境安民,提倡文教,兴办学校,每到一处,其吏治总有一番新的气象,因此,他赢得了比较好的官声。但是,封建社会的官场是战场,是屠场。虽然它有"台上一呼,阶下百诺"的荣耀,同时,又是遍布荆棘、陷阱、地雷、炸弹的地方,时时有可能沦为"阶下囚"的险恶。

内阁大学士刘凤诰,江西萍乡人,乾隆时探花,是一个很有才华的青年。阮元和刘是同科进士,且都是在科场的少年早第者。刘在担任浙江学政的时候,阮元时任浙江巡抚,两人同在异地作官,过从甚为密切,时有"刘、阮"之谓。由于刘在代办临监乡试时,竟然听受人情,在试卷上为应试生员徐步鳌作弊,这一科场丑闻在士民中引起了极大的反响。当朝廷查询时,阮元采取了"大事化小,小事化了"的办法,为刘遮掩。

在封建社会里"官官相卫"的处事原则下,阮元此举应当为无可非议。可惜,这次却偏偏被朝廷抓了一个实在,以"袒庇同年","止知友谊,罔顾君恩,轻重倒置,不可不严行惩处",②

---

① 《清朝文献通考》(一)卷八五《职官九》,第5617页中栏。
② 阮常生:《雷塘庵主弟子记》卷三,张鉴等撰《阮元年谱》,黄爱平点校,第92页。

即著照部议革职。因其本人未参与此事，本质上是一个失察问题。九月五日被革职，九月二十四日，即因"伊两任浙江巡抚，官声尚好，且学问素优，亦著加恩赏给编修，在文颖馆行走"。[①]但不管怎样，对处于成熟时期的阮元毕竟是一服很好的清醒剂。在封建王朝中，应当怎样进退有度，尽忠善事。作为一个封建官僚，算是交了一笔沉重的学费。当阮元再次复出时，他已经完全成熟了。

第四阶段：

从嘉庆二十一年（1816年）十一月十三日，即53岁补授湖广总督起，到道光十八年（1838年），即75岁因病足而致仕时，其间23年，这一时期是阮元在官场中的成功阶段。

所谓成功期，也就是说在这一段时间里，他已经历了乾隆、嘉庆两朝，积累了丰富的政治经验。在宦海沉浮中，他已经能"任凭风浪起，稳坐钓鱼台"。同时，他没有辜负自己的父母和恩师的教诲，能洁身自好，不失自己的初衷，尽力为国为民做一点事情，是他不断取得成功的时期。这段时期，他出任了湖广总督一年，两广总督近11年，云贵总督8年，拜协办大学士，出任会试副总裁。从云南离任返京任体仁阁大学士，管兵部，兼都察院左都御使。充任经筵讲席官，殿试读卷官，教习庶吉士。道光十八年（1838年），即在阮元75岁的时候，因病足而获准致仕，完成了他一生的官场生活。故有人称其"扬历中外，振卓古今，专门并兴，实事求是。立德、功、言以名世，通天、地、人之谓儒"。"极三朝宠遇，为一代之完人"。这就是对成功期阮元的真实写照。

---

① 阮常生：《雷塘庵主弟子记》卷三，张鉴等撰《阮元年谱》，黄爱平点校，第92页。

第五阶段：

从道光三十八年（1838年）致仕到逝世，是阮元致仕后的退养阶段。阮元从75岁致仕，以诗书为伴，湖光山水为娱，绝不过问地方政事，一直以耳聋避俗吏，悠然自得，怡老林泉达12年。但当鸦片战争期间，在民族危难的关键时刻，他也不顾年老体衰，向伊里布作了抵抗英国侵略的建议。为抵抗英军的侵略，还在扬州捐制钱1000缗，以补国用。在83岁的时候，享受殊荣，获再度赴鹿鸣宴的恩赏，并赐予太傅衔，在籍支全俸。去世后谥为"文达"，享受了少有的殊荣。

阮元一生，能多少想到为民兴利，为百姓办一点好事。史籍记叙说：

  任封疆数十年，所至必兴利除弊。凡所建立，皆计功利于数百年后，各省受其福，享其利者，遗爱之颂，至今不辍云。[①]

光绪二年（1876年），担任浙江巡抚的杨昌浚依据浙江的士绅，"前内阁学士李品方、前江苏巡抚许乃钊，前礼部侍郎杜联、坐补四川永宁道高应元、内阁中书张应昌、布政使衔前署江苏按察使记名道江清骥、布政使衔前山东盐运使郑兰，二品顶戴坐补直隶天津道周家勋、按察使衔前江苏常镇道蔡世俊、开复原衔前四川成锦龙茂道濮治孙、记名按察使金安清、前山东道监察御史周学浚，前翰林院编修俞樾，军机处行走后部职方司元外郎金日修，翰林院

---

① 叶衍兰、叶恭绰编《清代学者象传合集》，上海古籍出版社，1989，第256页。

编修马传煦等"呈称：

> 前浙江巡抚、原任大学士谥文达阮元籍隶仪征，名闻淮海，扬历中外数十年，经济宏昭；博览古今千百代，儒林克绍。其督学也，辑古训于经畬，师资庠序；其抚浙也，扫妖氛于海寇，戡定岩疆。教民七年，泽沛邺公之黍雨；建牙两任，荫留召父之棠阴。筑精舍以育人才，浚西湖而资水利。请赈请蠲，仁粟与义浆，并捐清俸；恤孤恤困，育婴与普济，久著良规。宏保障于海塘，三江波靖；裕帑藏于禺筴，万灶云屯。凡兹伟烈丰功，久洽衢歌舆诵。至于著述宏富，不愧经师，弼亮忠勤，共钦台衮。两浙士民，久深尸祝。①

阮元的籍贯在江苏扬州，而这个倡议是在距阮元逝世已有28年，致仕回乡已有39年的时候，由其曾经任职浙江杭州的地方官绅联合提出的。对阮元的这些评价，都是异时、异地、由基本上和他没有直接关系的人作出的，相对来说是比较客观的。

总概阮元一生的政绩，可以分为兴利赈灾、举士察吏、"剿匪"靖境、边防外交四个方面，今概述如下。

一、兴利赈灾

中国古代的著名学者墨子说过："仁之事者，则务求兴天下之利，除天下之害，将以为法乎天下，利人乎即为，不得利人乎即

---

① 《赐谥文达前浙江学政巡抚原任太傅大学士阮公专祠录》，张鉴等撰《阮元年谱》，黄爱平点校，第225页。

止。"[1]阮元在为政的过程中，始终是把坚持勤政、廉政作为出发点，以为民"兴利"作为立政之本，又把"除弊"作为实现"兴利"的前提。

在阮元为官的过程中，做得最多的当数救灾。

据笔者统计，阮元仅在浙江任职期间，以灾情蠲免钱粮竟达13次之多。

仅以嘉庆十年（1805年）为例：

五月初五日奏请仁和、钱塘、海宁、余杭、临安、嘉兴、海盐、秀水、石门、桐乡、乌程、归安、长兴、德清、武康等十五州县三四月间，因"阴雨连绵、凝寒积潦，麦豆皆淋淹，蚕丝更形歉薄"。并据上谕"认真办理，务令实惠在民，无使一夫失所"的精神，分设粥厂，每州、县设一、二、三厂不等，共30余处，购米煮赈。并檄三府州县，其散筹分男、女两厂，择佛寺立大芦棚，无雨淋日晒之苦，日赈民数万人而无壅塞之虞。

并请以杭州、嘉兴、湖州三府所属15州县之新粮并旧欠地耗，缓至秋成后分别征收。六月十六日，接恩赐米15万石，于被水地方一律平粜。[2]

阮元为官，始终是把"为民"放在第一位的，年既老而不衰。道光十三年（1833年），年已70岁的阮元正在担任云贵总督，七月二十二日，云南忽然发生地震，"自省城南至临安、开化十数州县同时被灾，压毙男妇大小口数千人，房屋坍损数万间"。正在赴滇途中的阮元，一闻此讯，星夜急驰，速派遣军队官员分头抚恤查

---

[1] 《墨子·尚同中》。
[2] 张鉴：《雷塘庵主弟子记》卷二，张鉴等撰《阮元年谱》，黄爱平点校，第63页。

办。由于救灾及时,史载"滇省老人言,滇省虽易地动,然数十年无此重灾,所幸赈恤不迟,而且实惠,田稻无损,即速丰收,尚可补救耳"。①

在山东,"新进文武生有陋规系裁之",整顿了当地的学风。为提倡文化,修建郑康成墓,立后祭祠。遍访山东各地碑刻,于学署池上署"积古斋",列志乘图籍,案而求之,得诸榻本1300余件,编辑《山左金石志》,成为同一时期之宏著。在浙江,他赞修海塘,疏浚西湖,兴修水利,修建号棚、贡院,兴办安澜书院、诂经精舍,整顿民风、士风。阮元还命所辖之海塘兵"剪柳三千余枝,遍插西湖,并令海防道以后每岁添插千株,永为公案"。②在任漕运总督时,修建微山湖堤闸,注意保护水资源。在江西,修建号棚,省城漳江水闸。在湖北,修建了江陵范家堤,沔阳州龙王庙等两处石闸,"数百里水患大除矣","士民免沈溺之苦"。在两广修建学海堂,修建英德、清远的栈道。在云南修建了太平仓,立"一米易二谷"的办法,兵民两便。阮元就是这样,每到一处,都以兴利除弊为出发点,给当地人民留下了值得纪念的东西。

阮元的思想总是比同时代人们前进一些。如"戒金华府溺女"。金华一府,民间有产女者多不举,溺之于水,相沿以为风俗。阮元知道此事后,"首倡捐清俸若干两,俾编户有生女者,许父母携报郡学教授官注册,给喜银一两以为乳哺之资。仍令一月后

---

① 阮孔厚:《雷塘庵主弟子记》卷七,张鉴等撰《阮元年谱》,黄爱平点校,第179—180页。
② 张鉴:《雷塘庵主弟子记》卷二,张鉴等撰《阮元年谱》,黄爱平点校,第60页。

按籍稽查，如违，以父母故杀子孙律论"。①有效地制止了重男轻女的封建传统对女婴的罪恶残杀。

另外，还广办慈善事业，如在浙江建立"育婴堂"，建立了其管理规程，"计三十六则"；增设经费，"岁四千两"，以保证其正常运行。嘉庆七年（1802年）十二月在杭州武林门建立"普济堂"，并设《普济堂章程》10余条，让贫苦百姓多少还算又有了一条生路。道光元年（1821年）三月，在广州兴办"恤嫠公局"，专门抚恤那些孀居苦节，贫苦无靠的寡妇，虽然他的出发点是为了"砥砺名教，保全苦节"，但毕竟使1250个无依无靠的贫苦孀妇有了一个喘息的机会。

二、举士察吏

被列宁称为中国11世纪的改革家王安石曾经说过："国以任贤使能而兴，弃贤专已而衰。此二者必然之势，古今之通义。"②人才对于任何一个社会来说，都是十分重要的。史载阮元"生平持躬清慎，为政务崇大体，所至必以兴学教士为急"。③也是他能在封建社会受到人们尊敬的重要原因。

阮元的一个重要成就即倡导学风。阮元从19岁开始潜心经学，深知朴学之神妙。要使清代的学术向纵深发展，学风问题则十分重要，故阮元每到一处，都把整顿学风放在相当重要的地位。将

---

① 张鉴：《雷塘庵主弟子记》卷二，张鉴等撰《阮元年谱》，黄爱平点校，第43页。
② 王安石：《兴贤》，《王安石全集》（下）卷六九，宁波、刘丽华、张中良点校，吉林人民出版社，1996，第745页。
③ 英杰修，晏端书等纂《续纂扬州府志》卷九《阮元传》，台北：成文出版社有限公司，1970年影印本，第465页。

其"实事求是"和"明体达用"治学特点,通过一系列具体活动予以推广。24岁时就撰成了《考工记车制图解》,这是一部代表其学风的著作。在内府任事时,充当石经校勘官,分校《仪礼》。在山东任学政时,他推崇郑玄,捐修郑康成祠堂,寻其后裔,使其香火有继。为清前期山东学者、著名诗人王士禛(别号渔洋山人)书立墓碑。在浙江任学政时,创建"诂经精舍",并极力提倡笃实的学风。他奉郑玄与许慎的木主,并延请了王兰泉和孙渊如作为学校的主讲席。在广东,也是完全按照浙江的方法来建立"学海堂"。为了广布文化,阮元一生刻了3000多卷书,几乎把乾嘉时期的有代表性的著作都已包括。阮元曾经两次充当会试副总裁。一次是嘉庆四年(1799年),时年36岁。一次是道光十三年(1833),时年70岁。两次主考均获得大批贤才;特别是嘉庆四年的己未科,得士209人,名士经生多从此出,号称"得士之盛"。史称:

> 兴学校士,振拔真才。督学时,士有一艺之长,无不奖励,能解经义及工古今体诗者,必擢于前。总裁会试,合校二三场文策,积学之士多从此出,论者谓得士之盛,不减于博学鸿词之科。①

龚自珍称阮元"知人若水镜","凡在僚友,畏其敏,服其大,此公之功在察吏者也"。②刘毓崧称其"生平持身清慎,属吏

---

① 《赐谥文达原任太傅大学士阮公乡贤录事实》,张鉴等撰《阮元年谱》,黄爱平点校,第241页。
② 龚自珍:《阮尚书年谱第一序》,《龚自珍全集》(上),王佩诤校,中华书局,1959,第228页。

不敢干以私"。①他自己也说:"天下有好官,绝无好胥吏",加强了对属吏的督察,这样,保证了为政清廉。对于人才,他时刻注意大胆任用。在浙江任上,他任用了李长庚为提督。长庚好读书,究韬略,为古诗文。治兵有纪律,恩威并施,诸盗皆畏之,为之语曰:"不怕千万兵,就怕李长庚。"阮元与其同为声气,并多次给予保荐,李长庚在剿灭海匪中作出了特殊贡献。在云南任上,大胆地任用时任副将的曾胜,后来也为清王朝作出了重要贡献。史载:"是时,提督曾勤勇公方官云南副将,特荐其堪膺专阃。及曾公会剿广东叛猺,力战先登,功居第一,中外咸以为知人。"②

另外,诸如对汪中、焦循、孙星衍、王昶、凌廷堪、李锐都能深刻了解,并利用自己的地位,将一大批学者所撰的专著予以刊布。道光十三年(1833年),年已70的阮元正在云贵总督任上。这年,他的诗作中有一首《和香山知非篇》,其中两句是这样写的:"役志在书史,刻书卷三千。"③在"刻书卷三千"句下,原注云:"计刻《十三经注疏》《皇清经解》《江浙诗选》及师友各书约三千卷。"其实,刊刻这么多书的目的,一是为了提倡学风,二是为了举士,让这些有价值的著作及其作者得到社会了解,其功莫大焉。

三、"剿匪"靖境

在阮元的为官过程中,"剿匪"成了一项重要内容,也是一

---

① 刘毓崧:《通义堂文集》(四)卷六《阮文达公传》,第70页。
② 英杰修,晏端书等纂《续纂扬州府志》卷九《阮元传》,第466页。
③ 阮元:《和香山知非篇》,《揅经室续集》卷一〇,文选楼本,1823。

项突出政绩。如前所述，乾隆后期，清王朝已蕴藏着大量的社会矛盾，嘉庆时期，各种矛盾迅速激化，人民起义风起云涌。作为一个封建王朝的封疆大吏，残酷地镇压这些起义，维护本地区的"安定"，是他的职责。在镇压广西、江西、云南的会党结社时，其手段也十分残酷。阮元在镇压这些起义时，如施行的保甲制度，大力奖掖举办团练，采取分化瓦解、软硬皆施的手段，都受到了清政府的表彰，称能"防患于未然"，"不致积匪漏网"。这是其一生中的污点，也是其阶级本性所决定了的。

但是，阮元在浙江、福建为期近10年的"剿匪"性质却是值得研究的。马克思说："人们自己创造自己的历史，但是他们并不是随心所欲地创造，并不是在他们自己选定的条件下创造，而是在直接碰到的、既定的、从过去承继下来的条件下创造。"①在乾隆、嘉庆时期的沿海地区，"粤、闽、浙三省皆有洋匪，而艇匪为尤盛，日多一日，年重一年"。他们的性质是怎样的？这就需要我们站在历史唯物主义立场上进行科学分析。

嘉庆四年冬，盗船之在浙者，最大为安南夷艇，其次则凤尾帮、水澳帮、箬黄帮，共数百船，盘踞浙洋，各行抢掠。②

其首领先后是伦贵利，蔡牵二人。

---

① 马克思：《路易·波拿巴的雾月十八日》，中共中央马克思、恩格斯、列宁、斯大林著作编译局编《马克思恩格斯选集》第1卷，第603页。
② 张鉴：《雷塘庵主弟子记》卷一，张鉴等撰《阮元年谱》，黄爱平点校，第23页。

伦贵利原名王贵利,广东澄海县人。于乾隆五十九年投入安南匪艇,跟随该国宝玉侯与战农耐有功封为善艚队统兵贵利侯,给以札付一纸。因该国避王字,改姓为伦,娶妻蓄发。

又载:

今年,该国王派伊和善艚三和侯总兵耀、善艚后支大统兵总兵金、善艚后支统兵总兵南率领艇船二十八支,并各带印信炮械、驾驶巡海,私至浙江行劫。

伦贵利被拿获时,其所领安南札付随船沉没被捞起,其余三总兵皆被溺毙,铜印、敕书全皆捞获。清王朝曾通过外交途径照会安南国王责之。安南国王阮光缵也承认此事,并承担责任:"悔不能先烛其奸,此实钤束稍疏所至。"安南国王保证:

嗣令本国所委巡海人员,一一严加警饬,密施钤勒,断不容结同匪夥,越境作非。①

另一匪首蔡牵,"原系闽省平民,在洋面肆逆十有余年,往来闽、浙、粤三省,扰害商旅,……不特商民受其荼毒,官兵多被伤亡……"且蔡牵本人"素食鸦片","身体羸弱",是一个心狠手毒的恶棍。当时的闽浙总督张师诚,福建提督王德禄,浙江提督邱

---

① 张鉴:《雷塘庵主弟子记》卷一,张鉴等撰《阮元年谱》,黄爱平点校,第36页。

良功三人具折称：

> 蔡牵系"海洋积年首逆"，"自著名以后，已有十余年往来浙、闽、粤三省洋面，戕害商旅，抗拒官兵，甚至谋占台湾，率众攻城，伪称王号，罪大恶极，实堪发指，该逆一日不除，海洋一日不靖。"①

渴望安定的沿海人民对伦贵利和蔡牵都深恶痛绝。

从历史唯物主义的观点来分析，浙、闽、粤三省的海匪有很长的历史，是一群无赖之徒裹胁一些无业人员和生活贫困者，没有任何进步的政治主张，而是以纯经济目的在近海和公海上肆行抢掠、戕害商旅，危害社会安定的武装集团。

从以上材料分析，伦贵利和蔡牵这帮匪徒和外国势力相勾结，他们的活动是与祖国人民的利益相违背的，他们扰乱社会，戕害商人，甚至连过往客人都不放过。从政治上，不是维护国家的统一、民族的团结，甚至充当了外国势力的走卒。从经济上，他们从来没有把斗争矛头对准腐朽的生产关系，连最简单的"杀富济贫"记载我们都没有看到。虽然他们也和官兵作对，但是从国家、民族、阶级的利益和社会发展方向来分析，他们绝不代表进步力量，其性质是和明代的倭寇相似。因此，阮元代表清政府对海匪的镇压行动，是符合人民的愿望的，也是进步的。

阮元在浙江巡抚任上，主张"攘外必先靖内"，"征集群议为

---

① 阮常生：《雷塘庵主弟子记》卷三，张鉴等撰《阮元年谱》，黄爱平点校，第85页。

弥盗之策,造船炮,练陆师,杜给济"。[①]在剿匪过程中,充分发挥了政府和人民的这两个因素。其所制定的《缉匪章程》七则,[②]即反映了他的指导思想。今转录如下:

一,沿海口岸村庄山岙宜行保甲也。
一,海边渔捕各船宜查奸弊也。
一,沿海营县宜严拏偷漏米铁也。
一,沿海营县宜严拏偷漏火药也。
一,各口商船如当艇匪来时,毋许贪利独行也。
一,沿海营汛宜严拏通盗销赃奸民也。
一,沿海村岙壮丁宜团练策应也。

针对此时的清王朝已经出现的败象,官吏之间互相推诿的问题。阮元比同时期的官吏责任心更强,办事更加干练。在剿匪手段上也就更加符合实际。他采取的保甲制度和团练制度,一是利用了政府职能,二是调动了村民的积极性。其在浙江的具体做法如下:

奏令沿海州县民壮兼习鸟枪,不增饷而增兵千百,严号令,警驰废,厉廉隅,肃赏罚。檄沿海村岸十丁立一甲,十甲立一总甲,一村立一总保,一山一岙立一岙长,给以费,使之互纠,通贼者获之有赏。……檄商船毋独行,贼来则禁出海,不遵令者有罚,私充标客以误商者诛。……檄村岙壮丁团练相

---

① 赵尔巽等:《清史稿》(第三十八册)卷三六四《阮元传》,第11421页。
② 张鉴:《雷塘庵主弟子记》卷一,张鉴等撰《阮元年谱》,黄爱平点校,第29页。

守，立耆老绅士之贤者为村长，有警鸣金相召，有不应者梏其颈。檄府县营汛实力同心，贤能者敬之擢之，弛者、纵胥吏扰民者疾如仇。遣教职杂官数十人分巡海口，微服步行，率乡勇线民以为御捕。雕木印，令其事无巨细，直达行辕，无少隐。以故千里海筮皆如目睹，而营县亦互相纠，不敢少讳。①

这一系列措施，很快就产生了良好的效果。

> 定海县教谕王鸣珂率乡勇守黄岩。定海令宋如林稽空船出口，空出者给以照。平阳令杨铄肃清渔户，为团练乡勇二千七百人。镇海令魏右曾力行保甲，造铁枪千杆，民踊跃从者六百，衣上书"勇"字。黄岩令孙凤鸣令士民自派壮丁，备木棍、竹笼、锄耙、石块，识以旗，旗上书丁名，丁立其下，王鸣珂实统之。沿海之旗连续如云，金声一警，农兵毕集，故贼不敢近窥村落。

阮元采取的这些措施有以下几个好处：首先，建立了严密的组织和信息网络，加强了官吏之间的责任。其次，断绝了海匪的后勤来源。再次，建立团练制度，广泛地调动了乡民的积极性，增强了剿匪的力量。

阮元还对参与剿匪的军队采取了统一指挥，加强训练，改进装备，保障后勤等措施，精心研究战略战术，其所制定的"海战分兵

---

① 张鉴：《雷塘庵主弟子记》卷一，张鉴等撰《阮元年谱》，黄爱平点校，第30—31页。

隔贼船之策"就是从实践中认真总结出来的。经过近十年的努力，终于彻底消灭了海匪，"自此鲸鲵剪尽，海不扬波，陬筮腾欢，共享承平之宇也"。①所以《清史稿》称："元两治浙，多惠政，平寇功尤著云。"②林则徐在防备英军侵略时，也采取过相似的办法。

四、边防外交

阮元担任了10年浙江巡抚，10年的两广总督，9年的云贵总督。任封疆近30年，矢忠矢勤，维护了边境的安宁。总概其成就，可以分为经济、文化、实力戍边三个方面。

清代时期，祖国的边疆交通闭塞，经济落后，广东、广西和直隶、江浙一带就相差很远。至于云南、贵州等地，多系少数民族聚集的地方，即是相对两广来说也落后了许多。阮元在其任职中，一个重要的措施，就是整理财政，增强地方的经济实力。在浙江，清理了国库的虚空，提出了"年清年款"的财经政策，制定了《南沙收盐章程》十二条。在广东整理了关税。在云南任上，整理了边疆财政，并得到朝廷同意，"留盐课溢额之半，协济边防"。在浙江，他曾经13次奏请蠲缓钱粮，给百姓平粜米粮，租借种子。在粤任两广总督时，曾经6次兼署巡抚。史载："公莅粤十年，殚心庶务。"阮元所到之处，都增强了边疆的经济实力。

西方资本主义的东渐，广东的对外贸易则早有发展。由于清王朝采取的自我封锁政策，如乾隆、嘉庆年间，有临近广东的港脚（指英国和印度的散商）的粗货夷船载运洋米来粤发卖，不准

---

① 阮常生：《雷塘庵主弟子记》卷三，张鉴等撰《阮元年谱》，黄爱平点校，第95页。
② 赵尔巽等：《清史稿》（第三十八册）卷三六四《阮元传》，第11422页。

其载货回国。由于"外夷地广人稀,产谷本多,亟思贩运内地贸易,第运米远来,难免完纳船钞,而空空回国,远涉重洋,并无压舱回货抵御风浪。该夷等既患风涛之险,又无多利可图,是以罕愿运载"。①阮元经过调查后认为"应将成例变通",允许专运洋米之船,进口时不征税,槊尽可以装载货物出口,与其他洋船一起交税。这样,既方便了外国商人,又使"民食开不匮之源"。清远到英德,峡山险峻削岩摩霄,绵亘数百里,水流湍急,其纤道已有300余年未修。道光五年(1825年),阮元阅兵过此见之,遂亲自度量策划,组织盐商、洋商及太平关分段捐修。史载:"计修造道路二万四千四百余丈、桥梁一百四十五座,用银四万九千有奇。""工成,立碑峡山寺门。"②道光六年(1826年),调任云贵总督,时年已63岁。又载:"滇盐久敝,岁绌课十余万,元劾罢蠹吏,力杜漏私;盐井衰旺不齐,调剂抵补,逾年课有溢销,酌拨边用。"③他还通过给人民办实事稳定边疆。嘉庆二十四年(1819年)在广东,他向皇帝奏建粤东桑园围石堤,百姓无不同声欢庆。在云南,"又以昆明仓储兵米易致红朽,立一米易二谷之法。凡有便于民生者无不讲求尽善"。使人民的生活有了保障,增强了边疆的经济实力,这是其稳定边疆的措施之一。

其次是大力发展边疆的文化建设。

阮元每到一处,都以"兴学教士"为先,改变当地的民风、学

---

① 阮福:《雷塘庵主弟子记》卷六,张鉴等撰《阮元年谱》,黄爱平点校,第145页。
② 阮福:《雷塘庵主弟子记》卷六,张鉴等撰《阮元年谱》,黄爱平点校,第151页。
③ 赵尔巽等:《清史稿》(第三十八册)卷三六四《阮元传》,第11423页。

风。在浙江，他创办了诂经精舍，在广东，兴建了学海堂，"选诸生知务实学者肄业其中，士习蒸蒸日上，至今官两省者皆奉为矩矱"。[1]士林获稽古之益，培养了一大批朴学人才。他在浙江改建了贡院号舍，新建了浙江海宁书院，鼓励了在科举道路上攀缘的士子。在两广，他针对以前兴建号舍者批评说："经营者度非文人，不知士子苦，以致宇舍太小，烈日冻雨，殊难耐之。"并率官捐俸银，花费了白银四万多两，"改风檐之号舍，入闱无卑湿之虞"，并稍增贡舍之数，共2602间。广东三水县原有总督行台，为由广州、端州至梧州适中之地，西江、北江会合于此，地势雄阔。阮元督粤时，废除了行署而改为行台书院。这所书院就比同类书院的条件优越得多。由于门前有楼，可以眺远，又名曰"三十六江楼"。阮元的苦心经营终于得到了回报，浙江和两广的学风为之一新。一向比较闭塞，文化相对落后的两广地区，连年科名鼎盛，吴川人林召棠中状元后，元喜不自胜。并与越华、粤秀两书院院长同称喜，有用三元诗韵一首：

> 文运三元西粤开，
> 几年连向粤东来。
> 七千里外频闻喜，
> 八十年中间出才。
> 岭海番禺承旧第，
> 吴川水月起高台。
> 诸君说我多桃李，

---

[1] 《赐谥文达原任太傅大学士阮公乡贤录事实》，张鉴等撰《阮元年谱》，黄爱平点校，第241页。

五管春风见六回。

其本注云:"近科琼山探花张岳松,南海探花罗文俊,归善会元吕龙光,广西三元陈继昌及今吴川状元林召棠皆大人门生所取之士也。"①通过科举,加强了对边疆的控制。

同时,阮元还在边疆大力推广文化,印刷了不少书籍,以阮元刻印《皇清经解》为例。"是书大人于道光五年在粤编辑开雕,六年夏,移节来滇,乃嘱夏观察修恕接理此事,严厚民先生杰总司编集。凡书之应刻与否,大半皆是邮筒商酌所定。今越五年书成,计卷一千四百,自顾氏炎武以下计书一百八十余种,共分三十函,板藏于粤东省城学海堂中,刷印通行。"②"不但岭南以此为《注疏》后之大观,实事求是,即各省儒林亦同此披览,益见平实精详矣。"③阮元一生所印书籍达数千卷,几乎囊括了清代汉学的主要成就。这些文化的传播,大大地加强了边疆与内地的联系。

阮元坚持增强国家的边防实力,以实力戍边。他每到一处,都推行严密的保甲制度和团练制度。

令沿海州县民壮兼习鸟枪,不增饷而增兵千百,严号令,

---

① 阮元:《道光癸未状元为广东吴川林召棠报至粤越华粤秀两书院院长同称喜复用三元诗韵一首》,《揅经室集》(下)卷五,邓经元点校,第1084—1085页。
② 阮福:《雷塘庵主弟子记》卷六,张鉴等撰《阮元年谱》,黄爱平点校,第165页。
③ 阮福:《雷塘庵主弟子记》卷六,张鉴等撰《阮元年谱》,黄爱平点校,第166页。

> 警弛废，厉廉隅，肃赏罚。①

加强了对地方的管理，整顿社会秩序，严防边匪内外勾结，增强了边防实力。

在云南的少数民族地区，特别注意调整民族关系。

> 车里土司刀绳武与叔太康争斗，协官求助，檄镇道击走之，另择承袭乃安。②

他还采取"招民实边"的政策。

> 筹边费一万两，招募傈僳三百户，驻札腾越厅属边界，给以香柏岭一带山地屯种，防御野匪。③

这些少数民族得到了政府的扶持，很快在边境地区得到了发展，促进了边境的稳定。

另外，在对待周边邻国和外国侵略的关系上采取了有理、有利、有节的原则。如：

> 越南保乐州土官农文云内哄，严边防勿使窜入，亦不越境

---

① 张鉴：《雷塘庵主弟子记》卷一，张鉴等撰《阮元年谱》，黄爱平点校，第30页。
② 赵尔巽等：《清史稿》（第三十八册）卷三六四《阮元传》，第11423页。
③ 阮福：《雷塘庵主弟子记》卷六，张鉴等撰《阮元年谱》，黄爱平点校，第157页。

生事，寻文云走死。诏嘉其镇静得大体。①

在浙江，由于安南艇匪伦贵利在浙江海防作乱，在获得确凿罪证后，上报朝廷，"天子命军机大臣字寄两广总督照会安南王责之"。②又设冶局锻铸大炮四百余门，组织修造战船，训练军队统一部署，对海匪予以坚决打击。在广东，他又亲自调查了澳门夷市，登沙角炮台，过零丁洋、鸡颈洋视察了内外形势。了解了英吉利、法兰西、咪利坚等国商人来华贸易情况，相互间之利害及与十三行洋商之关系，预见外夷必将对中国采取入侵政策。为此，阮元制定了以"不伤害商民利益"和维护清王朝根本利益的外交原则，坚决地打击与外夷勾结的烂仔。史载：

（又奏）严禁夷船鸦片，查拿各处卖鸦片匪徒，拿获澳门总头叶恒树。复办理黄埔不许带烟之船入口，出具有烟愿罚货入官结，洋商出具保证，……此后烟虽不能净尽，然只在伶仃洋，不入口矣。③

阮元因此被称为：

驭夷有道，成见不存，桀骜则停其互市，恭顺则许其开

---

① 赵尔巽等：《清史稿》（第三十八册）卷三六四《阮元传》，第11423页。
② 张鉴：《雷塘庵主弟子记》卷一，张鉴等撰《阮元年谱》，黄爱平点校，第35页。
③ 阮福：《雷塘庵主弟子记》卷五，张鉴等撰《阮元年谱》，黄爱平点校，第137页。

仓。此又不刚不柔，无适无莫，宜乎入溟镜静，万里波恬，公之德也，民之福也。①

同时，修建了著名的大黄窖，大虎山炮台，组织训练军队，调整兵力部署，使外国侵略者一时不敢轻举妄动，暂缓了外国侵略者对中国的行动。阮元在边防上采取的种种措施，使他成了中国禁烟运动的前驱，也巩固了清王朝的边防。

阮元"自问幼年本蓬户桑枢之子"，其宦海50年，史称其："品概廉洁，律己至严。家世无中人产，服官内外，无非义之取，廉俸节余，每用以刊刻书籍，及援助地方公举。"②我们考察阮元的一生，在兴利除弊、举士察吏、剿匪戍边等方面都有突出的政绩，特别是在文化教育事业的贡献，更是值得人们称赞，是一位充满了传奇色彩人物。

第三节　学术成就

阮元是封建社会的大官僚，又是历史上著名的大学者。史称其"身历乾、嘉文物鼎盛之时，主持风会数十年，海内学者奉为山斗

---

① 《粤东绅士前两广总督太傅阮文达公入祠名宦祠启》，张维屏辑《国朝诗人征略二编（六十四卷）》卷四五，台北：明文书局，1985年影印本，第394页。
② 《赐谥文达原任太傅大学士阮公乡贤录事实》，张鉴等撰《阮元年谱》，黄爱平点校，第239页。

焉"。①他被誉为乾嘉学派的强有力殿军和总结者，是由于他渊博的学识、重大的学术成就和特殊的政治地位所确定的。总结其学术成就，完全可以说明这个评价对他来说是当之无愧的。

首先，阮元是乾嘉学术中一个很有成就的学者。

阮元一生，"淹贯群书，长于考证"，著述等身，在乾嘉学者中亦为突出者。为了让读者更好地了解阮元学术成就，现将其主要学术成果分著述、辑录、编刻三大类，简要胪列于后：

（一）著述

《论语论仁论》1卷，有单行本，嘉庆年间刊布，后收入《揅经室集》。

《孟子论仁论》1卷，有单行本，嘉庆年间刊布，后收入《揅经室集》。

《诗书古训》6卷，道光十一年（1831年）刊本，《粤雅堂丛书》本，《续经解》本。

《曾子注释》4卷，文选楼本，学海堂本。

《考工记车制图解》2卷，揅经室本，学海堂本，收入《揅经室集》。

《仪礼石经校勘记》4卷，文选楼本，粤雅堂本，《石经汇函》本。

《十三经注疏校勘记》243卷，原刻单行本，学海堂本，又散附在阮刻《十三经注疏》各卷后。

《积古斋钟鼎彝器款识》10卷，嘉庆九年（1804年）自刻本，通行本。

---

① 赵尔巽等：《清史稿》（第三十八册）卷三六四《阮元传》，第11424页。

《华山碑考》4卷,文选楼本。

《四库未收书提要》5卷,即《揅经室外集》,原刻本,广州局本。

《畴人传》46卷,文选楼本,通行本。

《广陵诗事》10卷,文选楼本。

《石渠随笔》8卷,文选楼本,粤雅堂本。

《小沧浪笔谈》4卷,文选楼本。

《揅经室集》:含《一集》14卷,《二集》8卷,《三集》5卷,《四集》13卷(文2卷,诗11卷),《续集》9卷(文4卷,诗5卷),《再续集》6卷(文4卷,诗2卷)。道光年间文选楼刻本,广州局重刻本。其中,邓经元点校《揅经室集》,含《揅经室集》《揅经室续集》《揅经室外集》三编,中华书局1993年5月出版,便于读者使用。

(二)辑录

《经籍籑诂》106卷(附补遗)嘉庆十七年(1812年)琅嬛仙馆刊,淮南局本。1982年3月成都古籍书店有影印本,使用方便。

《山左金石志》24卷,嘉庆二年(1797年)自刻本。

《两浙金石志》18卷,道光四年(1824年)李瀚刻本,浙江书局重刻本。

《淮海英灵集》24卷,文选楼本。

(三)编刻

《十三经注疏》416卷,每卷之后附校勘记。凡有关校勘处,旁有一圈,依圈检记,极便学者。南昌局本。四川、湖南有翻刻本。1980年10月中华书局影印本,同时于1983年3月印有叶绍钧《十三经索引》,极方便读者。

《皇清经解》1400卷，凡收书180种，通称《学海堂经解》。
《诂经精舍文集》14卷，文选楼本。
《学海堂初集》16卷，启秀山房刊本。

从以上所列，可以初步了解阮元的治学规模和学术气象。就其所著述的成果而言，见解独到，硕果累累，显示了大家气象，在有清一代学者中亦是非常少见的。而若干年来，人们时常以他身居高位，而只注意了他的辉煌政绩，忽视了对他学问上的研究，这不能不说是一件遗憾的事情。

他的堂弟阮亨曾说过：

予兄早岁能文章，尤研经义。尝手校《十三经注疏》。二十四岁，撰《车制图解》，辨正车耳反出轨前十尺等事，为江永、戴震所未及发。此外如《封禅》《明堂》《一贯》《南江》《乐奏》《皇父》《释且》诸篇，皆独契往古，发前人所未及发。至于《十三经注疏校勘记》《经籍纂诂》《畴人传》《金石志》等书，篇帙浩繁，皆自起凡例，择友人弟子分任之，而亲加朱墨，改订甚多。自言入翰林后，即直内廷。编定书画、校勘石经。旋督学管部，领封疆，无暇潜研。故入官以后，编纂之书较多，而沈精覃思，独发古谊之作甚少，不能似经生时之专力矣。然所作《曾子·十篇注释》，则时时自随，凡三易稿。此中发明孔曾博学、难易、忠恕等事，与《孝经》《中庸》相表里。而训"一贯"之"贯"为行事，尤为古人所未发。昔人以主静、良知标其学目。一贯之说，亦为创论。故所撰之书，当以此五卷为最精。又言近人考证经史小学之书则愈精，发明圣贤言行之书甚少。否则专以攻驳程朱为事。于颜曾纯笃之学，未之深究。兹注释五卷，不敢存昔人门户之见，而实以济近时流派之偏也。①

阮亨的这一席话，基本上把阮元的治学情况与规模进行了一个简单的勾画。

其实，阮亨所举的阮元所撰写的《车制图解》《封禅》《明堂论》《释旦》等篇皆发前人所未发，确实淋漓尽致地反映了他深厚的朴学功底。其中《曾子十篇注释》更是得到众多学者的称赞，为朴学中之精品，得到了学术界的公认。但阮亨并非阮元真正的知者，什么"入官以后，编纂之书较多，而沈精覃思，独发古谊之作甚少，不能似经生时之专力矣"，实在是太浅薄了。应当注意到的是，作为17、18世纪汉学总结者的阮元，他的不少著作都是"推阐古圣贤训世之意，务在切于时用，使人人可以身体力行"。②《十三经注疏附校勘记》《经籍纂诂》《畴人传》《皇清经解》《金石志》《四库未收书提要》等书问世，都是清代学术史上的重大事件。虽是编纂之书，可以说是每部书都是那个学术研究领域的界碑，影响是非常深远的。在这些书的编纂上，每本书"皆自起凡例，择友人弟子分任之，而亲加朱墨，改订甚多"。显示了他敏锐的识见，开阔的胸襟，卓越的组织才能。他把自己"实事求是"与"明体达用"的两个治学特点紧密地结合起来，可说是达到了出神入化的地步。在他的指导下，不仅出了一批著作，而且带出了一批

---

① 阮亨：《瀛舟笔谈》卷一，转引自张舜徽《清代扬州学记》，上海人民出版社，1962，第143—144页。
② 徐世昌：《清儒学案》卷一二一《仪征学案》（上），中国书店，1990年影印本，第2a页。

人才，影响到若干代之后，这绝不是一般学者所能作到的。

中国近代史上著名的思想家龚自珍说过，"今阮公任道多，积德厚，履位高，成名众"；"励精朴学，兼万人之姿，宣六艺之奥"。并将其学问分为训诂之学、校勘之学、目录之学、典章制度之学、史学、金石之学、九数之学、文章之学、性道之学、掌故之学等十个大的领域，佩服之至，简直是五体投地。又称：

> 公宦辙半天下，门生见四世，七科之后辈，尚长齿发。三朝之巨政，半在文翰，幽潜之下士，拂拭而照九衢，蓬荜之遗编，扬扢而登国史，斗南人望，一而无两，殿中天语，字而不名。吁！富贵不足为公荣，名誉不足为公显。九川行地，溯学海而波澄；三台烛天，指文星而度正。其在汉也，譬以伏、孔居邠、魏；其在唐也，譬以韩、李兼房、杜。①

龚自珍是中国近代史上著名的思想家，梁启超在《清代学术概论》中称："晚清思想之解放，自珍确与有功焉。"面临着复杂的社会矛盾，甚至连"人畜悲痛，鬼神思变置"。②自珍曾预言"有大音声起，天地为之钟鼓，神人为之波涛矣"。③具有激进变革思想的龚自珍，对当时社会矛盾认识得十分深刻，处处大声疾呼，唯独对阮元有这样高度的评价，是应当能说明一定问题的，从另一个侧面证明，阮元的确算是乾嘉学术中一个有杰出成就的学者。

---

① 龚自珍：《阮尚书年谱第一序》，《龚自珍全集》（上），王佩诤校，第227—228页。
② 龚自珍：《平均篇》，《龚自珍全集》（上），王佩诤校，第78页。
③ 龚自珍：《尊隐》，《龚自珍全集》（上），王佩诤校，第88页。

其次，阮元是乾嘉学术的总结者。

梁启超说："有清学者，以实事求是为学鹄，饶有科学的精神，而更辅以分业的组织。"又说："此二百余年间总命名为中国之'文艺复兴时代'，特其兴也，渐而非顿耳。然固俨然若一有机体之发达，至今日而葱葱郁郁，有方春之气焉。"①梁启超所指的这个时期，乾嘉学术当然是这个时期的高峰，阮元则是乾嘉学术中的总结者。

清代的文化成就，有很大的一个方面是在文献的整理上，特别是在考据学上取得了重大成就。从总体上讲，这种学术研究，不仅没有背离封建统治阶级的理论准则和最高利益，而且成为程朱理学的补充。在统治阶级的倡导下，有清一代则形成了考据学大盛的局面。从另一方面讲，考证又是一种治学方法，一种学术风气。这种考据，是明代学风的一种反动，对于纠正程朱理学好发空论、言之无物的弊病是有积极意义的。其缺点是使广大知识分子逃避现实，不敢发表与现实联系紧密的义理与经济问题，更不敢抒发己见，议论时政，而把毕生的精力用于古籍整理上。

清代的考据学可以追溯到顾炎武、阎若璩、胡渭等，他们是考据学的发端。梁启超说："亭林的著述，若论专精完整，自然比不上后人。若论方面之多，气象规模之大，则乾嘉诸老，恐无人能出其右。要而论之，清代许多学术，都由亭林发其端，而后人衍其绪。"②其治学方法上，开了考据学之先河。阎若璩在其《古

---

① 梁启超：《清代学术概论》自序，《梁启超论清史学二种·清代学术概论》，朱维铮校注，复旦大学出版社，1985，第1页。

② 梁启超：《清代经学之建设》，《梁启超论清史学二种·中国近三百年学术史》，朱维铮校注，第163页。

文尚书疏证》中，利用种种实证解决了古文尚书的真伪问题，《四库提要》评其书曰："有据之言，先立于不可败也。"他们在国家典制，郡邑掌故，天文仪象，河漕，兵农，经史百家，音韵训诂之学，无不探究原委。这种学风，对乾嘉学派产生了重要影响。

乾嘉学派主要分为以惠栋为首的吴派和戴震为首的皖派。吴派的学风即收集汉儒的经说，加以疏通，其特点是唯汉是信，只要是汉学，就不论是非，一一加以疏通解说，有盲目崇拜汉学的缺点。惠栋本人博通古今，钱大昕称："宋元以来，说经之书盈屋充栋。高者蔑弃古训，自夸心得；下者抄袭人言，以为己有。儒林之名，徒为空疏藏拙之地，独惠氏世守古学，而先生所得尤深，拟诸汉儒，当在何劭公、服子慎之间，马融、赵岐辈不能及也。"[①]以戴震为首的皖派重视名物制度的考证，其特点是以语言文字为突破口，从文字、音韵来判断和了解古书的内容与涵义，并在文字学、音韵学上作出了重要贡献。他反对墨守古人的经说，主张择善而从，而断之己之考证，自然比吴派更为科学一些。戴震本人是具有唯物主义战斗精神的思想家，同时又是一个著名的学者。他拓宽了考据之学，其治学范围从校订经书扩大到史籍和诸子，从解释经义到推广到考究历史、地理、典章制度，旁及算学、天文、机械等。从学问的渊源来看，惠栋比戴震长26岁，与戴震结交于时任两淮盐运使卢见曾家，他十分看重戴震，称之为"奇人"，并定为忘年之交。二人在扬州结交后，切磋砥砺，同为声气，这对于戴震把汉学推向一个新的高度奠定了基础。也可以这样说，戴震的学问是在继承了惠栋并发展了惠栋学问的基础上产生的。

---

① 江藩：《国朝汉学师承记》卷二，钟哲整理，中华书局，1983，第29页。

清代扬州学派是在继承了吴、皖两大学派的基础上而发展起来的。先师张舜徽先生在其《清代扬州学记》中写道：

> 余尝考论清代学术，以为吴学最专，皖学最精，扬州之学最通。无吴、皖之专精，则清学不能盛；无扬州之通学，则清学不能大。然吴学专宗汉师遗说，屏弃其他不足数，其失也固。徽学实事求是，视夫固泥者有间矣，但致详于名物度数，不及称举大义，其失也偏。扬州诸儒，承二派以起，始由专精汇为通学，中正无弊，最为近之。夫为专精之学易，为通学则难。非物博约异趣，亦以识有浅深弘纤不同故也。郑康成之所以卓绝以此耳。①

阮元是扬州学派的开派人物，被称之为"于学无所不通"，在治学上则反映出扬州学派"通博"和"创新"两大特色。其治学规模宏大，在总结前人学问的基础上，于经史、小学、天算、舆地、金石、校勘、书法艺术等都有较大的贡献。特别是在刊刻数千卷书籍的基础上，广泛地传播了这些学问。史称"凡所建立，皆计功利于数百年后，各省受其福，享其利者，遗爱之颂，至今不辍云"。②

阮元小戴震41岁，但戴震曾游学扬州，著名学者王念孙曾正式受业于他，并经过戴的严格训练。近代学人支伟成曾指出：戴震崛起于安徽，"施教京师，而传者愈众。声音训诂传于王念孙、段玉裁，典章制度传于任大椿，既凌廷堪以歙人居扬州，与焦循友善，

---

① 张舜徽：《清代扬州学记》，第2页。
② 叶衍兰、叶恭绰编《清代学者象传合集》，第256页。

阮元遂问教于焦、凌,遂别创扬州学派"。近人刘师培说:"自汉学风靡天下,大江以北治经者,以十百计。或守一先生之言,累世不能殚其业。或缘词生训,歧惑学者。惟焦、阮二公,力持学术之平,不主门户之见。"①由于阮元博学高寿,两次主持会试,且创办了"诂经精舍"和"学海堂"两所著名的学校,和同时代学者有广泛的交往,故能吸收各个不同学派的特点,"力持学术之平",使自己的学问更具有通博的特点。其所编纂或者汇刻的几部大著作,如《十三经注疏》《经籍纂诂》《畴人传》《皇清经解》《金石志》等书,都是清代学术史上的重大事件。虽是编纂之书,可以说是这些学术研究领域的界碑,反映了阮元在乾嘉学术上的总结者地位。

作为扬州学派的开派人物,除阮元外,还有著名的学者汪中、焦循等,他们的治学规模和气概,应该算是做了不少总结性的工作,也是学界中的巨人。但是,其享年都只有50多岁,(案:焦循年长阮元1岁,但仅享年58岁,而汪中年长阮元20岁,且享年仅51岁)正当其学术炉火纯青的时候,他们却过早地离开了这个世界。加之,他们的一生都不算得志,或寄人篱下,或过着清贫的乡居生活。而阮元是历仕三朝,曾"持节十三省";博学高寿,直到鸦片战争后9年才逝世;虽为达官而不废学问,且以倡导学术为己任。汪、焦等人的学问被他容纳,客观的历史条件,创造了他乾嘉学派总结者的角色。

再次,阮元又是新思想的酝酿者。

---

① 刘师培:《扬州前哲画象记》,《刘申叔遗书·左庵外集》卷二〇,宁武南氏校印本,1934,第81页。

综观阮元的学术思想、成就及学术活动，可以这样认为，他是处在18世纪末至19世初中国社会危机和学术变化的前夜。钱穆在他的《中国近三百年学术史》的《自序》中写道："嘉道之际，在上之压力已衰，而在下之衰运亦见，汉学家正统如阮伯元、焦里堂、凌次仲，皆穷途将变之候也。"

阮元经历了清王朝从盛到衰的时代，康、雍、乾盛世已成过眼烟云，社会矛盾日渐尖锐。而新兴的资本主义思想向全球漫延，大清王朝的"一统天下"受到严重的挑战，时代正在呼唤着新的思想。阮元作为封建统治阶级的达官显宦，一方面千方百计地维护封建的传统统治，留恋着天朝大国的威严。另一方面，他也深深地感到社会的危机存在，不能不思考着一切应当从实际出发，应该具有某些变革。作为乾嘉学派最后重镇和扬州学派的代表，他有别于一般封建官僚的保守，虽然他还没有脱离封建地主阶级的窠臼，但是在他的思想母体中，已经有很多新的东西在躁动。反映在其治学上，则具有不同于其他学者的两个显著特点。

首先，主张在治学上要"实事求是"。

刘毓崧在谈到阮元治学特点时说："至其论学之宗旨，在于实事求是，自经史、小学以及金石、诗文，钜细无所不包，而尤以发明大义为主。"[①]所谓实事求是，就是根据实证，求索真相。《汉书·河间献王传》说："修学好古，实事求是。从民得善书，必为好写与之，留其真。"颜师古注说："务得事实，每求真是也。"阮元说："实者，实事也。圣贤讲学，不在空言，实而已矣。"[②]

---

① 刘毓崧：《通义堂文集》（四）卷六《阮文达公传》，第74页。
② 阮元：《孟子论仁论》，《揅经室集》（上）一集卷九，邓经元点校，第206页。

刘氏对阮元的评价是，其实事求是的治学特点，不是仅在某一个领域，而是反映在其整个治学领域中。其二，在治学中不是孤立地、静止地去看问题，而是要根据客观实际，发明其中的深刻意蕴，反映了其初步的唯物主义的思想。

阮元在自己的《揅经室集序》中也写道："余之说经，推明古训，实事求是而已，非敢立异也。"这就总结了自己一生的治学特点。从治学方法来讲，乾嘉经师的特点是长于训诂，阮元也说："余之学多在训诂。"针对明代学术空疏，曲为傅会之病，强调"推明古训"，则是阮元在学术上"实事求是"的重要手段，就把自己的治学思想反映在治学过程中去了。

"明体达用"，是阮元在治学上的又一个特点。

阮元认为"明体达用"的本质是"笃行"，不作空谈性命之人。他在《释达》中说：

> 达之为义，圣贤道德之始，古人最重之，且恒言之，而后人略之。元按：达也者，士大夫智类通明，所行事功及于家国之谓也。①

孔颖达认为"圣人达于天命"，"达"是道德之始。阮元把"达"字进一步解释为"智类通明"，"所行事功及于家国"，这就更深刻、更具体化了。又说：

> 达之为义，春秋时甚重之。达之为义，学者亦多问之。

---

① 阮元：《释达》，《揅经室集》（上）一集卷一，邓经元点校，第29页。

《论语》子张问:"士何如,斯可谓之达矣?"子曰:"……夫达也者,质直而好义,察颜而观色,虑以下人。在邦必达,在家必达。……"《大戴礼》弟子问于曾子曰:"夫士何如则可以为达矣?"曾子曰:"不能则学,疑则问,欲行则比贤,虽有险道,循行达矣。"又曰:"君子进则能达,岂贵其能达哉,贵其有功也。"绎孔、曾所言,知所谓"达"者,乃士大夫学问明通,思虑不争,言色质直,循行于家国之间无险阻之处也。……故《论语》子曰:"赐也达,于从政乎何有?""夫仁者,己欲达而达人。""不怨天,不尤人,下学而上达。"此达之说也。《左传》曰:"君子曰,仁而不武,无能达也。……后儒持明体达用之论,而'达'专属'用',非孔、曾本义也。"①

汉代著名的学者贾谊在上疏陈政事说:"曰安且治者,非愚则谀,皆非事实知治乱之体者也。"②所谓明体达用,即明白所谓的"圣人之道",达到"所行事功及于家国"而笃行的目的。

阮元从小就反复地受到这样的教育:"读书当明体达用,徒钻时艺,无益也。"③被阮元称为"吾乡独立特行之儒"的恩师李晴山也教导他说:"文以励行。若视为科第之阶,末矣。"④这样,

---

① 阮元:《释达》,《揅经室集》(上)一集卷一,邓经元点校,第30—31页。
② 班固:《汉书》卷四八《贾谊传第十八》,中华书局,1962,第2230页。
③ 阮元:《诰封光禄大夫户部左侍郎显考湘圃府君显妣一品夫人林夫人行状》,《揅经室集》(上)二集卷一,邓经元点校,第365页。
④ 阮元:《李晴山乔存西二先生合传》,《揅经室集》(上)二集卷二,邓经元点校,第396页。

阮元则把"行"看得十分重要。"圣人治天下万世,不别立法术,但以天下人情顺逆叙而行之而已。"①阮元曾身居高位,历仕三朝,他把"明体达用"同样应用到政事中去,这又成了他成功的一个原因。

阮元的"实事求是"和"明体达用"观点,表现在对待西方天文历算的先进性上,还是有所认识的。他说:

> 自利玛窦入中国,西人接踵而至,其于天学皆有所得,采而用之,此礼失求野之义也。而徐光启至谓利氏为今日之羲和,是何其言之妄而敢耶?天文算数之学,吾中土讲明而切究者,代不乏人,自明季空谈性命,不务实学,而此业遂微。……然则但可云明之算家不如泰西,不得云古人皆不如泰西也。我国家右文尊道,六艺昌明,……学者苟能综二千年来相传之步算诸书,一一取而研究之,则知吾中土之法精微深妙,有非西人所能及者,彼不读古书,谬云西法胜于中法,是盖但知西法而已,安知所谓古法哉!②

他坚持认为,中国古代的天文历算是"精微深妙",是西方人所不能及的,故显得既骄傲而又有些自大。另一方面,他又承认中国在某些方面确实落后了,特别是从明代开始,但是,他把落后的原因只是归结于明代空疏的学风。他的这种思想还可以从以下的一段话中证实:

---

① 阮元:《释顺》,《揅经室集》(上)一集卷一,邓经元点校,第29页。
② 阮元:《畴人传》(六)卷四四《利玛窦》,商务印书馆,1935,第568页。

夫欧罗巴，极西之小国也，若望，小国之陪臣也，而其术诚验于天，即录而用之。我国家圣圣相传，用人行政，惟求其是，而不先设成心，即是一端，可以仰见如天之度量矣。若望以四十二事表西法之异，证中术之疏，由是习于西说者，咸谓西人之学，非中土之所能及。然元尝博观史志，综览天文算术家言，而知新法亦集合古今之长而为之，非彼中人所能独创也。①

阮元认为，中国是"圣圣相传"，处于世界的中央，而欧罗巴只是一个"极西之小国"，其所推行之新法，是"集合古今之长而为之"，具有一定的先进性。在他的语汇中，已经杂有近代思想的色彩。所谓"实学"，所谓"西学"和"西法"，是直到清末主张变法维新的士大夫口中充满了的词句。如他使用西方传来的望远镜观察月亮，又以月亮来联想地球，可以看出，他并不排斥西方的先进技术，从中，我们多少可以看到一些"中学为体，西学为用"的影子。

阮元在人才培养上，注重在"实学"上下功夫。每到一处都兴办学校，提倡文教，影响和培养了一大批人才。中国近代史上著名思想家龚自珍，他的著作在近代思想史上起了振聋发聩的作用。阮元和龚自珍的外祖父段玉裁交好，与龚情兼师友，对龚正在形成的新思想产生过一定影响。阮元从1799年开始在自珍家乡浙江任官，阮元的门生王引之又是龚自珍的座师。道光三年（1823年），阮元

---

① 阮元：《畴人传》（六）卷四五《汤若望》，第589页。

60岁时，时年32岁的龚自珍满怀深情为阮元的《年谱》写了序言，即《阮尚书年谱第一序》。1839年，龚自珍辞官南归，刚刚告老还乡一年的阮元在扬州的家中与他进行了亲切的晤谈。龚自珍满怀深情地写道：

> 荷衣说艺斗心兵，
> 前辈须眉照座清。
> 收拾遗闻归一派，
> 百年终恃小门生。①

阮元在治学中的"明体达用""实事求是"的思想，受到龚自珍的赞同。自珍又有一诗云：

> 四海流传百轴刊，
> 皤皤国老神尚完。
> 谈经忘却三公贵，
> 只作先秦伏胜看。②

思想政治方面的契合，是阮、龚二人成为忘年交的重要原因。史载：

> 山民（龚自珍）故简傲，于俗人多侧目，故忌嫉者多。阮

---

① 龚自珍著，万尊嶷注《龚自珍己亥杂诗注》，中华书局，1980，第163页。
② 龚自珍著，万尊嶷注《龚自珍己亥杂诗注》，第151页。

文达家居，人有以鄙事相浼，则伪耳聋以避之。山民至扬，一谈必罄日夕。扬人士女相嘲曰："阮公耳聋，遇龚必聪；阮公俭啬，交龚必阔。"两公闻此大笑，勿恤也。①

龚自珍在"重见予大学士阮公于扬州"有诗云：

西来白浪打旌旗，
万舶安危总未知。
寄语瞿塘滩上贾，
收帆好趁顺风时。②

他们对西方资本主义的东渐、深刻的社会矛盾进行了探讨，对国家的安危表示了极大的担忧。同时，又对自己辞官进行了自我安慰。在对待外国侵略上，龚自珍说，在阮元任两广总督时，就已经产生了抵御外侮的思想，对列强的本性有所觉察并保持着警惕，并采取了一系列措施。龚自珍称颂阮元的做法的"戒备不虞，绸缪未雨"。当然，阮元对社会的认识还远远不及自珍深刻，但是，作为一个转型期的封建官僚，他比较能接受新鲜事物。尖锐的社会矛盾，清王朝由盛到衰的巨变，使他不停地思索，在他的思想中已经在发生着某种变革，为近代的新思想的酝酿起了积极的促进作用。

综上所述，阮元对清代乾嘉学术做了大量总结性的工作，起到

---

① 龚自珍著，万尊巍注《龚自珍己亥杂诗注》，第151页。
② 龚自珍著，万尊巍注《龚自珍己亥杂诗注》，第149页。

了同时代学者不可替代的作用。他是新思想的酝酿者,他还以封疆大臣的身份,办学校,兴文教,倡学术,培养了一大批人才。他的思想不仅影响了龚自珍等,其所倡导的学风还波及了晚清及近代学者俞樾、章太炎、梁启超等。并以其深厚的学术功底和精湛的学术造诣,主持风会、倡导文化的杰出工作,奠定了其在清代中叶学术界的地位,使自己无可争议地成为乾嘉学术的强有力殿军。

第二章 政治思想

第一节 "孝弟"思想

封建士大夫以"立身""事亲""留名"为三大功业,既作为一生中的追求,也作为激发自己洁身自好的动力。事实上,阮元很好地做到了这些。用封建标准来衡量,在"立身"方面,他是三朝阁老,九省疆臣,著述等身,经济事功俱佳,是一个影响很大的人物。"事亲"方面,他在家是一个好儿子,好父亲,好丈夫,在家庭中尽到了很好的责任,确实是符合封建伦理道德的楷模。"留名"方面,其著作多为传世之作,其德政往往影响到数百年之后,不仅生前享有殊誉,死后同样受到人们的尊敬,时人称其为"极三朝之宠遇,为一代之完人"。我们透过这些现象,考察其政治思想基础,及其取得这些成就的根本原因。我们发现在阮元的政治思想中,"孝弟"思想则是阮元政治思想中的核心内容之一,其出发点是从治家事始。

在封建社会里,"忠臣"和"孝子"二者是统一的。"孝弟"思想的表现为忠孝,忠孝的实质则为"孝弟"。所谓忠,就是指对君国大事忠实不欺,尽心竭力。孔子在《论语》中说把"忠"列为"三省"①之首,作为做人的准则。阮元的所谓忠,就是时时把握"最合圣意",以"最合圣意"为立身之本。在封建社会中,"齐家、治国、平天下"是对封建士大夫的要求。忠臣和孝子二者是矛盾的统一体,居家不能作孝子,事国就不会是忠臣。《孝经》说:"故以孝事君则忠,以敬事长则顺,忠顺不失,以事其上,然后能保其禄位,而守其祭祀,盖士之孝也。"②因此,忠、孝是互相紧密联系,且不能割裂开的。"孝弟"思想是阮元政治思想核心之一,其表现为:

首先,阮元竭力推崇"孝弟"思想。

在封建社会中,"孝弟"是维持社会秩序的核心,是为人的道德准则。孝:《说文·老部》:"孝,善事父母者。"《论语·为政》:"孟懿子问孝。子曰:无违。"《论语·学而》:"弟子入则孝,出则弟。"所谓"孝弟",就是顺从长上之意。《孝经》说:"夫孝,德之本也,教之所由生也。"《大戴记·曾子大孝》曰:"民之本教曰孝。""夫孝始于事亲,中于事君,终于立身。始终之间,原有中之一层。"③这就是忠君。阮元又说:"孝弟为仁之本,君子务本为急,自天子至庶人,莫不以事亲为首务。舜之事亲,孔子言孝为仁本,皆是道也。"④有子曰:"其为人也孝弟

---

① 《论语·学而》:"吾日三省吾身:为人谋而不忠乎?与朋友交而不信乎?传不习乎?"参见孙钦善译注《论语注译》,巴蜀书社,1990,第3页。
② 严可均辑《孝经郑注(及其他二种)》,中华书局,1985,第4页。
③ 阮元:《孟子论仁论》,《揅经室集》(上)一集卷九,邓经元点校,第210页。
④ 阮元:《孟子论仁论》,《揅经室集》(上)一集卷九,邓经元点校,第206页。

而好犯上者,鲜矣。不好犯上而好作乱者,未之有也。君子务本,本立而道生。孝弟也者,其为仁之本与!"①所以,"孝弟"作为封建伦理观念之一,是维护封建统治的重要精神支柱。

阮元在《论语解》说:"夫孝,天之经也,地之义也,人之行也。君子务本,本立而道生。孝弟也者,其为仁之本与!"孝和仁是封建社会两个联系非常密切的概念。从一方面讲,"夫人二致同源,总率百行,非复铢两轻重,必定前后之数也。而如欲分其大较,体而名之,则孝在事亲,仁施品物。施物则功济于时,事亲则德归于己。施己则事寡,济时则功多。推此以言,仁则远矣"。从另一方面讲,"物有出微而著,事有由隐而章。近取诸生,则耳有听受之用,目有察见之明,足有致远之劳,手有饰卫之功,功虽显外,本之者心也。远取诸物,则草木之生,始于萌芽,终于弥蔓,枝叶扶疏,荣华纷缛,末虽繁蔚,致之者根也"。"孝弟"对仁来说,"犹四体之有心腹,枝叶之有根本也"。②因此,阮元认为,"孝弟"和"仁"二者是紧密不可分的。"孝弟"是天经地义的事情,好比是人有心脏,树木有根本,本立而道生,是仁的本源。仁以枝叶扶疏为大,孝以心体本根为先。要使仁、孝二者兼之,必须付出极艰巨的努力。用东汉人延笃的话说:"仁孝同质而生,纯体之者,则互以为称,虞舜、颜回是也。若偏而体之,则各有其目,公刘、曾参是也。夫曾、闵以孝弟为至德,管仲以九合为仁功,未有论德不先回、参,考功不大夷吾。以此而言,各从其

---

① 阮元:《论语论仁论》,《揅经室集》(上)一集卷八,邓经元点校,第187页。
② 阮元:《论语解》,《揅经室集》(上)一集卷二,邓经元点校,第52页。

称者也。"①

从历史意义上分析，"孝弟"是仁的根本，仁、孝二者也是紧密相连的。阮元说："盖《春秋》以帝王大法治之于已事之后，《孝经》以帝王大道顺之于未事之前，皆所以维持君臣，安辑家邦者也。君臣之道立，上下之分定，于是乎聚天下士庶人而属之君卿大夫，聚天下之君卿大夫而属之天子，上下相安，君臣不乱，则世无祸患，民无伤危矣。"②换言之，《孝经》是封建社会的精神立法，而《春秋》则是封建社会的历史总结。并且，他还总结历史经验说："战国以后，纵横兼并，秦祚不永，由于不仁，不仁本于不孝，故致于此也。贾谊知秦之不施仁义，而不知秦之本于不知《孝经》之道也。"③在阮元看来，"亲亲而仁民，仁民而爱物之序。孝弟为仁之本。即《孟子》所谓未有仁而遗其亲者也。所以《尧典》必由亲九族而推至民雍也。博爱平等之说，不必辨而知其误矣。为仁为孝本，……""孝弟"为仁义之本，"孝弟"与仁义，互为表里，是维护封建秩序的基本条件，甚至关系到国家的兴亡，"孝弟"的重要性可知矣。

其次，极力弘扬"孝弟"思想。

《孝经》是中国封建社会的重要经典，被列为《十三经注疏》之一。"孝弟"思想是中国传统思想中的一个重要内容，为历代统治者所重视。清代被列入学官的《孝经》是唐玄宗御注，宋邢昺删改，它保存了唐以前的诸家之说，而又在号称"太平盛世"的时

---

① 阮元：《论语解》，《揅经室集》（上）一集卷二，邓经元点校，第52页。
② 阮元：《孝经解》，《揅经室集》（上）一集卷二，邓经元点校，第48页。
③ 阮元：《孝经解》，《揅经室集》（上）一集卷二，邓经元点校，第48页。

代，由颇有作为的唐玄宗亲自注疏，其意义也就不同寻常了。它劝老百姓行孝，并且由孝以劝忠。"孝弟"，被作为一种封建的道德准则，在中国封建社会推行2000余年，其基本内容也为封建社会人们所接受。阮元对仅1797字的《孝经》给予了极大关注。他认为《孝经》是古圣人之言，这是为人的道德准则。他说：

> 《孝经》二字标题，乃孔子所自名。故孔子曰："吾行在《孝经》。"《史记》："孔子以曾子为能通孝道，故授之业，作《孝经》。"《汉书·艺文志》曰："夫孝，天之经，地之义，民之行也。举大言者，故曰《孝经》。"①

他强调"孝"在封建社会道德伦理中的重要性，他说："不孝则不仁，不仁则犯上作乱，无父无君，天下乱，兆民危矣。《春秋》所以诛乱臣贼子者，即此义也。"②因此，《孝经》是封建社会赖以保持稳定与秩序的精神法律，必须坚定地予以维护。

阮元还以极大的心血注释了《曾子》十篇，他说："百世学者皆取法孔子矣，然去孔子渐远者，其言亦渐异。子思、孟子近孔子而言不异，犹非受业孔子者也。然则七十子亲受业于孔子，其言之无异于孔子而独存者，惟《曾子》十篇乎！"这样就把《曾子》十篇提高到相当高的地位，并称："窃谓从事孔子之学者，当自《曾子》始。"他高度称赞曾子，认为："曾子修身慎行，忠实不欺，而大端本乎孝。孔子以曾子为能通孝道，故授之业，作《孝经》。今读《事

---

① 阮元：《孝经解》，《揅经室集》（上）一集卷二，邓经元点校，第48页。
② 阮元：《孝经解》，《揅经室集》（上）一集卷二，邓经元点校，第48页。

父母》以上四篇,实与《孝经》相表里焉。患之小者毫发必谨,节之大者,生死不夺,穷极礼经之变,直通天律之本,莫非传习圣业,与年并进,而非敢恃机悟也。"又说:"元不敏,于曾子之学身体力行未能万一,惟孰复曾子之书,以为当与《论语》同,不宜与记书杂录并行。"①并且,其处己待人,均以"孝弟"为准则。

再次,主张克己修身,励行"孝弟"。

阮元说:"所谓仁者,己之身欲立则亦立人,己之身欲达则亦达人。所以必两人相人偶而仁始见也。即如己欲立孝道,亦必使人立孝道,所谓不匮锡类也。己欲达德行,亦必使人达德行,所谓爱人以德也。……为之不厌,已立已达也。诲人不倦,立人达人也。"②励行"孝弟"的前提,就是要"克己"。他在《揅经室集》中,为人所作的传、表、碑、铭的50余篇纪念文章中,无一不把"孝弟"作为一个重要的内容。阮元励行"孝弟",以实际行动作出了表率。体现在其"始于事亲,中于事君,终于立身"三方面。当阮元在仕途初获成就时,随时想到的是父亲对自己的培养和教育。皇上给他赏赐时,随即奉献于慈父膝前;父亲来任所时,亲自迎奉于前;自己虽名高位尊,从不作寿,每逢生日即作"一日之隐",但对自己的父亲,却是主动邀集朋友为父亲以诗文庆寿,这种高雅的庆祝,使其父兴奋异常。当其父逝世后,他满怀深情地写下了近8000字的《诰封光禄大夫户部左侍郎显考湘圃府君显妣一品夫人林夫人行状》,怀念自己的父母。其语哀哀,其情切切,读之

---

① 阮元:《曾子十篇注释序》,《揅经室集》(上)一集卷二,邓经元点校,第46页。
② 阮元:《论语论仁论》,《揅经室集》(上)一集卷八,邓经元点校,第178页。

催人泪下。所以,其家乡的《乡贤录》记载说:

> 故宦天性孝友,笃于根本。年十八,母封夫人林氏殁,故宦以禄不逮养为憾。事父至孝,父殁,庐墓雷塘三年。仰承先志,立阮氏家庙于扬州郡城文选楼之间,庙西构楼五楹,上奉曹宪等七栗主,颜曰"隋文选楼",楼下曰西塾,为子姓斋宿饮飨之所,盖存古迹、祀乡贤、展庙祀也。立阮氏宗祠于郡城北乡公道桥旧里,捐置祭产,为祭祀睦族公车等事之用。其余例仿苏州范文正公旧事,订十六条,以余者为文选楼子孙读书等事之用,咨部备案。①

在对自己的子女和亲人上亦是如此。把"孝弟"用在"事亲"和"立身"上,并将其与"事君"联系在一起,使励行"孝弟"达到了一个更高的境界。《孝经》说:"在上不骄,高而不危,制节谨度,满而不溢。高而不危,所以长守贵也。满而不溢,所以长守富也。富贵不离其身,然后能保其社稷,而和其民人。"②可以这样讲,他在政治上能得长久,励行"孝弟"是其重要的思想基础。

第二节 "仁学"思想

"仁学"思想是中国儒家思想的重要内容,同时,也是阮元

---

① 《赐谥文达原任太傅大学士阮公乡贤录事实》,张鉴等撰《阮元年谱》,黄爱平点校,第239页。
② 严可均辑《孝经郑注(及其他二种)》,第2—3页。

政治思想体系的核心内容。其出发点是从人事起,即人与人之间关系而言,进而为国事、天下事。阮元的"仁学"思想集中反映在《论语论仁论》《孟子论仁论》等篇内。对此,他作了比较详尽的论述。

首先,他从中国古代浩瀚的典籍中,利用乾嘉学派科学的治学方法和长于归纳的特点,对"仁"学进行了一番辨彰学术、考镜源流的工作。从文字的发展来看,"仁","似周初有此言而尚无此字"。当时仁字,"但写人字,《周官礼》后始造仁字"。许慎的《说文解字》称:"仁,亲也。从人二。"段玉裁注曰:"见部曰:'亲者,密至也',会意。《中庸》曰:'仁者,人也。'注:'人也,读如相人偶之人,以人意相存问之言。'《大射仪》:'揖以耦。'注:'言以者,耦之事成于此意相人偶也。'《聘礼》:'每曲揖。''以人相人耦为敬也。'《公食大夫礼》:'宾入三揖。'注:'相人偶。'《诗·匪风·笺》云:'人偶能烹鱼者。人偶能辅周道治民者。'"阮元称:"是古所谓人耦,犹言尔我亲爱之辞。独则无耦,耦则相亲,故其字从人二。"①这样就用比较浅显的道理,把"仁"的含义讲清楚了。

阮元在《孟子论仁论》中说:

> 仁之篆体,从人二,训为相人偶,《论语》中已备论之矣。孟子曰:"仁也者,人也。"此孟子学于子思,得中庸之传也。《中庸》曰:"仁者,人也。"郑康成氏以"相人偶"

---

① 阮元:《论语论仁论》,《揅经室集》(上)一集卷八,邓经元点校,第179页。

注之。《孟子》此章"人也","人"字亦当读如"相人偶"之"人"。合而言之,谓合人与仁言之,即圣人之大道也。孟子曰:"人皆有不忍人之心。"以此一人不忍彼一人,即二人相人偶之实据也。今人见孺子尚不忍,王见牛尚不忍,况相并之二人哉。①

又接着说:

恻忍之心仁之端,有仁之端而自谓不能充,谓其君不能充,此两"能"字,即后章折枝是不为非不能之"能"。后章推爱牛之恩,即前章充见孺子之心;苟能充之,推之足以保四海,苟不能充之,推之不足以事父母,保妻子。相合而观之,更深切著明矣。②

这样,就更进一步地说明了"仁"的概念。

什么是"仁"?孔子于《论语》中论及"仁"者有58章,"仁"之字出现于《论语》中竟达105处。对此论述尤为详细。随着时代的发展,"仁"就已经成了儒家的一种道德规范。孔子的"仁","以此一人与彼一人相人偶,而尽其敬礼忠恕等事之谓也"。包括恭、宽、信、敏、惠、智、勇、忠、恕、孝、弟等内容。"仁"是"爱人",是人们处理彼此间道德关系的一种准则,

---

① 阮元:《孟子论仁论》,《揅经室集》(上)一集卷九,邓经元点校,第201页。
② 阮元:《孟子论仁论》,《揅经室集》(上)一集卷九,邓经元点校,第201页。

实际上也是封建社会的一种精神立法。阮元指出，"仁之有益于人民者甚大"，"为富贵生死所不夺"。

阮元所说的"仁"，包括了些什么内容？怎样才能达到"仁"呢？为此，他作了以下的分析。

其一，"己欲立立人，己欲达达人"。

在阮元看来，"仁"不仅是一个道德范畴，同时，也是一个实践过程。孔子说："所谓仁者，己之身欲立则亦立人，己之身欲达则亦达人。"所以必两人相人偶而仁始见也。并举例说："即如己欲立孝道，亦必使人立孝道，所谓不匮锡类也。已欲达德行，亦必使人达德行，所谓爱人以德也。"阮元还说，"圣贤之仁，必偶于人而始可见，故孔子之仁必待老少始见。安怀若心，无所著便可言仁，是老僧面壁多年，但有一片慈悲心，便可毕仁之事，有是道乎"！① 因此，阮元说："孔子之道，当与实者、近者、庸者论之，则春秋时学问之道显然大明于世而不入于二氏之涂。"② "仁"是一个实践过程，万不可把"仁"当作是一种虚悟远求的东西。阮元说："仁之有益于人民者甚大。"③ 同时，"仁"是可以达到的目的。故曰："勿谓仁不易知，但博学笃志，切问深思，仁道即可近譬而知。……儒家学案标新竞胜之派皆预为括定。曾子、子游虑子张于人所不容，过于高大。不能就切近之事

---

① 阮元：《论语论仁论》，《揅经室集》（上）一集卷八，邓经元点校，第178页。
② 阮元：《论语论仁论》，《揅经室集》（上）一集卷八，邓经元点校，第177页。
③ 阮元：《论语论仁论》，《揅经室集》（上）一集卷八，邓经元点校，第187页。

与人为仁,亦同此说也。其曰'为仁',可见仁必须为,非端坐静观可曰仁也。"①

其《孟子论仁论》又说:"孟子于孔子、尧、舜之道,至极至尊,反覆论说者,仁也。……孟子论仁,无二道,君治天下之仁,士充本心之仁,无异也。治天下非仁不可。"阮元说孟子:"一则曰'仁者'无敌;再则曰'国君好仁天下无敌',反覆于爱民、行仁政、不尚利,以勉齐梁之君。且曰:'三代之得天下也以仁,其失天下也以不仁'。"也就是所说的:"怀仁义必王,怀利必亡,利与仁义相反,君臣父子兄弟非仁不行。"又称:"孟子论仁,至显明,至诚实,未尝有一毫流弊贻误后人也。一介之士,仁具于心;然具心者,仁之端也,必扩而充之,著于行事,始可称仁。"又从另一方面说明了,"仁"是一个道德范畴,同时也是一个实践过程。

其二,"克己复礼为仁"。

孔子在《论语·颜渊》中说,颜渊问仁。子曰:"克己复礼为仁。一日克己复礼,天下归仁焉。为仁由己,而由人乎哉!"颜渊曰:"请问其目。"子曰:"非礼勿视,非礼勿听,非礼勿言,非礼勿动。"朱子注《论语》,别出新解说:"仁者,本心之全德。克,胜也。己,谓身之己欲也。复,反也。礼者,天理之节文也。"②朱熹的释义,自然含有道学家的解释,阮元则对此表示了不同的看法。他认为马融的解释最合经意,"克己为约身",扬雄谓:"胜己之私为约。"阮元称:

---

① 阮元:《论语论仁论》,《揅经室集》(上)一集卷八,邓经元点校,第180页。
② 朱熹:《论语集注》,齐鲁书社,1992,第115页。

一日克己复礼而天下归仁，此即己欲立而立人，己欲达而达人之道。仁虽由人而成，其实当自己始，若但知有己，不知有人，即不仁矣。孔子曰，勿谓仁者人也，必待人而后并为仁，为仁当由克己始，且即继上二"克己"字叠而申之曰："为仁由己，而由人乎哉！"亦可谓大声疾呼，明白晓畅矣。①

这就把"克己复礼"的内涵说得清清楚楚，明明白白。阮元经过细致的考证说："克己复礼本是成语"，在《论语》与《左传》中都有出现，孔子引用的《左传》中对"克"的解释也就是："克者，约也，抑也。己者，自也。何尝有己身私欲重烦战胜之说？"②所以阮元推本古训："'克己'，己字即自己之己，与下'为仁由己'相同，言能克己复礼，即可并人为仁。"③

怎样才能做到"克己"，而后可以"天下归仁"呢？阮元认为，这就是要"约身"，要修己自胜，约俭其身。即如孔子所说的，要"四勿"，即非礼勿视、听、言、动。什么是"仁"？敬恕之道为"仁"，古代的天子诸侯之不仁者，"始于不敬大臣，不体群臣，使民不以时，渐至离心离德"。阮元还举例说，秦、隋之杀害群臣，酷虐百姓，行不顺，施不惠，家邦皆怨，是不仁之至也。

---

① 阮元：《论语论仁论》，《揅经室集》（上）一集卷八，邓经元点校，第181页。
② 阮元：《论语论仁论》，《揅经室集》（上）一集卷八，邓经元点校，第183页。
③ 阮元：《论语论仁论》，《揅经室集》（上）一集卷八，邓经元点校，第181页。

"究其始,不过由不忠不恕,充之以至于此,浅而言之,不爱人,不人偶人而已。"孔子说:"能持五者天下归仁矣。"五者指:恭、宽、信、敏、惠。恭则不侮,宽则得众,信则人任焉,敏则有功,惠则足以使人。阮元则认为:"兼五者之长,行之天下,始可谓仁,必如此始能爱及天下臣民也,又何疑于敬恕之非仁乎!"

阮元还认为"仁"为治天下国家之大道,南面为邦之根本。并且称:"仁义为本心,故曰仁,人心也。若失其本心,害人、忍人、无耻、无礼,则不成为人,与禽兽无异,与'仁人也'之说不合矣。"①孔子说:"知及之,仁不能守之,虽得之,必失之。知及之,仁能守之,不庄以莅之,则民不敬。知及之,仁能守之,庄以莅之,动之不以礼,未善也。"又说:"如有王者,必世而后仁。"归仁的过程,也是一个艰苦长期的过程,故阮元说:"王者化民成俗,使天下不仁者尽改而为仁,非三十年之久不可,所谓先难后获也。"②所以,可以这样讲,阮元对"克己复礼归仁"的诠释,是阐明了求"仁"的途径。

其三,"无求生以害仁,有杀身以成仁"。

阮元认为,孔子的仁学思想,其内涵十分广大深厚,它发源于"孝弟",既兼恭、宽、信、敏、惠于一体,又合忠、清、敬、恕诸德于一堂,最终成为一种崇高的精神境界和理想追求。所以孔子说:"志士仁人,无求生以害仁,有杀身以成仁。"③曾子曰:

---

① 阮元:《孟子论仁论》,《揅经室集》(上)一集卷九,邓经元点校,第205页。
② 阮元:《论语论仁论》,《揅经室集》(上)一集卷八,邓经元点校,第186页。
③ 孙钦善译注《论语注译》,第263页。

"士不可以不弘毅，任重而道远。仁以为己任，不亦重乎？死而后已，不亦远乎？"为了实现"仁"这个崇高的理想与追求，应当不惜牺牲自己的一切，甚至自己的生命。所谓"殷有三仁"："微子去之，箕子为之奴，比干谏而死。"被人们称为"仁"的榜样。对于伯夷、叔齐，阮元称："夷、齐让国，相偶而为仁，正是己立立人，己达达人之道。谏而饿死，与比干同，爱君之至也。"又说："爱人尚谓之仁，况爱君至于是乎！"

阮元在引用孔子的话说："富与贵是人之所欲也，不以其道得之，不处也。贫与贱是人之所恶也，不以其道得之，不去也。君子去仁，恶乎成名？君子无终食之间违仁，造次必于是，颠沛必于是。"[1]也就是人们常说的，君子爱财，取之有道。还说："民之于仁也，甚于水火。水火吾见蹈而死者矣，未见蹈仁而死者也。"[2]应当为实现"仁"的目的，而有赴汤蹈火的精神。他进一步引用子张问于孔子的话曰："何如斯可以从政矣？"子曰："君子惠而不费，劳而不怨，欲而不贪，泰而不骄，威而不猛。"阮元在《孟子论仁论》中说："仁得天下，不仁失天下，自天子及士庶人皆以仁保之，……"又说："为政者必以仁。仁者，三代先王之道，正经界，薄赋税，不罔民，久行而待时，民之受虐政者必归之，莫之能御。是以大国畏之，与急功近利之术全相反，盖大指全在仁也。"阮元还根据历史上的比干、伯夷、叔齐的史实，对于"仁"的追求，主张应当"为富贵生死所不能夺"，"行之百世而无弊"，说明了求仁的原则。

---

[1] 孙钦善译注《论语注译》，第48页。
[2] 孙钦善译注《论语注译》，第276页。

其四,"为仁之道,若不明其过,必失之愚"。

阮元认为:对"仁"的追求应当具有原则,只有能明其过,才不至于陷入"恶"和"不仁"的两个陷阱中去。对不仁之人当恶之,若不能分别之,又不能恶人,不使不仁者加身,则认为是尚未真正理解为仁之道。为"仁",必须"择仁人与我相助";且为仁之道,必须在于悠久。为仁"须讷言、修行、恭敬、忠勇,自然四海之人各以仁应,虽之绝域而不可弃,无兄弟亦无害也"。阮元还针对孔子论管仲的功过,而强调:"管仲不以死公子纠为仁,而以匡天下为仁,盖管仲不以兵车会诸侯,使天下之民无兵革之灾,保全生民性命极多。仁道以爱人为主,若能保全千万生民,其仁大矣。故孔子亟许管仲之仁,而略其不死公子纠之小节也。"[1]因此,阮元详细地论述了求"仁"的方法。

阮元的"仁学"思想已经形成了一个完整的体系。他不仅比较完整地阐发了"仁学"思想的概念,而且,还详细地论述了实现"仁"的原则、方法与途径。在"仁学"思想的实践中,他也很好地运用到了宦海生涯。阮元每到一处,都体察民情,对人民的疾苦有较多的理解。如他一生中,时时力图为百姓多办一点实事。其《乡贤录》记载说:

> 故宦为政力持大体,以惠爱为务。在浙江时,重浚西湖,以备农田水利。又浚流福沟,省城遂无水潦浸灌之患。定海塘工程,责成道厅之例筹备岁修正款。立《普济堂、育婴堂

---

[1] 阮元:《论语论仁论》,《揅经室集》(上)一集卷八,邓经元点校,第190页。

章程》，并严禁溺女。奏减萧山三围牧地。奏《南沙收盐章程》，仿照帑盐定例。奏请暂缓漕帮扣项，以纾丁力。奏办仓储事宜，陈明清查弥补之法。偶遇水旱偏灾，即平粜赈粥，奏请蠲缓钱粮。其赈金华等府饥民，榜示名口于各村，吏无侵冒。任漕督时，立粮船盘粮尺算法。因微山湖水浅不敷济运，条奏请加堤闸。在江西时，修省城章江水闸。两湖则奏建江陵县范家堤、沔阳州龙王庙石闸，并因江窖、金州等堤著《江堤说》。两广则奏建筑桑园围石堤，奏设恤嫠公局，奏请定洋米易货，并修英德、清远纤道工。云贵则督理盐课、严禁弊蠹，溢于奏销原额而市价不增。建立测水三石方柱，封禁私开之猛野盐井，并将猛野课程改归入石膏井代完，以广官盐。又以昆明仓储兵米易致红朽，立一米易二谷之法。凡有便于民生者，无不讲求尽善。①

阮元的这些业绩，都是在其"仁学"思想指导下作成的，故能得到人们的敬佩，受到人们长久的怀念。

第三节 经国济世思想

古代所谓的"经国济世"，即治理国家简称所谓"经济"。古人云：有体国经野之心，济世安民之略。经，治也。《左传》昭公

---

① 《赐谥文达原任太傅大学士阮公乡贤录事实》，张鉴等撰《阮元年谱》，黄爱平点校，第239页。

二十五年传:"为夫妇外内,以经二物。"其注云:"夫治外,妇治内,各治其物。"《周礼·天官·大宰》:"以邦经国。"《淮南子·原道训》:"是故不得于心而有经天下之气。"济,益也。《左传》桓公十一年:"盍请济师于王。"《晋书·殷浩传》简文(司马昱)答书:"足下沈识淹长,思综通练,起而明之,足以经济。"杜甫《上水遣怀》诗:"古来经济才,何事独罕有。"《宋史·王安石传论》:"以文章节行高一世,而尤以道德经济为己任。"这样,就把"经济"一词在古代的含义讲得清楚明白了。阮元一生历仕三朝,"持节十三省",经济事功,很有成就。其经国治世思想是值得重视的,他的一些主张也很值得研究。

一、"经济必从典谟中推求,无不可办之事"

嘉庆八年九月二十六日,阮元在浙江巡抚任上接到上谕云:"勉力为公,慎终如始,不可忘儒生本色。经济必从典谟中推求,无不可办之事。"[1]此则上谕,既是嘉庆对阮元的期望,同时,也是阮元对自己一生为官的要求。阮元说:

> 政事之学,必审知利弊之所从生,与后日所终极,而立之法,使其弊不胜利,可持久不变。盖未有不精于稽古而能精于政事者也。[2]

---

[1] 张鉴:《雷塘庵主弟子记》卷二,张鉴等撰《阮元年谱》,黄爱平点校,第54页。
[2] 阮元:《汉读考周礼六卷序》,《揅经室集》(上)一集卷一一,邓经元点校,第241页。

这就从另一方面说明了，为政者必须真正懂得历史，从古代经典中吸取经验教训；必须能认真地分析现实，一切从实际出发。应当千方百计地从中国传统的儒学思想中，发掘其合理的内核，其为人、行事必须合乎儒家的传统道德，也就是要符合其"孝弟"与"仁学"思想。同时，又不能生搬硬套，必须"明体达用"和"实事求是"。这样，阮元就将其治学特点和风格熔铸其中，形成自己的特点和风格。阮元说："余幼学以经为近也。"和同一时期的官吏们相比，阮元之经济事功，就更具有理论的高度，就更是超人一筹。他能明体达用，实事求是，严于律己，公正勤慎，能有"极三朝之宠遇，为一代之完人"的评价，也就不是偶然的了。

阮元说：

> 天下国家以立政行事为主，……物者，事也。格者，至也。事者，家国天下之事，即止于五伦之至善、明德、新民皆事也。格有至义，即有止意，履而至，止于其地，圣贤实践之道也。①

阮元的经国济世思想是与其仁学思想相联系的，并且他把仁学思想作为核心，引申到其经国济世思想中。他主张：

> 为政者必以仁。仁者，三代先王之道，正经界，薄税敛，不罔民，久行而待时，民之受虐政者必归之，莫之能御。是以

---

① 阮元：《大学格物说》，《揅经室集》（上）一集卷二，邓经元点校，第54页。

大国畏之,与急功近利之术全相反,盖大指全在仁也。①

在其所著的《论语论仁论》中记载:子张问于孔子曰:"何如斯可以从政矣?"子曰:"君子惠而不费,劳而不怨,欲而不贪,泰而不骄,威而不猛。"子张曰:"何谓惠而不费?"子曰:"因民之所利而利之,斯不亦惠而不费乎?择可劳而劳之,又谁怨?欲仁而得仁,又焉贪?君子无众寡,无小大,无敢慢,斯不亦泰而不骄乎?君子正其衣冠,尊其瞻视,俨然人望而畏之。斯不亦威而不猛乎?"处处把"民"的利益放在十分重要的地位。

由于阮元出身寒微,曾是"蓬户桑枢之子",能登"天子堂"是得来不易的。"不可忘儒生本色",是其经济事功的原则。其父也一再地告诫他说:"汝受知先皇,复受今上重恩如此,矢勤矢慎,庶可报效万一。"又说:"筑园池,美居室,吾不为也。《孝经》谓守其宗庙,为卿大夫之孝。……今年京察,谕旨谓汝有守有为,清俭持躬。汝奉职无微劳,何能当此?"②最高统治者也对青年学者阮元寄予了极大的期望。嘉庆四年十一月十五日接浙江巡抚印时,皇帝上谕云:

勿忘训言,切防引诱,立定脚跟做去,庶可有成。处顺境时切勿肆志,若不顺亦莫灰心,知此道理,庶乎可希古大臣之

---

① 阮元:《孟子论仁论》,《揅经室集》(上)一集卷九,邓经元点校,第198页。
② 阮元:《诰封光禄大夫户部左侍郎显考湘圃府君显妣一品夫人林夫人行状》,《揅经室集》(上)二集卷一,邓经元点校,第369—370页。

风，勉之！钦此。①

嘉庆十三年（1808年）三月又在其折子上批示：

遥想浙民欢迎载道之诚，实深欣慰，一切办公以勤为本，勉之！②

阮元在几十年的宦海生涯中，耳闻目睹了官场中很多大的变故。权倾天下的和珅的倒台，曾中状元历任疆臣毕沅的结局，好友孙星衍的坎坷，自己官场上的教训。"坐上宾"与"阶下囚"均在一念之间。他深知宦途的险恶，"力行在无倦"，"履之而后艰"。要做到"守其宗庙"，随时都应矢勤矢慎，如临如履，而深畏蹈前人之覆辙，不敢有半点疏忽。故阮元一生"品概廉洁，律己至严。家中无中人产，服官中外，无非义之取，廉俸节余，每用以刊刻书籍，及捐助地方公举。僚属师其清德，以奉公守法为心"。③清廉、谨慎，阮元的这种思想和心态，我们还可以从他的诗文集中看到。其《庶常馆听寒柝》写道：

空街夜冷欲三更，

---

① 张鉴：《雷塘庵主弟子记》卷一，张鉴等撰《阮元年谱》，黄爱平点校，第22页。
② 阮常生：《雷塘庵主弟子记》卷三，张鉴等撰《阮元年谱》，黄爱平点校，第69页。
③ 《赐谥文达原任太傅大学士阮公乡贤录事实》，张鉴等撰《阮元年谱》，黄爱平点校，第239页。

>阁阁何人竞相鸣。
>静掩萧斋闻断续,
>梦回虚枕数分明。
>催残月影低无色,
>敲碎霜华落有声。
>明日早朝清漏急,
>车中听到紫微城。①

此诗描写了一个初入宦海青年的紧张心情,以及官场不自由的自我表白。

阮元善于从历史中吸取经验教训,对志士仁人的不幸遭际怀有无限的同情,并随时引为鉴戒。如《荆州怀古》写道:"岂有才人不惆怅,未应王粲独上楼。"②《柳州柳侯祠》:"多少文章留恨在,莺啼花落又罗池。"③其《温州江中孤屿谒文丞相祠》则对文天祥表示了极高的评价,写道:

>朱鸟西台人尽哭,
>红羊南海劫初收。
>可怜此屿无多土,

---

① 阮元:《庶常馆听寒柝》,《揅经室集》(下)四集诗卷一,邓经元点校,第752页。
② 阮元:《荆州怀古》,《揅经室集》(下)四集诗卷一〇,邓经元点校,第944页。
③ 阮元:《柳州柳侯祠》,《揅经室集》(下)四集诗卷一一,邓经元点校,第959页。

曾抵杭州与汴州。①

其《嘉庆三年西湖始建苏公祠志事》中写道：

苏公一生凡九迁，
笠屐两到西湖前。
十六年中梦游遍，
况今寥落七百年。
西湖之景甲天下，
惟公能识西湖全。
公才若用及四海，
德寿不驻湖山边。②

并对苏轼一生宦海而被蒙九迁，表示了极大的同情和惋惜，随时提醒自己要吸取历史经验，矢勤矢慎。从另一方面讲，他也不是那种只图苟安一时，保身惜命，无所作为的人。而是以国事为重，敢于负责。他十分敬仰历史上的民族英雄，他在《温州江中孤屿谒文丞相祠》诗中又写道：

独向江心挽倒流，
忠臣投死入东瓯。

① 阮元：《温州江中孤屿谒文丞相祠》，《揅经室集》（下）四集诗卷四，邓经元点校，第810页。
② 阮元：《嘉庆三年西湖始建苏公祠志事》，《揅经室集》（下）四集诗卷四，邓经元点校，第815页。

> 测身天地成孤注,
> 满目河山寄一舟。①

在《拜岳鄂王庙》②一诗中,表达了对爱国民族英雄岳飞的敬重。其中,"不战即当死,君亡臣敢存"和"独洗两宫辱,莫言三字冤"的名言警句,既是对岳飞的敬重,同时,也是阮元对自己忧国忧民,立志献身国家民族的抒怀。阮元既想为国家民族而干一番事业,又时时警惕官场的险恶,因此,他不忘儒生本色,严于律己,持身清慎。他从典谟中推求为政方法,把自己的治学风格熔铸其中,就成了其经济事功的一个重要原则。

二、"务令实惠在民,无使一夫失所"

阮元的一生治政,均以"实事求是"为出发点,把为老百姓办实事作为经济中心。由于阮元为人"明白老实",始终把"最合圣意"四字,作为自己终生追求和奋斗的目标,故深得皇帝的重视,并时时对他指点迷津。他在浙江任上赈济灾民时,上谕说:"务令实惠在民,无使一夫失所。"这也成了阮元为政的又一指导思想。嘉庆五年(1800年)二月奉谕云:

> 闻卿在浙,颇能整饬,守正才优,朕心深慰。果能常守此志,不因贵显更易素心,常忆寒窗灯下辛苦,到此地位,

---

① 阮元:《温州江中孤屿谒文丞相祠》,《揅经室集》(下)四集诗卷四,邓经元点校,第810页。
② 阮元:《拜岳鄂王庙》,《揅经室集》(下)四集诗卷八,邓经元点校,第886页。

应显亲扬名,为国宣力,成一代伟人,不亦美欤!勉守朕言,勿懈。①

阮元为政的一个特点就是为民办实事。史载:

> 公任封疆数十年,所至兴利除弊,凡所建立,皆计功得于数百年后,各省受其福,享其利者,遗爱之颂,至今不辍云。②

如嘉庆九年(1804年)在浙江时,由于其水利"数十年未加浚治,……每遇大雨水,城内泛滥,司府县署刺舟而入,居民多卧水中"。阮元首捐廉俸,官士商亦各出资,计银4800余两,共"开广学士港十五丈六尺",掘土9445方,重浚西湖,使湖水能得到控制,杭州城亦"畅通无泛滥之苦",又有农田水利之利,③百姓感恩戴德之至。对于事关人民安全的浙江海塘工程,"责成道厅之例筹备岁修正款"。策划修建了江西章江水闸,江陵范家堤,沔阳龙王庙石闸,两广桑园围石堤,清远、英德的纤道工程。另外,还筹建育婴堂、普济堂、恤嫠局等福利措施,印制图书,广为刊布,制定条例,建立书藏,兴办学校,培养人才。其任职期间,每到一个地方,都认真调查研究,认真地思考,应该为百姓做些什么事情。所办的每一件事情,都是希望给人民带来实际好处。他在看见西

---

① 张鉴:《雷塘庵主弟子记》卷一,张鉴等撰《阮元年谱》,黄爱平点校,第24页。
② 叶衍兰、叶恭绰编《清代学者象传合集》,第256页。
③ 阮元:《嘉庆九年重浚杭城水利记》,《揅经室集》(下)三集卷四,邓经元点校,第664页。

湖"旧树婆娑新树稀,折柳人多种柳少"的情形,即命海塘兵剪柳3000余枝遍插西湖,并令海防道以后每年添插1000枝以为公案。他在诗中写道:

> 一年两年影依依,
> 千丝万丝风袅袅。
> 待与游人遮夕阳,
> 应有飞绵衬芳草。
> 补种须教有司管,
> 爱惜还期后人保。
> ……
> 白堤插满又苏堤,
> 六尺柔荑惜纤小,
> 且把千行淡绿痕,
> 试与桃花斗春晓。①

阮元为民办实事,连在西湖植树这样的小事情,都挂在心上,并且吩咐有关部门管理,形成公案,不仅是美化了西湖的环境,更重要的是要影响一代社会风气。

"务令实惠在民",还表现在阮元为政处处从实际出发,务使人民得到实惠。在担任地方官吏的时候,他不像一些官吏,以如何搜刮百姓,以粉饰太平来维护自己的官声,以期用人血来染红自己

---

① 阮元:《命海塘兵剪柳三千余枝遍插西湖并令海防道以后每年添插千枝永为公案》,《揅经室集》(下)四集卷七,邓经元点校,第874页。

的顶子。在生产力还十分低下的封建社会，自然灾害之多是可以想象的。仅在浙江任职的九年多间（如果除去三年守制，实际任职是六年），阮元就以灾情上奏请皇上蠲免钱粮达13次之多，而且，规模之大，时间之频繁，也是罕见的。甚至是一到任上，第一件事就是向朝廷奏请蠲免钱粮。史载：

> 先是，萧山经征牧地之租，租额太重，灶课亦重，其沙地木棉，少有风潮之损，民即自火其茅篷而遁，相率为南沙之盗，租课追呼无著。且于萧山经征牧租不足额者，即干降革，处分严于地丁，故前令皆亏缺地方正赋以足牧租。

阮元经过认真调查后，从实际出发，"于牧租钱二万二千二百五十串内，岁减钱三千三百二十四串零，灶课银三千六百九十余两内，岁减银一千九十九两零，而别筹款生息，以足满营之用"。[①] 这给人民带来了实惠，给政府也带来了安定，如果没有一点胆识，是不可能做到的。

嘉庆五年赈济灾民时，阮元为了防止官吏里长夤缘为奸，从中进行贪污，而使灾民得不到救济，"亲赴金华等处办灾民赈务"。先向士民发布告示：

> 因于一县几都，一都几村，每村几户，几口，先立一榜，上写应赈几月，每月赈足米若干、足银若干，此村极贫者某

---

① 张鉴：《雷塘庵主弟子记》卷二，张鉴等撰《阮元年谱》，黄爱平点校，第45页。

某，次贫者某某，大口某某、小口某某，凡数百人为一榜，盖愚民不能入城向胥吏查询，若一经榜示于本村本庄，则妇竖皆知，自无损蚀增冒之弊。廉吏即可推诚布公，见谅于百姓；贪官亦不能病民侵帑，受制于群胥。即先后查赈者，亦但需挟册，抽对甚易。

为了使赈灾工作有序进行，阮元还"亲策轻骑过之，就乡村及远僻山谷，以册核榜，以榜查民，保甲门牌悉与赈册户口符合，核毕乃去。所过之处，耆老各携男妇迎迓，欢声载道"。①使人民在一定程度上受到了实际救助。嘉庆十年，阮元所抚的仁和、钱塘、海宁、余杭、临安、嘉兴、海盐、秀水、石门、桐乡、乌程、归安、长兴、德清、武康等15州县三四月间，"阴雨连绵、凝寒积潦，麦豆皆淋淹，蚕丝更形歉薄"。立即上报，本着"认真办理，务令实惠在民，无使一夫失所"的精神，分设粥厂，购米煮赈。史载："在藩库捐监款内支银十万两，分饬设厂，委员会同该府州县督率本地诚谨乡绅煮放。"②"赈杭、嘉、湖三郡饥，檄所属多设粥厂，分男、女为二，出入进退皆有法，病者药之，老疾者别有厂，妇女有厕篷，全活数十万人。"③为使人民得到实惠，规定："粥浓度皆遵令，以立箸不倒，裹巾不渗为度，司事者与饥民同食之，……"致"民情欢悦，故虽饥馑频仍，而不能为害"，以致能"无使一夫失所"。

---

① 张鉴：《雷塘庵主弟子记》卷一，张鉴等撰《阮元年谱》，黄爱平点校，第39页。
② 张鉴：《雷塘庵主弟子记》卷二，张鉴等撰《阮元年谱》，黄爱平点校，第61页。
③ 《阮文达公事略》，张鉴等撰《阮元年谱》，黄爱平点校，第249页。

再次，阮元在"务使实惠在民"上，务使政府工作见实效。如在处理萧山牧租时，由于从实际出发减租，史载："自此番减租生息，调济满营，其用亦给，民不逃而租银岁反得以足如额，萧山县令亦绝挪移之弊，不致亏空正赋矣。"[①]事情做得十分得体，政府的收入增加，而人民亦得到实际利益。

当时，浙江全省的仓库亏空"达四百数十万之多"，形成了财政上的重大难题。为此，他在奏折中说："臣蒙高厚天恩，畀以封疆重任，于熟筹弥补之法，因不敢督责太迫，致州县婪索滋扰闾阎；更不敢查办迁延，致国帑久悬，复滋影射。"基于这些反复思考，认真分析了导致亏空的实在原因五种，提出了解决问题的方法：

> 惟是清查弥补，其法有三，而皆不能兼善。一则径行奏明，将前任各官按数严参勒追。但亏空既在十余年前，其中降革问罪、人亡产绝者实属不少，恐可咨追完缴者十不得二三，而以后之弥补势难切责后任之员，转致帑项无著。一则因新任已经出结，责令弥补归款。又恐见当清厘漕务、禁派采买之时，且缉匪兵勇口粮之事，向系捐廉办给，恐弥补不能多而且速。一则因其有挪新掩旧之弊，定以本年为断，以本年征银勒清本年之款，使旧款无从掩饰。则上年征解不及分数之处，一经奏销之后，通省官员革职者十居八九，于吏治帑项似仍有碍。以上三款，臣夙夜思惟，不敢少涉冒昧，似年清年款一条，尚可收

---

① 张鉴：《雷塘庵主弟子记》卷二，张鉴等撰《阮元年谱》，黄爱平点校，第45页。

实效而少流弊。俟吊齐单册，查明实在亏缺之项究系若干，其中某任亏缺若干，弥补若干，分别有著无著，总期于国帑日有起色，于民生不致扰累，以仰皇上足国爱民之至意。①

阮元在处理浙江仓库事宜提出的"年清年款"一法时，既要使"国帑日有起色"，又要"于民生不致扰累"，数年后，即见成效。以嘉庆十三年记载为例：

五月，奏销通省钱粮十三年额征二百一十五万七千五百两零，计已完一百八十八万四千九百零。计完至八分以上。

其子阮常生于此段记载语案：

九年弥补核计已补一百八十七万八千四百有零。但恐旧亏虽补，而新亏复积。大人廉俭持恒，皆系实补，并无新亏。是以嘉庆五年报解全完者止富阳一县，通省完五六分以上。而十三年报解全完者仁和、钱塘、海宁、富阳、余杭、临安、新城、于潜、昌化、嘉兴、委水、嘉善、海盐、归安、乌程、长兴、德清、武康、安吉、孝丰、鄞县、慈溪、奉化、镇海、象山、定海、山阴、会稽、诸暨、余姚、上虞、嵊县、兰溪、东阳、义乌、永康、武义、汤溪、西安、常山、泰顺、青田、松阳、遂昌、云和、龙泉、庆元、宣平等四十八州县，通省完

---

① 张鉴：《雷塘庵主弟子记》卷一，张鉴等撰《阮元年谱》，黄爱平点校，第28页。

至八分以上。而十四年本年上忙报解者亦甚多，此实据也。是时，有镇海、慈溪等五县不但将十三年报解全完，且将十四年征解过半，藩司请记其功，大人曰："慈溪等三县无所为而为之，足见官民相得，踊跃奉公，应记功。镇海等二县卸事将近，催科过急，以私济公，不顾小民，方且当劾，岂可记功耶。"可谓洞见毫厘矣。常生又按，浙省自定仓库章程后，行之十年，通省完善，甲于各省。乙亥年，山东、江苏查办亏空五六百万不等，论者皆谓浙政之善于始也。①

阮元在处理"务使实惠在民"的问题上，既要为人民做好事，又要力图不增加政府的负担。他采取了"工商集资"的办法，并且无数次地带头捐清俸以作表率。嘉庆九年五月十九日，以诸暨水灾捐赈，"倡捐银三千两"。七月十二日，筹集接济平民口食，又"倡捐银一万两"。不到两个月阮元自己即捐银达一万三千两，为官僚士绅做了一个榜样。在七月十二日的奏折载：

> 查浙省被旱亦有捐设粥厂旧案，贫民甚为受益。臣即倡捐银一万两，盐政常显捐银三千两，藩司清安泰捐银五千两，运司张映机捐银四千两，其余司道以下量力捐助。又准盐政咨称，四所盐商吴康成等请公捐银十六万两，以为分厂接济之用。②

---

① 阮常生：《雷塘庵主弟子记》卷三，张鉴等撰《阮元年谱》，黄爱平点校，第79—80页。
② 张鉴：《雷塘庵主弟子记》卷二，张鉴等撰《阮元年谱》，黄爱平点校，第58页。

在广东任总督时，查其考试的号舍，"地本不宽。经营者度非文人，不知士子苦，以致宇舍太小，烈日冻雨，殊难耐之。……余思浙及江右皆增修改试闱，今粤闱何不可办，乃率官属倡捐廉银，于是省会绅商继捐之，广属暨外郡绅士又继捐之"。当号舍建成后，"共用银四万几百有奇，司工者榜其用工之数，使共见之，以示不诬"。为表彰为事出力者，"请撰文刻石记其事，爰书其大略如此。至于乡官士商之议事者、捐银者、司工者，当再立一碑，备列而书刻之"。[1]在其他很多为地方公举时，都是以为首倡，不仅自捐廉俸，而且带动了一批乐善好施之人。阮元亲加褒奖，或给碑记、或给匾额，不仅为地方办成了一些造福当代，功在千秋的义举，而且影响了一代社会风气。

阮元就是这样，为老百姓办实事，把"无使一夫失所"的老百姓基本生存问题放在第一位。在办实事过程中，把"务使实惠在民"放在第一位。在"公正勤谨"方面，则把"以身作责"放在第一位。史载：阮元"治浙漕六年，未尝重敛民，于仓库无亏赔，于弁丁无苦累，亦未尝参一官，亦未尝革及生监，生监亦无一人入京妄控者，而运皆妥速"。其为政取得了重要的成就。

阮元治学上的特点，又与其经济事功整体相结合，而成为其思想体系中的一个重要组成部分。

三、"日砺白刃，以待蹈者"

乾嘉时期，在封建统治机构内部，腐败、苟安开始弥漫在整个

---

[1] 阮福：《雷塘庵主弟子记》卷五，张鉴等撰《阮元年谱》，黄爱平点校，第141页。

官场之中。嘉庆亲政不久即称："各省地方官吏，遇有多年盘据盗匪，往往畏难苟安，不肯即时督拿，任其扰累闾阎，最为恶习。"阮元任浙江巡抚不久，即破获积年窝盗要犯，深得皇帝嘉奖说："今浙省叠次窝劫盗犯，若阮元亦复迁延迟缓，并不及早查拏，亦必致容奸遗患。阮元办理此案，任事实心，克副委任。"[①]"文武之道，一张一弛"，为严格地维护封建社会的秩序，确保一方的平安，阮元办事认真、果决，没有一般官吏的苟安与畏难。一方面，他巧行南面之术，多行善政，以求得士民的支持。另一方面，又严明刑法，对于胆敢有损于这个秩序者，即坚决予以打击，并声称："日砺白刃，以待蹈者。"

阮元虽出身为书生，但却精于文韬武略。他在《题陈默斋参军广凝摊书图》诗中写道：

安澜园外暮潮平，
数遍藏书又论兵。
我与将军同意气，
半为将种半书生。
万丈长塘海势危，
四年与我共支持。
如今投笔闽中去，
铁弩三千却付谁？
交南战舰虽摧破，

---

① 张鉴：《雷塘庵主弟子记》卷一，张鉴等撰《阮元年谱》，黄爱平点校，第26—27页。

> 尚有孙恩号水仙。
> 我欲劝君更横海,
> 摊书万卷上楼船。①

此诗反映了阮元献身国家民族的思想和抱负。作为政权建设的重要基石,无论海匪是否还继续存在,阮元对加强军队训练都极为重视。

阮元为政实事求是,恩威并重。首先是明确法律,向百姓讲清法律,把一切变乱制止于未发生之前。清代的科场积弊严重,"向来江西乡试之年,士子房考颇有交通弊窦",其在江西贡院建成之后,申严科场禁例,出示通省加严预为禁戒,令:"如官吏士子必欲犯法,本部院惟有日砺白刃,以待蹈者。"磨刀霍霍,把矛头直指胆敢以身试法者,特别是那些必欲犯法的官吏士子。这样一经整顿,"乡场内外肃清","嗣后,风气为之一变"。②

当发现已有事变之苗头时,先以其势以镇之,后则"散其势以安之"。史载:

> 嘉庆十八年春,余督四千余船,运粟四百万石于江淮间,因作此图。入夏以后,过邳州,入山东,一路饥民数万,汹汹相聚,似有奸徒煽于其间。余乃阳分其民为纤夫,帮若干夫,船若干夫,使运丁食以粗粝,实阴散其势以安之也。夏秋

---

① 阮元:《题陈默斋参军广凝摊书图》,《揅经室集》(下)四集诗卷六,邓经元点校,第860页。
② 阮福:《雷塘庵主弟子记》卷五,张鉴等撰《阮元年谱》,黄爱平点校,第122页。

之间，秋田渐熟，饥民归于田。九月，漕船南归，会山东、河南、直隶邪教作乱，将梗运道，漕标兵远不济急，余乃令船出壮丁五名、副壮丁三名，授以兵械，齐以号令，令五帮前后连环，互相保护而行。此时各运丁家口及京中官商家口在运河者甚多，皆恃此保护，首尾相顾，整肃过济宁南下焉。济宁、东昌等处城门昼闭，官民乘城固守，尽撤浮桥渡船，而邪徒犹时时渡河而东，中夜警呲，赖壮丁响应，一呼而集者千余人，是以不致败乱。凡夏初不惯为纤夫之饥民咸令入纤者，至此则凡不合纤步纤声者，不令一人入纤，以防乱也。[①]

这样，让每船加20名饥民充当纤夫，"腹饱心且安，人分势自孤。何尝说相赈，与赈实无殊"。[②]使一场可能发生的事变悄然平息，显示了阮元高超的政治手段。

道光二年（1822年）九月十八日夜，广东省城太平门大火。"是夜风狂火烈，人力不能扑灭，延烧铺店行户二千余家，十三行夷馆烧毁过半，直至十九日夜始灭。所被火者皆系有力商夷，夷人洋银数百万埋于烬中。匪徒将有爬抢之势，易致斗杀，又抢火匪徒亦众，救护缉拿两昼夜，用兵弹压，始就平定。"

十一月二十六日"督饬拏办械斗烂崽"。[③]凡是出现匪徒、烂

[①] 阮元：《江乡筹运图跋》，《揅经室集》（下）三集卷二，邓经元点校，第611页。
[②] 阮元：《纤代赈》，《揅经室集》（下）四集诗卷一○，邓经元点校，第929页。
[③] 阮福：《雷塘庵主弟子记》卷五，张鉴等撰《阮元年谱》，黄爱平点校，第142页。

崽为非作歹紧急之时,使用武力弹压则绝不手软。

另外,阮元也保持了他"恩"的一面,在已取得决定性胜利的时候,也要表示某种"宽洪"。史载:

> 大人入京时,查计各盗案,自二十二年起至道光二年春止,东西省挐获会、盗两项匪犯数千,案牍繁多,兹不备录。大约叠劫为首,或伤人重犯,方即斩枭,其情有原及可免死者,多发新疆边远,轻者流徙,固不多勷,亦不滥纵,故曰:"投之远方,不再犯重罪,正所以保其躯也。"大人又尝曰:"为大吏者,不必冤枉杀人,即执定律例,不使诡避,已多杀矣。余治盗以不使害商民为准,罪之幸免,不深求也。昔年在浙治洋盗亦然。"①

虽然这种所谓的"宽洪",就像老虎捉到一只小鸡后,得意之后,还要戏弄一番再慢慢地将其置之死地,但毕竟保护了生产力,有益于封建社会的安定。

阮元整顿社会治安首先是慎选官吏,强化政府的统治机器,加强武装力量。在政府工作中,他把遏制胥吏为非作歹看得相当重要。他说:"察吏所以安民也,民生艰易赖乎守令,守吏廉贪视乎大吏。"②他在《行赈湖州示官士》一诗中写道:

---

① 阮福:《雷塘庵主弟子记》卷五,张鉴等撰《阮元年谱》,黄爱平点校,第138页。
② 阮元:《己未会试策问》,《揅经室集》(上)二集卷八,邓经元点校,第576页。

天下有好官，
绝无好胥吏。
政入胥吏手，
必作坏民事。

而对与封建统治很好合作的"士"给予了极高的评价。称：

士与民同心，
多有爱民意。
分以赈民事，
庶不谋其利。
……
士之任事者，
致力不忍避。
与官其手足，
民乃受所赐。
澹台不由径，
公事本当至。
闭户独善者，
亦勿强相致。①

和"士"进行了很好的合作，扩大和巩固了封建统治的基础。

---

① 阮元：《行赈湖州示官士》，《揅经室集》（下）四集诗卷七，邓经元点校，第875页。

另一方面,"因于杭州、宁波、温州设冶局,铸锻大炮四百余门,奏令沿海州县民壮兼习鸟枪,不增饷而增兵千百,严号令,警弛废,厉廉隅,肃赏罚"。①建立一支训练有素战斗力强的军队。

其次,在地方厉行保甲法。在封建社会,保甲法"原系比闾族党之遗制,稽查奸宄,肃清盗源,实为整顿地方良法"。②作为一种地方管理制度,具有很强的封建性。嘉庆初年,保甲制度有一个新的强化过程,而阮元在厉行保甲方面,取得了重要成效。阮元在浙江时:

> 橄沿海村岸十丁立一甲,十甲立一总甲,一村立一总保,一山一岙立一岙长,给以费,使之互纠,通贼者获之有赏。橄渔户小船垩以白,编其姓名、年貌、属之埠头旗长,晨出者暮必返,不返者有稽,远赴者鸣于长,船之偶者分正脚,私驾者毁其船。橄汛口凡船出互稽之,人日持米升五合,验以印票,私漏者执之,执私漏者赏以私漏之物。③

阮元每到一处,都十分重视保甲制度。在嘉庆十九年(1814年)九月十一日的奏折说:

---

① 张鉴:《雷塘庵主弟子记》卷一,张鉴等撰《阮元年谱》,黄爱平点校,第30页。
② 刘锦藻编纂《清朝文献通考》(第一册)卷二五,浙江古籍出版社,1988年影印本,考七七五七下栏。
③ 张鉴:《雷塘庵主弟子记》卷一,张鉴等撰《阮元年谱》,黄爱平点校,第30页。

奏为挐获谋逆奸匪，究出首伙姓名，亲赴督办缘由恭折奏闻事。窃照江西向有邪教会匪，仰蒙朱谕，命臣实力整饬。臣愚窃思摘奸发伏，必以力办保甲为先务。是以于抵任后，即饬属认真编查保甲，使匪徒无从潜迹，并经节次谆饬去后。①

所以，在十月二十一日奉上谕嘉奖："阮元到任未久，即能饬属于各地方编查保甲严密，遂将钜案立时发觉，办理迅速，实属可嘉。"这样，保甲制度既加强了对人民的统治，又建立了严密的治安监控制度。

阮元对封建统治者所认定的"盗匪""邪教"等，以为"除莠即可安民"。日砺白刃，从不有半点手软。有两种办法：

一是"隐密法"，即是针对当时盗匪已有多年的根基，且其关系盘根错节。故秘密访查，一经查实，果断出击，给盗匪以致命打击，其所针对的是地方土盗。

嘉庆五年，阮元初任浙江巡抚，下车伊始，即访问利病。当时，在钱塘江上有一批亡命之徒，驾驶一种轻快小舟名"乌鸦船"，乘昏暮劫掠沿江萧山、诸暨、仁和、钱塘、富阳五邑之中，聚散无常，栖泊不定。而猾吏蠹役匿不为言，大为行旅之患。阮元采取的措施是：

密饬富阳县典史韩启，侦得虎爪山等处船户姓名居址隐匿之处，尽得其实。密札取萧山老役二人至辕，假以赴南沙捕盗

---

① 阮常生：《雷塘庵主弟子记》卷四，张鉴等撰《阮元年谱》，黄爱平点校，第108页。

为名,召至密室,诘之曰:"尔豢养乌鸦盗船,为害商民,我已尽知,今取尔命矣。"二役叩头出汗,曰:"非不知盗,以一县之力不能制,数县之力又不齐也。"先生曰:"我以兵百人济之,能乎?"二役曰:"如此可矣。"遂亲授二役密函,曰:"尔至教场,可与带兵之官俱去。"时已预选水师、抚标、弁兵,期日落时会于教场。二役至,招之行。行至钱塘江心,开拆密函,乃非南沙事,实捕乌鸦船地境姓名也。官兵乃返棹西指,夜四鼓至盗窟,围屋鸣枪,获其渠魁韩球等。分别首从,置之于法。方兵役缚盗至辕时,先生曰:"发按察司衙门可也。"盖前此省中文武无一知事者,密速故也。此后江程清晏,旅行水宿之人,靡不歌颂其事。[①]

二是所谓的"公告法"。即是针对已引起人们公愤,而又为害较大的"盗匪",则利用强大的政府机器和专制力量,千方百计地调动人们的积极性,组织力量,对"盗匪"进行坚决打击,其所针对的对象主要是所谓的"洋盗"。

嘉庆五年正月初七日,阮元实授浙江巡抚。史载:"先是,嘉庆四年冬,盗船之在浙者,最大为安南夷艇,其次同凤尾帮、水澳帮、箬黄帮,共数百船,盘据浙洋,各行劫掠。"[②]阮元一方面恢复民壮演习鸟枪旧制,督造船炮,组织强大的武装力量。另一方面,立《缉匪章程》七则,以动员民众。

---

① 张鉴:《雷塘庵主弟子记》卷一,张鉴等撰《阮元年谱》,黄爱平点校,第26页。
② 张鉴:《雷塘庵主弟子记》卷一,张鉴等撰《阮元年谱》,黄爱平点校,第23页。

阮元的方法后来取得了实效，以平阳北关乡勇张玉珍为例，其团练千人，竟成为一支不可忽视的力量。嘉庆十一年（1806年）张奉命率领团练增援官军，竟越境打败登岸并已击溃官兵的蔡牵，保卫了霞浦。

由于艇匪蔡牵"来去益飘忽"，对沿海人民安全危害最大。嘉庆十四年，阮元则"预颁传单之法于沿海"。所谓"传单法"，即针对封建统治办事推诿，贻误军机恶习的纠正，以便迅速掌握敌情，立刻作出反应。他说，一得到军情，"本部院即须亲赴沿海，督缉调度各镇兵船，所争在一时一刻，而各该县安坐衙斋，一禀了事，遇此等应速递文报，一任迁延懈误，扪心安乎"？其军务传单性质在给其部属的信札说得十分清楚，其具体做法是：

> 今本部院酌定军务传单，……无论昼夜风雨，每一时限行三十里，并于单内注明接收日时，以便稽考。倘敢视同膜外，迟延片刻，贻误军情，试思当得何罪。至于各县道路津渡，情形不同，其平日应如何预为备办，以便单到即传，不致临时迟舛之处，各该府县预为悉心商议停妥，毋得临时推诿，致干一并严参。凛之！慎之！毋谓言之不预也。①

阮元的这些做法，在他的《浙东赈灾纪事》中进行了很好的总结。这就是"治寇在于猛，恤灾务于宽"。这表现了他在封建社会统治阶级中的清醒和干练。

---

① 阮常生：《雷塘庵主弟子记》卷三，张鉴等撰《阮元年谱》，黄爱平点校，第77—78页。

四、"必当求士之正者,以收国家得人之效"

人才对每一个社会来说都是关系到政权兴盛衰亡的大事。阮元十分重视人才的发现与培养。办学、刻书、设立图书馆,兴办各种文化事业,都为着能得到"潜修实践之士""聪颖博雅之才",而使学问能"传之久而行之远",使国家政权能兴旺发达,长治久安。他在己未科任副主考时说:"必当求士之正者,以收国家得人之效。"

怎样才能得到人才呢?阮元称:"欲求正士,惟以正求之而已。"这就是说,求才的人本身应当正派,同时,也应当以正确的标准去选拔人才。阮元一生对自己要求很严,他同一般官吏相比,矢清矢慎,未有丝毫畏难和苟安。对自己的下属也要求极严,不允许胥吏"干以私"。居官50余年,恒不置产,每逢生日,均为"一日之隐",门绝苞苴。其《隐山三章四句》序中云:

>余生辰在正月廿日。近十余年所驻之地,每于是日谢客,独往山寺。嘉庆廿年,余岁五十有六,驻于桂林,是日,策数骑避客于城西唐李渤所辟之隐山,登降周回,串行六洞,煮泉读碑,竟日始返,窃以为此一日之隐也。①

他在任漕运总督时,不受人一丝一粟,惟分俸养廉,受到时人的称赞,甚至连小报告都无人打。阮元38岁时,始得子阮福,一时僚属馈贺,悉令却去。却口占绝句,书一小红巾出示曰:"翡翠珊瑚列

---

① 阮元:《隐山三章章四句》,《揅经室集》(下)四集诗卷一一,邓经元点校,第955页。

满盘,不教尔手一相拈。男儿立志初生日,乳饱饴甘便要廉。"

其次,欲求正士,还必须取士的方法得当。阮元认为,"取士当先器识,取文亦当无所不收,若以一隅之见为去取,必有弃才矣"。①这种观点在历史上也能找到知音。《晋书·张华传》:"器识弘旷,时人罕能测之。"《新唐书·裴行俭传》也说:"士之致远,先器识,后文艺。"何为器识?就是指器量与见识,也可以说是应当把品行与才干放在首位。阮元在选拔人才上,不只是重视科举制度的幸运者,而已经初步在酝酿着"不拘一格"的人才思想。科举制度在中国流传1000多年,它曾经是封建社会赖以存在的基石。处于变革时期的阮元,也对科举制度的弊端有一定程度的认识,认为这种制度会埋没不少人才。他在《发落卷》诗中写道:

积案盈箱又几千,
此中容易损华年。
明珠有泪抛何处,
黄叶无声落可怜。
冷傍青毡犹剩墨,
照残红烛已销烟。
那堪多少飘零意,
为尔临风一惘然。②

---

① 阮元:《诰封光禄大夫户部左侍郎显考湘圃府君显妣一品夫人林夫人行状》,《揅经室集》(上)二集卷一,邓经元点校,第371页。
② 阮元:《发落卷》,《揅经室集》(下)四集诗卷一,邓经元点校,第758页。

无论是"英才"的"明珠",还是"平庸"的"黄叶",他们都曾在崎岖的科举道路上艰难地攀登,并为此付出了美好的年华。阮元的"少年科第不觉难,为叹白袍人易老""撑拄五千古文字,销磨八百旧孤寒"等诗句,不仅对那些落第的士子表示了极大的同情,而且,对科举制度埋没的大批有用人才表示了极大的惋惜。其《四书文话序》说:"唐以诗赋取士,何尝少正人。明以四书文取士,何尝无邪党?"他在相处的朋友中,既有毕沅、翁方纲、孙星衍、刘凤诰等这样一些科场的得意者,都是状元、榜眼、探花。同时,也有一批科场的失意人,如汪中、焦循、李锐等人,他们在科场中的最高荣誉就是举人,而这批人都和他过从甚密,并且建立了很深的友谊。

在人才思想上,他力辟"一隅之见",从多方面去选拔人才。根据"猛将起于卒伍"的原则,他从实践中认识和选拔了李长庚,并和他建立了很深的友谊。长庚作战英勇,在打击闽浙海匪的斗争中,表现了其突出的军事才能,在围剿海匪的斗争中作出了重要贡献,英勇献身后封为三等壮烈伯,赐谥"忠毅"。阮元多次对他进行保举,嘉庆五年六月,"夷盗大小七十船复入浙,阮元谓贼多,非会剿不可,会剿非有谋勇者为统帅不可,于是奏以忠毅为总统,得旨允行"。[①]后在歼灭海匪伦贵利、蔡牵的斗争中发挥了重要作用。浙江鄞县有一奇人名任昭才,善泅海,"入海底能数时之久,行数十里之远"。阮元率军缴获的安南大铜炮重2000余斤,甚精壮,甚爱重之。然遭飓风沉于温州三盘海底,"深二十余丈,不可起"。命任昭才

---

① 阮元:《壮烈伯李忠毅公传》,《揅经室集》(上)二集卷四,邓经元点校,第446页。

图之。"昭才用八船，分为二番，一番四船空其中，一番四船满载碎石，自引八巨绳入海底，系沈船之四隅，以四绳末系四石船为一番，系既定，乃掇其石入第二番之空船，是石船变为空船浮起者数尺矣；复以二番四绳之末系二番之石船，系既定，复掇石入第一番空船，是浮起者又数尺矣；如此数十番，数日之久，船与炮毕升于水面矣。"①阮元将其招入水师，食兵饷，擢为武弁，一直到病卒于官。

总之，阮元的经国济世思想内容是十分丰富的，他把学术上的"明体达用"和"实事求是"特点，有机地熔铸在其整个经国济世思想中，形成了其独特的思想与方法，给我们今天留下了宝贵的财富。

第四节 外交思想

嘉、道年间，清政府的国力发生了重大的变化。这段时间清政府的外交政策，一方面还保存了康、雍、乾时期对外思想的余绪，另一方面也开始对外部世界有所了解，统治阶级中的一些清醒者，则逐渐对西方侵略者的本质有了一些现实的认识。阮元作为清王朝的封疆大吏，曾在海防与边防前线作了相当长时间的官，主持一方军政事务，直接参与了清政府的外交事务，其外交思想可以说是清王朝嘉庆至道光年间一些有识之士的认识，具有一定的前瞻性。

清朝前期的外交思想，总的来说奉行的"实力外交"与"和平

---

① 阮元：《记任昭才》，《揅经室集》（下）三集卷二，邓经元点校，第628页。

外交"。

所谓"实力外交",实行"足兵""足食"的政策,他认定自己是"天朝大国",是世界的中央,应当虎视天下,别国对自己应当是"输诚""纳款"的关系,追求一种所谓的"名分"。"物产丰盈,无所不有",祖先几千年的物质文化遗产,使他们觉得没有任何值得依靠别国的地方。当俄罗斯人侵占了我国领土时,清政府指挥的著名的雅克萨保卫战,和《中俄尼布楚条约》的签订,以及对英国使臣马嘎尔尼无理要求的拒绝,都是凭借自己的实力,捍卫了国家的主权,就是其这种思想的反映。另者,由于清王朝统治者奉行传统的中国儒家思想,其核心就是忠、恕、仁、爱,力求天下大同,对各个国家又主要是奉行"和平外交"政策。我们遍查清代历史,清王朝没有侵占过别国的土地,更没有远涉重洋,给别的国家与地区领土安全造成任何威胁。在地球这个大村落里,清王朝算是一个谨守和平秩序的家族,其前期实力强大时,还是促进当时世界和平稳定的重要因素。

嘉庆、道光年间,是清政府整个社会发生重要变化的时期。阮元历任封疆大臣时,他一方面继承了封建清王朝前期的外交思想,一方面又反映了嘉道时代的特点。其外交思想特点具体有以下几点。

一、"猫、鼠"理论

嘉、道年间,清政府的国力和前期相比,已经发生了较大的变化。一方面,国内矛盾尖锐,国库空虚,灾荒不断,政治腐败,烽火遍地,连绵数省的白莲教起义,已使统治者谈虎色变,清政府已经是一个病入膏肓的巨人。另一方面,以英国为首的西方侵略者,千方百计地打入中国市场，利用鸦片走私，"腐蚀着天朝官僚政治的肺腑"，①也获取了非法的暴利；仗恃着船坚炮利，随时在中国的沿海制造混乱。阮元奉旨于嘉庆二十二年（1817年）十月二十二日至广州接两广总督印，外国侵略势力的威胁已日益猖獗，如何保障地方安宁、抵御外国侵略，是一项十分艰巨的任务。阮元的外交思想上仍然保留了清朝前期外交思想的余绪，但是，又比过去更加现实，对外国侵略者的思想认识深刻，对外国的文化也持比较现实的态度。

首先，阮元对外国侵略者的本质有比较清醒的认识。他用一种非常形象的比喻，"猫鼠关系"，来说明与外国侵略者之间的关系。嘉庆二十三年七月，阮元任两广总督不到一年，他对不注意加强边防实力的做法予以坚决反对。并形象地把外国侵略者及与之勾结的"小盗"称为"鼠"，而"鼠"是绝不可能安分守己的，一有机会就会对人类进行骚扰。他在嘉庆二十三年（1818年）二月在"密陈豫防英人事谊"时说：

> 英人恃强桀骜，性复贪利。以目前情形论，似宜多镇以威，未便全绥以德。否则所求或遂，所望欲奢，贪得之心，曾无厌足。倘敢擅入内洋，即随机应变，加之惩创，一则停止贸易，一则断其食用买办，一则开炮火攻。惟当严饬各炮台备弁督率兵丁，不动声色，暗加严备。彼国伎俩，惟恃船坚炮利，一经上岸，则无拳无勇，与东倭不同。或谓攻击，恐生事端，

---

① 马克思：《鸦片贸易史》，马克思、恩格斯：《马克思恩格斯全集》第12卷，人民出版社，1962。

此似是而非之论也。①

阮元此段密陈，以英人"恃强桀骜，性复贪利"为例，基本上把英、法各国侵略者的本质，以及如何对待侵略者的坚决态度，谈得十分清楚。并表示绝不能为外国侵略者的任何威胁所吓倒。阮元的这种态度是清政府实力外交的发展。以"不动声色、暗加防备"，"盖势强则彼不敢轻犯，理足则彼不敢藉口，各国商船皆知彼犯我禁，非我轻启彼衅也"。②又说："总之怀柔之道，当先以理胜，使直常在我，则彼无所藉口。"③胆敢来犯，则坚决打击，"或谓攻击恐生事端，此似是而非之论也"。体现了和平外交的原则，显示了中国"礼义之邦"的传统。

其次，他对外国侵略者的侵略，时时都保持了很高的警惕。为此，他悉心致力于边防建设，在广州及其周围增强了保卫设施。和一般官吏相比，确实是比同时代人看得更深，想得更远。我们从他刚到广州一个多月的日程，即可以看出他的这种远见卓识。

> 是日（案：嘉庆二十二年十二月初四日，这天又是其亲生的第一个儿子阮福娶妻的日子），往海口阅兵，登沙角炮台阅水师，即乘水师提督之兵船，过零丁、鸡颈诸外洋，遍观内外形势及澳门夷市情形。二十二日，奏建大黄窖、大虎山二炮台。④

---

① 《清史列传》（第九册）卷三六《阮元传》，王钟翰点校，中华书局，1987，第2826—2827页。
② 《清史列传》（第九册）卷三六《阮元传》，王钟翰点校，第2827页。
③ 《清史列传》（第九册）卷三六《阮元传》，王钟翰点校，第2827页。
④ 阮福：《雷塘庵主弟子记》卷五，张鉴等撰《阮元年谱》，黄爱平点校，第125—126页。

他在修建大黄窖、大虎山炮台的奏折中说道：

> 臣阮元此次遍阅内港内海各炮台兵房，俱为得力，足资控制。惟内港之大黄窖地方有大河一道，南通香山，东南通黄埔、虎门。潮涨时，水深二十余丈十余丈不等，为各船之所必经。若由大黄窖直抵省城，即可不走省城东城之猎德。是仅建猎德炮台而不建大黄窖炮台，不足以严两路门户，且并猎德炮台亦归无用。臣阮元亲自相度，大黄窖有小石山一座，土名龟岗，四面皆水，堪以添建炮台一座。又狮子洋外大虎山系中路外洋进口要道，大溜逼近山脚，远处皆是浅沙，旧建横档，镇远炮台为第一层门户，若大虎山脚添建炮台一座，更成重门之势。询据文武各员弁及附近士民，众论佥同。臣等现饬司委员分别勘估，勒限于来年正月兴工，四月完工。①

阮元办事效率极高，来年四月，"新建大黄窖、大虎山炮台成"。其所撰《广州大虎山新建炮台铭》云：

> 广州省城南海中有大虎山，为内外适中扼要之地。昔人未于此建炮台者，以其东南弥望皆水漫无逼束故也。余于丁丑冬阅虎门水师，乘兵船出零丁、鸡颈诸外洋，遍观内外形势及澳门夷市而归，乃择于大虎山筑建炮台。或曰：山前弥望皆水，

---

① 阮福：《雷塘庵主弟子记》卷五，张鉴等撰《阮元年谱》，黄爱平点校，第126页。

若贼船不近山,岂能招之使来受炮耶?余曰:此皆昔人所以不于此建炮台之故也。岂知水虽弥漫,而沙厚积于远水之底,外潮内江,急水深泓,所浚涤而行者,皆近此山之根。爰乘小船亲测之,近山者其深数十丈,若远至百丈以外渐浅矣,二百丈大舟不能行矣。筑台周一百二十丈、高丈八尺,女墙三十六,神庙、药局、兵房毕具,置大炮自七千斤至二千斤者三十位,发之者能击三百丈之外,此无异对面有山逼而束之,使近出此山之前也。此台之外,有沙角炮台为第一门户,进而横档、镇远为第二门户,此大虎为第三门户,又于大虎之外新建猎德、大黄二炮台为第四门户。方今海宇澄平,无事于此,此台之建,聊复尔耳。然安知数十年后,不有惧此台而阴弭其计者;数百年后,不有过此台而自取其败者?又若山之内山之外,或淤高而耕为田,或浚深而改其道,则亦未能预料矣。爰为铭曰:岭南薄海,虎门洞开。乘潮立壁,冯山起雷。声威所击,无坚不摧。波恬风偃,巍巍乎此台。①

这样就为广东省城设立了四道屏障,这些加强边防的措施,对于保持广东沿海一带的安定起了重要的作用,而且其很多都在20年后的鸦片战争中发挥了作用。他说:"养猫所以捕鼠,若无鼠而不养猫,鼠又出矣。"②是清王朝前期"实力外交"思想的一个发展,同时又反映了新的时代特色。

---

① 阮福:《雷塘庵主弟子记》卷五,张鉴等撰《阮元年谱》,黄爱平点校,第128页。
② 阮福:《雷塘庵主弟子记》卷五,张鉴等撰《阮元年谱》,黄爱平点校,第128页。

二、公平互惠，互通有无

嘉、道以来，清王朝已逐渐弱化了"天朝大国，无所不有"的思想，开始对外国的"奇技淫巧"发生了某种兴趣。阮元也很喜欢西方传来的望远镜、自鸣钟，其所著《自鸣钟说》《望远镜中望月歌》可以看出，他对来自西方的东西并不排斥。外国商人到中国来后，带来了中国原来所没有或少有的东西，如毛呢制品，金属工业品，大米等农产品，其数量虽然不大，但却给中国带来了新兴的气象。阮元主张公平贸易，互通有无，制定了"不伤害商民为准"的原则。他已不再顽固坚持"天朝大国，无所不有"，拒绝和外国作任何贸易的陈腐观念，主张公平互惠，互通有无，这就比其前辈前进了一大步，反映了嘉、道年间统治阶级中外交思想的变化。

阮元很注意了解外商的情况，履新伊始，即到澳门去察看"夷市"。在已经担任两广总督6年以后，他通过实际调查，于道光四年五月，向道光皇帝上了《请定洋米易货折》，折中说道：

近年以来，洋米罕到，询之洋商，据称，外夷地广人稀，产谷本多，亟思贩运内地贸易，第运米远来，难免完纳船钞，而空空回国，远涉重洋，并无压舱回货以抵御风浪。该夷等既患风涛之险，又无多利可图，是以罕愿载运。仰恳圣恩，准令各国夷船如有专运米石来粤，并无夹带别项货物者，进口时照旧免其丈量轮船钞，所运米谷由洋商报明起贮，洋行按市价粜卖。粜竣准其原船装载货物出口，与别项夷船一体照例征收货税，汇册报部。如此明定章程，则夷船米谷可以源源贩运，以于便民绥远,均有裨益。①

《请定洋米易货折》中提到的"便民绥远,均有裨益",就反映了阮元公平交易,互通有无,发展对外贸易的思想。同时也表明清政府的外交思想正在发生着变化。阮元的奏折很快得到了皇帝的恩准,并且不久就见到了成效。其《西洋米船初到》诗这样写着:

> 西洋米船来,
> 毡氆(大人自注:即呢羽毛)可衣服。
> 其余多奇巧,
> 价贵甚珠玉。
> 持货示贫民,
> 其货非所欲。
> 田少粤民多,
> 价贵在稻谷。
> 西洋米颇贱,(大人自注:仅有内地平价之半。)
> 曷不运连轴。
> 夷日船税多,
> 不赢利反缩。
> 免税乞帝恩,(大人自注:余奏免米船入口船及米之税,仍征其出口船货之税,蒙允行,以后如米船倍来,则关税仍不短。)

---

① 阮福:《雷塘庵主弟子记》卷六,张鉴等撰《阮元年谱》,黄爱平点校,第145页。

米舶来颇速。

以我茶树枝,

易彼岛中粟。

彼价本常平,

我岁或少熟。

米贵彼更来,

政岂在督促。

苟能常使通,

民足税亦足。(以后同凡米贵,洋米即大集,故水旱皆不饥。)①

阮元任两广总督时期,对外贸易发展很快,在正常的交易中,中国始终处于优势,是大量的出超国家。中国的传统商品茶、丝,在欧洲市场居独占地位,还有中国的土布,远销东南亚和美洲。直到鸦片战争前夕,英国商人还十分留意中国土布对英国机制布的竞争。19世纪30年代英国在广州的洋行在商情报告中还说,中国生产的"紫花"布,无论在成本和质量上,都优于当时英国棉纺织业的中心曼彻斯特的棉布。②应当说,阮元的这些思想正是清政府嘉道年间外交思想的反映,也标志着清政府思想的渐变过程。

三、国体为大,尊严为先

阮元在和外国打交道的时候,把自己的商民和国家利益看得很

---

① 阮元:《西洋米船初到》,《揅经室集》(下)续集卷六,邓经元点校,第1100—1101页。
② 格林堡:《鸦片战争前中英通商史》,商务印书馆,1964,第1页。

重，绝不拿国家民族利益作交易，显示了可贵的民族精神。特别是在反对鸦片走私上，更显示出了其爱国主义精神。经过阮元主持的禁烟工作后，确实使一度猖獗的鸦片走私得到一定程度的遏制。

由于英国商人在正常贸易中处于入超地位，每年都要运来大批的银圆补足逆差。为改变这一状况，他们用极其卑鄙的手法，找到了鸦片这个可以改变英中贸易的商品，走私到中国来毒害中国人民。以专门经营对中国鸦片走私的英印政府为例，鸦片走私所得，在英印政府收入中所占比例越来越大。嘉庆五年（1800年），英印政府从鸦片贸易岁入124万元。如果以嘉庆五年作为指数100%的话，1820年（嘉庆二十五年）增至451万元，指数为364%；仅仅20年，增加比例之大确实罕见。阮元采取禁烟措施后，鸦片走私有所收敛，到1838年（道光十八年），时隔18年鸦片战争前夕，仅增至519万元，指数为430%。比前20年确实就大大降低了增长的速度。史载：

> 又奏严禁夷船鸦片，查拏各处卖鸦片匪徒，拏获澳门总头叶恒树。复办理黄埔不许带烟之船入口，出具有烟愿罚货入官结，洋商出具保结，摘去洋商伍敦元等三品顶戴，有谕旨在案。此后烟虽不能净尽，然只在伶仃洋，不入口矣。①

在中国近代史上，对鸦片走私的态度，是区分进步与落后，爱国与卖国的分水岭。此段史料说明，在禁烟斗争中，阮元采取的

---

① 阮福：《雷塘庵主弟子记》卷五，张鉴等撰《阮元年谱》，黄爱平点校，第137页。

措施是相当坚决的。不管是洋商还是夷人，一经查实，坚决处分。他是一个充满爱国主义精神的封建官吏。其子阮福记载说："（嘉庆）二十二年，大人莅粤，首以严驭洋商、夷商为务。盖洋商与英夷贸易相和，受其利益，颇庇护之，英夷又恃此傲黠，是以大人遇事多加裁抑压服之。"①对外国的任何挑衅，都坚持国家民族利益，绝不妥协。史载：

> 英夷船在黄埔，夷人取水，与民人相争，用鸟枪击死民人。大人严饬洋商，必得凶犯，方登船欲获犯，而此犯即拔刀自刎死。又弗兰西国夷人打死民妇，大人饬获凶犯审确，照夷犯杀民人例，立加绞决抵罪。道光二年冬，英夷护货兵船（自注：此等兵船自乾隆年间即来粤洋，每冬或一支，或二三支不等，假称护货，实借此自雄，兼以胁吓诸小国之船。）在伶仃山强取民人番薯、猪、酒，民人与争，枪杀山民二人。大人恶其强横，立饬洋商向在粤管事之英国大班缚送凶手。②

此三件向中国人挑衅之事，阮元都采取了非常强硬的态度，前案英国凶手被迫畏罪自杀；次案法国凶手被判绞刑；第三案曾经引起较大的一场风波，但阮元始终坚持有理、有利、有节的原则，取得了外交上的胜利。

当时，在粤管事的英国大班诡称只能管贸易事，兵船有兵头职

---

① 阮福：《雷塘庵主弟子记》卷六，张鉴等撰《阮元年谱》，黄爱平点校，第151页。
② 阮福：《雷塘庵主弟子记》卷六，张鉴等撰《阮元年谱》，黄爱平点校，第151—152页。

分,无法对其进行干预。阮元又严饬英夷兵船头目交纳凶犯,而兵头又狡辩英夷又有被民伤重欲死者多人,试图抵赖。阮元立即采取坚决态度,饬令英国的贸易代表(大班)必须交出凶手,"否则封舱停止贸易,并将各行一切茶叶、蚕丝等货全封歇"。而英人拒绝交出凶手,并将兵船开避外洋,以断绝贸易为威胁。阮元不为威胁所吓倒,相持数月。后来英国贸易代表表示,兵船远遁,实在无能缉拿凶手。但可以禀告英王,下次货船来粤,将罪犯缚来。实际上是英国侵略者赔礼道歉,承诺遵守中国法令,这才解决了一场贸易纠纷。阮元刚一采取坚决措施时,不少人或担心关税大减,或担心贸易断绝,或担心英国人借机滋事,影响广东的安全。甚至连政府机关内部,亦一时人心惶惶,莫衷一是。而阮元坚决不作退让,称:"国体为大,税数为轻,索凶理长,……不可为所欺胁。"[1]并根据分析说:"该夷皆是诡诈,二十船有一二千万银买卖,并非真心回国,不可为其所欺胁。果持至春正月,彼始具求回贸易之禀。"阮元此时严饬其以后"兵船不许复来,非是护货,适是害货"等,然后准其贸易。此次虽然未能擒拿到凶犯,但是,阮元维护国家利益、维护国际公理公法的坚定态度,给了英国兵船严正警告,取得了外交上的胜利。在阮元总督两广时,"此种兵船皆不复来粤"。[2]

四、利用矛盾,"恩威"并重

阮元在广东时,由于坚持原则,注重实力,处处从务实外交出

---

[1] 阮福:《雷塘庵主弟子记》卷六,张鉴等撰《阮元年谱》,黄爱平点校,第153页。
[2] 阮福:《雷塘庵主弟子记》卷六,张鉴等撰《阮元年谱》,黄爱平点校,第153页。

发，基本上形成了一套比较成功的方法。以前夷商在中国犯案，则多由洋商出巨资入为弥缝，即可毕事，使此种肇事屡禁不绝。自阮元采取此种强硬态度后，外国兵船和商船亦不敢为所欲为了。这套成功的办法对后来产生了深远的影响。

（道光）十二年，门生卢敏肃办夷兵船办法即学于此，所以有旨嘉谕之，云："玩则惩之，服则舍之，尚合机宜，不失国体"也。①

阮元灵活的外交策略，显示了他的爱国主义思想。他对英国侵略者一直保持着高度的警惕。就是在致仕数年后，英国侵略者发动了罪恶的鸦片战争，道光皇帝撤掉林则徐，琦善任两广总督，东南边境已处于不可收拾的时候，本来已颐养天年，从不过问政事的阮元，却在道光二十一年五月，致函钦差大臣伊里布，②献用"咪夷制英夷"之法，伊里布在上道光皇帝的密折云：

奴才现接原任大学士阮元来函，以风闻粤省情形，该夷未能驯服，昼夜焦思，素知在粤通市各国，英吉利之外，唯咪利坚国最为强大。其国地平而多米，英夷仰其接济，不敢触犯。而咪夷在粤，向系安静，非若英夷之顽梗。若优待咪夷，免其货税，又将英夷之贸易移给，咪夷必感荷天恩，力与英夷相对抗。且英夷之船炮多向海外各国租赁裹胁而来，若咪夷为我所

---

① 阮福：《雷塘庵主弟子记》卷六，张鉴等撰《阮元年谱》，黄爱平点校，第153页。
② 案：伊里布后系签订《中英南京条约》的清政府代表之一。

用，各国闻之，无难瓦解。至咪夷既经受恩，英夷心必不服，各省口岸必有一二处被其冲突。然其势既衰，我坚壁清野，来则应之，亦不难于却退。第系病中揣测之法，未识是否可行，是以未敢渎奏等语。①

由于阮元离粤多年，对夷人情况的了解已不是那样清楚，更不知道此时外国侵略者的本质都是侵略，他们的基本利益是一致的。国势如此，但从他的这个建议中同样可以看出，其爱国之心拳拳。尽管"药方只卖旧时丹"，但其从古代典谟中得来的"以夷制夷"的方法，从外交理论上分析，也不能说是他没有认真思考。

阮元不仅是那个时代外交理论的探索者，同时，也是其外交实践活动的成功者。其外交思想反映了嘉道年间社会发生重大变化的特点，也是其政治思想的一个重要内容。

我们研究阮元政治思想时，发现了这样一个特点。就是其学术上的"明体达用""实事求是"两个特点，已经贯串其整个政治思想体系中。其政治思想体系中的"孝弟"、仁学、经济、外交等思想，都具有不同于其前辈的许许多多的新鲜东西。阮元虽然是属于封建地主阶级官僚，时代的变化，社会矛盾的尖锐，呼唤着他从一般封建官吏的故步自封、愚昧落后中挣脱出来，要以一些新的变化维护封建统治的存在。

---

① 柳兴恩：《雷塘庵主弟子记》卷八，张鉴等撰《阮元年谱》，黄爱平点校，第203页。

第三章 经学思想

第一节 经学成就

儒家经典,是中国封建政权法定的,以孔子为代表的儒家学说。儒家经典是封建统治者的思想武器,在中国的封建社会中长期传播,崇奉无替。经学,则是训释或阐述儒家经典之学,其起源可以推溯到先秦时代的子夏和荀子,至西汉武帝时而大昌,成为中国封建社会文化的正统。历代地主阶级知识分子和官僚对儒家经典加以阐发和议论,这就形成了一些封建知识分子白首穷经,所终身追求的经学。经学的历史与封建社会的进程和封建政治密切相关。随着中国封建社会的发展,经学也在不断地发展,内容也越来越庞大。随着经济、政治的变化,封建统治阶级内部各阶层的变化,思想领域也在发生变化。因此,对儒家经典的阐发和议论,也都赋予了各自的时代特点。这样,儒家经典也由最初的"五经",后来增加到"十三经",各家注疏、各种学说层出不穷,形成了各种不同的流派。究其根本,2000多年来的经学,其盛衰、分合、争辩,往往都同各个时期的统治集团有关,反映着不同阶级或阶层的利益。

《隋书·经籍志》称:

> 夫经籍也者,机神之妙旨,圣哲之能事,所以经天地,纬阴阳,正纪纲,弘道德,显仁足以利物,藏用足以独善,学之者将殖焉,不学者将落焉。大业崇之,则成钦明之德,匹夫克念,则有王公之重。其王者所以树风声,流显号,美教化,移风俗,何莫由乎斯道?故曰:"其为人也,温柔敦厚,《诗》教也;疏通知远,《书》教也;广博易良,《乐》教也;洁净精微,《易》教也;恭俭庄敬,《礼》教也;属词比事,《春秋》教也。"遭时制宜,质文迭用,应之以通变,通变之以中庸。中庸则可久,通变则可大,其教有适,其用无穷,实仁义之陶钧,诚道德之橐籥也。其为用大矣,随时之义深矣,言无得而称焉。①

阮元在《皇上八旬万寿宗经徵寿说》称:"臣闻三极彝训,其书言经。经者,尧、舜、禹、汤、文、武、周公、孔、孟之说。"②清朝统治者称之为:"经秉圣裁,垂型万世。""圣贤之经,如日月经天,如江河行地。"经学为历代统治者所重视,到了清代则更是如此。梁启超说:"清儒的学问,若在学术史上还有相当价值,那么,经学就是他们惟一的生命。"③又说,"清学自当

---

① 《隋书》(第四册)卷三二《经籍一》,中华书局,1973,第903页。
② 阮元:《皇上八旬万寿宗经徵寿说》,《揅经室集》(上)二集卷一,邓经元点校,第347页。
③ 梁启超:《清代经学之建设》,《梁启超论清史学二种·中国近三百年学术史》,朱维铮校注,第153页。

以经学为中坚",[①]自然也是乾嘉学术的中坚。

阮元的同里同学江藩曾说过:

> 藩绾发读书,授经于吴郡通儒余古农、同宗艮庭二先生,明象数制度之原,声音训诂之学,乃知经术一坏于东、西晋之清谈,再坏于南、北宋之道学,元明以来,此道益晦。至本朝,三惠之学盛于吴中,江永戴震诸君继起于歙,从此汉学昌明,千载沈霾一朝复旦。[②]

阮元作为乾嘉学术的殿军,对昌明汉学起了总结作用。钱穆在《中国近三百年学术史》称阮元为"清代经学名臣最后一重镇"。这个评价应当是恰当的。阮元自己在其《揅经室集自序》中说:

> 余三十余年以来,说经记事,不能不笔之于书。……室名"揅经"者,余幼学以经为近也。[③]

总结阮元之治经学,主要有以下三个方面的成就:

第一,发展了乾嘉治经的方法。

中国传统的经学经过宋、明学风的影响,以所谓心学为宗,讲学之风盛行。清初一批学者经过了明王朝覆灭的鼎革之变,对于程朱理学好发空话,言之无物的缺点有了深刻的反思,考据之

[①] 梁启超:《梁启超论清史学二种·清代学术概论》,朱维铮校注,第40页。
[②] 江藩著,钟哲整理《国朝汉学师承记》卷一,第5—6页。
[③] 阮元:《揅经室集》(上)自序,邓经元点校,第1页。

学则应运而生。"从此汉学昌明,千载沉霾一朝复旦",也成了乾嘉时期经学的主要特点。考据,即考证,是指在研究文献或历史问题时,根据资料来考核、证实与说明问题。应当说,这是一种治学方法,同时也是一种学风。处于各种不同的视角,对于"考据"则有不同的称谓。相对于专讲义理的宋学而言称"考据";相对于文章之学就文质而言则称"朴学";就其不尚空谈、尤重实证而言,又称为"实学";就其尊崇原始儒学,又常称为"左学";就其师承家法而言,推崇汉人郑玄,又称为"郑学"。清代的考据对于整理古籍,辨别真伪而言,具有杰出的贡献,取得了重大的成就。清末经学家皮锡瑞说:"国朝经师有功于后学者有三事。一曰辑佚书。……一曰精校勘。……一曰通小学。……"文字学、训诂学则是他们治经的重要手段。

阮元在治经方法上具有乾嘉经师的基本特点,而尤长于训诂学方面的知识,对文字,音韵都颇有研究。他曾经说过:"余之学多在训诂"。在《王怀祖先生墓志铭》中说道:

元于先生,为乡后学。乾隆丙午入京,谒先生。先生之学,精微广博。语元,元略能知其意。先生遂乐以为教。元之稍知声音(该二字为张舜徽《学记》一书中引用中包含)、文字、音韵、训诂者,得于先生也。①

他在训诂学方面学有根源,同时,也充满了自信,认为训诂学是治经学过程中升堂入室之锁钥。他说:

---

① 阮元:《王怀祖先生墓志铭》,《揅经室续集》卷二。

圣人之道，譬若宫墙，文字训诂，其门径也。门径苟误，跬步皆岐，安能升堂入室乎。学人求道太高，卑视章句，譬如天际之翔，出于丰屋之上，高则高矣，户奥之间未实窥也。①

他继承和发展了乾嘉学派中皖派经师之特点，利用自己在文字、音韵、训诂方面的长处，于经学研究上有很大的贡献。他曾手校《十三经注疏》。如其弟阮亨所说，其"撰《车制图解》，辨正车耳反出帆前十尺等事，为江永、戴震所未及发。此外如《封禅》《明堂》《一贯》《南江》《乐奏》《皇父》《释且》诸篇，皆独契往古，发前人所未及发"。其所作的《曾子十篇注释》，价值最高，此中发明孔、曾博学、难易、忠恕等事，与《孝经》《中庸》相表里，多有创论。近人刘师培说：

戴氏弟子，舍金坛段氏外，以扬州为最盛。高邮王氏，传其形声训诂之学；兴化任氏，传其典章制度之学。王氏作《广雅疏证》，其子引之申其义，作《经传释词》《经义述闻》，发明词气之学。于古书文义诘诎者，各从条例，明析辨章，无所凝滞，于汉魏故训，多所窜更。任氏长于《三礼》，知全经浩博难罄，因依类稽求，博征其材，约守其例，以释名物之纠纷。所著《深衣释例》《释缯》诸篇，皆博综群书，衷以己意，咸与戴氏学派相符。仪征阮氏，友于王氏、任氏，复从凌

---

① 阮元：《拟国史儒林传序》，《揅经室集》（上）一集卷二，邓经元点校，第37页。

氏廷堪、程氏瑶田问故,得其师说。阮氏之学,主于表微。偶得一义,初若创获。然持之有故,言之成理,贯纂群言,昭若发蒙,异于饾饤猥琐之学。①

刘氏之说,说明了阮元的学问吸收了众家特点,具有总结者的气象。阮元是继承了乾嘉学派之治学方法,在经学研究上取得了重大的成就。

阮元和众多乾嘉经师不同的特点是,在对群经的注释上,他认为:"余以为儒者之于经,但求其是而已矣,是之所在,从注可,违注亦可,不必定如孔、贾之义疏也。"②又说:"古注之善者采之,浅者、误者弃之,其有新义即下己意,不拘郭氏一家之学,兼采友人精确之说。要当以精义古音贯串证发,多其辞说为第一义,引经传以证释为第二义也。"因此,阮元发扬了吴派、皖派经师的治学方法,并有所总结,有所前进。

阮元在治经上的另一个特点,不是仅仅从几本书里面找证据,而是注意了考古文物的利用。特别是对钟鼎彝器的形制和文字十分重视,并给予了很高的评价,于治经上又开辟了一条道路。他说:

钟鼎彝器,三代之所宝贵,故分器、赠器,皆以是为先,直与土地并重,且或以为重赂,其造作之精,文字之古,非后

---

① 刘师培:《南北考证学不同论》,转引自张舜徽《清代扬州学记》,第8页。
② 阮元:《焦里堂循群经宫室图序》,《揅经室集》(上)一集卷一一,邓经元点校,第250页。

人所能及。①

又说：

> 形上谓道，形下谓器，商、周二代之道存于今者，有《九经》焉，若器则罕存者，所存者，铜器钟鼎之属耳。古铜器有铭，铭之文为古人篆迹，非经文隶楷缣楮传写之比，且其词为古王侯大夫贤者所为，其重与《九经》同之。……器者所以藏礼，故孔子曰："唯器与名，不可以假人。"先王之制器也，齐其度量，同其文字，别其尊卑。用之于朝觐燕飨，则见天子之尊，锡命之宠，虽有强国，不敢问鼎之轻重焉。用之于祭祀饮射，则见德功之美，勋赏之名，孝子孝孙，永享其祖考而宝用之焉。且天子诸侯卿大夫非有德位，保其富贵，则不能制其器；非有问学，通其文词，则不能铭其器。然则器者，先王所以驯天下尊王敬祖之心，教天下习礼博文之学。商祚六百，周祚八百，道与器皆不坠也。……故吾谓欲观三代以上道与器，《九经》之外，舍钟鼎之属，曷由观之？②

过去的学者，有以研究金文并取以证史的，但不常见以金证经。而公然申明把"金文"与"九经"并重，这又是对乾嘉学派治经方法的一个发展，显示其乾嘉学派总结者的气象。

---

① 阮元：《积古斋钟鼎彝器款识序》，《揅经室集》（下）三集卷三，邓经元点校，第636页。
② 阮元：《商周铜器说上》，《揅经室集》（下）三集卷三，邓经元点校，第632—633页。

第二，引导了乾嘉治经的新方向。

经学从清初学者开始，一改明代的"束书不读，专事游谈"的风气，并开始考据之先河；乾嘉时期，则达到了高潮。而乾嘉学派中，吴派经师则一切以汉代人注疏为重，唯汉是信，有盲目崇拜汉学的倾向。皖派经师重视《三礼》（即《周礼》《仪礼》《礼记》）中名物制度的考证。其特点是从小学入手，通过文字、音韵来判断古书的内容和涵义，有反对墨守古人经说，择善而从的倾向。因此，阮元力主治经务必要以文字训诂作为途径，方能登堂入室。如果门径一误，则必将走入歧途。

阮元《西湖诂经精舍记》说：

圣贤之道存于经，经非诂不明。汉人之诂，去圣贤为尤近。譬之越人之语言，吴人能辨之，楚人则否，高、曾之容体，祖、父及见之，云仍则否。盖远者见闻终不若近者之实也。①

又说：

两汉经学所以当尊行者，为其去圣贤最近，而二氏之说尚未起也。②

阮元这两段话说明今人阅读前哲留下的经典，必须重视前人的

---

① 阮元：《西湖诂经精舍记》，《揅经室集》（上）二集卷七，邓经元点校，第547页。
② 阮元：《国朝汉学师承记序》，《揅经室集》（上）一集卷一一，邓经元点校，第248页。

传注，而且，汉人的传注，去古较近，自然就比较可靠。只有通过训诂，才可能真正理解所谓的"圣人之道"，因此，他肯定了乾嘉学派利用训诂学治经的基本方向。

但是，阮元也深刻地揭示了乾嘉末流所存在的问题，即"或者但求名物，不论圣道，又若终年寝馈于门庑之间，无复知有堂室矣。是故正衣尊视，恶难从易，但立宗旨，即居大名，此一蔽也；精校博考，经义确然，虽不逾闲，德便出入，此又一蔽也"。① 乾嘉末流的这两种弊端，阮元在治经学的过程中，都着力进行了纠正。故后人评价他说："至其论学之宗旨，在于实事求是，自经史、小学以及金石、诗文，钜细无所不包，而尤以发明大义为主。……推阐古圣贤训世之义，务在切于日用，使人人可以身体力行。"②从而使经学研究中展现了一种新的气象。

其次，在治经学过程中，无论吴派也好，皖派也好，一般只局限在数千年的传注中打圈，阮元则显示了一种新的气象，这种气象有两个重要特点，就是"通博"与"创新"。这些特点，表现为他积极地探索治经的新途径。一是，如前所述，他利用钟鼎彝器之铭文，遗留后世的各种碑文石刻，当作是治经证古一种不可多得的宝贵材料，这是一种创造。阮元另辟蹊径，使治经的手段和范围更广阔了。二是，中国古老的数学曾经取得了重大的成果，具有重大的运用价值。阮元说："数为六艺之一。而广其用，则天地之纲纪，群伦之统系也。天与星辰之高远，非数无以效其灵。地域之广轮，

---

① 阮元：《拟国史儒林传序》，《揅经室集》（上）一集卷二，邓经元点校，第37—38页。
② 刘毓崧：《通义堂文集》（四）卷六《阮文达公传》，第74页。

非数无以步其极。世事之纠纷繁颐，非数无以提其要。"①他非常重视这门学问，同时，对其亦有较深的研究。著名学者焦循利用精湛的数学和训诂学知识，打破了数千年的传注重围，在《易经》的研究上闯出了一条新路。"而后使圣人执笔著书之本义，豁然大明于数千年后。闻所未闻者惊其奇，见所未见者服其正，卓然独辟，确然不磨，虽使义海以下诸贤，众咻之而不能折其说"。②阮元以极大的热情，称赞焦循的这种突破。阮元本为经师出身，主持风会数十年。其身份与学术地位是相当有分量的，他在全面总结乾嘉经学的基础上，积极地酝酿和倡导新的突破。因此，他在一定程度上引导了乾嘉经学的新方向。

第三，总结和发展了乾嘉时期的经学成就。

首先，阮元曾经手校"十三经"。他把中国古代流传下来的经书，《易经》《尚书》《诗经》《周礼》《仪礼》《礼记》《春秋左氏传》《春秋公羊传》《春秋穀梁传》《论语》《孝经》《尔雅》《孟子》等经书，博采诸书，对每一部经书及其注疏都一一进行了认真的校勘考订，作了大量的辨误工作。对每一部经书都进行了一番辨彰学术，考镜源流，使人们能对经学的历史有一个正确的理解。著名的经学家皮锡瑞说："阮元《十三经校勘记》，为经学之渊海。"③阮元说："窃谓士人读书当从经学始，经学当从注疏始。空疏之士，高明之徒，读注疏不终卷而思卧者，是不能潜

---

① 阮元：《里堂算学记序》，《揅经室集》（下）三集卷五，邓经元点校，第681页。
② 阮元：《焦氏雕菰楼易学序》，《揅经室集》（上）一集卷五，邓经元点校，第122页。
③ 皮锡瑞著，周予同注释《经学历史》，中华书局，1959，第330页。

心研索，终身不知有圣贤诸儒经传之学矣。"①为此，阮元以宋本十三经为基础，于江西刊刻了《十三经注疏》这部416卷的巨著，受到学术界的广泛赞颂。"一时贤士大夫乐于观成者，咸鼓舞而赞襄之"。②阮元在刊刻是书时主张："刻书者最患以臆见改古书，今重刻宋板，凡有明知宋板之误字，亦不使轻改。但加圈于误字之旁，而别据校勘记择其说附载于每卷之末，俾后之学者，不疑于古籍之不可据。慎之至也。"③阮元治学的严谨态度受到后学的敬仰，以后洋务派的代表张之洞曾称赞说："《十三经注疏》。共四百一十六卷。……阮文达公元刻附校勘记本，……阮本最于学者有益，凡有关校勘处旁有一圈，依圈检之，精妙全在于此。"④一句"精妙全在于此"，即代表了后人对是书的评价。

其次，有清一代经学成绩斐然。阮元搜集了清初到乾隆、嘉庆年间的经学著作74家，共180余种，1400余卷，时经5年，刻成了著名的《皇清经解》。该著作中汇集了清代学者考订训释的成果，从中可以看出清代经学的转变。夏修恕的《皇清经解序》说：

> 我大清开国以来，御纂诸经，为之启发，由此经学昌明，轶于前代。有证《注疏》之疏失者，有发《注疏》所未发者，亦有与古今人各执一说以待后人折衷者。国初如顾亭林、阎百

---

① 阮元：《重刻宋板注疏总目录》，《十三经注疏附校勘记》（上），中华书局，1979年影印本，第2页。
② 胡稷：《重刊宋本十三经注疏后记》，《十三经注疏附校勘记》（上），第1页。
③ 阮元：《重刻宋板注疏总目录》，《十三经注疏附校勘记》（上），第2页。
④ 张之洞：《书目答问》卷一《经部》，上海古籍出版社，1983，第1页。

诗、毛西河诸家之书，已收入《四库全书》，乾隆以来，惠定宇、戴东原等书亦已久行宇内，惟未能如通志堂总汇成书，久之恐有散佚。道光初，宫保总督阮公立学海堂于岭南以课士，士之愿学者苦不能备观各书，于是宫保尽出所藏，选其应刻者付之梓人，以惠士林，委修恕总司其事。修恕为属官，且淑于公门生门下，遂勉致力。……不但岭南以此为《注疏》后之大观，实事求是，即各省儒林亦同此披览，益见平实精详矣。①

《皇清经解》在经学上是一部影响很大的书籍，其后学者王先谦沿用了是书的体例，刊行了《皇清经解续编》，共110家，209种，1430卷。二书总结了清代的经学成就，把经学研究推向了一个新的高度。

再次，编纂了著名的《经籍籑诂》一书，为经学研究的发展创造了条件。嘉庆二年（1797年），时当阮元34岁的时候，史载：

> 正月二十二日，始修《经籍籑诂》。先是，岁试毕，先生移檄杭嘉湖道，选两浙经古之士，分修《经籍籑诂》。至是，集诸生于崇文书院，分俸与之。是日，至者二十余人。②

该书荟萃了古代经典和诸子百家训诂，群经旧注、古史及诸子旧注、史部、集部旧注以及字书等各方面的材料，该书将唐以前的

---

① 阮福：《雷塘庵主弟子记》卷六，张鉴等撰《阮元年谱》，黄爱平点校，第166页。
② 张鉴：《雷塘庵主弟子记》卷一，张鉴等撰《阮元年谱》，黄爱平点校，第16页。

训诂资料几乎网罗殆尽。王引之说:

> 曩者,戴东原庶常、朱笥河学士,皆欲纂集传注以示学者,未及成编。吾师云台先生欲与孙渊如编修,朱少河孝廉共成之,亦未果。及先生督学浙江,乃手定体例,逐韵增收,总汇名流,分书类辑。凡历二年之久,编成一百六卷。展一韵而众字毕备,检一字而诸训皆存,寻一训而原书可识。所谓握六艺之铃键,廓九流之潭奥者矣。①

是书对于阅读古代经典具有重要的作用。王引之称赞说:"后之览是书者,去凿空妄谈之病,而稽于古,取古人之传注而得其声音之理,以知其所以然;而传注之未安者,又能博考前训以正之,庶可传古圣贤著书本旨,且不失吾师纂是书之意与!"②钱大昕称:

> 此书出,而穷经之彦,焯然有所遵循,乡壁虚造之辈,不得滕其说以炫世。学术正而士习端,其必由是矣。③

而臧镛堂更是称赞这本书说:"可谓经典之统宗,诂训之渊

---

① 王引之:《经籍纂诂序》,阮元等撰辑《经籍纂诂》(上)卷首,中华书局,1982年影印本,第2页下栏、第3页上栏。
② 王引之:《经籍纂诂序》,阮元等撰辑《经籍纂诂》(上)卷首,第4页下栏。
③ 钱大昕:《经籍纂诂序》,阮元等撰辑《经籍纂诂》(上)卷首,第1页下栏。

薮，取之不竭，用之无穷者矣。盖非宗伯精心卓识，雄才大力不足以兴创造之功。……"①

阮元在经学上具有重大贡献，是清代乾嘉经学的集大成者。他总结和发展了同时期学者的经学成就，把清代的经学研究推向了一个新的境界。

第二节 治经的思想特点

阮元治经学具有自己的特点，在思维方式上他特长于归纳。即喜欢在复杂纷纭的事物中绅绎出证据，并一一胪列，从中得出结论，常常发前人所未发。具体表现为以下思想特点：

第一，具有"通博"的特点。

阮元具有广博的知识，多方面的才能。史称其"自经史、小学以及金石、诗文，钜细无所不包，而尤以发明大义为主"。其学以训诂学为主，同时兼及百家。可以说是"无经不治"，"无学不通"。这样广博的知识，就使其思维形式长于归纳的特点得到充分的发挥，其治经也显示了博大气象。他在治经过程中，曾经多次提出了"古学"这个命题。阮元说："余之学多在训诂。"并断言："古今义理之学，必自训诂始。"故他说："后儒说经，每不如前儒说经之确。何者？前儒去古未远，得其真也。故孔、贾虽深于经疏，要不若毛、郑说经之确；毛、郑纵深于《诗》《礼》，更不若游、夏之亲见

---

① 臧庸堂：《经籍纂诂后序》，阮元等撰辑《经籍纂诂》（上）卷首，第4页下栏、第5页上栏。

圣人矣。"因此，他在"古学"这个命题上说："予谓《易》《书》《诗》皆有古学。古学者何？商周之卿大夫；鲁、周之诸圣贤；秦、汉之诸儒是也。"①又说："元少为学，自宋人始，由宋而求唐，求晋、魏，求汉，乃愈得其实。"②强调了"实事求是，推本溯源"。他在治经上主张从文字音训入手，广泛地收集证据，实事求是地推明古训，恢复古典经学的本来面貌。他主张以古文献资料为依据，寻求经义的原解，反对凿空、歪曲，这就是其道在"求其通"。

阮元的通博还表现在他对语言文字有很精深的研究。如他强调语言文字的起源最初在于简单的声音，声音既同，得义就很相近、"言由音联，音在字前，联音以为言，造字以赴音，音简而字繁，得其简者以通之，此声韵文字训诂之要也。……以简通繁，古今天下之言皆有部居而外越乎喉舌之地。"③又在同卷《与宋定之论尔雅书》谈道："窃谓注《尔雅》者，非若足下之深通乎声音文字之本原不能。何也？为其转注假借本有大经大纬之部居，而'初哉首基'，其偶见之迹也。《山》《水》《器》《乐》《草》《木》《虫》《鱼》诸篇，亦无不以声音为本，特后人不尽知耳。"④这些言论均指出训诂学的"因声以求义"的一般规律。文字，只不过是记声音的符号而已。阮元这些卓越的见解具体地阐述在《揅经室

---

① 阮元：《小沧浪笔谈》卷四，台北：艺文印书馆，文选楼版影印本，1967，第31页。或者转引自张舜徽《清代扬州学记》，第158—159页。
② 阮元：《西湖诂经精舍记》，《揅经室集》（上）二集卷七，邓经元点校，第547页。
③ 阮元：《与郝兰皋户部论尔雅书》，《揅经室集》（上）一集卷五，邓经元点校，第124—125页。
④ 阮元：《与高邮宋定之论尔雅书》，《揅经室集》（上）一集卷五，邓经元点校，第125页。

一集》卷一的《释心》《释磬》《释矢》《释门》诸篇。

阮元通过列举大量的事例，从中探明了异字同义以及声近语同的根源，成为训诂学中的一个值得重视的见解。此外，其《揅经室一集》卷一中的《释相》篇阐明了探求本字的方法；《释鲜》篇说明了假借字辗转相通的道理；其《揅经室续集》卷一《释佞》篇说明了一个字的含义有随时代而变的实例。这些都是比较重要的发明与发现，也是阮元潜心研究训诂学的心得总结，与高邮二王有异曲同工之妙，反映了其广博的特点。

同时，他在治经上不囿于一域，不自设篱落。研究群经时，直接从周秦古书中探索经典本义，终于写成了《诗书古训》《论语论仁论》《孟子论仁论》诸篇。在"明体"的基础上，用广博的识见，对晋唐以来经学上的玄虚之谈进行了针锋相对的斗争，对空谈心性的宋明理学展开了无情的批判，在儒家经典的许多重要字义上发挥了自己独到的见解。如在对"仁"字的释义上，他认为，"仁"是儒家重要的道德规范，为五常之首。《论语》言"仁"的有58章，见之于书者有105条，均述人与人之间的道德行为规范。他极力反对宋明理学家解释"仁"的含义时，离开了实事而专谈心性。阮元在对"仁"的释义上，推本溯源，极力从古字义中去寻觅字源。他经过考证，儒家经典中最早出现此字，当为《诗经·小雅·四月》篇中。其云："先祖匪人，胡宁忍予。"郑风《叔于田》篇中的"洵美且仁"。"仁"在"不见于虞、夏、商、周书及诗三颂、易卦爻辞之内，似周初有此言而尚无此字"，当时，凡仁字，"但写'人'字，周官礼后始造'仁'字也"。①对于周初以

---

① 阮元：《论语论仁论》，《揅经室集》（上）一集卷八，邓经元点校，第179页。

后的仁字，阮元在其《论语论仁论》和《孟子论仁论》中，引证了大量的文献资料，加以归纳，从而比较客观地说明了仁字的原义。

"古所谓人偶，犹言尔我亲爱之辞，独则无偶，偶则相亲，故从人二。"而"仁之训为仁也，乃周、秦以来相传未失之古训，东汉之末，犹人人皆知，并无异说。康成氏所举相人偶之言，亦是秦、汉以来民间恒言，人人在口，是以举以为训"。又称："春秋时，孔门所谓仁也者，以此一人与彼一人相人偶而尽其敬礼忠恕等事之谓也。相人偶者，谓人之偶之也。凡仁，必于身所行者验之而始见，亦必有二人而仁乃见，若一人闭户齐居，瞑目静坐，虽有德理在心，终不得指为圣门所谓之仁矣。盖士庶人之仁，见于宗族乡党，天子诸侯卿大夫之仁，见于国家臣民，同一相人偶之道，是必人与人之相偶而仁乃见也。"①这样，就利用其广博的知识，把仁字讲得透彻了。

在《释敬》篇上讲，宋、明时期，理学家则已把经学内涵加上了空谈心性的桎梏。他们认为："静坐主敬。"把"敬"解释成一种闭目静坐修身养性的内心活动，这种解释无疑是消极的。阮元从训诂学的基础出发，认为"古圣人造一字必有一字之本义，本义最精确无弊"。经过确切地考证得出结论：宋明理学家的解释，是违背了古圣贤的本意。他在《释敬》中说：

《释名》曰："敬，警也，恒自肃警也。"此训最先最确。盖敬者言终旧常自肃警，不敢怠逸放纵也。故《周书谥法

---

① 阮元：《论语论仁论》，《揅经室集》（上）一集卷八，邓经元点校，第176页。

解》曰:"夙夜警戒曰敬。"……非端坐静观主一之谓也,故以肃警无逸为敬。凡服官之人、读书之士,所当终身奉之者也。至于孟子论性有曰:"四肢之于安佚也,性也"。年老之人,久劳于事,养神之人,不勤于学,皆乐于安佚。或知安佚不可为训也,于是有立"静"之一字以为宗旨者,非也。惟闻孔子闲居,未闻孔子静坐;惟闻孔子曲肱而枕,孟子隐几而卧,未闻孔、孟瞑目而坐。惟闻《礼》君子欠伸,侍坐者出,未闻君子瞑坐,侍者久立。盖静者,敬之反也。年衰养神者,每便于静,乃讳其所私便,而反借"静"字以立高名,则计之两得者也。①

阮元从"敬"的本义出发,认为"敬"是一种严肃慎重的处事态度,是一种积极认真的实践活动。反映了其对理学家们附会禅学,释敬为闭目修性唯心主义观点的无情批判,具有积极的战斗性。阮元这些学术上的成就,就在于其具有通博的特点。

第二,有调和汉宋两派的倾向。

近代学者刘师培说:"自汉学风靡天下,大江以北治经者,以十百计。或守一先生之言,累世不能殚其业。或缘词生训,歧惑学者。惟焦、阮二公,力持学术之平,不主门户之见。"②焦、阮二人于此显示了大家的风范,阮元于此影响则更为广泛。

中国封建社会的学术最重师承,谨守门户,墨守一家之学,往往自设篱落,甚至造成党同伐异的现象,这就阻碍了学术的发展。

---

① 阮元:《释敬》,《揅经室集》(下)续一集卷一,邓经元点校,第1016—1017页。
② 刘师培:《扬州前哲画象记》,《刘申叔遗书·左庵外集》卷二〇,第81页。

所谓汉学、宋学,从其治学宗旨来看,它们都是要阐述经义,解释圣言,发挥儒家道义,为维护统治阶级利益提供理论基础。从历史文化遗产上来分析,汉学、宋学都是值得重视的。从本质上讲,都是封建统治阶级的思想工具。他们之间的区别主要是在思想方法上。自宋儒道统之说起,"从此心性事功分为二道,儒林道学判为两途"。①从治学上讲,汉学本着实事求是的态度,对儒家经典作了许多忠实的训诂,和宋明理学家末流对经义的凿空、附会和歪曲相比,他们发展了我国的文字、音韵、训诂等方面的学问,从而开始了考证学的一个新时代。他们的研究成果,对我们今天阅读古代典籍,研究古代历史都带来了很大的方便。其研究方法也具有科学性,至今,还有不少值得借鉴的地方。

乾嘉时期,汉、宋二家,门户对立,各执一端,互相排斥,有时矛盾甚至十分尖锐。汉学家江藩撰《国朝汉学师承记》公然自立门户,高自位置,甚至称宋明理学时期,"古义几绝","儒罕通人,学多鄙俗",以致引起宋学家的极大反感和攻击。而宋学家方东树则称:"余生平读书,惟于朱子之言为独契,觉其与孔、孟无二。故见人著书凡与朱子抵触者,辄恚恨,以为人性何以若是其弊也。"②其门户之见更是森严。方东树在所撰《汉学商兑》的《自序》中,更是攻击汉学家从事名物训诂,是"弃本贵末,于圣人躬行求仁修齐治平之教,一切抹杀,名焉治经,实足乱经"。阮元在治学上抛弃了门户之见,力持学术之平。梁启超谓:"后此治汉学者颇欲调

---

① 达三:《国朝宋学渊源记序》,江藩著、钟哲整理《国朝汉学师承记》,第151页。

② 方东树:《汉学商兑》三序。转引自夏征农主编《辞海》文学分册,上海辞书出版社,1988,第142页。

和汉宋,如阮元著《性命古训》。"①显示了他的这种识见。阮元认为汉、宋二学各有所长,不可偏废。他声称:"两汉名教得儒经之功,宋、明讲学得师道之益,皆于周孔之道得其分合,未可偏讥互诮也。"②他的这种态度在当时来说无疑是十分进步的。

阮元"力持学术之平",在治学方法上又是遵循汉学家的方法。如他在训诂学上,对于汉儒的释经又是十分尊信的。他说:"汉人之诂,去圣贤为尤近,譬之越人之语言,吴人能辨之,楚人则否,高、曾之容体,祖、父及见之,云、仍则否,盖远者见闻终不若近者之实也。"③通俗地说明了推求古义、古音,应当以最近该时期者可靠,因此,对汉儒经传注释的重视是正确的,也是实事求是的做法。他更进一步地说道:"圣人之道,譬若宫墙,文字训诂,其门径也。门径苟误,跬步皆岐,安能升堂入室乎。学人求道太高,卑视章句,譬如天际之翔,出于丰屋之上,高则高矣,户奥之间未实窥也。或者但求名物,不论圣道,又若终年寝馈于门庑之间,无复知有堂室矣。是故正衣尊视,恶难从易,但立宗旨,即居大名,此一弊也。精校博考,经义确然,虽不逾闲,德便出入,此又一弊也。"④这就把训诂与道义二者之间的关系,进行了折中调和,表明了他调和汉、宋门户之争的态度。

唯心主义理学从南宋末年到晚清,一直被钦定为封建统治阶

---

① 梁启超:《梁启超论清史学二种·清代学术概论》,朱维铮校注,第57页。
② 阮元:《拟国史儒林传序》,《揅经室集》(上)一集卷二,邓经元点校,第37页。
③ 阮元:《西湖诂经精舍记》,《揅经室集》(上)二集卷七,邓经元点校,第547页。
④ 阮元:《拟国史儒林传序》,《揅经室集》(上)一集卷二,邓经元点校,第37—38页。

级的官方哲学。从认识发展史分析，朱熹的理学是从张载到王夫之的一个中间环节。朱熹提出了多方面的哲学问题。如"理"和"气"，"道"和"器"，"形而上"和"形而下"，"格物致知"和"即物穷理"，"理一分殊"等等，丰富和深化了哲学内容。朱熹是理学集大成者，其哲学是强化封建统治的思想武器。在某些方面，确实也有其合理成分，因此，它在中国哲学史上具有一定的地位。阮元是一个卓有成就的汉学家，但是，他对朱熹的义理之学仍然十分重视。其在《拟国史儒林传序》中说："我朝列圣，道德纯备，包涵前古，崇宋学之性道，而以汉儒经义实之，圣学所指，海内响风。"①他以性道和经义二者结合，互为补充，把对朱熹义理之学的研究放到一个崭新的视角来思考。

广东的学海堂，是阮元总督两广时创办的一所颇具特色的学校。他将朱子之学立为一门课程，让学生进行研讨，表现了他不株守一家，而汉、宋皆采的学术主张。他在《书东莞陈氏学蔀通辨后》称："朱子中年讲理，固已精实，晚年讲理，尤耐繁难，诚有见乎理必出于礼也。古今所以治天下者礼也，五伦皆礼，故宜忠宜孝即理也。……故理必附乎礼以行，空言理，则可彼可此之邪说起矣。"当朱子"老病益侵"，仍思以余日精研《仪礼》，"厘析章句而附以传记"。希望"若更得年余间未死，且与了却，亦可瞑目也"。阮元称赞说："此朱子一生拳拳于君国大事，圣贤礼经，晚年益精益勤之明证确据。"②对朱熹通过治礼经讲理，以图"明经

---

① 阮元：《拟国史儒林传序》，《揅经室集》（上）一集卷二，邓经元点校，第37页。
② 阮元：《书东莞陈氏学蔀通辨后》，《揅经室集》（下）续三集卷三，邓经元点校，第1063页。

以达道"予以高度称赞。

阮元在清代学术上的总结者地位,表现在不仅是对宋学的态度上,而且在对古今诸家之学上,亦主张不立门户,广采博取。嘉庆三年(1798年),他在精心撰写《曾子十篇注释》时,"博考群书,正其文字,参以诸家之说,择善而从。如有不同,即下己意,称名以别之。至于文字异同及训义所本,皆释之,以明从违之意。又尝博访友人,商榷疑义,说之善者,择而载之"。①这种态度就显示了博大的气象。其所校勘的《十三经注疏》,集各家精校之本,析诸家研经之说,唯善是从,兼容并包。无论是汉儒的郑玄、王肃,还是本朝的吴派、皖派,他都能抛开门户之见,做到兼收并蓄,唯求其是。以其《春秋左氏传》的校勘为例,庶可说明他的这种严谨态度:"臣更病今日各本之踳驳,思为是正,钱塘监生严杰熟于经疏,因授以旧日手校本,又庆元间所刻之本,并陈树华《考证》及唐石经以下各本,及《释文》各本,精详捃摭,共为《校勘记》四十二卷,虽班孟坚所谓多古字古言,许叔重所谓述《春秋传》用古文者,年代绵邈,不可究悉,亦庶几网罗放佚,冀成注疏善本,用裨学者矣。"②元和陈树华以宋淳化本遍考诸书与左氏经传异文有异同可备参改者写成了《春秋内传考证》一书,《考证》一书所载之同异虽与正义本迥然不同,但阮元仍吸收了这本书的研究成果。这样,就使得他的《十三经注疏校勘记》能最大限度地吸取前人和当代人的成果,成为历代校勘十三经的集大成著作,这种

---

① 阮元:《曾子十篇注释序》,《揅经室集》(上)一集卷二,邓经元点校,第47页。
② 阮元:《十三经注疏校勘记序》,《揅经室集》(上)一集卷十一,邓经元点校,第259—260页。

实事求是的态度是很可贵的。

第三，具有"通经致用"的特点。

阮元在经学思想上的特点同样表现为"明体达用""实事求是"的主张上。无论其在考证、训诂、金石等学问方面，首先就是在于要"明体"，要"推明古训"，要反映事物的本来面目，要求明白经典中的最初含义，要能实用于现实实践，故其不少见解具有同时代人所不具备的特点，他把"经学"这个封建统治阶级的原始工具注入了新的内容。

如对于中国传统的儒学，阮元也提出了自己的看法。他认为：《论语》和《曾子》二篇是相通的，所谈的道理都不过是日常事物，并不是不可以理解的。因此，学者探求孔子学说也应该从实际、浅近、平凡中去体认，用不着去纠缠玄虚之谈。他解释《论语》中的"实习"二字，认为"习"字兼包"诵之""行之"二义，这比之汉儒只解释为"诵习"更切近其本义。在解释《论语》中的"一贯"时说："贯"是"行"，是"事"。以"'贯，事也。'圣人之道，未有不于行事见而但于言语见者也"。"贯者，壹是皆行之也。""言圣道壹是贯行，非徒学而识之。"故认为此章是："孔子教人之语，实即孔子生平学行之始也。故学必兼诵之、行之，其义乃全。马融《注》专以习为诵习，失之矣。"①把"致用"提到了相当高的地位。

其次，在解释《大学》中的"格物"称："物者，事也。格者，至也。事者，家国天下之事，即止于五伦之至善、明德、新民

---

① 阮元：《论语解》，《揅经室集》（上）一集卷二，邓经元点校，第49—50页。

皆事也。格有至义，即有止意，履而至，止于其地，圣贤实践之道也。"①把"格"字当作"至"字讲，"物"当作"事"字讲。认为凡事皆应亲身实践，才能理解其中深刻的道理。其《揅经室一集·大学格物论》强调了"达用"的原则。阮元这一主张是和颜习斋、李恕谷之学很相近，这自然是对宋明以来空谈心性的理学家坠入玄虚流弊的批判，同时也是对汉学末流只求繁琐考证、不求实际应用的异议。这些都反映了阮元"明体达用""实事求是"的哲学思想。

阮元在《论语·论仁》和《孟子·论仁》二篇中，用归纳法把孔子、孟子平日所谈到的"仁"的语句，搜集排比，阐发其义，客观地介绍了孔、孟原来的说法，因此以纠正后起的诬枉。阮元从"通经致用"的目的，结合孔子的"论仁"，将"仁"推为"仁学"，从而使之达到了一个更高的境界。其大要有三：

其一是："己欲立而立人，己欲达而达人。"仁者，爱人；知者，知人。他说："所谓仁者，己之身欲立则亦立人，己之身欲达则亦达人。所以必两人相人偶而仁始见也。即如己欲立孝道，亦必使人立孝道，所谓不匮锡类也。己欲达德行，亦必使人达德行，所谓爱人以德也。……为之不厌，己立己达也。诲人不倦，立人达人也。"如果从今天实际意义上讲，"仁"的根本问题是不能流于空谈，必须付之于实践。

其二是："克己复礼为仁。"何谓仁？仁必须从自己做起。阮元说："孔子曰：克己复礼为仁，一日克己复礼，天下归仁焉。为

---

① 阮元：《大学格物说》，《揅经室集》（上）一集卷二，邓经元点校，第54页。

仁由己，而由人乎哉！"而更进一步说明，应当"非礼勿视，非礼勿听，非礼勿言，非礼勿动"，并且要"己所不欲，勿施于人。在邦无怨，在家无怨"。①而克己之"己"字，即自己之"己"。仁虽由人而成，其实当自己始。一日克己复礼，则天下归仁焉。并通俗地说明："俚言之，若曰：'我先自己好，自然要人好。我要人好，人自与我同作好人也'。一介之士处世，天子治天下，胥是道也。"②

其三是："无求生以害仁，有杀身以成仁。"仁是五常之首，在孔子的仁学中，它的涵盖至为广大精深，既兼恭、宽、信、敏、惠于一体，又合忠、清、敬、恕于一堂，最终成为一种崇高的精神境界和理想的追求。

因此，阮元的释仁，从广博的历史文献资料出发，既完整地探寻了其本源，又具有明体达用、身体力行的积极意义。在《性命古训》篇中，他又根据《尚书·召诰》和《孟子·尽心》所谈的"性善"，再参以诸经旧说，指出商周人谈性命，多在事，所以切于实际，而易于率循。晋唐人谈性命，多在心，所以流入空虚，而易于傅会。

阮元治学上"明体达用"与"实事求是"的特点，反映在治经上，则具体表现为通博、创新与致用的思想特点。

---

① 阮元：《论语论仁论》，《揅经室集》（上）一集卷八，邓经元点校，第180页。
② 阮元：《论语论仁论》，《揅经室集》（上）一集卷八，邓经元点校，第181页。

第三节　在经学研究上的地位

经学是中国封建社会上层建筑的一个重要领域。它的产生、发展、演变以至消亡，都有其客观的社会原因。中国经学史是中国文化史的一个重要组成部分，同中国的哲学、史学、文学研究都有很密切的关系。对于一个封建官僚来说，对经学的素养和研究，则表现为其对封建政治的理论水平。了解经学的演变，对于了解中国古代的文化和中国古代的社会，都有其重要的意义。

阮元对经学的研究很有成就，在中国经学史上也具有相当高的地位。具体而言，他有两个形象出现在中国的经学历史上。

一是乾嘉经学的"护法者"。

乾嘉时期的经学，一是由于最高统治者提倡，以所谓的"稽古右文"为旗帜，把经学提到相当高的地位。二是由于一批很有才华的知识分子，如清初的顾炎武、王夫之、黄宗羲等人，他们亲身经历了明朝灭亡的切肤之痛，于是，痛矫时人之弊，弃虚就实，挽回风气，故使经学大昌，如日中天，光景日新。到了乾嘉时期，则达到了空前的兴盛。此时的经学，也就是被称为正统派的汉学占据了重要位置。他们崇尚许慎和郑玄，以考据名世，做了大量的文献整理工作。著名的经学家皮锡瑞称：

国朝经师有功于后学者有三事。一曰辑佚书。……至国朝而此学极盛。惠栋教弟子，亲授体例，分辑古书。余萧客《古经解钩沈》，采唐以前遗说略备。王谟《汉魏遗书钞》，章宗源

《玉函山房丛书》，辑汉、魏、六朝经说尤多。孙星衍辑《马、郑尚书注》，李贻德述《左传贾、服注》，陈寿祺、乔枞父子考《今文尚书》《三家诗》。其余间见诸家丛书，抱阙守残，得窥崖略，有功后学者，此其一。一曰精校勘。校勘之学，始于《颜氏家训》《匡谬正俗》等书。……国朝多以此名家，戴震、卢文弨、丁杰、顾广圻尤精此学。阮元《十三经校勘记》，为经学之渊海。余亦间见诸家丛书，刊误订讹，具析疑滞，有功后学者，又其一。一曰通小学，古人之语言文字与今之语言文字异。……顾炎武《音学五书》，始返于古。江、戴、段、孔，益加阐明。是为音韵之学。段玉裁《说文解字注》，昌明许慎之书。同时有严可均、钮树玉、桂馥，后有王筠、苗夔诸人，益加阐明。是为音韵兼文字之学。经师多通训诂假借，亦即在音韵文字之中；而经学训诂以高邮王氏念孙、引之父子为最精，郝懿行次之。是为训诂之学。有功于后学者，又其一。①

乾嘉时期的这种学风，使经学成了清代学术的中坚。不少的富商大贾，以儒雅相时尚，洁亭舍，丰馆谷以待高士，在社会上已形成了一种风气。阮元作为一个学者型的官僚，"本以经师致身通显，任封疆，有力养士，所至提倡，隐然兹学之护法神也"，②成为乾嘉经学的旗帜。他以经学相提倡，尊崇许慎、郑玄。以经学培养人才，兴办诂经精舍、学海堂。两任会试副总裁，选拔朴学人才数百人，号称得士之盛。在他的旗帜下，一大批经学家得以发挥才

---

① 皮锡瑞著，周予同注释《经学历史》，第330—331页。
② 梁启超：《梁启超论清史学二种·清代学术概论》，朱维铮校注，第54页。

干；一大批经学著作，得以流传；乾嘉学派治经的科学方法，得以发扬光大；这样就形成了其乾嘉经学所谓"护法者"的形象。

二是乾嘉经学的总结者。

一部经学历史，从何说起？《四库全书总目提要》经部目录总叙曰：

> 自汉京以后，垂二千年，儒者沿波，学凡六变。其初专门授受，递禀师承；非惟训诂相传，莫敢同异；即篇章字句，亦恪守所闻。其学笃实谨严，及其弊也拘。王弼、王肃，稍持异议。流风所扇，或信或疑。越孔、贾、啖、陆，以及北宋孙复，刘敞等，各自论说，不相统摄。及其弊也杂。洛、闽继起，道学大昌；摆落汉、唐，独研义理；凡经师旧说，俱排斥以为不足信。其学务别是非，及其弊也悍。学脉旁分，攀援日众，驱除异己，务定一尊。自宋末以逮明初，其学见异不迁，及其弊也党。主持太过，势有所偏。才辨聪明，激而横决。自明正德、嘉靖以后，其学各抒心得，及其弊也肆。空谈臆断，考证必疏，于是博雅之儒，引古义以抵其隙。国初诸家，其学征实不诬，及其弊也琐。①

皮锡瑞说："案二千年经学升降得失，《提要》以数十言包括无遗，又各以一字断之。所谓拘者，两汉经学也；杂者，魏、晋至唐及宋初之学也；悍者，宋庆历后至南宋之学也；党者，宋末至元之学也；肆者，明末王学也；琐者，国初汉学也。《提要》之作，

---

① 纪昀：《钦定四库全书总目》卷一《经部总序》。

当惠、戴讲汉学专宗许、郑之时，其繁称博引，间有如汉人三万言说'若稽古'者。若嘉、道以后，讲求今文大义微言，并不失之于琐，学者可以择所从矣。"①皮氏是属今经文学派，其说难免有褒扬今文学派之见，但就经学历史来说，基本上把经学的主要线索理清楚了，具有参考意义。

经学发展到清代，按一般学者的认为，"学凡六变"。即如果从孔子删定"六经"算起，已有2000多年，共经过了"拘""杂""悍""党""肆""琐"这样六种不同倾向的阶段。近代学者钱穆说："嘉道之际，在上之压力已衰，而在下之衰运亦见。汉学家正统派如阮伯元、焦里堂、凌次仲，将途穷将变之候也。"②梁启超说："嘉道以还，积威日弛，人心已渐获解放，而当文恬武嬉之既极，稍有识者，咸知大乱之将至。追寻根原，归咎于学非所用"。③时代需要有人对经学有一个总结。阮、焦、凌就是这样的人选。焦里堂比阮元大1岁，对群经都有研究，于学无所不通，享年仅58岁；凌次仲比阮元大9岁，为清朝乾嘉时期的一大奇才，对经学有很深的研究，但也仅活了55岁。焦、凌二人在经学研究都作了一定的总结工作，遗憾的是，就在他们学问如日中天时，却过早地离开了人世。乾嘉经学总结者的任务，也就历史地落在了大学者阮元的身上。

阮元对清代的经学研究起了总结作用。除了他自己对经学的一些创造性研究外，他还精心校勘了《十三经注疏》，其《十三经注

---

① 皮锡瑞著，周予同注释《经学历史》，第347页。
② 钱穆：《中国近三百年学术史》自序，中华书局，1986，第2页。
③ 梁启超：《梁启超论清史学二种·清代学术概论》，朱维铮校注，第58页。

疏校勘记》最大限度地吸收了前人和当代人的成就，是清代经学之集大成者。其所编纂的长达1400余卷的《皇清经解》，把他之前的有清一代经学研究之优秀成果囊括殆尽，为乾嘉以前经学的总结。其所开创的体例为后来学者王先谦所承袭。为方便后学对经学的研究，其所编著的《经籍籑诂》，为经学研究的一部非常重要的工具书，这是包括戴震这样的经学大家想办而未办成的一件大事。可以这样讲，没有阮元在经学上杰出的贡献，要想全面了解清代、乃至中国古代的经学研究，都将是一件十分困难的事情。另外，阮元虽然属于汉学一派，具体地讲，他偏重于古文经学一派，他不排斥宋学，也不排斥今文学派，都比较客观地对待它们，吸收他们中间的优秀成果，而"力持学术之平"。

皮锡瑞的《经学历史》一书中指出："国朝经师，能绍承汉学者，有二事。一曰传家法，如惠氏祖孙父子，江、戴、段师弟，无论矣。……皆渊源有自者。一曰守专门。阮元云：'张惠言之《虞氏易》，孔广森之《公羊春秋》，皆孤家专学也。'……皆卓然成家者。家法专门，后汉已绝，至国朝乃能寻坠绪而继宗风。传家法而有本源，守专门则无淆杂。"[①]应当说，乾嘉经学到了兴盛时期，同时也是其自立门户，高自位置的时期。阮元在这种情况下，能站在较高的立场上，力持学术之平，有调和汉、宋的倾向，这就十分可贵了。

另外，阮元在治经学中主张"明体达用""实事求是"。提倡实学，反对虚妄；提倡经世致用和圣人之道"在于实践"，反对专事游谈，不务实际；既提倡尊古，又鼓励人们疑古。阮元在经学上

---

① 皮锡瑞著，周予同注释《经学历史》，第320—321页。

的成就，就不能仅用整理文献和语言文字研究来概括。在中国古老的经学内部，已经在开始酝酿着变革，由于外来文化的影响，中国封建社会的危机越来越严重，士大夫们有感于"陆沉之有日"，这就为提倡变法维新的今经文学的产生创造了条件。不管阮元主观上是如何思考，客观上已经为传统经学敲响了丧钟。可以这样说，阮元的经学思想不仅总结了乾嘉经学，而且已经在孕育着一些新的思想。

阮元"学问素优"，"幼学以经为近"，其学问遍及四部。且少年早达，历仕乾隆、嘉庆、道光三朝，为三朝阁老，体仁阁大学士，"持节十三省"，晚年晋加太傅衔。经历了乾嘉文物鼎盛之时，一生以倡导文教为己任，主持风会，领袖四方，每到一处，则务以教士兴学为先。加上其人又高寿（享年86岁，鸦片战争爆发后还活了9年）、硕学（一生著述颇丰），这样的身份、地位和特殊的经历，使其足以承担乾嘉经学倡导者与总结者的这个历史责任。

第四章　教育思想

第一节　在教育史上的地位

　　阮元也是著名的教育家，其教育思想颇具时代特点，在清代教育史上具有重要的历史地位。认真地分析研究其教育思想的特点，可以使我们更进一步地了解阮元，认识阮元，总结在那个时代中，一些有识之士在外来文化的影响下，是如何适应社会需要，一步步地在走着艰难的路子，脚踏实地地干着前人所没有干过的事情。

　　中国古代教育具有悠久的历史，曾经在世界上产生了深远的影响。有清一代教育，适应着清朝政治、经济的要求，以及学术思想的发展变化，其大致可以分为三个阶段。

　　从清初到鸦片战争前，近200年间，基本上是沿袭明代的教育制度。但从乾隆后期到道光二十年（1840年）鸦片战争前，社会矛盾尖锐，旧教育制度开始受到越来越严重的挑战，此为第一阶段。从鸦片战争到光绪二十四年（1898年）戊戌变法之前，改革旧的学制，吸取西方的办学经验；其间半个多世纪，是中国教育的变革时期，此为第二阶段。从戊戌变法到清朝末年，虽然只有13年的时间，但中国的教育变化之剧烈，则是前所未有的。在这段时间内，帝国主义文化侵略日益深入，旧的教育制度逐步瓦解，西方的资产阶级式的教育制度逐步形成，此为第三阶段。这三个历史阶段，虽然一个时期比一个时期短，但一个时期比一个时期变化激烈，为中国教育挣脱封建社会的桎梏，为近代资产阶级教育的形成和发展，创造了条件。

阮元活跃在清代教育史上第一阶段的后期，即嘉、道年间。在这一时期中，虽然清政府基本上仍是沿用着明代的教育制度，但封建教育制度已出现穷途末路的景况。一些封建社会的有识之士，则正在为酝酿着的变革，积累着量的变化。阮元则是在这种穷途末路积极思考变化的代表人物。他一方面还在维护着封建社会的这个体制，另一方面，又在这种体制下，积极地思考着某些变革，进行着某些实践。这种实践，无疑给当时的教育界带来了清新的气象，促进了中国教育制度的改革。

阮元是一个重视教育的政治家。李元度在《国朝先正事略》①评价阮元时说：

> 一代之兴，必有耆庞魁垒之臣，若唐之燕、许及崔文贞、权文公、李卫公，以经术文章主持风会，而其人又必聪明早达，扬历中外，兼享大年，其名位著述足以弁冕群才，其力尤足提唱后学，若仪征相国，真其人哉！

阮元之所以能有如此大的影响，其一由于他出身于下层社会，

---

① 李元度：《国朝先正事略》（上册）卷二一《阮文达公事略》，易梦醇点校，岳麓书社，1991，第625页。

曾是"蓬户桑枢之子",对广大的田舍子弟希望通过读书这条途径,寻求出人头地的机会,有比较深刻的了解。其二,阮元本人是一个大学者,是乾嘉学派的总结者,通过办学,倡导朴学,使学风"纯正",是他自己引以为荣的职责。其三,他少年早达,年又高寿,给他提倡文教创造了条件。

他在广州建立学海堂时的一段话说得十分清楚:

> 余本经生,来总百粤,政事之暇,乐观士业,曩者抚浙,海氛未销,日督戈船,犹开黉舍,矧兹清晏,何独阙然。粤秀山峙广州城北,越王台故址也,山半石岩,古木荫翳,绿榕红棉,交柯接叶,辟菜数丈,学海堂启焉。①

因此,无论在任何时候,无论担任何种职务,他都积极提倡文教,在有清一代官吏中,是积极办学的倡导者和实践者。

在山东为学政时,他积极倡导学风,为封建的清王朝选拔人才,出试各州县,推崇汉代著名的朴学大师郑玄,捐修高密郑玄墓,访其后裔,上报礼部批准作为奉祠主,以提倡朴学。广泛地于各地建立书藏,创立了寺院图书馆的规范。刊布了大量的学术著作,促进了教育事业的发展。他处处把自己和教育连在一起,作为自己的"根"。历史甚至还记载了这样一件事实,道光五年正月二十日,"是日,大人寿辰,独往学海堂避客"。②作为一个

---

① 阮元:《学海堂集序》,《揅经室集》(下)续集卷四,邓经元点校,第1076—1077页。
② 阮福:《雷塘庵主弟子记》卷六,张鉴等撰《阮元年谱》,黄爱平点校,第147页。

封疆大吏，生日避客，而避客的地点又是学校，这就很能反映其性格特点。

在浙江、江西、广东，他利用自己的地位，每到一处，都积极振兴当地文教。如对科举考试号舍的修建，一些多少年难于解决的问题，经他的倡导，都迅速地解决了。在广东修建号舍有诗一首：

> 广厦何曾有万间，
> 聊开矮屋庇孤寒。
> 节交白露天犹暑，
> 气吐青云地忽宽。
> 爽垲竟饶迁舍乐，
> 风檐颇似在家安。
> 他年多士儿孙住，
> 可识从前坐卧难。

他在此诗的自注（根据点检本来看，并非自注，而是诗的标题）中说："余抚浙江、江西皆曾修建乡闱号舍，今督粤，粤闱号舍六千七百余间，更湫隘，皆改建宽大之，秋，兼抚印，监临乡试书志一律。"[①]封建社会进行科举考试的号舍，被尊为"文官下轿，武将下马"的神圣之地，都衰败成这种境况，封建社会的"盛世"也就走到了尽头。阮元此项义举，想到了子孙后代，想到了当地文教发展的未来，是难能可贵的。

---

① 阮元：《余抚浙江江西皆曾修建乡闱号舍今督粤粤闱号舍六千七百余间更湫隘皆改建宽大之秋兼抚印监临乡试书志一律》，《揅经室集》（下）四集诗卷一一，邓经元点校，第979页。

他重视教育，理解士子求学的心情。浙江海宁，旧无书院，士子求学非常困难。时任浙江巡抚的阮元，于此建立海宁安澜书院，设立生员名额，并亲为之试。"以玉环厅（属温州府，在东南海中）未有专学，且是厅孤悬海外，士子航海负籍，涉历风涛，多有不便，兼以应试人众，进取额少，亦不足以示鼓励，因会同学政文公宁请创学宫，添设进学额数，文生八员、武生四员、廪膳生八员、增广生八员，三年一贡，以励人材。"[①]在广东三水，还首倡捐银，将旧行台衙门改建书院，并为之命名为"三十六江楼"，气势非凡。"学术之兴也，有倡导之者，必有左右翼赞之者。"这些看似十分简单的事情，可以这样说，如果没有像阮元这样的官僚为之倡导，是不可能办成的。

阮元的教育思想，适应着当时的政治经济形势发展，而具有自己的特点。封建社会中，所谓"经秉圣裁，垂型万物"，经学是统治者的思想理论基础，是封建统治制度的"体"。阮元在《揅经室集自序》中写道："余幼学以经为近也。余之说经，推明古训，实事求是而已，非敢立异也。"阮元在教育思想中也反映了两个特点，即"推明古训"和"实事求是"。何谓"推明古训"？阮元说："圣贤之道存于经，经非诂不明。"[②]他认为："凡礼乐文艺之繁，伦常之纪，道德之要，载在先王之书者，皆当讲习之，贯习之。"又称："圣人之道，未有不于行事见而但于言语见者

---

① 张鉴：《雷塘庵主弟子记》卷二，张鉴等撰《阮元年谱》，黄爱平点校，第51页。
② 阮元：《西湖诂经精舍记》，《揅经室集》（上）二集卷七，邓经元点校，第547页。

也。"①即是说，必须以中国古代的圣贤之道，作为立身行事的准则。另一个特点即所谓"实事求是"，即如其《焦里堂群经宫室图序》中说："余以为儒者之于经，但求其是而已矣，是之所在，从注可，违注亦可，不必定如孔、贾义疏之例也。"②这一思想贯串在其教育思想之中。如中国古代的算学，具有悠久的历史，也取得了巨大的成就。对于西方传来的现代算学，他不是闭塞眼睛充耳不闻，而是进行了认真的研究。他说："元尝稽考算氏之遗文，泛览欧逻之述作，而知夫中之与西，枝条虽分，而本干则一也。"他在这里一方面默认了西方现代算学的先进性，另一方面又说，西方的这些东西，中国"早已有之"，或者是"枝条虽分"，则"本干则一"也。而对焦循的算学，"会通两家之长，不主一偏之见"，③表示了极大的称赞。在其所办的浙江诂经精舍和广东学海堂中，把算学也列为指导士子研究的一项内容。既要发掘古代算学的丰富遗产，又多少研究了一些西方的现代算学，显示了其"推明古训，实事求是"的特点。

"中学为体，西学为用"，是19世纪60年代以后，在外国资本主义侵略的影响下，地主阶级中的有识者，为了维护封建统治而提出的向西方学习的主张，即以维护封建统治秩序的纲常伦理为根本，在此基础上，采用西方的近代科学技术以及政治法律和文化教育的若干办法，即"以中国之伦常名教为原本，辅以诸国富强之

---

① 阮元：《论语解》，《揅经室集》（上）一集卷二，邓经元点校，第49页。
② 阮元：《焦里堂群经宫室图序》，《揅经室集》（上）一集卷一一，邓经元点校，第250页。
③ 阮元：《里堂学算记序》，《揅经室集》（下）三集卷五，邓经元点校，第682页。

术"。①"中体西用"的这种思想形成有一个渐进的过程,一般认为,可以上溯到鸦片战争时期魏源的"师夷长技以制夷"思想。

阮元主张要遵循"圣贤之道",而又"非敢立异也"。在其学术思想中所提倡的"推明古训""实事求是""明体达用",这些都是孕育着"中学为体"原则的雏形,在其教育思想中也有所反映。同时,他对西方的科学技术进行学习和研究,已经在开始"西学为用"的实践。史载:

> 嘉庆五年,余破安南夷寇于浙江台州之松门,获其军器,其炮重数千斤者甚多,其铜炮子圆径四五寸。又有蝴蝶炮子,战时得之,其子以两半圆空铜壳合为圆球之形,两壳之中以铜索二尺连缀不离蟠,其索纳入两壳而合之,镕铅灌之,铅凝而球坚矣。以球入炮,炮发球出,铅镕壳开,索连之飞舞而去,凡遇战船高樯帆索无不破断者矣。余仿其式造之,甚良。②

如对西方的自鸣钟、望远镜,他都十分欣赏,并进行了认真的研究。其利用望远镜观察月亮,测月亮和地球的距离。分析自鸣钟何以能自动的机械原理,其钻研之精深,实在是令人惊叹。他不是那种把西方先进技术鄙视为"奇技淫巧"的自大者,更不是用"乌鸡狗血"去对抗外国枪炮的愚昧者。

阮元这些思想体现在教育上,则是对西方科学技术的认真学

---

① 冯桂芬:《校邠庐抗议》,沈云龙主编《近代中国史料丛刊》第62辑,台北:文海出版社,第151—152页。
② 阮元:《记蝴蝶炮子》,《揅经室集》(下)三集卷二,邓经元点校,第628—629页。

习。他在《学海堂策问》中向学生提问说：

> 今大、小西洋之历法来至中国在于何时？所由何路？小西洋即今港脚等国，在今回疆之南，古天竺等处。元之《回回历》是否如明《大西洋新法》之由广东海舶而来？大、小西洋之法，自必亦如中国之由疏而密，但孰先孰后？孰密孰疏？其创始造历由今上溯若干年？准中国之何代何年？西法言依巴谷在汉武帝、周显王时，确否？六朝番舶已与广东相通，故达摩得入中国。中国汉郗萌已有诸曜不附天之说，后秦姜岌已有游气之论，宋何承天立强弱二率，齐祖冲之立岁差等法，皆比汉为密，与明来之《大西洋新法》相合，是皆在达摩未入中国前也。至于唐时市舶与西洋各国往来更孰，元之《回回法》，明之《大西洋新法》如是古法，何以不来于唐《九执法》之前？《九执法》又自何来？且西洋又何以名借根方为东来法也？其考证之。①

他在学海堂的这些提问，涉及面已经相当宽阔，证明阮元已经直面西方文化的现实，开始了"西学为用"这种思想的某种实践。

阮元又是新教育体制的探索者，特别是对书院的教学制度进行了改良。

清朝的书院先是设在省会的，由各省提督学政或学务司管理书院的事务。最初一省只有一所书院，设立在省会，到后来遍设于全

---

① 阮元：《学海堂策问》，《揅经室集》（下）续三集卷三，邓经元点校，第1067—1068页。

国,一省往往有几所书院。这些书院的性质,基本上还是科举制度的附庸。就其教学内容来说,可以分为三类:一类是重视义理与经世之学的书院;一类是以考课举业为主的书院;一类是以朴学精神倡导学术研究的书院。

就其历史发展顺序而言,清初学者在书院讲学,多重义理和经世之学,如李二曲主讲的关中书院,颜习斋之于南汉书院,其讲学都是义理与经世并重。但这种书院是统治者所时时警惕的。直到雍正十一年(1733年)才下令各省建立书院,各拨给一千两银子作为创办书院之经费。并拨学田以田租作为师生日常供给,把书院作为"兴贡育才之一道也"。①"所以导进人才,广学校所不及"。这时的书院则已是科举制度的附庸,与清初书院的性质相比则发生了较大的变化,书院的教学重心转向了考课。所以"但至乾隆十年,礼部议准书院每月之课,仍以八股文为主,内虽有经史治术留心讲贯,余功可及对偶声律之学,并论策表判酌量兼试等语,但仅属具文"。②嘉道以来,随着社会政治经济的变化,这种变化也影响到教育中来。有一些汉学家主讲的书院,以倡导朴学为主,显示了变革的气象,阮元是这一时期的代表人物。他在办学上明显地显示出其变革的特点,是书院制度的改革者。史评说:"但自阮元在浙江立'诂经精舍',在两广立'学海堂',以经史为主,不教八股文,为书院开创了一种新的风气。在他的影响下,类似的书院就在华南各地创建起来。"③

---

① 刘锦藻编纂《清朝文献通考》(一)卷七〇,考五五〇四中栏。
② 商承鎏:《清代科举考试述录》,生活·读书·新知三联书店,1958,第223页。
③ 熊明安:《中国高等教育史》,重庆出版社,第298页。

阮元的教育思想，是清代教育史上大变革的前兆，是在为整个教育思想变革酝酿着量的积累。就其思想体系来说，他仍然是封建地主阶级的，还多少有一些"天朝大国，无所不有"的故步自封。但其"明体达用""实事求是"的主张，则比较现实地接受了西方的科学技术，又是中国历史上能"开眼看世界"的前驱，其思想成为"中学为体，西学为用"的滥觞。从这点上讲，他比他的同代更高出一筹。就其实践来说，他对书院制度进行的大胆改革，其余绪波及陈澧、梁启超、俞樾、章太炎等，在中国近代教育史上产生了重要影响。

第二节 教育思想

我们在研究阮元的教育思想时，应当看到中国封建传统是"百足之蛇，死而不僵"，还在对社会产生着巨大的影响。同时，也要看到西方文化经过几个世纪的准备，已经开始像疾风暴雨似的摧打着清王朝快要腐朽的大门。阮元既要为封建王朝看家护院，冷酷的现实，使他这个封建营垒中的官僚比较清醒，又不得不适应着新的情况，思考变革的办法，这就必然要反映在他的教育思想上来。其主张中有不少很有价值的观点，值得人们重视。今胪列于下：

一、"圣贤之道，无非实践"

阮元认为"圣贤之道"不是虚无飘渺的东西，而是应当付诸实践。主张在教育中，实事求是，重视实践，把实践放在重要的地位，坚决纠正脱离实际的风气。他在《论语解》中说：

"学而时习之"者，学兼诵之、行之。凡礼乐文艺之繁、伦常之纪、道德之要，载在先王之书者，皆当讲习之，贯习之。《尔雅》曰："贯，习也。"转注之"习"，亦贯也。时习之"习"，即一贯之"贯"。贯主行事，习亦行事，故时习者，时颂之，时行之也。《尔雅》又曰："贯，事也。"圣人之道，未有不于行事见而但于言语见者也。故孔子告曾子曰："吾道一以贯之。"一贯者，壹是皆行之也。又告子贡曰："汝以予为多学而识之者与？予一以贯之。"此义与告曾子同，言圣道壹是贯行，非徒学而识之。两章对校，其义益显。此章乃孔子教人之语，实即孔子生平学行之始末也。故学必兼诵之、行之，其义乃全。马融注专以习为诵习，失之矣。[①]

阮元纠正了汉儒马融的解释，把"学而时习之"另一部分内容，即"贯行之"揭示出来，把实践提到了相当高的地位。它揭示了人才成长的规律，这是一个理论上的突破，纠正了当时教育脱离实际的弊病，而越来越与近代的教育主张接近。

他还在《大学格物说》中进一步说："圣贤之道，无非实践。孔子曰：'吾道一以贯之。'贯者，行事也，即与格物同道也。"又把古老的"格致"之说，赋予了新的内涵，他说：

《礼记·大学》篇曰："致知在格物，物格而后知至。"

[①] 阮元：《论语解》，《揅经室集》（上）一集卷二，邓经元点校，第49—50页。

此二句虽从身心意知而来，实为天下国家之事。天下国家以立政行事为主，《大学》从身心说到意知，已极心思之用矣，恐学者终求之于心学而不验之行事也，故终显之曰："致知在格物。"物者，事也。格者，至也。事者，家国天下之事，即止于五伦之至善、明德、新民皆事也。格有至义，即有止意，履而至，止于其地，圣贤实践之道也。①

对禁锢思想考课举业的制式教育，对蜂拥而来奇巧的西方文化，阮元的这些主张，把理论与实践相结合的重要性谈得非常清楚，无疑是对当时脱离实际学风的重大纠正。

二、提倡朴实，反对浮华

清朝统治集团入主中原后，视书院的讲学结社为洪水猛兽，把有点头脑的知识分子当作异己力量，实行残酷的文化专制。到雍正十年，又把书院完全变成了科举制度的附庸，使原先多少还有一点点的学术氛围也改变了性质，充满着封闭、没落和腐朽。史载：

> 山长以疲癃充数，士子以儇薄相高。其所日夕咿唔者，无过时文帖括，然率贪微末之膏火，甚至有头垂垂白不肯去者。呜呼！朱子有言：科举不累人，人自累科举耳。夫书院非由是也哉。②

---

① 阮元：《大学格物说》，《揅经室集》（上）一集卷二，邓经元点校，第54页。
② 刘锦藻等撰《清朝续文献通考》卷一〇〇，商务印书馆，1936年影印本，第8589页上栏。

此种情况下的书院，是根本不可能培养出适应社会需要的人才的。学风建设，实际上是发挥教育的主导作用，创造有利的学习环境，培养出对社会有用的人才。阮元所创办的两所学校，即诂经精舍和学海堂，就一改过去的学风，提倡朴实，反对浮华，以"矫空疏杂滥之弊"。①不教八股文，而以研习经史为主，以期"不忘旧业且勖新知也"。②

阮元主张为"通儒之学"，说："有陋儒之学，有通儒之学。何为陋儒之学？守一先生之言不能变通，其下焉者，则惟习词章、攻八比之是务，此陋儒之学也。何为通儒之学？笃信好古，实事求是，汇通前圣微言大义而涉其藩篱，此通儒之学也。"③他在这里是再明白不过的说明，必须追求学问的实用，万不可只作八股文章的奴隶。他还严肃地批评了老庄和儒释主张的"禅""面壁"，以及对"文"与"博"的见解，什么"文灭质，博溺心，然后民始惑乱"，④这些都是不全面的。他说：

周、孔、颜、曾之学首重文博，后人才力浅弱，不能文，不能博，有复初之一说焉，可以不读书，曰安佚，而其名愈高，孰不乐趋之？⑤

---

① 阮元：《试浙江优行生员策问》，《揅经室集》（上）二集卷八，邓经元点校，第574页。
② 阮元：《西湖诂经精舍记》，《揅经室集》（上）二集卷七，邓经元点校，第547页。
③ 阮元：《传经图记》，《国粹学报》第1卷第3期，1905年，第118页。
④ 《庄子》之《缮性篇》。
⑤ 阮元：《复性辨》，《揅经室集》（下）续三集卷三，邓经元点校，第1061页。

要想于国于民有点成就，就要认真读书，推明古训，不付出艰巨的努力是不行的。

阮元为纠正当时的学风，做了大量的工作。他的一些主张仍然可以为我们今天治学所借鉴。如他认为，世人读书每自称"一目十行"，这实际不是真读书，真读书者应当"十目一行"，才能真正理解书中的意蕴。他严肃地批评那些少年得志者说："少年科第，往往目无今人，胸无古人，最是误事。"他又告诫这些人说，既登馆阁，精力不可能再过多地沈研经史，但一定要留意"二通"，即《资治通鉴》《文献通考》二书，读"二通"则"千百年来理乱之原，政治之迹可备"。道光六年六月二十六日，阮元离两广总督任赴云贵总督任时，在答粤东书院诸山长及学海堂学博生徒的送别诗有句云："讲学是非宜实事，读书愚智在虚心。"并且以此申明说："此二语乃实学、空学之关键，最为要紧。不能实学者，先入之见填于胸，不虚心求是非，终于愚而已。"[①]阮元提出的"实学""西学"等名词，不仅在于纠正了当时的学风，倡导了一种新的气象，还在于这些新名词，为后来的维新派所接受，所使用，说明他确实比同时代的人站得更高一筹。

三、教育必须得士

教育的基本功能就是要使人类社会文明得到延续和发展，就是要根据社会的客观需要，培养出对社会有用的人才。阮元一生曾两

---

① 阮福：《雷塘庵主弟子记》卷六，张鉴等撰《阮元年谱》，黄爱平点校，第154页。

次参与会试主考工作，为国家选拔了一大批人才，特别是嘉庆己未科，号称"得士之盛"。但是，人才的成长有一个过程。他在总结己未科得士情况后向嘉庆上疏说：

> 故臣愚以为得文者未必皆得士，而求士者惟在乎求有学之文。且皇上之所以得士者，多其数而擢拔之，宽其途以登崇之，育之以成其材，教之以端其术，积数十年后，供皇上内外任使者，必有今日之士。然则士之砥砺濯磨，期无负乎皇上教育之恩者当何如也。①

阮元思想特点是"明体达用""实事求是"，因此，在人才培养上，也反映出了他的这些特点。他认为，人才的品质，即"行谊"是非常重要的。故在其《试浙江优行生员策问》时第一题就提出了这个重大问题。

> 问取士之道，宜先行谊而后文艺，顾文则易知，行难骤考，当若何观察以得其实欤？②

"行谊"和"文艺"，二者又是互相联系的。"行谊"影响"文艺"，"文艺"又反映"行谊"。在把考察"行谊"放在首先地位后，又对文艺又作了分析，他认为，以《四书》文取士，更有

---

① 阮元：《嘉庆四年己未科会试录后序》，《揅经室集》（上）二集卷八，邓经元点校，第572—573页。
② 阮元：《试浙江优行生员策问》，《揅经室集》（上）二集卷八，邓经元点校，第574页。

利于考察人的"行谊"。他说：

> 唐以诗赋取士，何尝少正人？明以《四书》文取士，何尝无邪党？惟是人有三等，上等之人，无论为何艺所取，皆归于正；下等之人，无论为何艺所取，亦归于邪；中等之人最多，若以《四书》文囿之，则其聪明不暇旁涉，才力限于功令，平日所诵习惟程、朱之说，少壮所揣摩，皆道理之文，所以笃谨自守，潜移默化，有补于世道人心者甚多，胜于诗赋者远矣。①

阮元强调了人才的品德问题，特别是对"中等之人"，这是人才中的大多数，必须以《四书》中包含的道德规范进行教育，多读之，耳濡目染则可潜移默化，有补人心世道。

阮元认为，人才是各有特点的，应当"用人如器"，通过教育而使之扬长避短。他主张"取士当先器识，取文亦当无所不收。若以一隅之见为去取，必有弃材也"。他把对人才的选拔和教育工作看得十分重要，故提出了这样的问题：

> 士之治经史者或短于文词，工文词者或疏于经史，专学艺者或钝于时务，习时务者或荒于学艺，当若何弃其短以得长，教以偏以求全欤？江、浙为人才渊薮，被国家太平之治百余年矣，化颛蒙以学业，荣草茅以科名，诸生他日苟有膺取士之任者，宜若何虚怀诚求，勿遗佳士，以酬圣人教养之恩于

---

① 阮元：《四书文话序》，《揅经室集》（下）续三集卷三，邓经元点校，第1068—1069页。

万一也。①

阮元认为人才必须有自己的个性,在学术上要敢于发表不同的意见,应当"当仁不让于师"。还明确地阐述了对"争"的看法:

> 窃谓"争"之说有二端:未深核乎众说之本原,私臆所属,求胜先正,此不可者也;力学之久,积疑成断,了然有得于心,以补正前人之阙与误,此学经者所不可废也。西汉经学初兴,各承师说;东汉康成氏出于诸儒传注之外,折以己说,而经赖以明;熊安生以《三礼》授徒,于先儒所未悟皆发明之;孔颖达撰《礼记正义》,半取于是,而经又赖以明;他如刘炫规杜、孙毓评毛,同异并呈,是非互见。鉴以磨砻而愈光,丝以说沤而益熟。孔子曰:"当仁不让于师。"不让者,争之谓也。吾恐浙之学者执梨洲之说,习为精粗本末之空谈,随声附合,于先儒指趣,明奉而阴置之,不敢言是非,亦莫能道其是,则争长攻诘之弊息,而悠忽荒蔑之弊起矣。②

阮元思想上"明体达用""实事求是"的特点,反映在教育上则是主张一定要注意区分"体"和"用""名"与"实"之间的关系。要把人培养成君子,对社会有用的人,并非一定要追求高名。他说:

---

① 阮元:《试浙江优行生员策问》,《揅经室集》(上)二集卷八,邓经元点校,第574页。
② 阮元:《万氏经学五书序》《万氏经学五书》卷首,嘉庆刻本。

"人不知"者，世之天子诸侯皆不知孔子而道不行也。"不愠"者，不患无位也。学在孔子，位在天命，天命既无位，则世人必不知矣，此何愠之有乎？孔子曰："五十而知天命"者，此也。后世学者，于学尚未能时习，而妄欲见知于时，见用于世，或且患得患失。苟患失之，无所不至。君子、小人之别，在乎此矣。《易》曰："遁世无闷，不见是而无闷"。《中庸》曰："遁世不见知而不悔"，即此道也。①

这样，教育就要以孔子为榜样，以从根本上陶冶自己的性情，用为学习的目的，就不会患得患失，才可能成为真正的人才。

四、注意教育方法的改进

方法的进步，也就是科学进步的标志。阮元很注意教育、教学方法的改进，这也是其教育思想中的一个重要内容。著名的学者孙星衍说：

阮芸台先生先以阁部督学两浙，试士兼用经古学，识拔高才生，令其分撰《经籍纂诂》一书，以观唐已前经籍之会通。及为大司农来开府，遂于西湖之阳，立建经精舍，祠祀汉儒许叔重、郑康成，廪给诸生于上舍，延王少寇昶及星衍为之主讲，佐中丞授学于精舍焉。②

---

① 阮元：《论语解》，《揅经室集》（上）一集卷二，邓经元点校，第50页。
② 孙星衍：《诂经精舍题名碑记》，《孙渊如诗文集·平津馆文稿》卷下，上海书店，1989年影印本，第649页。

孙氏此段记载说明，阮元在办学上，是以乾嘉时期典型的学术特点为指导的。推崇经古学，把文字、音韵、训诂作为治经的重要工具，强调实事求是的学风。在教学方法上，他注意培养学生的实际能力。特别注意因材施教，选拔高才生，令其按自己的思想和制定的体例，编纂了影响很大的《经籍纂诂》。这种带研究性质的培养人才方法，是一个重要的发明，具有很重要的影响。

孙星衍在叙述到诂经精舍的教育方法时说：

> 其课士，月一番三人者，迭为命题。评文之主，问以《十三经》，《三史》疑义，旁及小学、天部、地里、算法、词章，各听搜讨书传条对，以观其识，不用扃试糊名之法。暇日聚徒讲议服物典章，辩难同异，以附古人教学藏修息游之旨，简其艺之佳者，刊为《诂经精舍文集》。①

孙氏在这段文字的叙述中说明了其教学方法，是以提高学生的实际能力为前提。由每月三人一轮，从不同的角度命题。考试采取开卷式、答辩制、研讨制，让学生在辩难中广泛地学习知识，提高智力、培养能力，在实际中出成果。并选其精者编为《诂经精舍文集》，广为刊布，不仅鼓励了其卓有见识者，而且繁荣了学术，探索了一条成功的培养人才的途径。

阮元的教育思想反映了那个时代的特点，对当时社会产生了重要的影响，也给我们今天留下了宝贵的财富。

---

① 孙星衍：《诂经精舍题名碑记》，《孙渊如诗文集·平津馆文稿》卷下，第649—650页。

第三节　诂经精舍和学海堂

著名的清史专家萧一山说:"惟阮氏之有功于清代学术界者,尚不尽在本人之作品,而在其能提倡文化,奖励经学,在浙则立诂经精舍,在粤则立学海堂,延名流以课士子,其影响于当时学风甚钜。"[1]因此,诂经精舍和学海堂在中国教育史上是两所办学很有特色的学校。

诂经精舍于嘉庆六年正月建于浙江杭州西湖之东。阮元自叙云:"及抚浙,遂以昔日修书之屋五十间,选两浙诸生学古者读书其中,题曰'诂经精舍'。'精舍'者,汉学生徒所居之名。'诂经'者,不忘旧业而勖新知也。"[2]由于阮元的提倡,这所学校取得了巨大的成功。"既行于世,不十年间,上舍之士,多致位通显,入玉堂,进枢密,出建节而试士。其余登甲科,举成均,牧民有善政,及撰述成一家言者,不可胜数,东南人材之盛莫与为比。"[3]19年后,时任两广总督的阮元又在广州,仿浙江诂经精舍旧制而兴建学海堂。其称:"昔者何劭公学无不通,进退忠直,聿有学海之誉,与康成并举。"[4]又因其建于粤秀山,称"惟此山

---

[1] 萧一山:《清代通史》(卷中),第718页。
[2] 阮元:《西湖诂经精舍记》,《揅经室集》(上)二集卷七,邓经元点校,第547页。
[3] 孙星衍:《诂经精舍题名碑记》,《孙渊如诗文集·平津馆文稿》卷下,第650页。
[4] 阮元:《学海堂集序》,《揅经室集》(下)续集卷四,邓经元点校,第1077页。

堂，吞吐潮汐，近取于海，乃见主名。"由于，学海堂比诂经精舍晚近20年，学海堂则比诂经精舍更前进了一步。两所学校均体现了阮元的教育思想，为时人和后学所称赞。

首先，在办学宗旨上，仍然是把"明体达用""实事求是"作为其办学指导思想，都把经学的研究放在重要的地位。阮元认为："育才首在通经，奉圣人之至教，博古务求载籍，诵前哲之雅言。"①本着"人才出于经术，通经由于训诂"的思想，极力反对浮华空疏的学风，崇尚和推广乾嘉时期的朴学。他推崇郑玄和许慎，祀许、郑二人的木主于舍内。他说：

诸生谓周、秦经训至汉高密郑大司农集其成，请祀于舍，孙君（案：孙星衍）曰："非汝南许浖长，则三代文字不传于后世，其有功于经尤重，宜并祀之。"乃于嘉庆五年五月己丑，奉郑、许木主于舍中，群拜祀焉。此诸生之志也。元昔督学齐、鲁，修郑司农祠墓，建通德门，立其后人，是郑君有祀而许君之祀未有闻，今得并祀于吴、越之间，匪特诸生之志，亦元与王、孙二君之志。谓有志于圣贤之经，惟汉人之诂多得其实者，去古近也。许、郑集汉诂之成者，故宜祀也。②

为什么要通经？因为"圣贤之道存于经，经非诂不明"。为什么要祀许、郑二人？许、郑二人是汉学的代表，乃"集汉诂之成

---

① 阮元：《奉敕进经籍纂诂折子》，《揅经室集》（下）四集卷一，邓经元点校，第728页。
② 阮元：《西湖诂经精舍记》，《揅经室集》（上）二集卷七，邓经元点校，第547—548页。

者"。"汉人之诂,去圣贤为尤近。譬如越人之语言,吴人能辨之,楚人则否;高曾之容体,祖父及见之,云仍则否。盖远者见闻不若近者之实也。"

两所学校还有一个特点,即均以不习八股文、八韵诗为特点。当时诂经精舍"月率一课,只课经解史,策古今体诗,不用八比文、八韵诗。亲择其中诗文之尤者以为集,刻之"。①而学海堂则"多士或习经传,寻疏义于宋、齐,或解文字,考故训于《苍》《雅》,或析道理,守晦庵之正传,或讨史志,求深宁之家法,或规矩汉、晋,熟精萧《选》,师法唐、宋,各得诗笔,虽性之所近,业有殊工,而力有可兼,事亦并擅"。②诂经精舍则"评文之主,问以《十三经》,《三史》疑义,旁及小学、天部、地里、算法、词章,各听搜讨书传条对,以观其识"。而阮元对学海堂山长及学博生徒的教诲亦说"讲学是非宜实事,读书智愚在虚心",认为这两句是"实学、空学之关键,最为要紧"。学海堂不仅继承了诂经精舍的传统,而且已接触到了一些西方科学,更进一步地落实在"达用"上。

用我们今天的观点讲,一个学校重要的问题是"选择校长和教员"。这两所学校的"校长"都是阮元。他是一个学者型的官僚,不仅有很高的学术水平,而且具有很强的组织操作能力。两所学校不仅按他的教育思想运作,甚至连所有办学条件都由其一手促成。在诂经精舍,"每月捐清俸以为膏火",在学海堂,他不仅亲自踏

---

① 张鉴:《雷塘庵主弟子记》卷二,张鉴等撰《阮元年谱》,黄爱平点校,第41页。
② 阮元:《学海堂集序》,《揅经室集》(下)续集卷四,邓经元点校,第1077页。

勘地址，修建学校，而且，为其制定了讲求"实学"的办学方针。他不像一些人只把办学作为获取荣誉的手段，而他更主要的是在思考人才的培养和国家的兴盛。孙星衍评价说："中丞之好士在一时，而树人在数十年之后。吾知上舍诸君子，亦必束修自好，力求有用之学，以为一代不可少之人。"①

其次是慎选教师和学生。

为使其教育思想得到实施，故在教师的选择上殚精竭虑。在办诂经精舍时，他亲自担任教学工作，又先后延请著名学者王昶和孙星衍任主讲席。王、孙二人不仅是著名的学者，同时，也是著名的教育家。三人精诚合作，故而使学风晏然，人才辈出。

王昶（1725—1807年），字德甫，号述庵，又号兰泉，江苏青浦人，乾隆十九年（1754年）进士，官至刑部右侍郎，曾在学术界活跃长达60年，是清代乾嘉时期著名的学者。其文章尔雅，述作甚富，可资以考证经史及文献掌故者颇多，著有《春融堂集》《铜政全书》《天下书院总志》等。他年70乞归后，曾主娄东、敷文等书院，对教育上亦很有研究。他主张：

> 今之学者，当督以先熟一经，再读注疏而熟之，然后读他经；且读他经注疏，并读先秦、两汉诸子并《十七史》，以佐一经之义，务使首尾相贯串，无一字之不明不贯。熟一经再习他经，亦如之，庶几圣贤循循恺恺之至意。若于每经中举数条，每注疏中举数十条，抵掌掉舌以侈渊浩，以资谈柄，是躐

---

① 孙星衍：《诂经精舍题名碑记》，《孙渊如诗文集·平津馆文稿》卷下，第650页。

等速成，夸其炫博、欺人之学，古人必不取矣。①

他抨击科举时文败坏士气，是成才尤难的原因；又直斥当时书院人数益重，学术益衰，而人才日弊，古之所为善政，今之所为大弊。尝谓古无经术、治术之争，从汉开始遂判然为二，胡瑗苏湖教法，虽可为造士者法，亦有不足。王昶任诂经精舍主讲时，年已77岁，其道德文章都已是炉火纯青的时候。

另一位主讲学者是孙星衍（1753—1818年），字渊如，江苏阳湖人。比阮元大11岁，乡试与元同科，乾隆五十二年（1787年）会试中榜眼，为清代经学家。博通经史、文字、音韵，诸子百家，金石碑版等。工诗文，与洪亮吉、黄景仁齐名。其教士取士，反对徒尚时文，流于空疏。极力称赞阮元所办的诂经精舍，效法汉儒许慎、郑玄治学、讲学之大道，复褒许课士以博学之途径，以讨论辨析之讲学方法。从孙氏在平时教学过程中所出的策问、课题可以看出，其内容涉及经学史学，诸子学派、舆地学，以及农业、水利、畜牧诸方面的具体问题，其教学着眼于"经世致用"，讲求"实学"，已经走在了同时代人的前面。

学海堂山长是著名学者吴兰修。兰修字石华，号学博，嘉应州（今广东梅州）人。嘉庆十三年举人，道光元年署番禺县训导。兰修学问广博，学风朴实，家富藏书。生平研经治史，而尤深通算学古法，为发明古算学作出了成就。道光四年，阮元在粤建学海堂，吴氏与顺德赵均负责具体策划。学海堂建成后，被举为学海堂学长，兼粤秀书院监院。在体会阮元教育思想方面尤为得力，参加了

---

① 王昶：《与汪容夫书》，《春融堂集》三十二。

《皇清经解》的编刻工作。阮元多次到学海堂课士，并且于学海堂作生日"茶隐"。二人讨论学问甚多，阮元赴云南任上后，和吴氏在学问上都还有往来。其中《与学海堂吴学博兰修书》谈及古音韵问题，收入《揅经室续三集》。

两所学校在学生的选择上亦有自己特殊的要求，也就为学校的发展和人才培养作了一个基本定位。史载：立诂经精舍时，"先是，先生督学时，曾集诸生辑《经籍纂诂》一书，至此遂以其地立精舍，选两浙诸生中学古者读书其中"。①立学海堂时，他的儿子阮福记载说：嘉庆二十五年，"开学海堂，以经古之学课士子，手书'学海堂'三字匾，悬于城西文澜书院"。②道光四年三月初二日（根据原文，应是九月），"大人亲至粤秀山觅地，欲建学海堂，遂在山半古木丛中定地开工。盖因连年以经古课士，士之好古者日多"。③从以上的史料可以证明，两所学校所选的学生都具有其特点，均为"士之好古者"，都以经古文学为追求，以"明体达用"为目的。由于学习目的一致，故其学习风气甚好，成绩斐然。另一个特点是都有较好的基础，生员均为经过选拔而来，这就为总结和发展乾嘉时期的学问创造了条件。

其三是注意改进教育、教学方法。

教育教学方法在其产生和发展过程中，随着教育教学目的和内

---

① 张鉴：《雷塘庵主弟子记》卷一，张鉴等撰《阮元年谱》，黄爱平点校，第41页。
② 阮福：《雷塘庵主弟子记》卷五，张鉴等撰《阮元年谱》，黄爱平点校，第132页。
③ 阮福：《雷塘庵主弟子记》卷六，张鉴等撰《阮元年谱》，黄爱平点校，第146页。

容的变更而有所不同。最根本的受制于社会生产和科学技术文化的发展。这就是说，每个时代总要实行、倡导或倾向于一些教育教学方法，从而反映出一定时代的政治、经济、文化特征。例如，远古时代的教学，人们只能口耳相传。在封建专制社会里，科学技术不发达，学校的教学一般以强迫灌输，死记硬背式的教学方法为主。而进入资本主义社会，其社会特征也反映到教育、教学方法中，故其方法则带有自由化的性质。

阮元在诂经精舍和学海堂的教育教学方法，已经含有某种自由化的因素，反映了这个时期政治、经济、文化变化的特征，表现了这两所学校的特点。

以诂经精舍为例，阮元、王昶、孙星衍三人都是著名的汉学家，但是年龄、经历、爱好都存在一定的差异，本身就需要解决一个求同存异的问题。阮元亲自参加教学活动，在教学方法上很好地运用了问答教学艺术。

> 其课士，月一番三人者，迭为命题。评文之主，问以《十三经》，《三史》疑义，旁及小学、天部、地理、算法、词章，各听搜讨书传条对，以观其识，不用扃试糊名之法。暇日聚徒讲议服物典章，辨难同异，以附古人教学藏修息游之旨，简其艺之佳者，刊为《诂经精舍文集》。[①]

可见其教学方法是以研讨为主，以培养学生的能力为主，

[①] 孙星衍：《诂经精舍题名碑记》，《孙渊如诗文集·平津馆文稿》卷下，第649—650页。

已多少有一些开放式教学的成分。且三位教师轮流命题，用开卷考试办法考试学生。在老师命题的基础上，充分发挥学生的主观能动性，让学生尽可能广博地去吸收知识，"各听搜讨书传条对"。并通过辩难同异，写出有高水平的文章，并搜集成集。有如今天带研究生之方法，与以前呆板的教学，死记硬背的方法相比，发生了很大的变革。

在学海堂，这种方法又有了新的改进，为进一步使这种研讨式的教学法起到更好的效果，每一策问，则先进行充分的准备。其子阮福记载说："家大人开学海堂于广州，与杭州之诂经精舍相同，以文笔策问课士，教福先拟对，爰考之如右。"[①]学海堂一是本着诂经精舍的办学宗旨，二是其策问方式比诂经精舍更前进了一步。经过精心研究并试验过的教学方法，自然就更容易取得较好的成效。阮福在《雷塘庵主弟子记》"嘉庆二十五年条"内加按说："学海堂加课仿抚浙时所立诂经精舍之例，专课经史诗文，所有举贡生员奖给膏火一月者，折给银一两。佳卷渐多，学者奋兴，有佳文一卷而给膏火数月者。"通过给予奖学金的办法，把学问的研究推向了一个新的高潮。

考试是整个教育活动中的一个重要环节。自有教育活动以来，考试作为一种手段是经久不衰的，并且不断地被运用到社会各个方面。考试具有许多特殊的功能，起着评定、诊断、反馈、预测、激励和导向等作用，大多是其他手段所不可代替的。考试的核心在于命题，命题的水平高低，直接影响着教育教学质量。阮元对讲学中

---

① 阮元：《学海堂文笔策问》，《揅经室集》（下）三集卷五，邓经元点校，第715页。

的考课、策问十分重视，对命题更有很深的认识。他在其《揅经室二集》中说："得人之法，在于命题，务隐僻则困英士，偏一体则弃众才，当若何平正体要使人各能尽其所长欤？"[①]他在《论策问》中还说："……殊不知发策问经，当问经之大义，若随手拈浩如烟海中之数事问士，即以士之不能对者为劣，试思若许士子亦如此拈数事以问试官，试官能全对乎？"[②]这里已经谈到了教学中的传授知识与发展智能相结合、统一要求与因材施教相结合的原则，具有较强的科学性。

我们考察阮元策问和考课的命题内容，都不以八股文为内容，而是以经史为主，旁及小学、天部、地里、算法、词章，甚至中外科技，已经在同时期的书院中开了一个难得的风气。嘉庆、道光年间，由于西学的东渐，社会矛盾的尖锐，在中西文化的碰撞中，教育思想不得不打上时代的烙印。作为时代的先行者，尽管从体系上分析阮元的教育思想，仍然是属于封建地主阶级的范畴，但是，就其教育方法和考试方法来说，已经含有了不少自由化的因素，显示了其教育思想正在经历着变化。这些就成了我们研究阮元必须注意的一个问题。

其四是提倡良好学风。

学风主要指学术环境，是办好学校的关键。学风包括多方面的内容。首先，阮元教学上特别注重师法。他说：

> 古者卿大夫士皆有师法，周公尚文范之以礼，尼山论道，

[①] 阮元：《试浙江优行生员策问》，《揅经室集》（上）二集卷八，邓经元点校，第574页。
[②] 《揅经室再续集》卷三《论策问》。

顺之以孝，是故约礼之始，必重博文，笃行之先，尚资明辨，《诗》《书》垂其彝训，传记述其法语，学者诵行，毕生莫罄，譬之食必菽粟，日不可废，居必栋宇，人所共知，奚更立言以歧古教哉。若夫载籍极博，束阁不观，非学也。多文殊体，辍笔不习，非学也。①

孙星衍说到诂经精舍时也对学风问题提出了具体的要求，说：

中丞之好士在一时，而树人在数十年之后。吾知上舍诸君子，亦必束修自好，力求有用之学，以为一代不可少之人。抚部方扬历中外，建树不止此，少寇老矣，星衍又早衰，将屈指同舍生立功立言之效，不独拭目登科之录也。②

他们对诂经精舍的生员的要求是必须"束修自好，力求有用之学，以为一代不可少之人"。即是要严格要求自己，要明体达用。另者，要有"立功立言之效，不独拭目登科之录也"，不应当只是去当科举制度的奴隶。综上所述，我们就基本可以看出这两所学校的教风。

阮元提倡读书首先就是要"立本"，要坚持中国封建传统文化这个本，不断地砥砺自己的德行。"本立而道生"，方可有补于人心世道。他说：

---

① 阮元：《学海堂集序》，《揅经室集》（下）续集卷四，邓经元点校，第1076页。
② 孙星衍：《诂经精舍题名碑记》，《孙渊如诗文集·平津馆文稿》卷下，第650页。

惟是人有三等，上等之人，无论为何艺所取，皆归于正；下等之人，无论为何艺所取，亦归于于邪；中等之人最多，若以《四书》文囿之，则其聪明不暇旁涉，才力限于功令，平日所诵习惟程、朱之说，少壮所揣摸皆道理之文，所以笃谨自守，潜移默化，有补于世道人心者甚多，胜于诗赋远矣。①

另外，从学风上来考察，阮元亦有严格的要求。这就是，要扎扎实实地做学问，他反对那种"马蹄天放"似的老庄之学。他说：

"文"与"博"正是周、孔、颜、曾之学，而庄子以为灭溺，无以复性之初，然则禅家不立语言文字，儒家借"良知"为宗旨，非庄子此说为祖乎？周、孔、颜、曾之学首重文博，后人才力浅弱，不能文，不能博，有复初之一说焉，可以不读书，日安佚，而其名愈高，孰不乐趋之？②

又说：

所谓一贯者，贯者行也，事也，言壹是身体力行见诸实行实事也。初非有独传之心，顿悟之道也。贯之训行事，见于《尔雅》《汉书》，与"仍旧贯"无二解也。若谓性道之学必

---

① 阮元：《四书文话序》，《揅经室集》（下）续三集卷三，邓经元点校，第1068—1069页。
② 阮元：《复性辨》，《揅经室集》（下）续三集卷三，邓经元点校，第1061页。

积久之后而顿悟通之,则孔子十五志学以后,学与年进,未闻有不悟之时,未闻有顿悟之日也。①

教育是"学与年进"的,不断的积累过程。如果不经过刻苦努力,梦想"不读书日安逸而名愈高",是根本不可能办到的事情,这些思想深刻地揭示教育活动中所存在的科学规律。

阮元幼时读书也并非有特别好的天赋,也有"期期不能上口,自愤泣"的时候,因此,他以自己亲身经历,向学生们谈了对读书的一些具体的要求,"世人每自矜一目十行之才,余哂之。夫必十日一行,始是真能读书也"。②他还在答粤东书院诸山长及学海堂学博生徒的送别诗有句云:"讲学是非宜实事,读书愚智在虚心。"并且以此申明说:"此二语乃实学、空学之关键,最为要紧。不能实学者,先入之见填于胸,不虚心求是非,终于愚而已。"③他还主张一定要"读书得间",要有实事求是的精神。他在称赞孙渊如时说:

善乎孙君渊如之治经也,其说《尚书》曰:"《今文尚书》二十八篇,在百篇内为尤精,孔子重之,故周、汉之间学者人人通习,非此二十八篇幸而不亡,故伏生《尚书大传》,

---

① 阮元:《石刻孝经论语记》,《揅经室集》(上)一集卷十一,邓经元点校,第238页。
② 阮元:《题严厚民杰书福楼图》,《揅经室集》(下)续集卷六,邓经元点校,第1109页。
③ 阮福:《雷塘庵主弟子记》卷六,张鉴等撰《阮元年谱》,黄爱平点校,第154页。

孔子所举七篇之观,皆在二十八篇之内。"此诚读书得间,能发经学之大义矣。①

这些都是他自己一生治学的总结,对培养两所学校的学风起了重要的作用。

浙江诂经精舍和广东学海堂,是19世纪初两所成功的学校,为当时社会培养了大批的人才,著名学者如汪家禧、陈鸿寿、钱林、严杰、李富孙、吴东发、朱为弼、周中孚、张鉴、杨凤苞、严元照、徐养原、洪颐煊、洪震煊、金鹗等,皆曾讲习其中。孙星衍的《诂经精舍题名碑记》,载讲学之士达92人,荐孝廉方正及古学识之士64人,纂述经诂之友6人,一时文风斐然,人杰荟萃,极大地促进了东南的文化发展。梁启超说:"呜呼,自吾之生,而乾嘉学者已零落略尽,然十三岁肄业于广州之学海堂,堂则前总督阮元所创,以朴学教于吾乡者也。其规模矩矱,一循百年之制。"②此两所学校影响深远,如以后的俞樾、章太炎、陈澧、朱次琦、梁启超等,都感承到这种余波影响。

总之,阮元的教育思想,是19世纪上半叶社会发生变革时的产物,反映了那个时代的特征,构成了阮元整个思想宝库的重要部分。

---

① 《揅经室再续集》卷三《论策问》。
② 梁启超:《梁启超论清史学二种·清代学术概论》,朱维铮校注,第50页。

第五章 史学思想

第一节 清代史学的地位

我们研究阮元的史学思想，首先必须清楚清代史学在中国史学史上的地位。陈寅恪先生说，"有清一代经学号称极盛，而史学则远不逮宋人"，[1]这个论断应当是有一定道理的。宋代史学灿烂辉煌，谱写了中国史学史上的壮丽篇章。而清代史学，其思想相对禁锢，由于经学的掩盖，其成就也就远不如宋代。至于其间的道理，陈寅恪先生还进一步说：

> 独清代经学与史学俱为考据之学，故治其学者亦并号为朴学之徒，所差异者，史学之材料大都完整而较备具，其解释亦有所限制，非可人执一说，无从判决其当否也；经学则不然，其材料往往残缺而又寡少，其解释尤不确定。以谨愿之人而治

---

[1] 陈寅恪：《重刻西域人华化考序》，刘梦溪主编《中国现代学术经典·陈垣卷》，河北教育出版社，1996，第50页。

经学,则但能依据文句,各别解释,而不能综合贯通,成一有系统之论述;以夸诞之人而治经学,则不甘以片断之论述为满足,因其材料残阙寡少及解释无定之故,转可利用一二细微疑似之单证,以附会其广泛难征之结论,其论既出之后,固不能犁然有当于人心,而人亦不易标举反证,以相诘难。譬诸图画鬼物,苟形态略具,则能事已毕,其真状之果肖似与否,画者与观者两皆不知也。①

这就从一个侧面客观地说明了清代何以经学发达,而史学相对落后的原因。

陈先生又说:

往昔经学盛时,为其学者可不读唐以后书,以求速效,声誉既易致,而利禄亦随之,于是一世才智之士能为考据之学者,群舍史学而趋于经学之一途。其谨愿者既止于解释文字,而不能讨论问题;其夸诞者又流于奇诡悠谬,而不可究诘。虽有研治史学之人,大抵于宦成以后,休退之时,始以余力肆及,殆视文儒老病销愁送日之具,当时史学地位之卑下若此,由今思之,诚可哀也。此清代经学发展过甚,所以转致史学之不振也。②

陈寅恪先生是我们所仰慕的史学大家,其关于清代史学的结

---

① 陈寅恪:《重刻西域人华化考序》,第50页。
② 陈寅恪:《重刻西域人华化考序》,第50—51页。

论，其言是也，然不确也。其一，称由于经学的过甚而导致史学的落后，其最终极的原因，应当从清代社会政治、经济、文化、思想上的特点及影响来分析，是历史的发展使然。其二，认为清代研治史学之人，大抵于宦成之后，休退之时，始以余力肄及，殆视为老病销愁之具也。这就是值得商榷的一个问题。有清一代史学就整体上讲，较之宋代确实存在一定差距，但是它仍然具有前代所不具备之特点，也出现了一批具有深远影响的史学著作和史家，取得了重大的成就，这是不争的事实。

清代的史学，开国之初，人们刚刚从天崩地坼的政治变乱中清醒过来，明末政治腐败，社会矛盾尖锐，传统的理学思想受到严重挑战，不少学者都在进行着深刻的思考，试图从历史经验中去寻求教训。随着清王朝空前巩固，统一的多民族国家建立，史学也取得了重大成就。在西学东渐的过程中，面对外国侵略者咄咄逼人的态势，其史学又有新的发展。所以，有清一代处在一个特殊的历史环境，其史学思想和史学成就仍然十分突出，在中国史学史上具有不容忽视的影响。其具体表现如下：

一、"经世致用"思想进一步发展

我国自古以来，都十分强调作史的意义，每修一史都要明确其编纂宗旨。但自宋、元以来，理学的兴起，空谈心性的流行，其学问严重地脱离了社会现实需要。明末李贽提出了"经史相为表里"，这就在理论上开了"经世致用"的先河。清初以黄宗羲、王夫之、顾炎武为代表的学者，经历了明末农民大起义和"社稷沦亡"的鼎革之变，并在一定程度上遭受到民族压迫的痛苦，对社会黑暗、政治腐败有着切肤之痛。特别是当武装抗清失败后，他们潜心于学术,从历史研究中总结明朝灭亡、清朝入主的社会原因。以史为鉴,寻求改革社会的方法,故从理论上强调作史的现实政治目的,提倡"经世致用"的史学。他们明确地指出,史家的任务就是"述往事,勖来者"。王夫之说:

> 所贵乎史者,述往事以为来者师也。为史者,记载徒繁,而经世之大略不著,后人欲得其得失之枢机以效法之无由也。则恶用史为?①

又说:

> 史之为书,见诸行事之征也。则必推之而可行,战而克,守而固,行法而民以为便,进谏而君听以从,无取于似仁似义之浮谈,只以致悔吝而无成者也。则智有所尚,谋有所详,人情有所必近,时势有所必因,以成与得为期,而败与失为戒,所固然矣。②

历史的功用,就在于"述往事为来者师也","读古人书,以揣当今之务",对人们起到鉴戒作用。所谓的"经世之大略",不仅仅是"知治知乱",了解历史发展的全过程,更重要的是,要透过这些治乱变化的现象,探索其产生这些现象的根本原因。也就是:

---

① 王夫之:《读通鉴论》卷六,中华书局,1975年,第156—157页。
② 王夫之:《读通鉴论》卷末,第1110页。

于其得也，则必推其所以得；于其失也，而必推其所以失。其得也，必思易其迹而何以亦得，其失也；必思就其偏而何以救失；……①

以求总结政治斗争的"得失之枢机"，以为"力行求治之资"，为现实斗争服务。黄宗羲称："夫二十一史所载，凡经世之业，亦无不备矣。"②并倡言："学必原本于经术，而后不为蹈虚，必证明于史籍，而后足以应务。"③顾炎武的《天下郡国利病书》《肇域志》《营平二州地名记》《昌平山水记》《日知录》，王夫之的《读通鉴论》《永历实录》等以及三大家各自的文集中，都反映了他们的这种治史思想，这种思想在清初具有较大的影响。

清王朝对所谓的"经世致用"思想，具有一种天生的畏惧心理，因此，千方百计地打击含政治目的的修史。故在康熙初年到乾隆四十四年的120余年间，实行残酷的文化专制。其中涉及私史的文字大狱就有庄廷钱《明史》案（1663年）、戴名世《南山集》案（1771年），吕留良、曾静狱（1729年），以及陆生楠《史论》狱（1742年），等等，使一大批知识分子遭到镇压，人人谈虎色变。从表面上看，治史中的"经世致用"思想，暂时地离开了历史著作的撰述。

乾隆后期到嘉道年间，"经世致用"的史学思想重新昌大，

---

① 王夫之：《读通鉴论》卷末，第1114页。
② 黄宗羲：《补历代史表序》，《黄梨洲文集》，中华书局，1959，第316页。
③ 全祖望：《甬上证人书院记》，全祖望原著，黄云眉选注《鲒亭文集选注》，齐鲁书社，1982，第347页。

特别是以章学诚为代表的史家，明确地提出了"史学所以经世，固非空言著述也"的观点、"六经皆史"的观点和"史贵其知意，非同于掌故"的明道主张，和阮元的"明体达用""实事求是"的思想，都是"经世致用"思想的回归，这就比清初学者更高了一个层次。西学东渐的过程中，阮元的《畴人传》对科技史的研究，其后的龚自珍的史学思想，魏源的《海国图志》《圣武纪》，夏燮的《中西纪事》，姚莹的《康輶纪行》，张穆的《蒙古游牧记》，何秋涛之《朔方备乘》等著作对边疆史和外国史的研究，都进一步地深化了"经世致用"的史学思想，反映了史学研究的新气象。

笔者认为："经世致用"思想始终是清代史学思想的主旋律。尽管在一段时间中，由于政治的压力，"经世致用"思想似乎是销声匿迹了。但蓄之既久，其发必速，一到嘉、道年间，"经世致用"的思想又再度活跃起来，而且，其深度和广度则远远超过了清初的"经世致用"思想。正如事物呈现为螺旋形发展的趋势一样，从形式上看，"经世致用"的思想似乎又回到了原来的位置，但此时此刻的"经世致用"，就比清初时深刻多了。

二、反专制主义思想进一步地发展

反专制主义思想的进一步发展，成了清代史学的又一特点。自明中叶以后，资本主义萌芽已经出现，封建专制的腐朽黑暗也愈加暴露出来。明末波澜壮阔的农民起义打乱了封建统治秩序，也推动了反专制主义倾向的进一步发展，这就形成了产生这种思想倾向的历史背景。清初这种思想倾向的代表是黄宗羲、王夫之、顾炎武等人，他们在史学思想上具体就有几个方面的表现。

首先，他们有"不主一尊"的民主思想。在中国封建社会，其史学特点之一，就是以封建帝王为核心，以传统的儒家思想为正宗，任何学术著作都不能有丝毫的违背与偏离。黄宗羲在《明儒学案》中，首先冲破了旧的史学传统，将搜集到明代近300年间的学术流派进行分类排比，详细地介绍了明代各家各派的学术观点及源流。在这部思想史著作中，黄氏不持门户之见，对于"有一偏之见，有相反之论"，都给以评述，表现了较多的民主思想，这就摆脱了传统思想的羁绊，显示了兼容并包的气象。由于他特殊的创造性工作，被梁启超誉为中国历史上"稍有创作之才"的六位史学家之一。并称之曰："史家未曾有之盛业也。"① 而王夫之在《永历实录》中，也异于传统史家的观点，一改以往史家对农民起义的态度，对参加永历政权的抗清历史人物都给予适当的评价。

其次，对封建社会的"君权神授"进行了大胆的挑战。顾炎武率先提出，"国"和"天下"是两个完全不同的概念。"国"是一姓之王朝，而"亡国"，只不过政权的"易姓改号"而已；而亡天下，则是关系到整个民族的文化习俗和伦理纲纪的兴废，二者必须有严格的区分。王夫之则认为"君"和"天"是完全不同的两回事，是董仲舒利用其"天人感应论"，硬把自然界的变化和社会人事附会在一起，为"君权神授"臆造出的理论根据。黄宗羲则更是尖锐地指出，"凡天下之大害者，君而已矣"。他认为上古三代的君主，其实质上是由公众选出为众人兴利除害的公仆，而后来公仆

---

① 梁启超在《新史学》之《中国之旧史》中说："细数二千年来史家，其稍有创作之才者，惟六人：一曰太史公，诚史界之造物主也。……二曰杜君卿。《通典》之作，不纪事而纪制度。……三曰郑渔仲。夹祭之史识，卓绝千古，而史才不足以称之。……四曰司马温公。……五曰袁枢。……六曰黄梨洲。……"参见梁启超《新史学》，梁启超著，李华兴、吴嘉勋编《梁启超选集》，第281—282页。

则变成了"独夫"。他们为满足个人的欲望和私利，把天下视为个人的私产。为了争夺私利，"荼毒天下之肝脑，离散天下之子女，以博我一人之产业"。取得政权后，又"敲剥天下之骨髓，离散天下之子女，以奉我一人之淫乐"。①人民不能安居乐业，天下纷争不息，其为祸的根源就是君主。这就把涂在君主脸上的神圣油彩擦去，显现出了他们的本来面目。

还有，他们还对今后的社会改革提出了一些设想，提出了一些限制君权的主张，改君主的"独治"为"群治"。他们主张"公天下"，"以天下论者，必循天下之公，天下〔非夷狄盗逆之所可尸，而抑〕非一姓之私也"。②并设想把地方官吏的职权加强，"以天下之权，寄天下之人"。具体则表现为"自公卿大夫至于百里之宰、一命之官，莫不分天子之权，以各治其事"。③尤其是黄宗羲的《明夷待访录》，更是对封建君主进行了严厉的批评，主张废除"一家之法"而建立"天下之法"，分散皇帝的权力，利用社会舆论力量约束君主的言行。

尽管清王朝把王夫之、黄宗羲、顾炎武的这些主张当作洪水猛兽加以封锁，但是这种思想还是显示了其强大的生命力。它形成了一股涌动的岩浆在地下奔腾，压迫愈深，反抗愈烈。在沉寂了200余年以后，终于在资产阶级维新运动中，产生了重要的启蒙作用。可以这样说，反专制主义的思潮一直在清代的史学思想史上产生了重要的影响。

---

① 黄宗羲：《明夷待访录》（及其他二种），中华书局，1985，第2页。
② 王夫之：《读通鉴论》卷末，第1107页。
③ 顾炎武：《日知录》卷之九，顾炎武著，黄汝成集释《日知录集释（外七种）》，上海古籍出版社，1985，第718页。

三、清代史学取得了巨大成就

清代史学出现了一批大家和很多影响深远的著作，其所取得的巨大成绩，在中国史学史上书写了极其重要的一页。

首先，在官修史书方面，清政府为了笼络汉族地主阶级知识分子，开馆修史。其中对《明史》的修撰，从顺治二年（1645年）开局诏修，到乾隆四年（1739年）书成刊印，为时达95年之久。其动用人力之多，参考资料之丰富，都是前所未有的。这也就使《明史》成了25史中相当优秀的一部史书。还修撰了清代的11朝《实录》，达4363卷，保存了大量的历史资料。编纂了《古今图书集成》10000卷；《四库全书》79337卷；《清会典》100卷；特别是今天的文史工作者经常使用的《十通》，就有6部是在清代编纂成功的。还有诸如《清史列传》《通鉴辑览》《开国方略》等一大批书籍也都是在这一时期完成的。清王朝"整理了人类至宝的文化"，尽管其中体现了清王朝统治者的意志，但是毕竟保存了一大批史料，这是了不起的成就。

其次，出现了一批很有特色的史学著作，这些私人撰著的史籍，在中国史学史上具有重要的地位。如中国历史上第一部学术史，黄宗羲的《明儒学案》；中国历史上第一部科技史，阮元的《畴人传》；还有顾炎武的《天下郡国利病书》，顾祖禹的《读史方舆纪要》等关于地理方面的书籍。在史评、史考方面，更是成就斐然。如钱大昕的《廿二史考异》、王鸣盛的《十七史商榷》、赵翼的《廿二史札记》，被称为清代的三大考史专著。近代如魏源的《海国图志》、夏燮的《中西纪事》，已开始接触到外国史地和中外交往，使中国的史学界开阔了眼界。更值得一提的是，章学诚的

《文史通义》是中国史学理论中一部非常有价值的专著,他提出"六经皆史"的观点,在中国史学史上产生了深远的影响。另外,清代的方志学空前发达,留下了大量的志书,是我们今天研究清代历史的宝贵材料。

同时,清代也出现了一批史学大家和学派。清初史学是一片蓬勃发展气象,前期,著名的史家是以顾、黄、王为代表。其后,全盛时期大致可以分为三派。一派是乾嘉考据学派。他们以顾炎武开其端,把经学研究中的"正文字,辨音读,释训诂,通传注"之方法运用于史学研究,整理了大批的史料,进行大量的补书、补志、补表的工作。该派在乾嘉时期达到高潮,其主要研究对象为史料。一派是浙东史学学派。此学派源远流长,但到清初,黄宗羲则有昌大之功,继之者有万斯同、全祖望、邵晋涵等人。他们主要研究对象为史学。其特点是"重当世,明近代,表章人物,尊崇文献",以性灵之真,情感之挚,褒奖气节,发明幽隐,以维持宇宙天地间之正气。还有一派是史学义例学派。此派以章学诚的出现而使清代史学光彩耀目。正如唐代出现了刘知几和《史通》,宋代出现了郑樵和《通志总序》一样,章学诚及《文史通义》的出现,是清代史学发展到相当繁荣时期的产物。章氏所说的"六经皆史",不仅把史学的范围大大地扩大了,而且,更重要的是把史学提到了与经学相同的崇高地位。其对史学本身研究所建立的史学理论,成为中国古代史学理论的总结性著作。

清代史学家大都是学问渊博之士,他们涉猎的范围相当广泛,其研究方法也是相当的科学和精湛。如有学者评论说,"充分利用历史辅助学问,为清代史家治史之另一客观方法。西方史家在史学上之大发现,为利用历史辅助学问(西方习惯称之为历史辅助科学）以治史，时在十八世纪末及十九世纪初，西方新史学自此崛起。中国史家则于十八世纪中叶发现此一治史方法，史家务期为一渊博之学者，经学、小学、天算、舆地、音韵以至金石、版本、氏族、避讳等学问，皆为研究之对象，且汲汲用之以治史"。[1]梁启超说："清儒之治学，纯用归纳法，纯用科学精神"，"恒不欲有一字余于己所心得之外"，"著专书或专篇，其范围比较广泛"。[2]就其思想观点来分析，清代史家基本上还是属于封建的唯心史观，但就其治史方法来说，已经是比较科学的了，这种进步是清以前的史家所不可比拟的。

综上所述，清代史学虽然不如宋代那样波澜壮阔，但同样取得了伟大的成就。它具有其他时代所不具备的特点，在中国史学史上具有重要的地位，是任何一个史家所不应当忽视的。

第二节 阮元的历史观

阮元作为一个封建大官吏和大学者，他的历史观和历史学都没有脱离他所处的时代，也没有脱离他的地主阶级立场。从另一方面讲，其治学范围十分广泛，无论是考据学派、浙东史学学派，还是史学义例学派，他都有所涉及，有调和众家的倾向，显示了作为乾嘉学术总结者的气象。其历史观主要反映在以下特点：

---

[1] 杜维运：《清代的史学与史家》，中华书局，1988，第6页。
[2] 梁启超：《梁启超论清史学二种·清代学术概论》，朱维铮校注，第51页。

一、惟清朝是颂，以"最合圣意"为准

"最合圣意"，是阮元一生立身行事的准则，也是其一生的治史特点。清王朝统治者，每每把自己美化为"受命于天"，"尽善尽美"，绝不容许史学著述中有任何有伤本朝体面的东西出现。作为一个封建官僚，阮元也是准确地执行了这一点。其史学特点是惟清王朝是颂，以最合圣意为准，反映了其历史观的封建地主阶级属性。

他在《皇上八旬万寿宗经徵寿说》写道：

我朝圣圣相承，重熙累洽，百有余年。皇上寅承丕基，无事不敬法列祖。《诗》曰："下武维周，世有哲王。三后在天，王配于京。"

我国家创业东土，缔造维勤，皇上编《开国方略》，以阐功德，书曰："惟先王建邦启土，公刘克笃前列。至于太王，肇基王迹。"

书萨尔浒战事者，仁者无敌，受命伊始。书曰："一戎衣，天下大定。"

论立卧碑，述太宗训守冠服骑射者，尊成宪也。诗曰："思辑用光，弓矢斯张，干戈戚扬。"又曰："率用旧章。"

作《纪恩堂前后记》，敬诵实录者，逮事圣祖，不忘恩教也。《皇矣》之诗，述文王逮事大王，大王受天命，及王季、文王。其诗曰："维此王季，帝度其心。"又曰："克顺克

比，比于文王。"①

他通过对乾隆皇帝的赞颂，把清王朝的开国历史，及历朝皇帝的治功颂扬备至，为大清江山"万岁、万岁、万万岁"制造理论根据。

另一方面，在他所有的著作中，对当时的农民起义及其民间结社领袖都称为"贼""邪党"，抱有极大的仇恨。其在江西、两广、云贵等地任职时，对当地的民间结社和会党都进行了血腥的镇压，而受到统治者的嘉奖，这就表明了他的历史观，始终是顽固坚持封建地主阶级立场，这种立场和观点自然要体现在其治学过程中来。他又说：

> 钦惟我皇上传尧、舜、周、孔之学，行内圣外王之道，见诸政治，四海安平，十年于兹矣。巍巍乎帝德，帝学焕乎，久著于文章哉。臣元伏读《昧余书屋随笔》，乃于御制文之外别成一书者，其中发经史之至理，持政教之大端，剀切腹诚，非唐太宗《帝范》所能企及。然唐臣贾行，韦公肃尚有《帝范》之注，其详见于《四库书提要》。臣愚以为我大清之治，上掩汉、唐，臣虽谫陋，秉皇上之教，任使内外，于唐臣贾行等亦未敢多让。是以绅绎皇言，敬为之注。②

---

① 阮元：《皇上八旬万寿宗经徵寿说》，《揅经室集》（上）二集卷一，邓经元点校，第349页。
② 阮元：《恭注御撰昧余书屋随笔进呈后跋》，《揅经室集》（上）二集卷八，邓经元点校，第562页。

这样，他赞誉清王朝超过了"汉、唐盛世"，吹捧嘉庆皇帝可与唐太宗相比，这些都反映了其史学上惟清朝是颂，惟谕旨是尊，治史服从于清朝政治的观点。

二、提倡科学的治史方法，倡导历史考证学

乾嘉时期，清代史学尤注重历史考证，其基于两点基本认识。一是以为考证与史实有关。只有通过考证，才能知史事的本末，为作史提供可靠的史料；只有通过考证，才能使后人了解真实的史实，为后人提供有用的参考。一是以为考证胜于议论，可以纠正明代空谈心性的学风。这就成了清代史学的重要指导思想之一，阮元也就是这种指导思想的代表之一。

他在《拟儒林传稿凡例》中说：

> 其实讲经者岂可不立品行，讲学者岂可不治经史。强为分别，殊为偏狭。①

清代经学与史学的关系，二者应当是密不可分的，清儒实际上是把治经的方法用了治史，且取得了重大成就。近代学者柳诒徵说：

> 世尊乾、嘉诸儒者，以其以汉儒之家法治经学也。然吾谓乾、嘉诸儒所独到者，实非经学，而为考史之学。考史之学，

---

① 阮元：《拟儒林传稿凡例》，《揅经室集》（上）续二集卷二，邓经元点校，第1023页。

不独赵翼《廿二史札记》、王鸣盛《十七史商榷》或章学诚《文史通义》之类，为有益于史学也，诸儒治经，实皆考史，或辑一代之学说（或惠栋《易汉学》之类），或明一师之家法（如张惠言《周易虞氏义》之类），于经义亦未有大发明，特区分畛域，可以使学者知此时代此经师之学若此耳。其于《三礼》，尤属古史之制度，诸儒反复研究，或著通例（如江永《仪礼释例》、凌廷堪《礼经释例》之类），或著专例（如任大椿《弁服释例考》之类），或为总图（如张惠言《仪礼图》之类），或为专图（如戴震《考工记图》、阮元《车制图考》之类），或专释一事（如沈彤《周官禄田考》、王鸣盛《周礼军赋说》、胡匡衷《仪礼释宫》之类），或博考诸制（如金鹗《求古录礼说》、程瑶田《通艺录》之类），皆可谓研究古史之专书。即今文学家标举公羊义例（如刘逢禄《公羊何氏释例》、凌曙《公羊礼说》之类），亦不过说明孔子之史法，与公羊家所讲明孔子之史法耳。其他之治古者，治六书，治舆地、治金石，皆为古史学尤不待言。①

乾嘉学派利用治经的方法治史，使清代的历史考据方法趋向新颖而科学，成为清代史学的重要特征之一。阮元24岁时所撰成的《车制图考》，也是这一时期考据学的代表著作。柳氏之说，难免有矫枉过正之词，但的确把清代史学注重考据的特点谈得十分清楚。

---

① 柳诒徵编著《中国文化史》第三编《近世文化史》，中国大百科全书出版社，1988年，第747—748页。

万斯同、万斯大和全祖望是浙东史学学派的代表,阮元在给全氏的《经史问答》作序时称:

> 经学、史学、词科,三者得一足以传,而鄞县全谢山先生兼之。……予视学至鄞,求二万氏、全氏遗书及其后人,慈溪郑先生勋奉先生《经史问答》来,往返寻绎,实足以继古贤,启后学,与顾亭林《日知录》相埒。吾观象山、慈湖诸说,以空论敌朱子,如海上仙山,虽极高妙,顷刻可见,而足不可践。万、全之学出于梨洲而变之,则如百尺楼台,实从地起,其功非积年工力不成。噫,此本朝四明学术所以校昔人为不惮迂远也。①

阮氏在此段史料中,一是说明了浙东史学的价值,二是说明了浙东史学的历史渊源。主张史学必须具有"积年工力",史学是"实学","如百尺楼台,实从地起",必须重视历史考据学的方法。

他在《己未会试策问》中又提问说:

> 问正史二十有四,应补撰注释,音义者何?书表志与纪传并重,孰详孰阙欤?儒林、文苑、道学,应分应合欤?《史通》所论,得失参半欤?编年与纪传分体,《资治通鉴》前何所本、后何所续欤?二刘、范祖禹、胡三省辈有功司马者何

---

① 阮元:《全谢山经史问答序》,《揅经室集》(上)二集卷七,邓经元点校,第544页。

在？纪事本末体何所仿？袁枢以后谁为继作？《通鉴纲目》何所裁别？夫经述修治之原，史载治乱之迹，疏于史鉴，虽经学文章，何以致用耶！①

阮元以自己的特殊身份，在特殊的场合，用特殊的方式提倡科学的治史方法，主张对前代史学进行整理，这对当时的学风肯定是会产生积极影响的。

历史考证学的实质就是"实事求是"，其治史方法是科学的。例如，对于谦这样一个历史人物，阮元曾与邵晋涵等进行了探讨。他在《于忠肃公庙题壁记》中说：

> 于忠肃公于明室有再造功，以徐、石奸诬故遇害。元在京师，闻余姚邵学士晋涵云："尝见明景泰间通政司旧册，内署某月日，于某一本为太子事，惜其年月未能记忆。"元以此语仁和孙御使志祖，御使云："英宗不当复辟，则景帝之易储亦未为过。惟景帝疾笃时公若上疏请复沂王为太子，而景帝从之，则仁至义尽，何致有徐、石之事。"岂学如忠肃见不及此？然则邵学士所见通政司旧册有于某一本为太子事者，当不在易储之日，而在请复沂王之时，断断然矣。文氏《漫钞》谓宪宗于忠肃褒恤之典有加，宪宗曾见公手疏之故，斯言更可证矣。此前贤未彰之事，特为揭之。②

---

① 阮元：《己未会试策问》，《揅经室集》（上）二集卷八，邓经元点校，第575—576页。
② 阮元：《于忠肃公庙题壁记》，《揅经室集》（上）二集卷七，邓经元点校，第546—547页。

通过考证，于谦是完全符合封建道德规范的忠臣。他之被害，是确确实实的冤案。这样，就使人们对明代的这段历史认识更加深刻了。他在《十驾斋养新录序》中说：

> 学术盛衰，当于百年前后论升降焉。……国初以来，诸儒或言道德，或言经术，或言史学，或言天学，或言地理，或言文字音韵，或言金石诗文，专精者固多，兼善者尚少，惟嘉定钱辛楣先生能兼其成。由今言之，盖有九难。先生讲学上书房，归里甚早，人伦师表，履蹈粹然，此人所难能一也。先生深于道德性情之理，持论必执其中，寔事必求其是，此人所难能二也。先生潜研经学，传注疏义，无不洞彻原委，此人所难能三也。先生于正史杂史，无不讨寻，订千年来未正之讹，此人所难能四也。先生精通天算，三统上下，无不推而明之，此人所难能五也。先生校正地志，于天下古今沿革分合，无不考而明之，此人所难能六也。先生于六书音韵，观其会通，得古人声音文字之本，此人所难能七也。先生于金石无不编录，于官制史事，考核尤精，此人所难能八也。先生诗古文词，及其早岁，久已主盟坛坫，冠冕馆阁，此人所难能九也。合此九难，求之百载，归于嘉定，孰不云然。元尝服膺《曾子》十篇矣。曾子曰：难者弗辟，易者弗从，故圣贤所能，必为至难。若立一说，标一旨，即名为大儒，恐古圣贤不若是之易也。先生所著书，若《廿二史考异》《通鉴注辨正》《元史艺文志》《三统术衍》《金石跋尾》《潜研堂文集》，久为海内学者所读矣。别有《十驾斋养新录》廿卷，乃随笔札记经史诸义之

书，学者必欲得而读之，乞刻于版，凡此所著，皆精确中正之论，即琐言剩义，非贯通原本者不能，譬之折杖一枝，非邓林之大不能有也。①

阮元如此推崇乾嘉时期著名的考据学家钱氏，其原因是通过对钱氏的表彰，提倡对史学的科学研究方法，大力地倡导历史考据学。

三、提倡史学的"经世致用"思想

清代学者的"经世致用"思想在史学中具有重要地位，阮元也是这种思想的积极倡导者。他说：

夫经述修治之原，史载治乱之迹，疏于史鉴，虽经学文章，何以致用耶！我朝史法远迈前代，《旧唐书》《旧五代史》备列于正史，《御批通鉴辑览》及《评鉴阐要》，钦定《明史》及《通鉴纲目》三编，于宋、明闰位并存年号，以示大公，"逊国""复辟""议礼"三大案皆有定论，直绍《春秋》，以垂教万世，诸生能讲贯条举，徵体用之学欤？②

阮元强调了史学是垂教万世的"体用之学"，强调了史学的"经世致用"功能。他说："《春秋》之为书也，上通天道，中用

---

① 阮元：《十驾斋养新录序》，钱大昕：《十驾斋养新录》，上海书店，1983年，第7—8页。
② 阮元：《己未会试策问》，《揅经室集》（上）二集卷八，邓经元点校，第575—576页。

王法，而下理人情。不奉天道，王法不正；不合人情，王法不行。天道者，一曰时，二曰月，三曰日。王法者，一曰讥，二曰贬，三曰绝。人情者，一曰尊，二曰亲，三曰贤。此三科九旨既布，而一裁以内外之异例，远近之异辞，错综酌剂，相须成体。"①这就把史书撰写的原则讲得十分清楚了。"夫经述修治之原，史载治乱之迹，疏于史鉴，虽经学文章，何以致用耶"②这种思想是和其"明体达用"的思想如出一辙。他告诫人们，必须注意经史与治世之间的关系。他说：

明末诸儒，多留心经世之务。顾亭林先生所著有《天下郡国利病书》及《肇域志》，故世之推亭林者，以为经济胜于经史。然天下政治随时措宜，史志县志，可变通而不可拘泥，观《日知录》所论，已或有矫枉过中之处，若其见于设施，果百利无一弊欤？《四库书提要》论亭林之学，"经史为长"，此至论，未可为腐儒道。③

阮元对顾炎武及其"经世致用"思想非常称赞，又说：

亭林生长离乱，奔走戎马，阅书数万卷，手不辍录，观此

---

① 阮元：《集传录存》，《揅经室集》（下）续二集卷二，邓经元点校，第1034页。
② 阮元：《己未会试策问》，《揅经室集》（上）二集卷八，邓经元点校，第575—576页。
③ 阮元：《顾亭林先生肇域志跋》，《揅经室集》（下）三集卷四，邓经元点校，第673—674页。

帙密行细书，无一笔率略，始叹古人精力过人，志趣远大，世之习科条而无学术，守章句而无经世之具者，皆未足于此也。①

北宋司马光的《资治通鉴》是一本奇书，其《进书表》称："平生精力尽于此书。"因是书"上助圣明之听"，且"有资于治道"，故宋神宗赐名为《资治通鉴》。凡是有"经世致用"思想的学者，对该书都十分重视。阮元对其子孙及后学都一再告诫说，要读好"二通"（案：指《资治通鉴》和《文献通考》），这是学者的立身之本。他在《通鉴训纂序》中说：

> 北宋学者当推司马温公，于经史皆最纯正。公于经未有成书，仅成《类篇小学》一书。若以公之识力，开宋之经学，则其流派必更淳正矣。公于史成《资治通鉴》。……至于温公，当时领袖群贤，博采载籍，斟酌异同，弃取裁截，后之学者，望洋而叹，几不尽知其所由来，安能全见其命意之所在？②

历史是数千年优秀文化的沉淀，是人类文明发展的经验总结。阮元一生极善于在历史载籍中寻求经验教训，他每到一地，都认真地考察本地的历史，人文掌故。任职山东时，他考察了郑玄的后裔，宣传了郑氏的功绩，提倡朴实的学风。在浙江，他考察了三江的历史，海塘的历史，并吸收经验以治理海塘，给当地人民带来了

---

① 阮元：《顾亭林先生肇域志跋》，《揅经室集》（下）三集卷四，邓经元点校，第674页。
② 阮元：《通鉴训纂序》，《揅经室集》（上）二集卷七，邓经元点校，第556页。

安定。在任漕运总督时，他在《海运考跋》中，得出"海运非必不可行之事，然非万不得已而后行之"的结论，为保证国家粮道畅通，提出了如漕运不通，则可用海运代替，为预防出现问题，可先"分江浙全漕十分之几，试而行之"，在实际中实行经世致用。

张舜徽先生说："由于阮元治学，具有比较通达的识解，所以在考证方面，每能窥见古人大体，而不失之迂拘。"[①]阮元在治学上"力主通核，反对保守"，他的这种"明体达用"主张，实际上就是经世致用思想的发展。他不仅是理论的探索者，而且是理论的实践者。嘉、道年间的文化专制有所放松，"经世致用"在清代史学中的影响，又重新活跃起来，阮元于此，功不可没。

四、"实事求是"的治史态度

阮元学术上的一个重要特点就是"实事求是"。他说："余以为学者之于经，但求其是而已，是之所在，从注可，违注亦可，不必定如孔、贾之义疏也。"其治经方法，同样用于史学研究上。在怎样看待历史人物上，即坚持了这一观点，并且做了积极的工作。为了给人们留下信史，把实事求是的治史态度，贯串在整个史学研究的全过程中。

他通过档案资料、历史文献、金石碑刻，利用考据学的方法，对历史人物、地理沿革和历代典章制度进行了考察。他在24岁时所著的《考工记车制图解》，是显示其学术水平的重要著作，受到历代学者的称赞。从来解释"三江"的说法，聚讼纷纭，他通过对经史旧说的研究，订正了从来传说的谬误，绘为地图，写成了《浙江

---

① 张舜徽：《清代扬州学记》，第153页。

图考》三卷。他对古书上所涉及,而人们又感到十分神秘的"明堂""辟雍""封禅"等问题,通过实事求是的考证,抛弃了其中的虚幻部分。指出"明堂""辟雍"是上古未有宫室之前的一种简陋结构。"上圆下方,重盖以茅,外环以水,足以御寒暑,待风雨,实惟明堂之始",①好像后世游牧地区的帐幕。祭天、祭祖、军礼、学礼以及各种重大的礼仪活动,都在里面进行。后世文明发展,仍然保存了明堂的遗制。所谓"封禅",实际也并不神秘,"封"即是南郊祭天;"禅"就是北郊祭地。由于阮元的这种实事求是的研究态度,其研究成果得到了历代学者的认同。清末学者皮锡瑞称:"古礼有聚讼千年,至今日而始明者,明堂、辟雍、封禅是也。……刘歆讥汉儒若立辟雍、封禅、巡守之仪,则幽冥而莫知其原。今得阮氏之通识,可以破前儒之幽冥矣!"②

在如何对待历史人物上,他也显示了实事求是态度。例如,隋炀帝杨广是历史上的一位暴君,他是在众叛亲离的情况下被部下杀死在江都。但是,杨广毕竟是结束数百年分裂、而又重归统一的隋王朝皇帝,是一个重要的历史人物。根据《隋书》记载:隋炀帝"葬吴公台下","大唐平江南之后,改葬雷塘"。③在差不多1200年之后,岁月沧桑,即使长期生活在扬州的人,对这段历史大都已经忘却。阮元则从历史研究的角度,考证了隋炀帝的死地与葬地。其《修隋炀帝陵记》记载:

---

① 阮元:《明堂论》,《揅经室集》(上)一集卷三,邓经元点校,第57页。
② 皮锡瑞:《论明堂辟雍封禅当以阮元之言为定论》,《经学通论》,中华书局,1954,第43—44页。
③ 《隋书》(第一册)卷四《炀帝下》,第94页。

炀帝被弑后，殡于流珠堂，堂在宫中，应是今扬州宋宝祐废城子城内。继葬于吴公台下，台在雷塘之南。贞观中，以帝礼改葬于雷塘之北，所谓"雷塘数亩田"也。嘉靖《维扬志》图于雷塘之北画一墓碑，碑刻"隋炀帝陵"四字，距今非久，不应迷失。乃问之城中人，绝无知者。①

阮元则通过研究文献，实地考察，寻访老农，在本地人称"皇墓墩"，而当时已成乱葬岗的地方，找到了隋炀帝的墓地。为了保存这一历史遗迹，乃坐陵下，亲自督促，"呼村民担土来，委土一担者与一钱，不数日，积土八千石，植松百五十株，而陵乃岿然"。复请当时的扬州太守伊墨卿，用隶书刻写一碑树立墓前，这样，隋炀帝陵就再现于人们的面前。

同时，他利用碑、传、志、表、铭等各种形式，也为当代人立传，显示了其实事求是的态度。如他给清代学者立传，创立《国史儒林传》体例，是书"共百数十人，持汉学、宋学之平，群书采集甚博，全是裁缀集句而成，不自加撰一字"，②具有较高的价值。他对同时代的学者、官吏如孙星衍、凌廷堪、焦循、汪中、王昶、李尚之、李长庚等都写了传，这些都成了研究他们的重要资料。他的这种作风，具有浙东史学学派的特点。

阮元在历史观上是属于封建地主阶级的，他的史学观点带有乾嘉学派主流派的特点，同时，又酝酿着转型期的某些变化。

---

① 阮元：《修隋炀帝陵记》，《揅经室集》（下）三集卷二，邓经元点校，第624页。
② 阮元：《拟国史儒林传序》，《揅经室集》（上）一集卷二，邓经元点校，第38页。

第三节　在史学上的贡献

龚自珍说："公又谓读史之要,水地实难,宦辙所过,图经在手。以地势迁者,班志、李图不相袭,以目验获者,桑经、郦注不尽从。是以咽喉控制,闭门可以谈兵,脉络毗联,陆地可使则壤,坐见千里,衽接远古。是公之史学。"[①]阮元是学识渊博的大学者,在史学方面的贡献也是多方面的。

一、博综通贯的史学观点

就史学观点来分析,阮元对史学的研究和贡献不能统归于某一派,而是如他的治学特点一样,是"无学不通",因此,在史学观点上能兼容并包,具有博综通贯的特点。

他与清代史学中的考据学派代表如钱大昕、王鸣盛都有密切的关系,并为他们的文集写过序。他十分重视史料的鉴别考订,把乾嘉学派在经学研究中的"正文字,辨音读,释训诂,通传注"之方法运用于史学研究,重视对史料的甄别,具有考据学派的特点。对于浙东史学的前辈或同时代的学者,如黄宗羲、万斯同、全祖望、邵晋涵等人,他都十分尊敬或者有较深的友谊。浙东史学的特点是"重当世,明近代,表章人物,尊崇文献",以性灵之真,情感之挚,褒奖气节,发明幽隐,以维持宇宙天地间之正气。阮元对浙东

[①] 龚自珍:《阮尚书年谱第一序》,《龚自珍全集》(上),王佩诤校,第226页。

史学的观点也十分赞赏。对史学义例的研究他也很感兴趣，并且在史学研究中进行了有益的实践。如撰写的《畴人传》《儒林传》等等，在史学义例上都很有特点。所以，阮元在史学上的贡献，也如在其他学术领域一样很有成就。他坚持"明体达用"和"实事求是"，他不排斥某一种学术观点，而具有兼容并包的气象，反映了乾嘉学派强有力殿军和转型期大家特点。

邵晋涵是清代具有影响的史学家，他和戴震、章学诚都共过事，章学诚与戴震论史事多不合，但与邵晋涵讨论学术相契，且为莫逆之交。阮元和邵氏有较多的接触，他在《南江邵氏遗书序》中说：

> 余姚翰林学士邵二云先生，以醇和廉介之性，为沈博邃精之学，经学、史学，并冠一时，久为海内所推，无俟元之缕述矣。岁丙午，元初入京师，时前辈讲学者，有高邮王怀祖，兴化任子田，暨先生而三，元咸随事请问，捧手有所授焉。先生本得甬上姚江史学之正传，博闻强记，于宋、明以来史事最深，……在四库馆与戴东原诸先生编辑载籍，史学诸书多由先生订其略，其提要亦多出先生之手。先生又曾语元云："《孟子疏》伪而陋，今亦再为之。《宋史》列传多讹，欲删传若干，增传若干。"①

王怀祖是著名的训诂学专家，任子田是著名的经学家，三人的

---

① 阮元：《南江邵氏遗书序》，《揅经室集》（上）二集卷七，邓经元点校，第544—545页。

学问都对阮元产生了重要影响,于是,他就博采众家,为其学问上的博综通贯创造了条件。在史学方面,阮元的学问受邵晋涵影响很大。他既能在方法上吸收考据学派的考证方法,又在史学研究上具有浙东学派的气象。他在《传经图记》中说:

> 有陋儒之学,有通儒之学。何谓陋儒之学?守一先生之言而不能变通,其下焉者,则惟习词章、攻八比之是务,此陋儒之学也。何谓通儒之学,笃信好古,实事求是,汇通前圣微言大义而涉其藩篱,此通儒之学也。①

这样,他以通儒之学自励,"汇通前圣微言大义而涉其藩篱",故其史学观点具有博采众家的倾向。由于他硕学高寿,又愿意和年轻人接触,且时常能学些新的东西,故又具有转型期学者的特点。

二、对史料学的贡献

历史学的基础是史料。史料学是研究史料的源流、价值和利用方法的学科。清代史学家对史料学的贡献是从事史料的搜集、校勘、考订和编纂。并通过考据的方法,着重对史料的整理与鉴别,阮元对此有较大的贡献。他重视对史料的保存,其功在于除史家的传统典籍外,把史料的范围大大地扩大了。同时,通过整理和科学鉴别,使史料的真实可靠性大大增加。阮元在《泰山志序》中说:

---

① 阮元:《传经图记》,《国粹学报》第1卷第3期,1905年,第118页。

> 昔管子举封禅之典以告齐桓公，盖以上古质朴，未有史策之文，朝觐之礼，故七十二代之兴，咸合诸侯于泰山以定天位，乃刻石其上，以纪有天下之号，如后世之修史也。然则刻石之制，先于漆书，七十二代，先于典诰，又何论于诸史乎。山经、地志，史家之书也。①

阮元的看法和章学诚之"六经皆史"的观点有异曲同工之妙。他认为，古史的材料是非常广泛的。金石、碑刻，甚至连各种铜器都是历史资料，他们都产生在史册之前。他在《商周铜器说》写道：

> 形上谓道，形下谓器，商、周二代之道存于今者，有《九经》焉，若器则罕有存者，所存者，铜器钟鼎之属耳。古铜器有铭，铭之文为古人篆迹，非经文隶楷缣楮传写之比，且其词为古王侯大夫贤者所为，其重与《九经》同之。……商祚六百，周祚八百，道与器皆不坠也。……故吾谓欲观三代以上之道与器，《九经》之外，舍钟鼎之属，曷由观之？②

他把铜器看成是与"九经"一样重要的史料，也是考察古代历史的重要依据。这就从另一方面打开了人们的思路，把历史学放在一个更为广泛的范围内来思考问题。

他十分重视考订史料的真伪，他重史料，重实地调查，重古代

---

① 阮元：《泰山志序》，《揅经室集》（上）二集卷七，邓经元点校，第536页。
② 阮元：《商周铜器说上》，《揅经室集》（下）三集卷三，邓经元点校，第632—633页。

所留下的实物,进行了证经证史的工作。在督学浙江时,他花了很大的精力,"元七八年来,博稽古籍,亲履今地,引证诸说,图以明之"。①经过非常严谨的考证,纠正了郦道元之误,对从来解释"三江"的说法,给人们一个确切的回答,这是对学术界的重要贡献。同样,他用大量的史料和实地考察,所作的《禹贡东陵考》,考证了东陵即广陵,使人们"迷失了数千载"的问题得到了澄清。

更能体现他在考证学方面的贡献是,阮元对郑玄十分推崇,督学山东时,在积砂中发现金朝承安年间(公元1196—1200年,大约相当于南宋宁宗庆元年间)重刻唐万岁通天(公元696年)史承节所撰的郑玄碑文。以此校勘范晔的《后汉书·郑玄传》,发现二者之间的异同,从而解决了三个重要的问题。他说:

……凡此异同,比而核之,可释学者积疑,盖有三焉。司农戒子益恩书乃归老疾笃时事,故宜在汉公车征为大司农及袁绍邀至冀州诸事后,而范书反载书文于前,使事迹先后倒置,一也。所注《仪礼》《周官》《礼记》,范书无《周官》,案司农《周官注》完善无缺,世所共学,而范书遗之,二也。为父母群弟所容者,言徒学不能为吏以益生产,为父母群弟所含容,始得去厮役之吏,游学周、秦。故传曰:"少为乡啬夫,得休归,常诣学官,不乐为吏,父数怒之。"夫父怒之而已,云"为所容",此儒者言也。范书因为父怒而妄加"不"字,与司农本意相反,三也。②

---

① 阮元:《浙江图考上》,《揅经室集》(上)一集卷十二,邓经元点校,第267页。
② 阮元:《金承安重刻唐万岁通天史承节撰后汉大司农郑公碑跋》,《揅经室集》(上)二集卷七,邓经元点校,第540页。

阮元的论断运用了"二重证"的方法，结论是相当有说服力的，纠正了著名史学家范晔《后汉书·郑玄传》中的错误，得到了后世学者们的公认。

广西的昆仑关，是历代用兵之地，也是抗日战争时期中国军队大败日本侵略者的地方。阮元在两广任职时，亲赴邕州考察当年狄青进兵破侬志高之战场。称其为"一关路阻分雄镇"，"注目西南十万峰"。① 并写出了《由宾州至邕州过昆仑关观狄武襄进兵处》一文。文章考察了《宋史》的《狄青》《余靖》《广源州蛮》等传，李焘的《续资治通鉴长编》，曾巩的《杂录》，沈括的《梦溪笔谈》，王明清《挥麈后录》等典籍对这段历史的记载，并依据大量的实证，最后得出结论说：

> 今按宾州西南行由武缘本有路可达南宁城，特多百里耳。又按余靖《平蛮京观碑》及《平蛮三将题名碑》皆言正月己未青至归仁铺，贼举众出城拒战，大败之，《宋史·仁宗纪》则以为戊午日，当以碑得为实。《宋史》皇祐五年正月壬寅朔，己未正是元宵后三日，乃正月十八日也。《余靖碑》志又言追奔十五里，是也。《宋史·狄青传》言追奔五十里，亦误也。由归仁至城仅二十里，此碑所以胜于史也。②

---

① 阮元：《题昆仑关策骑图》，《揅经室集》（下）续集卷五，邓经元点校，第1090页。
② 阮元：《由宾州至邕州过昆仑关观狄武襄进兵处》，《揅经室集》（下）四集诗卷十一，邓经元点校，第961页。

实际上，阮元用了"二重证"的方法，考证清楚了这段历史记载，并且认为此处"宜防伏兵，谍者非只谍备关与否，尤以谍有伏与否为急，若有备伏，必不进矣"，为100多年后的战争作了预见。阮元这种根据实物进行考证的例子不胜枚举，反映了其考证学的特点。

阮元的侧室刘文如（又名书之）是清代的一位女史学家，善诗词，在阮元的指导下，研读史书，编著了《四史疑年录》七卷。是书考订了《史记》《汉书》《后汉书》《三国志》四部正史中数百人之生卒年代，是一部研究"前四史"的参考书。阮元为之序，称其"性近于史，史传中遥遥华胄，琐琐姻亚，常娓娓言之"，其中的不少考订"颇有证据"。[①]刘氏的治史思想也就不能不受到阮元的影响，因此，《四史疑年录》的编定也就反映了阮元的治史主张。《四史疑年录》和前面谈及的《经籍籑诂》，都是对史料学的重要贡献。

三、注意对当代史的修撰

阮元注重当代史的修撰，注意为历史保存尽量多的史料。他总结历史的得失说，历史学家过去对历史典籍的修撰，一方面保存了大量的史料，另一方面，又散失了大量史料，这是一个重大的损失。他在考察了自己所保存的秦、汉、六朝、唐的28枚名印后说：

> 呜呼！古人姓名铜印多矣，其于正史无考者，未必皆绝无

---

① 阮元：《四史疑年录序》，《揅经室集》（上）二集卷七，邓经元点校，第558页。

可传之人也。或谓汉有铸名印千百以殉葬，好名好事，今人亦不如古耶？夫不见于史，而唯以一钮之铜传数千年后，亦可悲矣！史法贵严，然谓善善长，恶恶短，能繁毋简，庶几左氏遗法，若马、班、范、崔之伦，或亦多所遗略，致其害欤？①

因此，在史学的编纂和史料的保存上，有"善善长，恶恶短"和"能繁毋简"的主张。

他对当代史实的记载十分重视，并集存了大量可信的文献资料。他在《淮海英灵集序》中说："我国家恩教流被百余年，名公卿为国树绩，其余事每托之歌咏，节臣、孝子、名儒、才士、畸人、列女辈出其间，虽不皆藉诗以传，而钟毓淳秀发于篇章者实不可泯。"②在编辑《国史儒林传》时，亲定凡例，为保证史料的真实性，在这一百几十人的传记材料中，皆不自加撰一字，对清代学术人物资料进行了系统的整理。在他的《揅经室集》的本集、续集、再续集的近百万字的文集中，保存有大量的碑、传、志、表，他以自己的特殊身份，给一大批人写了历史。在他所写的这批人中，既有当朝的大臣，也有名重一时的学者；既有文臣武将，又有普通士兵、妇女、塾师、僧道，从社会的各个方面，勾画了一幅历史的众生相，虽难免溢美之词，但仍然保存了一批有参考价值的当代史料。

另外，他还对一些当代的历史事实，如海运的沿革、海塘的兴建、井盐的开凿、海匪的平定、海防的建设、学校的兴建、学术的

---

① 阮元：《秦汉六朝唐廿八名印记》，《揅经室集》（下）三集卷三，邓经元点校，第658—659页。
② 阮元：《淮海英灵集序》，《揅经室集》（上）二集卷八，邓经元点校，第569页。

发展等等，都以实事求是的态度进行了记述，对其历史沿革进行了考订，为后代留下了可贵的历史资料。同时，他还对地方志、家族史的修撰作了大量的工作，认为这样可以"存古迹，祀乡贤"，利用这些宝贵的史料对人们进行教育，成为正史的一大补充。

四、在科技史上的贡献

阮元在清代史学值得大书一笔的是，他写成了一部"奇书"《畴人传》。这是一本系统地记载了我国古代天文历算学家的专史，是中国史学史上一项开拓性的工作。

阮元认为，科技，即所谓的"步术"，"三代迭王，正朔递改，盖效法乾象，布宣庶绩，帝王之要道也"。故"数术穷天地，制作侔造化，儒者之学斯为大矣"。然而，由于"世风递降，末学支离，九九之术，俗儒鄙不之讲；而履观台领司天者，皆株守旧闻，罔知法意；演撰算造之家，徒换易子母，弗凭圭表为合，验天失之弥远。步算之道由是日衰，台官之选，因而愈轻，六艺道湮，良可嗟叹"。①为总结我国历史上的天文、历算等科技成果，"以为将来典要"。故"掇拾古书，荟萃群籍，甄而录之"，编撰了《畴人传》一书。

《畴人传》历时14年始成，记录了古代科学家从远古到清初，旁及西洋，凡280人，46卷。是书以"应务经世"为目的，而"太一壬道，卦气风角之流"，则"一概不录"，把科学与迷信尽力区分开来。《畴人传》的问世，一方面反映了西方的科技文化对中国的影响，人们对外国的科技不能不认真地来看待；另一方面，也反映了阮元在学术思想上的民族意识和民主倾向。其发凡起例

---

① 阮元：《畴人传序》，《畴人传》（一）卷首，第1页。

之功当为后世所推崇。以后罗士琳、诸可宝、黄钟骏分别续著二、三、四编。

阮元生活在资本主义文化对古老的中国文化冲击，即历史上第二次中外文化结合的时代，他自信而不顽固，开始从紧闭的天朝大国的门缝里，向外窥视西方的科学文明。尽管他只是具有了这个转变过程中的前兆，但总还是走在了同时期官僚的前头。

五、对方志学的贡献

阮元说："山经、地志，史家之书也。"[①]地方志是按一定体例综合记载一定时期的政治、经济、文化和自然方面的书籍。地方志具有四个主要的特征。首先是地域性。由于各地的自然和人文方面的情况千差万别，因此，它所记载的内容就具有鲜明的地方色彩，这是其他任何史籍所无法比拟的。其次是具有时代性。这更是由于方志成书的特定过程所决定的。方志大都是每隔数十年续修一次，这种前后相续的阶段性，就形成了它的时代性特征。借助于方志的时代性，可以连续地考察一个地区的历史和现状，总结历史经验，以利各方面事业的发展。其三是综合性。地方志本身就是一部地方百科全书，具有很强的综合性。随着时代的发展，科技的进步，除各学科本身的发展外，它们之间的相互交叉、渗透，彼此促进，要适应这种形势，就必须不断地提高自己的综合手段。其四是实用性。地方志所蕴藏的资料与现实非常贴切，具有极其深刻的现实指导性，这又是其他典籍所不能比拟的。

---

① 阮元：《泰山志序》，《揅经室集》（上）二集卷七，邓经元点校，第536页。

地方志在我国具有悠久的历史，而且其著述十分丰富，是中国史学宝库中一个不可忽略的组成部分。考镜其源，应当说从东汉袁康等的《越绝书》就初具地方志的雏形，而常璩的《华阳国志》就是一部相对完整的地方志了。清代由于统治者的提倡，各地督抚守令也十分重视修志，故地方志书有了空前的发展。据朱士嘉先生的《中国地方志综录》一书著录的5832种93237卷历代方志中，清代所修的方志就达4655种76860卷。乾嘉时期是我国方志学的兴盛时期，阮元对清代地方志的修撰做了重要的工作。

阮元认为对前代方志不宜重新修订而坚持续修的原则，这样，一是可以事半功倍，节省大量的人力和财力。二是可以保存前代文献，以免发生乱砍乱削的情况。在《扬州府志》续修时，主张于方志中再列《事志》《氏族表》《图说》3门，他说：

> 自古史传，人事与地理相为经纬者也。人事月改日易，而终古不易者，地理也。同一郡县山川，在汉某年为治为乱，在唐某年为失为得，贤良之拊循，忠烈之婴守，灾害利弊，前史具在。修郡志者，是宜专立一门，以备考览。扬州太守伊公秉授以修图经事访于余，余为立"事志"一门。①

他认为将凡经、史书籍中有关扬州府事者，编年载以成书，实际上主张写一部编年体性质的扬州地方简史，将此载于地方志中，这是一个创见。后以稿本授及门弟子归安姚文田，而《事志》一门

---

① 阮元：《扬州府志事志氏族表图说三门记》，《揅经室集》（上）二集卷八，邓经元点校，第581页。

尤为详备，特更名《事略》，都为6卷。

又立《氏族表》，把一个地方重要的"大家旧族""新贵儒门"，详叙其由来，对地方志来说，又是一个重要的主张。另外，还主张建立《图说》一门，此乃中国古代史书"左图右书"的方法在方志学中的体现。这些主张，保存并体现了阮元的写志思想。

在撰写地方志的过程中，应当"序述赅备，体例谨严，兼史家之三长，考地理于千古"。①他对修志理论亦多发明，论述多收于其自编之《揅经室集》中。他在《重定天台山方外志要序》中说：

> 《方外志》则明高明寺僧无尽所撰也。钱希言尝称其学识高出道流，所撰山志甚有禅藻云。初，乾隆丁亥，僧化霖请于齐息园先生，删益无尽书为四册，刻版行于世，然体例既不协一，繁芜猥杂，疑其为未定之稿。今通判取而定之，其用心勤矣。元又命钱塘严生杰修定之，严生云："录《艺文》过繁，《山水》《寺观》反如附录，宜仿宋范氏成大《吴郡志》例，分隶各门，以合比事属词之义。"从之。书成，释灵在绘图二十有一，灵在住此山中，所绘或得其真面目，亦从之列于卷首。②

这是其对地方志体例的又一个重要见解，使之达到地方史的要求。又继承了古代史书"左图右书"的传统，在志书之首附图21幅，这是一个重大的进步。

---

① 阮元：《泰山志序》，《揅经室集》（上）二集卷七，邓经元点校，第537页。
② 阮元：《重定天台山方外志要序》，《揅经室集》（下）三集卷四，邓经元点校，第677页。

在地方志撰写过程中，阮元利用自己的特殊身份和地位，做了很多一般学者所不能作的工作。他曾私延江藩、焦循等人修纂《扬州图经》，并先后修纂了《道光重修广东通志》《云南通志》。还曾从《永乐大典》中辑录《绍熙仪征志》《嘉庆真州志》，延请江藩对《康熙仪征县志》作了校补。

谢启昆的《广西通志》，是清代体例比较完整的一部方志。梁启超以其"首著叙例二十三则，遍征晋唐宋明诸旧志门类体制，舍短取长，说明所以因革之由。以修志为著述大业，自蕴山始也"。[1]阮元在当时即发现了谢志的优点，称其为"载录详明，体例雅饬"。[2]在他主持的《广东通志》修撰上，就规定了仿谢志体例。他对焦循十分称赞，在其所撰《扬州北湖小志》的序中说："夫以北湖周回百里中水地、古迹、忠孝、节义、文学、武事悉载于是，是地出灵秀，特藉孝廉之笔，以传斯地之事也。"[3]阮元在地方志的撰写上，无论从理论和实践上都有杰出的贡献。

综上所述，清代史学在中国历史上作出了重大成就，并且具有特殊的历史地位。阮元作为一个大学者，他的史学思想和成就，都是十分突出的。

---

[1] 梁启超：《梁启超论清史学二种·中国近三百年学术史》，朱维铮校注，第445页。
[2] 阮元：《重修广东省通志序》，《揅经室集》（上）二集卷八，邓经元点校，第588页。
[3] 阮元：《扬州北湖小志序》，《揅经室集》（上）二集卷二，邓经元点校，第391页。

第六章 文学思想

第一节 文学主张

清代是我国漫长封建社会中的最后一个专制王朝，同时，又是我国历史上一个空前统一强大的封建帝国，其前期和中期还出现了经济文化繁荣的高潮。作为反映时代精神文化的文学，在清代也有相当的发展。如传统的古文、骈文、诗、词等诸体文学和流派，都得到了继承发扬，特别是在理论上给予了一个新的总结。由于封建制度已走向了它的末期，腐朽与新生，没落与进步的矛盾正在不断的滋长与发展。反映在文学上，一方面凝聚着复古的浓雾，另一方面也在闪耀出反传统的、具有民主因素的异彩。阮元经历了清王朝由盛至衰的时代，他的特殊经历和地位，恰恰表现在他这一时期的文学主张上。

一、"心正笔正"

"心正笔正"是阮元文学上的基本主张之一。由于他一生在学问上具有多方面的成就，其文学方面的贡献，往往成了以往学者所忽略的一个问题。龚自珍在评价阮元文学成就时说：

> 文章之别，论者夥矣，公独谓一经一纬，交错而成者，绮组之饰也。大宫小商，相得而谐者，韶濩之韵也。散行单词，中唐变古，六诗三笔，见南士之论文，杜诗韩笔，亦唐人之标目。上纪范史，笺记奏议不入集，聿考班书，赋颂箴诔乃称文。公日奏万言，自裒四集，以沈思翰藻为本事，别说经作史为殊科。是公文章之学。①

阮元一生中最重要特点就是把"最合圣意"作为自己立身行事的准则。这也反映在其文学思想上，即所谓的"心正笔正"。怎样才能达到"心正"？其具体表现为"中正仁和"四字。他解释说：

> 臣惟中者所以定不偏不倚之规，正者所以示无反无侧之准，惟本仁以出治，则克己复礼而天下归，惟致和以化民，斯保泰调元而天命永。奎章在殿，久以列圣之心为心，天藻摛文，即以一心之养为养，善之至矣，无能名焉。抑臣更有进者，是惟皇上心同道同，备中正仁和之德，因之心正笔正，成中正仁和之文。昔韩、柳雄辞，犹有心于排奡；欧、苏健笔，亦肆力于揣摩，今读记文六百言，铭词十六韵，蕴广大精微之志，宣和平雅正之音，不使气而气自醇，不矜才而才愈大。盖上本乎群经正史，乃下轶乎诸子百家。臣学切观摩，识开

---

① 龚自珍：《阮尚书年谱第一序》，《龚自珍全集》（上），王佩诤校，第227页。

巍焕,共瞻睿制,正文体即正心源,众拱辰居,养一心以养四海。"①

只有"心正笔正",才能成"中正仁和之文",才能"蕴广大精微之志,宣和平雅正之音,不使气而气自醇,不矜才而才愈大"。而"正文体即正心源",离开"心正",则不可能"文正"。

"心正笔正"的主张和阮元"明体达用"主张是一致的。他所指的这个"体",就是"本",就是几千年的封建伦理道德,也是封建统治的精神支柱。即所谓的"传尧、舜、周、孔之学,行内圣外王之道,见诸政治,四海安平";"巍巍乎帝德,帝学焕乎,久著于文章哉"。②"君子务本,本立而道生"。阮元即通过明白其"体","正文体而正心源","养一心而养四海"。然后,"忠孝为本,词章为末,奎文示教,日月长昭"。只有心正才能笔正,这就成为阮元文学思想上的基本原则。

"心正笔正"原则,在阮元其他著作中同样有所表述。他在《奉敕撰熙朝雅颂集跋》中亦写道:"伏读御制序文,仰见皇上于右文成化之中,兼肄武习勤之意,敬天法祖,垂训谆谆,以品端心正为先,公忠体国为尚。"③"心正才能笔正",而且"心正"是"笔正"的前提。也只有这样,文学才"能以忠爱之忱,发为

---

① 阮元:《赐御制养心殿记墨刻恭谢折子》,《揅经室集》(下)四集卷一,邓经元点校,第729页。
② 阮元:《恭注御撰味余书屋随笔进呈后跋》,《揅经室集》(上)二集卷八,邓经元点校,第562页。
③ 阮元:《奉敕撰熙朝雅颂集跋》,《揅经室集》(上)二集卷八,邓经元点校,第561页。

咏歌之什"。①其"心正",即"体天地以立心,统智愚而在宥,欲迪民以正道,用特本夫宸章"。②就是以"《九经》《四书》之正道名言,《廿二史》《通鉴》之治理大义,诸子百家、《大学衍义》"③等为指导思想,这就从根本上维护了封建统治阶级的利益,反映了统治阶级的意志。

阮元曾称"自问幼年本蓬户桑枢之子",荣登天子堂对他来说是莫大的恩宠,所以他把"最合圣意"作为自己终身追求的目标。另一方面,他又憎恨官场中的腐败行为,主张为官要清正廉明,甚至力求"超凡脱俗"。"心正笔正"的观点则正是他的这种思想在文学上的反映。

二、"守古之法,无守古之迹"

阮元是一个博综通贯的学者。史称:"一代之兴,必有耆庞魁垒之臣,若唐之燕、许及崔文贞、权文公、李卫公,以经术文章主持风会,而其人又必聪明早达,扬历中外,兼享大年,其名位著述足以弁冕群才,其力尤足提唱后学,若仪征相国,真其人哉。"④阮元少年早达,由于其特殊身份和所处的特殊时代,在清代文学史上具有重要地位。他既能尊重和继承古代的传统,同时,又在不断

---

① 阮元:《奉敕撰熙朝雅颂集跋》,《揅经室集》(上)二集卷八,邓经元点校,第561页。
② 阮元:《赐御制邪教说墨刻折子》,《揅经室集》(下)四集卷一,邓经元点校,第726页。
③ 阮元:《恭注御撰味余书屋随笔进呈后跋》,《揅经室集》(上)二集卷八,邓经元点校,第564页。
④ 李元度:《国朝先正事略》(上册)卷二十一《阮文达公事略》,易梦醇点校,第625页。

地适应着新的变化。故他有"达之者守古之法，而无守古之迹"的主张，这就成了其文学思想的又一重要观点。

针对我国文学史上一些不同的认识，阮元明确赞成萧统把文学和经、子、史中的概念分离开来的观点。他说：

> 昭明所选，名之曰"文"。盖必文而后选也，非文则不选也。经也，子也，史也，皆不可专名之为文也，故《昭明文选序》后三段特明其不选之故。必沈思翰藻，始名之为文，始以入选也。或曰：昭明必以沈思翰藻为文，于古有征乎？曰，事当求其始。凡以言语著之简策，不必以文为本者，皆经也，子也，史也。言必有文，专名之曰文者，自孔子《易文言》始。传曰："言之不文，行之不远。"故古人言贵有文。孔子《文言》实为万世文章之祖。此篇奇偶相生，音韵相和，如青白之成文，如咸韶之合节，非清言质说者比也，非振笔纵书者比也，非佶屈涩语者比也。是故昭明以为经也，子也，史也，非可专名之为文也，专名为文，必沈思翰藻而后可也。①

阮元还称："是《四书》排偶之文，真乃上接唐、宋四六为一脉，为文之正统也。然则今人所作之古文，当名之为何？曰：凡说经讲学者皆经派也，传志记事皆史派也，立意为宗皆子派也，惟沈思翰藻乃可名之为文也。非文者尚不可名为文，况名之为古文乎。"②

---

① 阮元：《书梁昭明太子文选序后》，《揅经室集》（下）三集卷二，邓经元点校，第608页。
② 阮元：《书梁昭明太子文选序后》，《揅经室集》（下）三集卷二，邓经元点校，第609页。

又在《与友人论古文书》中说："《昭明选序》，体例甚明，后人读之，苦不加意。《选序》之法，于经子史三家不加甄录，为其以立意纪事为本，非沈思翰藻之比也。今之为古文者，以彼所弃，为我所取，立意之外，惟有纪事，是乃子史正流，终与文章有别。千年堕绪，无人敢言，偶一论之，闻者掩耳，非聪颖特达深思好问如足下者，元未尝少为指画也。"[①]可以这样说，阮元是萧统一千多年后的知者，同时，也表明了他对桐城派的异议。

阮元论文重文笔之辨，以用韵对偶者为文，无韵散行者为笔，提倡骈偶，对桐城派古文的形式有所不满。他对文学的定义，一是要有文采，要奇偶相生，音韵相合，能读之上口；二是必须沈思翰藻，要对文辞精雕细琢，有深刻的意蕴。故萧统在其《文选序》中说："事出于沈思，义归乎翰藻。"阮元的这种定义，使文学史上一度模糊了的文学概念，又重新清楚了。

阮元在文学上的继承原则还反映在他对王鸣盛诗文集的评价上，他在《王西庄先生全集序》中说：

> 先生生平论诗，以风人为主，在唐，如玉溪、飞卿，不失温柔敦厚之旨，宋、元，古法渐失矣。先生诗，上者法六朝，次亦确守三唐规范，以视世之抱韩尊苏者，超然远焉。先生之文，纡徐淳厚，用欧、曾之法，发郑、服之学，凡序记、论说、考议诸体，皆高视古今。天台齐宗伯称其文为不名一体，体各造极，非虚言也。夫汉人治经，首重家法，家法亦称师法，前汉

[①] 阮元：《与友人论古文书》，《揅经室集》（下）三集卷二，邓经元点校，第610页。

多言师法，后汉多言家法。至唐，承江左义疏，惟《易》《书》《左氏》为后起者所夺，其余家法未尝亡也。自有破樊篱者，而家法亡矣。以先生之才，倘吐纳众家，自辟堂奥，安知诗文不将驾唐、宋而上也？乃斤斤守古不背厥宗者，盖深感家法之亡，而于诗文寓其辙耳。然当涵濡既久，其达之者守古之法无守古之迹，浸浸乎周、秦、汉、魏之间，又足为私心自用者关其口而夺其气，则才学之卓绝所以矩范后来者，岂浅末之可窥测哉！①

阮元认为"守古之法"，即《六经》中所具有的家法，必须具有一定的规矩。而在继承中又要"高视古今"，也不能"斤斤守古"，必须守古之法而无守古之迹。这就和历代文论家提出的"形似"与"神似"的主张，有殊途同归之义，反映了他在文学上的继承原则。

三、文、质之辨

"文"与"质"，是文学上两个重要的概念，文指文华、词采，质是指本质、质朴。孔子说："质胜文则野，文胜质则史，文质彬彬，然后君子。"②刘勰曾说："逮及商、周，文胜其质。"③刘知几也说："古往今来，质文递变。"④

---

① 阮元：《王西庄先生全集序》，《揅经室集》（上）二集卷七，邓经元点校，第546页。
② 孙钦善译注《论语注译》，第92页。
③ 刘勰著，陆侃如、牟世金译注《文心雕龙译注》，齐鲁书社，1995，第98页。
④ 刘知几：《史通》卷一，刘知几、章学诚：《史通·文史通义》，岳麓书社，1993，第1页。

文和质，二者是互相矛盾的统一体，为历代学者所重视。他在《四六丛话序》中叙述了历史上"文"与"质"之间的变化和发展：

> 昔《考工》有言，青与白谓之文，赤与白谓之章。良以言必齐偕，事归镂绘，天经错以地纬，阴偶继以阳奇。故虞廷采色，臣邻施其璪火，文王寿考，诗人美其追琢。以质杂文，尚曰彬彬，以文被质，乃称緎緎。文之与质，从可分矣。懿夫人文大著，肇始《六经》，典坟邱索，无非体要之辞，《礼》《乐》《诗》《书》，悉著立诚之训。商瞿观象于《文言》，邱明振藻于简策，莫不训辞《尔雅》，音韵相谐。至于命成润色，礼举多文，仰止尼山，益知宗旨。使文章正体，质实无华，是犬羊虎豹，反追棘子之谈，黼黻青黄，见斥庄生之论矣。周末诸子奋兴，百家并骛，老、庄传清静之旨，孟、荀析善恶之端，商、韩刑名，吕、刘杂体，若斯之类，派别子家，所谓以立意为宗，不以能文为本者也。至于纵横极于战国，春秋纪于楚、汉，马、班创体，陈、范希踪，是为史家。重于序事，所谓传之简牍，而事异篇章者也。夫以子若彼，以史若此，方之篇翰，实有不同。是惟楚国多才，灵均特起，赋继孙卿之后，词开宋玉之先。隐耀深华，警采绝艳。故圣经贤传，六艺于此分途，文苑词林，万世咸归围范矣。……①

---

① 阮元：《四六丛话序》，《揅经室集》（下）四集卷二，邓经元点校，第738页。

他认为"质""文"之间的矛盾，存在于整个文学的发展过程之中，二者的关系处理得好，则是优秀的文学作品。如以后的词，则"隐耀深华，警采绝艳，故圣经贤传，六艺于此分途；文苑词林，万世咸归范围矣"。赋，则"莫不洞穴经史，钻研六书，耀采腾文，骈音丽字"。最后得出结论："载稽往古，统论斯文，日月以对待曜采，草木以错比成华。玉十彀而皆双，锦百两而名匹。明堂斧藻，视画缋以成文，阶启笙镛，听铿鋐而应节。自周以来，体格有殊，文章无异。……"①这样，就把骈文称为一种能很好地协调文、质矛盾的文学形式，主张大力提倡。阮元的这种主张，未免有些失之偏颇，但对骈文这种艺术形式的积极肯定，对丰富文学创作与艺术，还是具有进步意义的。

四、提倡文学，兼容并包

阮元和清代的一大批诗人、文学家如孙星衍、汪中、翁方纲、段玉裁、钱大昕、王鸣盛、邵晋涵等，以及桐城派古文学者都有较多的交往，尽管他和一些人的文学主张存在着明显的差异，但他仍然能以较平和的态度对待，显示了一代学界领袖的兼容并包的博大气象。同时，其本人也创作了不少的优秀诗歌和骈文，在当时就产生了重要的影响。在他的倡导下，力使文学别于经学和史学，并积极促使骈文在清代得以复苏。

阮元在学术上的"实事求是"的特点，在文学上则表现为"中正仁和"，他对历史上的文学观点采取了兼容并包的态度。在他的

---

① 阮元：《四六丛话序》，《揅经室集》（下）四集卷二，邓经元点校，第739页。

文学主张中，如他多次提出批评，不赞成中唐以后学者鄙视骈文的看法。他说："至唐，而四六更卑。然文体不可谓之不卑，而文统不可谓之不正。自唐、宋韩、苏诸大家以奇偶相生之文为八代之衰而矫之，于是昭明所不选者，反皆为诸家所取。"①故对南北朝的学风就给予了比较客观的评价。在《学海堂策问》中向学生提问说：

> 自东晋、刘宋至隋，兼北朝，其间经、史诸学皆是极精极博极明敏之时，南北朝人学力之专之锐之深，非后人所能窥企。中唐以后，人蔑视六朝，不知唐初诸经正义及敕修诸史，无不本于南北朝人，或攘或掩，实存而名亡。后人于南北朝书多不能解，即如陆法言等之音韵分部，幸为中唐以后人所不能解，故未经攘乱。其余如三刘、熊、徐等之于经疏，吕忱、李登等之于小学，庾蔚之、崔灵恩等之于礼服，徐广、臧荣绪、姚察等之于史传，皆非唐人所能及。唐初人犹读南北朝人之书，天宝后知其学者鲜矣。②

针对当时桐城派在文学上的一些偏颇主张，他提出了自己的看法，他在《与友人论古文书》一文中旗帜鲜明地发表了自己的看法：

---

① 阮元：《书梁昭明太子文选序后》，《揅经室集》（下）三集卷二，邓经元点校，第608页。
② 阮元：《学海堂策问》，《揅经室集》（下）续三集卷三，邓经元点校，第1067页。

近代古文名家，徒为科名时艺之累，于古人之文有益时艺者，始竞趋之。元尝取以置之两汉书中诵之，拟之，淄渑不能同其味，宫徵不能壹其声，体气各殊，弗可强已。若谓前人拙朴，不及后人反覆思之，亦未敢以为然也。夫势穷者必变，情弊者务新，文家矫厉，每求相胜，其间转变，实在昌黎。昌黎之文，矫《文选》之流弊而已。《昭明选序》，体例甚明，后人读之，苦不加意。《选序》之法，于经子史三家不加甄录，为其以立意纪事为本，非沈思翰藻之比也。今之为古文者，以彼所弃，为我所取，立意之外，惟有纪事，是乃子史正流，终与文章有别。千年坠绪，无人敢言，偶一论之，闻者掩耳，……①

但是，他又不排斥古文派，他对唐宋八大家都很尊敬，特别是对苏东坡有较高评价，并对其一生的际遇赋予了极大的同情。称其"袖中有东海""英灵动真宰"。②并主持修建了苏东坡祠，写了不少的纪念诗文。即使在对同时期的古文学派的主张，非"聪颖特达深思好问"者，则"未尝少为指画也"。在学术上不是以势压人，而是采取了比较温和的态度和平等的讨论方法。

阮元在文学上的主张，明确地表明了他在文学思想中的政治原则、继承原则与发展原则。一方面显示了作为一个封建官僚维护封建统治的主张，另一方面，则又反映了一个转型期学者的某种变

---

① 阮元：《与友人论古文书》，《揅经室集》（下）三集卷二，邓经元点校，第610页。
② 阮元：《研背坡公笠屐像》，《揅经室集》（下）四集诗卷九，邓经元点校，第909页。

化，这在清代嘉、道年间是具有一定代表性的。

第二节 骈文成就

骈文，是中国文学史上的一个重要文体，起源于汉、魏，形成于南北朝。全篇以双句（即俪句、偶句）为主，讲究对仗和声律。其以四字六字相间定句者，世称四六文，即骈文中的一体。刘勰在《文心雕龙》中说："若夫笔句无常，而字有条数：四字密而不促，六字格而非缓；或变之以三五，盖应机之权节也。"[1]四六文体成于南朝，盛行于唐宋，在中国文学史上具有相当重要的地位。但是，经受了唐、宋两次古文运动的冲击，骈文则相对处于低潮，一般只是在官样应酬文字中示人以高雅才偶尔出现。到了清代以后，骈文则出现了复兴的气象。不少文人学士转而向八代英华去借取锦心绣口，以驰骋才情，充填故实。

清代的骈文得到复兴，应当说有两个根本原因。

一个原因是我国文学传统中的浓淡、奇偶两对审美情趣交互兴降的规律推动，是明代古诗文运动的必然发展。而中唐以后，我国散文的发展长期受奇、淡两种审美观念的支配，至明代中叶以后，其复古运动则主张在格调上复古，语言以古雅为尚，骈体文的这种文体则又提到人们的面前。张溥是明末复社的领袖，其所作的《汉魏六朝百三名家集》对清代骈文的复兴起了重要的作用。他在《自叙》中说：

---

[1] 刘勰著，陆侃如、牟世金译注《文心雕龙译注》，第429页。

两京风雅，光并日月，一字获留，寿且亿万。魏虽改元，承流未远。晋尚清微，宋矜新巧。南齐雅丽擅长，萧梁英华迈俗。总言其概：椎轮大路，不废雕几；月露风云，无伤骨气。江左名流，得与汉朝大手同立天地者，未有不先质后文，吐华含实者也。①

即对六朝之盛行的文风，概括为"清微""雅丽"，为"英华迈俗"而大加称赞，甚至"得与汉朝大手同立天地"。他对徐陵、庾信的文风褒扬有加，称其"感慨兴亡，声泪并发"。他在徐陵集的《题辞》中说："然夫三代以前，文无声偶，八音自谐，司马子长所谓铿锵鼓舞也。浸淫六季，制句切响，千英万杰，莫能跳脱。所可自异者，死生气别耳。历观骈体，前有江左，后有徐、庾，以生气自高，遂称俊物。"这就一改过去一些批评家的看法，对骈体文有了一个新的评价，为清初的骈文复兴作了酝酿。

"夫势穷者必变，情弊者务新，文家矫厉，每求相胜"。②骈文作为一种文体，其对偶声色辞彩之学和积极修辞手段自有其美学价值。因此，清初骈文的复起，是人们在文学上的审美观念的一次新的回归，是清代文学发展的一种必然趋势。

其二，骈文的复兴，也与清代的特殊历史背景有关。文学思想是一定政治、经济、文化思想的反映。清王朝作为少数民族统治

---

① 张溥：《汉魏六朝百三名家集叙》，《汉魏六朝百三名家集》（一），江苏广陵古籍出版社，1990年影印本，第2页下栏、第3页上栏。
② 阮元：《与友人论古文书》，《揅经室集》（下）三集卷二，邓经元点校，第610页。

集团入主中原，为巩固自己的统治，因此，采取了文化禁锢政策，实行了残酷的文化专制。众多的文字狱已使广大的知识分子谈虎色变，产生了许多禁忌。故他们力图远离政治，在当时正在兴起的骈体文中消磨精力，而使骈体文在清代得以复兴。同时，统治者的提倡，在康熙间的鸿博考试，和乾隆以后的翰林庶吉士考试中都有所体现。前者，考试以赋和诗为主；后者，则试以律赋，使骈文的基础功夫得到大力的普及，也就成了骈体文得以兴起的又一原因。

阮元是科举场中的幸运者，他在文学继承原则上有自己独到的见解。他提倡骈文，并在清代骈文体的复兴从理论到实践都作出了重要的贡献，从而促使清代骈文在中国文学史上形成了又一新的时期。

首先，他力主为骈文争正宗，而摈斥散文于文学之林，并对桐城派的主张表示了异议。他在其《文言说》中说：

孔子于《乾》《坤》之言，自名曰"文"。此千古文章之祖也。为文章者，不务协音以成韵，修辞以达远，使人易诵易记，而惟以单行之语，纵横恣肆，动辄千言万字，不知此乃古人所谓直言之言，论难之语，非言之有文者也，非孔子之所谓文也。《文言》数百字，几于句句用韵，孔子于此发明乾坤之蕴，诠释四德之名，几费修词之意，冀达意外之言。（原注：《说文》曰："词，意内言外也。"盖词亦言也，非文也。《文言》曰："修辞立其诚"。《说文》曰："修，饰也。"词之饰者乃得为文，不得以词即文也。）要使远近易诵，古今易传，公卿学士皆能记诵，以通天地万物，以警国家身心，不但多用韵，抑且多用偶。……凡偶皆文也。于物两色而交错之,乃得名曰"文"。文即象其形也。(原注:《考工记》曰:"青与白谓之文,赤与白谓之章。"《说文》曰:"文,错画也。象交文。")然则千古之文,莫大于孔子之言《易》。孔子以用韵比偶之法,错综其言,而自名曰"文"。何后人之必欲反孔子之道;而自名曰"文",且尊之曰"古"也?①

阮元在这段文字中说明,骈文作为一种文体,是继承了中国古代《易经》的精神,同时,又把中国历史上的至圣先师孔子抬出,认为孔子的《文言》,"几于字字用韵"。并称其于此"发明乾坤之蕴,诠释四德之名,几费修词之意,冀达意外之言"。这样,就使骈文的地位神圣化了,把骈文的地位提高到了中国古代文学的正宗地位。又说:

综而论之,凡文者在声为宫商,在色为翰藻。即如孔子《文言》"云龙风虎"一节,乃千古宫商、翰藻、奇偶之祖;"非一朝一夕之故"一节,乃千古嗟叹成文之祖;子夏《诗序》"情文声音"一节,乃千古声韵、性情、排偶之祖。吾固曰,韵者即声音也,声音即文也。然则今人所便单行之文,极其奥折奔放者,乃古之笔,非古之文也。沈约之说,或可横指为八代之衰体。孔子、子夏之文体,岂亦衰乎?②

---
① 阮元:《文言说》,《揅经室集》(下)三集卷二,邓经元点校,第605—606页。
② 阮元:《文韵说》,《揅经室集》(下)续三集卷三,邓经元点校,第1066页。

他对骈文被一些人称为"八代之衰体"的说法,给予了纠正。如果说骈文这种文体是"衰",那么,就是直接把矛头指向了孔子和子夏,这无论如何也是不允许的。至于他对骈文的过分推崇,而把散文摈除于文学之林,难免失之偏颇,但是,他对骈文这种文体在清代的复兴的确起了不可磨灭的影响。

其次,重新界定了"文"与"笔"两个重要的文学概念,进行了一番辨彰学术,考镜源流的工作,为骈文的发展在理论上作出了重要贡献。

他在论文时则严申"文笔之辨"。其《文韵说》一文中称:"《文心雕龙》云,今之常言有文有笔,以为无韵者笔也,有韵者文也。"《昭明文选》中所选之文不押韵脚者甚多,阮元认为:萧梁时"所谓韵者,固指押脚韵,亦兼谓章句中之音韵,即古人所言之宫羽,今人所言之平仄也"。他还进一步论证说:

> 八代不押韵之文,其中奇偶相生,顿挫抑扬,咏叹声情,皆有合乎音韵宫羽者,《诗》《骚》而后,莫不皆然。而沈约矜为创获,故于《谢灵运传论》曰:"夫五色相宣,八音协畅,由乎玄黄律吕,各适物宜,欲使宫羽相变,低昂舛节,若前有浮声,则后须切响,一简之内,音韵尽殊,两句之中,轻重悉异,妙达此旨,始可言文。"又曰:"自灵均以来,此秘未睹。至于高言妙句,音韵天成,皆暗于理合,匪由思至。"又沈约《答陆厥书》云:"韵与不韵,复有精粗轮扁,不能言之,老夫亦不尽辨。"休文此说,乃指各文章句之内有音韵宫羽而言,非谓句末之押脚韵也。是以声韵流变而成四六,亦祈

论章句中之平仄不复有押脚韵也,四六乃有韵文之极至,不得谓之为无韵之文也。昭明所选不押韵脚之文,本皆奇偶相生有声音者,所谓韵也。休文所矜为创获者,谓汉、魏之音韵,乃暗合于无心,休文之音韵,乃多出于意匠也。①

自从"无韵者笔""有韵者文"等说的兴起,萧统《文选序》又提出其选文标准为"事出于沈思,义归乎翰藻",反映了文学观念的逐步明确,试图将文学作品和实用文字、学术文章区别开来,这在文学思想史上是一种进步。但事物发展总是一种倾向掩盖另一种倾向,唐宋的古文运动推动了散文艺术的发展,但是,文学界限又有所模糊。更为甚者的是,宋代的苏轼等对东汉至隋的骈文成果一概否定,鄙薄《文选》为不足齿,其立论就具有相当的片面性了。明代的唐宋派和清代的桐城派专以唐宋八大家为宗,则眼光就更加狭隘。阮元重申文笔的概念,反对当时古文中的一些落后习气,强调文章的某些艺术特征,主张对八代文学进行再评价,这在文学史上是具有积极意义的。

其三,极力推广骈文体,并在实践中作了大量的工作。

他认为骈文是一种完美的文体,并声称只有用骈偶、声韵才是美文。他说:"古人简策繁重,以口耳相传者多,以目相传者少,是以有韵有文之言,行之始远。"②他认为文和韵是一种美,是传之久远的根本条件,骈文就是具有这些特点的一种文体。

他在《四六丛话序》中说:

---

① 阮元:《文韵说》,《揅经室集》(下)续集卷三,邓经元点校,第1064—1065页。
② 阮元:《数说》,《揅经室集》(下)三集卷二,邓经元点校,第606页。

昔《考工》有言，青与白谓之文，赤与白谓之章。良以言必齐偕，事归镂绘，天经错以地纬，阴偶继以阳奇。故虞廷采色，臣邻施其璪火，文王寿考，诗人美其追琢。以质杂文，尚曰彬彬，以文被质，乃称缄緘。文之与质，从可分矣。懿夫人文大著，肇始《六经》，典坟邱索，无非体要之辞，《礼》《乐》《诗》《书》，悉著立诚之训。商瞿观象于《文言》，邱明振藻于简策，莫不训辞《尔雅》，音韵相谐。①

《四六丛话》是清代著名学者孙梅编著，全书33卷，是一部对骈文辨彰学术、考镜源流的专著。此书的前28卷，专论元代以前的骈体四六，按文体分为19目，又有总论1目，凡20目。每目均汇集昔人旧说，并各为叙论，述其原委、体制。最后5卷为作家小传，其编辑意旨在于通过叙述来推崇和倡导骈体。阮元是孙梅的门生，对他的这一理论十分赞赏。其《四六丛话序》与其前后呼应，对其理论有张大之功。

阮元的特殊地位，对倡导骈文、促进骈文的发展起到了积极作用。他在诂经精舍和学海堂中，即对骈文大加提倡。在浙江时，他延请了著名的骈文家孙星衍为主讲席，其所编著的《诂经精舍文集》中就有不少精彩的骈文。在主办学海堂中，他亦提倡骈文，作文讲骈偶、声韵，表彰写得很好的骈文，并将其编入《学海堂文集》中。他对一些著名的骈文家，如汪中、孔广森都曾十分赞赏。

---

① 阮元：《四六丛话序》，《揅经室集》（下）四集卷二，邓经元点校，第738页。

阮元本人对骈文亦有很深的造诣,他的《四六丛话序》,不仅在理论上为骈文正本清源,就写作技巧本身而言,就是一篇具有很高艺术水平的骈文。

阮元在骈文的主张是有代表性的,对清代的文学发展起到了促进作用。但是,他的观点也不能不受到时代的限制。尽管他在学术上具有实事求是的学风,但是,在骈文的提倡方面,也存在矫枉过正的地方,这也是不能苛求的。

第三节　诗作特点

阮元是清代卓有成就的文学家,且于诗歌创作上用力最勤,著有《文选楼诗存》《琅嬛仙馆诗略》,二者收入《揅经室集》及《续集》中。又有《揅经室诗录》行世,选诗270余首,当时即被世人所重。伍崇曜《揅经室诗录跋》称:阮元诗歌艺术的成就,方之古人,可与欧阳修、白居易等人相媲美;置之当代,可以"独树一帜"。他以突出的成就,在清代诗坛为自己争得了一席之地。

阮元的诗也反映了其所处的时代特点和思想背景。一方面因为他身居高位,历仕三朝,是清王朝的忠臣名宦;另一方面,由于他出身于下层平民百姓,对人民的疾苦有所了解。所以在留传至今的阮元诗中,也就无不反映了这种特色。

他的诗学习欧阳修和白居易,具有平易近人的风格,还以与白居易是同月同日生而自励。其诗云:"生日同白公,恐比白公羸。百事役我心,所劳非四肢。学荒政亦拙,时时惧支离。宦比白公早,乐天较公迟。我复不能禅,尘俗日追随。何以却老病,与公商所治。"① 他在《月夜游大明湖记序》说:"湖山之胜,游者各自领略,譬如读书,各有所见,不必尽同也。"

其诗体物精细,平易近人,可以说是动静结合,虚实相照,诗中有画,诗画相映,反映了一种自然的美。今撷取几首如下:

> 人歇新耕后,闲情在小村。
> 雨烟送归路,花柳发春园。
> 石壁支茅屋,蔬田结枳樊。
> 转惭行客过,车马一时喧。②

> 木棉林外鹧鸪声,人与青山相抱行。
> 三面翠屏方卷画,一行白鹭更分明。③

> 满江晴雪几舟红,颇似唐人旧画中。
> 扬子桥头万里浪,滕王阁下一帆风。④

在思念家乡的北湖词楼时写道:

---

① 阮元:《癸亥正月二十日四十生日避客往海塘用白香山四十白发诗韵》,《揅经室集》(下)四集诗卷六,邓经元点校,第842页。
② 阮元:《登州杂诗十首》,《揅经室集》(下)四集诗卷一,邓经元点校,第760页。
③ 阮元:《上林道中》,《揅经室集》(下)四集诗卷十一,邓经元点校,第960页。
④ 阮元:《宗舫》,《揅经室集》(下)四集诗卷十一,邓经元点校,第971页。

小桥横白水,老树带苍烟。
归梦曾三宿,乡心在百年。

回忆家乡的曲江亭时写道:

红雨桃花涨,
黄云稻叶秋。①

阮元诗的风格,和王维有很多相似之处,在山水诗的创作上亦很有特点,具有盛唐时期的风格,显示了较高的艺术水平。

再有,阮元在诗的创作上主张"警炼"。

白居易的"文章合为时而著,歌诗合为事而作"对其影响很大,他一生为文奉行"文佳徒颂即规"的志向,写诗作文,当于社会有益。他在《兰亭秋禊诗序》中称:诗应当"发崇岩之桂气,起秀麓之松岚,回溪接步,缅陈迹于古人,爽赖人怀,属高情于天表。夫倦心既往者,抚韶景而亦悲。撰志咏归者,临萧节而弥适。况今朝野殷阗,敬修名教,吾辈游历,皆在壮年。白驹未絷,动空谷之雕轮,旅雁群飞,集江湖之素羽。振翰无采,虽愧元长之才,侍晏承恩,曾效广微之对。良会已洽,清吟纷来"。②即便是这种祭祀之诗会,他亦主张要有深刻的意蕴。

他的《早行》《纤代赈》《行赈湖州示官士》都在一定程度

---

① 阮元:《八念》,《揅经室集》(下)四集诗卷十一,邓经元点校,第957页。
② 阮元:《兰亭秋禊诗序》,《揅经室集》(下)四集卷二,邓经元点校,第736页。

上反映了人民的生活疾苦，揭露了官僚政治的腐朽，起到了警世之作用。在《拜岳鄂王庙》《温州江中孤屿谒文丞相祠》《明铁太保祠》等诗中，对具有民族气节的忠臣节烈予以表彰，宣扬儒家的纲常名教和伦理道德。

在诗的创作中，他主张严谨、警炼，"意必新警，语必遒峭"。①阮元的夫人孔璐华，是清代著名的闺阁诗人，其子阮孔厚回忆其母曰：

> 幼习诗礼，能诗文，所著有《唐宋旧经楼诗》六卷，已付刻，门生姚文僖公修《扬州府志》，曾载入志中，故号"经楼夫人"。居粤以后，又有诗数卷，家大人曰："汝母诗纪事有余，而警炼未足，老年诗多率意，不必再刻矣。"②

阮元一生与其妻唱和甚多，对其诗要求"警炼"，反对"率意"，可以看出他在诗坛上的主张。

阮元在诗的创作上，亦有综合众家的气象。

他和清代著名诗人翁方纲、张惠言、孙星衍等过从甚密，在诗的创作方面互有唱和。他处在社会发生变革的前夜，和近代史上著名的思想家、诗人龚自珍亦有较深的关系。阮元自己在诗歌创作上用力尤勤，做了不少的工作。他的诗反映了他的思想特点。

首先是"最合圣意"，他的诗歌处处从维护封建纲常名教出

---

① 阮元：《孙莲水春雨楼诗序》，《揅经室集》（下）三集卷五，邓经元点校，第685页。
② 阮孔厚：《雷塘庵主弟子记》卷七，张鉴等撰《阮元年谱》，黄爱平点校，第176页。

发，宣传封建的伦理道德，从而达到维护封建统治的目的。

乾隆五十四年（1789年），阮元中进士，时年26岁，成为当时江苏最年少的庶吉士。次年大考翰詹为一等第一名。他自己记载说："元大考诗疏中字句，上一览记之，举以奖论。"并破格提拔为少詹事，南书房行走，这种恩宠是阮元之前所少有的。乾隆五十六年（1791年），他在《二月大考纪恩一首》中写道：

> 乞假方期省故园，
> 敢期亲擢冠词垣。
> 曾将一册邀宸赏，
> 更幸连篇被御论。
> 备尹青宫堂有范，
> 值班西殿室皆温。
> 微臣何以殚心力，
> 始答生成旷代恩。[1]

因此，殚精竭虑、以报皇恩是其终生所要做的事情。他的"天颜初日霁，共喜圣躬安"；[2]"清名即是长年诀，当世应无未见书"。[3] 即以读圣贤书，求取"清名"以报圣恩。他在《赋得雷乃

---

[1] 阮元：《二月大考记恩一首》及本注，《揅经室集》（下）四集诗卷一，邓经元点校，第753—754页。

[2] 阮元：《密云县迎驾》，《揅经室集》（下）四集诗卷一，邓经元点校，第756页。

[3] 阮元：《赠鲍以文廷博》，《揅经室集》（下）四集诗卷四，邓经元点校，第816页。

发声》诗的前序写道:"嘉庆六年正月,久晴未雨,望泽甚殷。十六日,颁到御赐御书'福'字,并批谕云:'亲书福字赐卿,愿两浙士民同沾厚福。钦此。'是夜,春雷应节,雨泽优沾,士民交庆。十七日,试三书院生童拟作试帖一首,敬书玉旨宣示诸生,使之共被恩膏,勉膺福泽也。"[1]

在宣扬封建的纲常伦理时,他以儒家的仁学理论为出发点,对历代的忠臣节烈都给予了称赞。其《温州江中孤屿谒文丞相祠》[2]对民族英雄文天祥给予了极高的评价,写道:

> 朱鸟西台人尽哭,
> 红羊南海劫初收。
> 可怜此屿无多土,
> 曾抵杭州与汴州。

他十分敬仰历史上的民族英雄,在该诗中还写道:

> 独向江心挽倒流,
> 忠臣投死入东瓯。
> 侧身天地成孤注,
> 满目河山寄一舟。

---

[1] 阮元:《赋得雷乃发声》,《揅经室集》(下)四集诗卷五,邓经元点校,第832页。

[2] 阮元:《温州江中孤屿谒文丞相祠》,《揅经室集》(下)四集诗卷四,邓经元点校,第810页。

另外又在《拜岳鄂王庙》①诗中，表达了对爱国民族英雄岳飞的敬重。其中，"不战即当死，君亡臣敢存"和"独洗两宫辱，莫言三字冤"的名言警句，既是对岳飞的敬重，同时，也是阮元对自己忧国忧民，立志献身国家民族的抒怀。

其次是关心民生。阮元对人民的生活有深刻的了解，对其艰难疾苦抱有极大的同情。

阮元宦海50年，以儒家的忠孝仁爱思想作为指导，恪尽职守，政绩颇著。他的不少诗篇中抒发了关心民生疾苦的思想感情，在《早行》一诗中写道：

> 戒道鸡声歇，
> 炊烟起孤村。
> 寒林无恋叶，
> 随鸟下平原。
> 平原多枯草，
> 繁霜被其根。
> 鸟来无所食，
> 还向空巢翻。
> 村中有老农，
> 晓起抱诸孙。
> 传闻达官过，
> 策杖倚蓬门。

---

① 阮元：《拜岳鄂王庙》，《揅经室集》（下）四集诗卷八，邓经元点校，第886页。

屋西积草廪，
屋东延朝暾。
布衣木绵厚，
颜色有余温。
悬知尔室中，
尚有升斗存。①

寥寥几笔，即勾画出一幅农村萧条情景。同时又对老农抱着孙子，望着达官的豪华车仗，倚蓬门而望作了细致的描写，对人民生活表示了极大的同情。

他对危害人民的灾情也进行了深刻的揭示：

平地水一丈，
墙屋崩急湍。
漂人及鸡犬，
决冢浮窆棺。
清畎为石田，
沃土成沙滩。
万顷稻始花，
摧拔同草菅。

还写道"风雨夜漫漫""食少衣复单"；"尔时不死民，垂

---

① 阮元：《早行》，《揅经室集》（下）四集诗卷一，邓经元点校，第767页。

泪呼长官";①描绘出了一幅悲惨的图画。他在《纤代赈》诗中对"负纤面扑地"的十万纤夫的痛苦生活,更是进行了淋漓尽致的揭露,甚至可以说是大声疾呼。他在诗中写道:

> 当暑无笠盖,逢寒无袴襦。
> 阴雨沐毛发,烈日炙肌肤。
> 岸宿犯霜露,川涉陷泥涂。
> 或为颁白首,或为鬑鬑须。
> 兵吏促行程,执朴相逐驱。
> 恋船如恋家,孰肯为逃逋。
> 问伊何所乐?问伊何所图?
> 一饭何所乐?一饭何所图?
> 所累惟此口,藉船相为糊。
> 有时力衰尽,沟壑在路隅。
> 年丰尚谋食,岁荒食更无。
> 今年春夏旱,山东二麦枯。
> 农民无收获,握粟如珍珠。
> 俯首掘草根,煮及荠与荼。
> 仰首剥树皮,屑及柳与榆。
> 鲁宋数万民,贸贸来川途。
> 川途亦无麦,守死能须臾。
> ……

---

① 阮元:《浙东赈灾纪事》,《揅经室集》(下)四集诗卷五,邓经元点校,第829—830页。

> 自古食为天，无食良可虞。
> 所赖岂有他，一饭真区区。①

这就是一幅悲惨的图画，诗人用白描的手法，把灾民的悲惨生活揭露得淋漓尽致。阮元既是人民痛苦生活的同情者，又是封建政权中的清醒者。他用"以纤代赈"的方法救助灾民，使饥民们"腹饱心且安，人分势自孤"，缓解了阶级矛盾，维护了一方安全。

阮元是所谓的科举正途出身，又曾两次主持会试。但他的一大批亲近者，如敬爱的老师乔书酉，族姐夫兼好友焦循等等则都是科场失意者。他任考官时，就对无数科举制的失意者，表示了极大的同情。他在《写榜作》中写道：

> 列炬摇红唱夜阑，
> 屏风老吏侍闱官。
> 忽闻佳士心先喜，
> 得上名经写亦难。
> 撑拄五千古文字，
> 销磨八百旧孤寒。
> 榜花已说孙山好，
> 还向孙山以外看。②

---

① 阮元：《纤代赈》，《揅经室集》（下）四集诗卷十，邓经元点校，第929—930页。
② 阮元：《写榜作》，《揅经室集》（下）四集诗卷五，邓经元点校，第828页。

通过这些咏叹,既为取得了自己满意的"佳士"而感到欣喜,又为落榜的士子而表示极大的惋惜。尽管人们都在为中式者表示庆贺,但落第的士子中仍然会埋没不少的人才。他的这种感情在其另一首《发落卷》诗中更是有充分的表现,他写道:

> 积案盈箱又几千,
> 此中容易损华年。
> 明珠有泪抛何处,
> 黄叶无声落可怜。
> 冷傍青毡犹剩墨,
> 照残红烛已销烟。
> 那堪多少飘零意,
> 为尔临风一惘然。①

无论是"英才"的"明珠",还是"平庸"的"黄叶",他们都曾在崎岖的科举道路上艰难地攀登,并为此付出了自己的美好年华。阮元的"少年科第不觉难,为叹白袍人易老""撑拄五千古文字,销磨八百旧孤寒"等诗句,不仅对那些落第的士子,表示了极大的同情,而且对当时的科举制度表示了不满。虽然他不可能找到解决这些问题的根本办法,但是,他确实在思考,在探索。

再次,他的诗反映了宦途的险恶,还对志士仁人的不幸遭际怀有无限的同情,并随时引为鉴戒。

---

① 阮元:《发落卷》,《揅经室集》(下)四集诗卷一,邓经元点校,第758页。

在封建社会里,官场的险恶是自然的。他在《河间》诗中写道:

> 车斑斑,
> 来河间,
> 河间尘圪堆如山;
> 燕南垂,
> 赵北际,
> 十里烟波隔尘世。
> 尘世那有常闲身,
> 水催帆楫车催轮。
> 岂知山深水远处,
> 别有渔樵解笑人。
> 但曾少识渔樵趣,
> 须缓行时能且住。①

阮元在宦海中虽得善终,但毕竟只是风浪中的幸运者。所以他对那些志士才人的不幸境遇有无限悼惜之情。如写道:

> "岂有才人不惆怅,未应王粲独上楼。"②

---

① 阮元:《河间》,《揅经室集》(下)四集诗卷八,邓经元点校,第877—878页。
② 阮元:《荆州怀古》,《揅经室集》(下)四集诗卷十,邓经元点校,第944页。

"多少文章留恨在,莺啼花落又罗池。"①

"同是苍茫千古意,不知生后是生前。"②

"南国春情多在梦,古人心事重防秋。"③

"欲攀危磴千层去,难向深山一日留。"④

"事势变莫测,及此乃深悚。"⑤

"世界桃李苦代谢,老树不自知生涯。

　惟知寒山多雨雪,一寒一度生宝华。"⑥

"四十年华五离合,几多欢喜几多愁。"⑦

"世间万事难预必,三更无云月始得。"⑧

"水底森然剑戟多,石与水争激生怒。"

"逆行虽难尚少虞,顺水飞流每多误。

　去年鼓棹险不知,今日重来人始惧。"⑨

---

① 阮元:《柳州柳侯祠》,《揅经室集》(下)四集诗卷十一,邓经元点校,第959页。

② 阮元:《题海滨独立图》,《揅经室集》(下)四集诗卷二,邓经元点校,第772页。

③ 阮元:《春夜江上闻角联句》,《揅经室集》(下)四集诗卷二,邓经元点校,第788页。

④ 阮元:《寄雁荡》,《揅经室集》(下)四集诗卷三,邓经元点校,第794页。

⑤ 阮元:《守冻》,《揅经室集》(下)四集诗卷五,邓经元点校,第825页。

⑥ 阮元:《定光寺看红山茶花》,《揅经室集》(下)续集卷八,邓经元点校,第1148页。

⑦ 阮元:《那东甫同年由广东奉使过浙赋赠》,《揅经室集》(下)四集诗卷六,邓经元点校,第846页。

⑧ 阮元:《八月十五闱中作用坡公八月十五催试官诗韵》,《揅经室集》(下)四集诗卷七,邓经元点校,第872页。

⑨ 阮元:《自梧州溯漓一江经龙门剑窨之险》,《揅经室集》(下)四集诗卷十一,邓经元点校,第954页。

"帆脚远行须把定,莫教孟浪愿长风。"[1]

这些诗有的是写景,有的是寓情,既有对前人的无限悼惜,又有自己的人生经验总结,可以看到他矢勤矢慎,如临如履的一生。

尽管他对苏东坡的文学思想不完全赞同,但对其的一生际遇则表示了极大的同情,其《嘉庆三年西湖始建苏公祠志事》[2]中写道:

苏公一生凡九迁,
笠屐两到西湖前。
十六年中梦游遍,
况今寥落七百年。
西湖之景甲天下,
惟公能识西湖全。
公才若用及四海,
德寿不驻湖山边。

对苏轼一生宦海被蒙九迁,表示了极大的同情和惋惜,随时提醒自己要吸取教训。

阮元又不是那种只图苟安一时,保身惜命,无所作为的人。而是"当仁不让",敢于惩治为非作歹的官吏,显示了极大的政治勇

---

[1] 阮元:《宗舫》,《揅经室集》(下)四集诗卷十一,邓经元点校,第971页。
[2] 阮元:《嘉庆三年西湖始建苏公祠志事》,《揅经室集》(下)四集诗卷四,邓经元点校,第815页。

气。他在《行赈湖州示官士》①中写道：

天下有好官，
绝无好胥吏。
政入胥吏手，
必作害民事。

在清代封建政治中，各种关系错综复杂，《红楼梦》在揭露当时的官场时，都提到有所谓的"护官符"这类东西。阮元在"察吏"上，"知人若水镜"，"属吏不敢干以私"。这种做法，无疑是要冒极大的风险，但为了百姓，为了封建统治的安定，只能不顾及这些了。他又在《浙东赈灾纪事》中说：

金谷四十万，
胥吏伺为奸。
察之苟不密，
何异官贪顽。
民受官所授，
著手亲分颁。
我来如视伤，
一一索其瘢。

---

① 阮元：《浙东赈灾纪事》，《揅经室集》（下）四集诗卷七，邓经元点校，第830页。

阮元认为，如果让胥吏贪污得逞，这就是政府对人民的犯罪。为了受灾百姓，必须深入赈灾现场，仔细加强督察。

其四，他的诗中反映了其出世脱俗的思想。

阮元虽然位居高官，一生矢勤矢慎，把自己掩藏得十分严实。但是他也是有丰富思想的学者，在一定程度上保留着"出世"和"慎独"的思想。他在《兖州道中》①一诗中写道：

> 平田泉水自成渠，
> 村口秋林日影疏。
> 著我肩舆安稳过，
> 半看黄叶半看书。

此诗写于乾隆五十八年，时初任山东学政，也算是少年得志的时候。"自然""安稳""黄叶""诗书"，不能简单地从字面理解，而应当去思考其深刻的蕴含。他没有去过多地去理会官场的争斗，多少反映了其所追求的超凡脱俗思想。他在4年后的《试雁荡山茶》②一诗中则表现得更为明确，诗中写道：

> 嫩晴时候焙茶天，
> 细展青旗浸沸泉。
> 十里午风添暖渴，

---

① 阮元：《兖州道中》，《揅经室集》（下）四集诗卷一，邓经元点校，第758页。
② 阮元：《试雁荡山茶》，《揅经室集》（下）四集诗卷三，邓经元点校，第795页。

>一瓯春色斗清园。
>最宜蔬笋香厨后,
>况是松篁翠石前。
>寄语当年汤玉茗,
>我来也愿种茶田。

其自注说:"汤显祖云,雁荡山种茶人多姓阮。"故引发了他的这种感情。他在《度谢公岭望老僧岩》[1]中说:

>谢公慧业早生天,
>屐齿曾经到岭前。
>峰上丈人犹化石,
>不知成佛更何年。

又在《夜宿上方广寺藏经楼》[2]写道:"尘土十年梦,风泉一夜声。"都把自己的情怀寄托在超凡脱俗上。

但是,阮元又不同于其他官僚,他也有自己的成就感,这就是把一切都寄托在诗书和学问上。在《赠何梦华元锡》[3]的诗中说:

---

[1] 阮元:《度谢公岭望老僧岩》,《揅经室集》(下)四集诗卷三,邓经元点校,第796页。
[2] 阮元:《夜宿上方广寺藏经楼》,《揅经室集》(下)四集诗卷四,邓经元点校,第812页。
[3] 阮元:《赠何梦华元锡》,《揅经室集》(下)四集诗卷四,邓经元点校,第817页。

却因风水常多病,
不为清狂始咏诗。
一种闲情谁解得,
夕阳林外读残碑。

在其他的诗作中也反映了他的这种思想,如:

"却羡老农耘稻毕,
一般闲意立斜阳。"①
"愧我风尘无定所,
半宵聚首便长征。"②
"野性消磨天趣少,
吟怀荒落夕阳知。
晚来倚马茶亭外,
一段高情读断碑。"③

在56岁两广总督任上于桂林时写有:

六洞唐贤共隐名,

---

① 阮元:《上虞道中》,《揅经室集》(下)四集诗卷五,邓经元点校,第827页。
② 阮元:《曲阜铁山园赠衍圣公孔冶山庆金镕内弟》,《揅经室集》(下)四集诗卷八,邓经元点校,第877页。
③ 阮元:《初秋同孙渊如星衍言皋云朝标两同年游万泉寺凉水河后数日招同沈云椒少宰那东甫同年再游》,《揅经室集》(下)四集诗卷一,邓经元点校,第755页。

何能吏隐卧山城。
但教识得林泉趣，
自可消除市狱情。
道路会须还坦荡，
峰峦毋乃太纵横。①

这种超凡脱俗的思想也就使其不看重政治上争斗，而力求在学问上取得重大成就。

阮元在文学上的成就和文学思想上的主张，反映了其政治思想上的特点，构成了其宝贵思想文库中的一项重要内容，同时，也成为研究阮元思想的一个重要领域。

---

① 阮元：《登桂林楼霞星岩隐山诸岩洞》，《揅经室集》（下）四集诗卷十一，邓经元点校，第958页。

第七章　金石学及书学思想

第一节　金石学成就

金石学是中国考古学的前身，也是学术史的一个重要领域。其研究对象主要是古代的铜器和石刻，它保存了研究古代历史文化的第一手资料。阮元说："古人无笔砚纸墨之便，往往铸金刻石，始传久远。"① 早在北宋时期，就已有《考古图》《宣和博古图》和《金石录》等书问世。降至晚清，甲骨、简牍、印章、封泥、瓦当等大量出土，极大地丰富了考古学的内容。可以这样评价，清代是中国金石学发展的一个重要时期，它奠定了中国近代考古学的基础。

阮元生活在乾隆、嘉庆号称"文物鼎盛"之时，他不仅在金石学上具有重要的成就，而且在金石学方面的理论也是很值得重视的。

阮元认为，"器者所以藏道"，"器者所以藏礼"。

---

① 阮元：《文言说》，《揅经室集》（下）三集卷三，邓经元点校，第605页。

金石中蕴藏深厚的中国传统文化，是古代先贤留给后人的宝贵财富，但是，阮元把金石和"道"和"礼"联系在一起，就把金石学的地位提高到了相当重要的位置。他通过对钟鼎彝器的形制和文字的研究，独辟蹊径，开辟了"考古证经"的新领域，比起他的前人来说，是一个重要的创造。

他说：

> 钟鼎彝器，三代之宝贵，故分器、赠器，皆以是为先，直与土地并重，且或以为重赂，其造作之精，文字之古，非后人所能及。古器金锡之至精者，其气不外泄，无青绿，其有青绿者，金之不精外泄于土者也。古器铭字多者或至数百字，纵不抵《尚书》百篇，而有过于汲冢者远甚。[①]

又说：

> 形上谓道，形下谓器。商、周二代之道存于今者，有《九经》焉，若器则罕存者，所存者，铜器钟鼎之属耳。古铜器有铭，铭之文为古人篆迹，非经文隶楷、缣楮传写之比，且其词为古王侯大夫贤者所为，其重与《九经》同之。……器者所以藏礼，故孔子曰："唯器与名，不可以假人。"先王之制器也，齐其度量，同其文字，别其尊卑。用之于朝觐燕飨，则见天子之尊，锡命之宠，虽有强国，不敢问鼎之轻重焉。用之

[①] 阮元：《积古斋钟鼎彝器款识序》，《揅经室集》（下）三集卷三，邓经元点校，第636页。

于祭祀饮射，则见德功之美，勋赏之名，孝子孝孙，永享其祖考而宝用之焉。且天子诸侯卿大夫非有德位，保其富贵，则不能制其器；非有问学，通其文词，则不能铭其器。然则器者，先王所以驯天下尊王敬祖之心，教天下习礼博文之学。商祚六百，周祚八百，道与器皆不坠也。……故吾谓欲观三代以上之道与器，《九经》之外，舍钟鼎之属，曷由观之？①

过去的学者，有以金证史的，但不常见以金证经。而公然申明"器者，所以藏道""器者，所以藏礼"，阮元把金文与九经并重，这又是对乾嘉学派治经方法的一个发展，其在治经上创造的新方法，显示了乾嘉学派总结者的气象。

阮元还对研究中国金石铭器的历史进行了一番辨彰学术、考镜源流的工作。他在《积古斋钟鼎彝器款识序》中说：

汉代以得鼎为祥，因之改元，因之立祀。六朝、唐不多见，学者不甚重之。迨北宋后，古器始多出，复为世重，勒为成书。南宋、元、明以来，流传不少，至我朝《西清古鉴》，美备极矣。且海内好古之士，学识之精，能辨古器，有远过于张敞、郑众者，而古器之出于土田榛莽间者，亦不可胜数。……夫刊字于版本，不如铸字于金之坚且久，然自古《左》《国》《史》《汉》所言各器，宋《宣和殿图》无所存者矣。两宋吕大防、王俅、薛尚功、王顺伯诸书册所收之器，

---

① 阮元：《商周铜器说上》，《揅经室集》（下）三集卷三，邓经元点校，第632—633页。

今亦廑有存者矣。然则古器虽甚寿，顾至三、四千年出土之后，转不能久，或经兵燹之坠坏，或为水土之沈埋，或为伧贾之毁销，不可保也。而宋人图释各书，反能流传不绝，且可家守一编，则聚一时之彝器摹勒为书，实可使一时之器永传不朽，即使吉金零落无存，亦可无憾矣。①

阮元主张应加强对金石学之研究，认为两宋是我国金石学发展的一个重要时期，取得了不少研究成果，也给后世留下了许多宝贵的著作。清代则又是一个新的重要时期，其研究成果达到了一个新的高潮，而阮元本身也起到了中国金石学在乾嘉时期总结者的作用。

阮元不仅在金石学的理论上具有特殊贡献，同时，又是金石学研究的成功实践者。他一生搜访了大量的金石文字资料，一方面取得了前人所没有的研究成果，另一方面又传播了民族文化。他在《金石十事记》中说：

客有问于余曰："子于金石用力何如？"余曰："数指而计之，有十事焉。余裒山左金石数千种，勒为《山左金石志》，事之一也。余裒两浙金石千余种，勒为《两浙金石志》，事之二也。余积吉金拓本五百余种，勒为《积古斋钟鼎款识》，事之三也。扬州周散氏南宫大盘，东南重宝也，岁丁卯，差使者献于朝，余模铸二盘，极肖之，一藏府学，一藏文

---

① 阮元：《积古斋钟鼎彝器款识序》，《揅经室集》（下）三集卷三，邓经元点校，第636—637页。

选楼，事之四也。天一阁北宋《石鼓》拓本凡四百七十二字，余摹刻为二，一置杭州府学明伦堂，一置扬州府学明伦堂，事之五也。余步至扬州甘泉山，得西汉"中殿第廿八"二石于厉王冢，天下西汉石止此与曲阜五凤石共二石耳，事之六也。余遣书佐至诸城琅邪台，别秦篆于榛莽中拓之，多得一行，事之七也。汉府门之倅大石人二，仆于野，为樵牧所残，余连车运致曲阜矍相圃中，并立之，事之八也。余得四明本全拓延熹《华山庙碑》摹刻之，置之北湖祠塾，事之九也。余又摹刻秦泰山残篆，吴《天发神忏》二碑，同置北湖祠塾，事之十也。客曰："善，此十事在金石为有力矣。"余曰："不敢不勉，尚愿增其事焉。"①

从上可知，阮元的"金石十事"在金石学研究中具有重大意义。其中《山左金石志》《两浙金石志》和《积古斋钟鼎款识》三部著作，是经过长年不懈的努力而完成。《山左金石志》24卷，搜集山左（兼齐、鲁、曹、宋诸国地，今山东省）一地所见钟鼎彝器、石刻碑碣、钱币印章、墓志等古器物资料，按年代先后顺序排列，总计自商周至元代，凡1300余种。每种皆"录其原文，附以辨证，记其广修尺寸、字径大小，行数多少，俾读之者了然如指诸掌"。②《两浙金石志》18卷，汇萃两浙地区所见秦汉至元代吉金石刻等资料，体例与《山左金石志》同。《积古斋钟鼎款识》10卷，则是阮元及其友人收藏的自商周至秦汉吉金石刻铭文资料的辑

---

① 阮元：《金石十事记》，《揅经室集》（下）三集卷三，邓经元点校，第645—646页。
② 钱大昕：《山左金石志序》，载《山左金石志》卷首。

录考证。这三部书中不仅保存了大量珍贵的器物资料，而且取得很多研究成果。

他在《积古斋钟鼎彝器款识序》中，更是把自己这种工作的意义、目的谈得十分明白。他说：

> 余心好古文奇字，每摩挲一器，拓释一铭，俯仰之间，辄心往于数千年前，以为此器之作，此文之铸，尚在周公、孔子未生以前，何论秦、汉乎。由简策而卷轴，其竹帛已灰烬矣，此乃岿然独存乎世，人得西岳一碑，定武片纸，即珍如鸿宝，何况三代法物乎。世人得世采书函、麻沙宋板，即藏为秘册，何况商、周文字乎。友人之与余同好者，则有江侍御德量，朱右甫为弼，孙观察星衍，赵银台秉冲、翁比部树培、秦太史恩复，宋学博葆醇、钱博士坫、赵晋齐魏、何梦华元锡、江郑堂藩、张解元廷济等，各有藏器，各有拓本，余皆聚之，与余所自藏自拓者，集为《钟鼎款识》一书，以续薛尚功之后。薛尚功所辑共四百九十三器，余所集器五百五十，数殆过之。①

阮元的"金石十事"，是我国金石学史上的一大盛事。可以这样说，阮元一生没有置庭园，也没有很大的家产，但是，他以自己的学识和地位，以自己所居高位而拥有的财力物力，在学术上作出了他的前辈和同辈所没能作出的重大贡献。

历史是古老文化的沉淀，阮元收集了大量金石铭器，并通过这

---

① 阮元：《积古斋钟鼎彝器款识序》，《揅经室集》（下）三集卷三，邓经元点校，第636—637页。

些古迹以考证历史。阮元称："古器铭字多者或至数百字，纵不抵《尚书》百篇，而有过于汲冢者远甚。"①在以金证史方面，强调了其重要性。又说："余所藏古人名印以百数，子常生以其姓名考之，列史有所见者，自汉至唐得廿八钮，余因第而录之，即命常生释注之。"除了这批印之外，他还说："古人姓名铜印多矣，其于正史无考者，未必皆绝无可传之人。或谓汉人铸名印千百以殉葬，好名好事，今人亦不如古耶？"②从中可以窥见古代历史的陈迹。阮元一生中收集了古人很多珍贵的字画、墨迹、铜器等等，这在客观上保存和宣传了古代的文化，对金石学作了重大的贡献。

阮元还是鉴别古代文物的专家。

他利用自己渊博的知识，以及科学的考证方法，对很多文物作了比较科学的鉴定。如对"飞霜镜"断代为晋代，客观地评价其科学价值，应当说是比较具有说服力的。他在《晋真子飞霜镜拓本跋》中说：

> 真子飞霜镜，径今尺五寸七分，体圆，外作八瓣菱花形，背白如水银；左方四竹、三笋，一人披衣坐狨，置琴于膝，前有几，几置短剑二、炉一，又一物不可辨；右方一凤立于石，二树正圆如帚形；下方为水池，池中一莲叶，叶上一龟，龟值镜之中，虚其腹，下即为镜之背钮也；上方有山云，衔半月形，月中有顾兔形，云下作田格，格中四正字曰"真子飞

---

① 阮元：《积古斋钟鼎彝器款识序》，《揅经室集》（下）三集卷三，邓经元点校，第636页。
② 阮元：《秦汉六朝唐廿八名印记》，《揅经室集》（下）三集卷三，邓经元点校，第656页。

霜"。"真子"者，鼓琴之人，"飞霜"其操名也。予审此为晋镜。何以知之？以书画之体知之也。书非篆、隶，晋以后体也。画树直立圆形如帚，画月内加兔，此晋人法也。予见唐人摹顾恺之《洛神赋图》，树形与此同，且画太阳升朝霞句日中有阳乌，同此形矣。"真子飞霜"于书无所考见，予以意推之，或即晋戴逵耶？《晋书》逵传云："逵能鼓琴，工书画，其余巧艺，靡不毕综。师事术士范宣于豫章。"《宋书·戴仲若传》云："汉始有佛象，形制未工，戴逵特善其事。"据此二史，则善鼓琴，善画，善铸铜，师术士，逵一人实兼综之，"真子"将毋即逵也？钱博士坫云："古人制器，原欲以流传后世，使其人不作此镜，则湮没无闻矣。故好事好名之徒，今亦不如古。"据博士此言，"真子"若非戴逵，微此镜"真子"无传矣。为逵镜可宝，非逵镜尤可宝也。①

阮元已经从镜的形体、书画风格、字迹考定、史书的印证，用确凿证据证明，将此镜断为晋代。同时，又根据史料的分析，对真子可能即戴逵作了大胆的推测，但又不武断，而得出"为逵镜可宝，非逵镜尤可宝也"的结论。阮元对其他各种钟鼎铭器的研究，同样是具有独到的见解。他在《商铜距末跋》一文中，对山东曲阜人所发掘的一"高寸九分，八觚，觚各阔三分，顶纵七分，横五分，下口空纵八分，横七分"并"有铭字八，小篆，体狭长，用金填之"之铜器，从形体、从铭文，经过大量的材料考证，于众说纷

---

① 阮元：《晋真子飞霜镜拓本跋》，《揅经室集》（下）三集卷三，邓经元点校，第641—642页。

绘中认定为："此盖周器，宋人物也。宋人每称宋国为商矣。"① 这些鉴定，都很具说服力。

另外，阮元对铜器的研究已经非常精深，甚至已经注意到其铸造工艺问题。他说：

> 余所见钟鼎文字，揣其制作之法，盖有四焉。一则刻字于木范为阴文，以泥抑之为阳文，然后以铜铸之成阴文矣。一则调极细泥以笔书于土范之上，一次书之不高，则俟其燥而加书之以成阳文，以铜铸之成阴文矣。三则刻土范为阴文，以铜铸之成阳文矣。四则铸铜成后凿为篆铭。汉时铜印有凿刻者，用此法亦阴文也。其刻木之法，即《周礼梓人》之法。饮器之中量与否？梓人任其责。②

阮元于此研究了铜器之制作方法，应当是符合实际的。他又从古代炼丹术的角度考察，认为青铜器的铸造有一个"气"的问题，它能直接影响到铜器的保存时间，说："古器金锡之至精者，其气不外泄，无青绿，其有青绿者，金之不精外泄于土者也。"③虽然，他还不可能懂得现代化学知识，但是，已经开始注意在探索铜器铸造工艺的化学成分问题了。

---

① 阮元：《商铜距末跋》，《揅经室集》（下）三集卷三，邓经元点校，第658—659页。
② 阮元：《散氏敦铭拓本跋》，《揅经室集》（下）三集卷三，邓经元点校，第646—647页。
③ 阮元：《积古斋钟鼎彝器款识序》，《揅经室集》（下）三集卷三，邓经元点校，第636页。

综上所述，阮元对金石铭器的研究取得了突出的成就，并在清代金石学上产生了重要影响。其所运用的方法，已经比较科学了，并且这些方法已为近代金石学家所继承。

第二节　书法思想

书法，简言之即写字的艺术。它是中国民族文化艺术之林中的一朵奇葩，具有其独特的魅力。书法是随着文字的产生而产生，随着文字的变化而变化的。研究书法的产生、发展以及源流变化，必然与文字的产生、发展研究分不开的。因此，有必要对中国书法发展的过程有一个基本的分析。

甲骨文是我国已知的最早的较为成熟的文字，它是用坚硬的工具刻在硬性的龟甲和兽骨上，因此，字的笔画为单线，一般较瘦挺，时露锋芒，先横后竖的转角处，以方折为主。字的结构明朗质朴，字形或如蝇头小楷，严整细密；或者粗疏古拙，刚劲有力，呈现出早期书法的特色。周代的书法，金文则成了这一时期书法作品的载体。尤其是在成王、康王之后，形成了所谓纯正的宗周风格。即点画圆浑，体势雍容，骨力内含。著名的《毛公鼎》等即是这一时期的代表作。秦统一天下后，秦篆的出现，笔画都为弯曲与平直的单线，笔画粗细一般不变，较浑圆，笔画之间的空距非常匀称，字形狭长，字的上半部分较紧，下半部分舒展，给人柔中寓刚、爽朗俊健的感觉。如秦代《琅琊台刻石》《泰山刻石》等即是当时留传下来的精品。书法发展到汉代，以蚕头燕尾为特征的隶书逐步成熟，其字形特点是取横势，字呈扁形；结构特点是上下紧密，左右舒展，而有的汉隶右面比左面更为舒展，笔画形态较篆书多变化，能看出笔锋顺逆，笔画有粗有细。隶书的笔画两端及转角处的笔势，方圆皆有，但主要倾向于方，整个字体给人以安稳的感觉。如马王堆汉墓所出土的竹木简和帛书。东汉熹平年间由蔡邕等人书刻的《熹平石经》，则首次把书刻文字当作一门艺术，而被称为书法。这样，字体的变化和既成字体在书法艺术上的风格递变，在既有密切联系的同时，又有了相对的，甚至是较大的独立性。逐渐形成了篆、隶、草、正四种主要的书体。南北朝时期，是我国书法艺术发展的一个飞跃时期，出现诸如王羲之、王献之父子等一大批书法家，从众多的，不同书体和流派的作品中，给人以书法美的欣赏。使人们对书法美的追求更加自觉与精细，而王羲之则被称为"书圣"。以后，唐代、宋代、明代、清代的书法艺术都有重要的发展，出现一大批著名的书法家，给我们留下了大量的优秀书法作品，使中国的书法艺术享誉全世界。

清代书法，是我国书法史上光辉的一页。它的成就不仅在于有一批书法家出现，和一批充满创造力的作品问世。而且随着这些重要成就的问世，还产生了一批著名的书法理论家，阮元、包世臣、康有为是其最具有代表性的三家。在清代书学三家中，阮元则是更值得重视的代表人物，他的书论在清代书学和中国书学历史上都是一个重要的里程碑。

阮元在书学上最重要的代表著作为《南北书派论》和《北碑南帖论》，还有一些见解散见于其他著作中。《南北书派论》和《北碑南帖论》在中国书学史上具有划时代的意义，是开近代书坛流派的纲领，其主要成就表现为：

一、对中国书学史作了新的研究

阮元论述了文字和书法的渊源关系，他认为"古石刻纪帝王功德或为卿士铭德位，以佐史学，是以古人书法未有不托金石以传者，秦石刻曰金石刻，明白是也"。[①]中国的书学史，和文字的发展有紧密的联系，也和金石刻具有很深的渊源，可以从中考究其历史变迁。他在其《南北书派论》中说：

> 元谓书法迁变，流派混淆，非溯其源，曷返于古。盖由隶字变为正书、行草，其转移皆在汉末、魏、晋之间，而正书、行草之分南、北两派者，则东晋、宋、齐、梁、陈为南派，赵、燕、魏、齐、周、隋为北派也。南派由钟繇、卫瓘及王羲之、献之、僧虔等，以至智永、虞世南。北派由钟繇、卫瓘、索靖及崔悦、卢谌、高遵、沈馥、姚元标、赵文深、丁道护等，以至欧阳询、褚遂良。南派不显于隋，至贞观始大显，然欧、褚诸贤本出北派，洎唐永徽以后直至开成碑版石经，尚沿北派余风焉。南派乃江左风流，疏放妍妙，长于启牍，减笔至不可识，而篆、隶遗法，东晋已多改变，无论宋、齐矣。北派则是中原古法，拘谨拙陋，长于碑榜，而蔡邕、韦诞、邯郸淳、卫觊、张芝、杜度篆、隶、八分草书遗法，至隋末、唐初，犹有存者。两派判若江河，南北世族，不相通习。至唐初太宗独善王羲之书，虞世南最为亲近，始令王氏一家兼掩南北矣。然此

---

① 阮元：《北碑南帖论》，《揅经室集》（下）三集卷一，邓经元点校，第596页。

> 时王派虽显,缣楮无多,世间所习,犹为北派。赵宋《阁帖》盛行,不重中原碑版,于是北派愈微矣。元二十年来留心南北碑石。证以正史,其间踪迹流派,朗然可见。近年魏、齐、周、隋旧碑新出甚多,但下真迹一等,更可摩辨而得之。①

中国书学的历史,历来论者甚多。但以往的书史,或重于历代墨迹的收藏鉴定,或重于历代书家的著录,然而以南、北为书派分之,并且考证源流,给予深刻的理论研究,把书学史的研究提到新的高度,并作出重大贡献的则是阮元。

阮元对书史的研究,不是仅仅在于对书学历史的概述,而且已经开始在思考着隐藏在书学后面深刻的政治与经济原因,这又是其同代和前代学者所不及的。自秦统一天下以来,"车同轨,书同文",中国的书学和其他学术一样得到了长足的发展,篆、隶成了当时发展的主要趋势。至汉末,隶字至《华岳庙碑》,"全启真书门径","《急就章草》,实开行草先路",是我国书法艺术发展的一个重要时期。魏晋南北朝是中国历史上最大的一次时代分裂,由于其所存着的深刻经济和政治原因,在中国学术史上产生了重大的影响。阮元历来重视南北朝时期的中国学术,认为它是中国历史上的一个重要时期,奠定了隋、唐学术发展的基础。同样他也认为,中国古代的书学,南北朝也是一个大变革、大发展的时期,由于其深刻的经济、政治原因,而书学亦开始了南派、北派之分。这个观点,在书学史上是一大创见。

---

① 阮元:《南北书派论》,《揅经室集》(下)三集卷一,邓经元点校,第591—592页。

阮元在书史研究中具有"实事求是"的精神,他通过研究认为,"二王"(王羲之、王献之)在中国书学史上具有重要的影响,他们的书法艺术的确具有很高的造诣。但是,"世人震于右军之名,囿于《兰亭》之说,而不考其始末,是岂知晋、唐流派乎"。①阮元认为,在唐代,南派得到推崇,除了其书学成就外,同时,也受到政治因素的影响。"唐太宗心折王羲之",并在《晋书》中"御撰羲之传"。②又称"《述书赋》注称唐高祖书师王裒,得其妙,故有梁朝风格。据此,可见南派入北,惟有王裒。高祖近在关中,及习其书,太宗更笃好之,遂居南派。渊源所在,具可考也。南北朝经学本有质实、轻浮之别,南北朝史家亦每以夷、虏互相诟詈,书派攸分,何独不然"。③又称"书法自唐以前多是北朝旧法,其新法南派,多分别于贞观、永徽之间","矢口以二王为尊"。④这样,由于唐太宗的推崇,"二王"之尊于一时,羲之被称之为"书圣"。但是,"二王"的书法并非无可议之处。阮元在论及江左王法时称其易流于圆熟妍妙,不若北方书风质朴劲正。他在《颜鲁公争坐位帖跋》说:

唐人书法多出于隋,隋人书法多出于北魏、北齐,不观

---

① 阮元:《王右军兰亭诗序帖二跋》,《揅经室集》(下)三集卷一,邓经元点校,第599页。
② 阮元:《北碑南帖论》,《揅经室集》(下)三集卷一,邓经元点校,第596页。
③ 阮元:《南北书派论》,《揅经室集》(下)三集卷一,邓经元点校,第595—596页。
④ 阮元:《复程竹庵编修邦宪书》,《揅经室集》(下)三集卷一,邓经元点校,第601—602页。

魏、齐碑石，不见欧、褚之所从来，自宋人《阁帖》盛行，世不知有北朝书法矣。即如鲁公楷法，亦从欧、褚北派而来，其源皆出于北朝，而非南朝二王派也。《争坐位稿》如镕金出冶，随地流走，元气浑然，不复以恣媚为念。夫不复以恣媚为念者，其品乃高。所以此帖为行书之极致。①

阮元的这种提法，实际是对世人专以"右军书法"为尊的一种修正。而且，他还认为流传于后世的"右军书法"也是值得怀疑的。他在《王右军兰亭诗序帖二跋》中说：

> 王右军《兰亭修禊诗序》，书于东晋永和九年，原本已入昭陵，当时见者已罕，其元本本无钩刻存世者。今定武、神龙诸本，皆欧阳率更、褚河南临拓本耳。夫临拓之与元本，必不能尽同者也。观于欧、褚之不能互相同，即知欧、褚之必不能全同于右军矣。真定武本，余惟见商邱陈氏所藏一卷，余皆一翻、再、三翻之本。真定武本虽欧阳学右军之书，终有欧阳笔法在内，犹神龙本之有河南笔法也。执定武，而以为右军书法必全如是，未足深据也。②

同时，他又对一些人敬畏"书圣"到盲目崇拜，凡是优秀的书法作品都说成是师法"二王"，并强入"南派"的做法而很不以为

---

① 阮元：《颜鲁公争坐位帖跋》，《揅经室集》（下）三集卷一，邓经元点校，第598—599页。
② 阮元：《王右军兰亭诗序帖二跋》，《揅经室集》（下）三集卷一，邓经元点校，第599页。

然,他说:

> 《兰亭》一帖,固为千古风流,此后美质日增,惟求妍妙,甚至如鲁公此等书,亦欲强入南派,昧所从来,是使李固搔头,魏征妩媚,殊无学识矣。①

在中国书法史上,坚持实事求是的态度,敢于对号称"书圣"的"二王"书法加以实事求是的评价,这就成了阮元研究书学史的一个重要特点。

二、开清代书学流派之先河

阮元称:"书法迁变,流派混淆,非溯其源,曷以返古?"弄清中国书法流派不仅是书法史上的一个重要问题,同时,也是书法艺术进一步发展的重大问题。阮元从中国书法发展历史进行了深入研究,得出了北派、南派、碑、帖、阁帖等专门的书学理论概念,尤其是"书分南、北派"的结论,奠定了清代书学史研究的理论基础。阮元还把南北朝作为"书分南北"的一个关键时期。以十六国,北朝及隋代归作"北派",东晋与南朝则归为"南派",原则上是以地域为基础。"北派"以曾学钟繇的崔、卢二氏及北方世族书家为代表,"南派"则以学钟繇而创革的二王脉系为代表。"北派"长于碑,"南派"长于帖,"两派判若江河,南北世族,不相通习"。

南北朝时期是中国历史上的一个分治时期,但其书法艺术却

---

① 阮元:《颜鲁公争坐位帖跋》,《揅经室集》(下)三集卷一,邓经元点校,第599页。

是一个飞速发展时期。由于历史、地理、民族、政治、经济等诸方面的原因，加上时代崇尚"清谈"习俗，追求飘逸出世的所谓"洒脱"。多数书法家具有多方面的文化素养，不同程度地懂得诗歌、绘画、音乐、舞蹈、历史、哲学等等，也给书法艺术以很大的影响。这样，南朝书法，体现为婉丽清媚，富有逸气；北朝书法，则体现为雄奇方朴，富有豪气。阮元经过研究得出结论说："至北朝诸书家，凡见于北朝正史，《隋书》本传者，但云世习钟、卫、索靖，工书、善草隶、工行草、长于碑榜诸语而已，绝无一语及于师法羲、献。正史具在，可按而知。此实北派所分，非敢臆为区别。譬如两姓世系，谱学秩然，乃强使革其祖姓，为后他族，可欤？"①这种书派的分定，应当说在当时就是不争的事实。

在中国古代历史中，有依托金石以记史者。阮元称"古石刻纪帝王功德或为卿士铭德位，以佐史学，是以古人书法未有不托金石以传者"，"前后汉隶碑盛兴，书家辈出，东汉山川庙墓，无不刊石勒名，最有矩法。降及西晋、北朝，中原汉碑林立，学者慕之，转相摩习"。这就给北派以碑为特点创造了条件。然而南方政府由于"勒禁刻碑之事，是以碑碣绝少，帷帖是尚。字全变为真、行、草书，无复隶古遗意。即以焦山《瘗鹤铭》与莱州郑道昭《山门》字相校，体似相近，然妍态多而古法少矣"。②这样就把北碑与南帖的历史原因说清了。

阮元在书学史的研究中还认为："宋以后学者昧于书有南、

---

① 阮元：《南北书派论》，《揅经室集》（下）三集卷三，邓经元点校，第595页。
② 阮元：《北碑南帖论》，《揅经室集》（下）三集卷一，邓经元点校，第597页。

北派之分，而以唐初书家举而尽属羲、献，岂知欧褚生长齐、隋，近接魏、周，中原文物，具有渊原，不可合而一之也。北朝族望质朴，不尚风流，拘守旧法，罕肯通变，惟是遭时离乱，体格猥拙，然其笔法劲正遒秀，往往画右出锋，犹如汉隶。其书碑志，不署书者之名。即此一端，亦守汉法。"[1]这样，就把宋以后书法家没能搞清楚的问题明确地指了出来，又为书学史作了一大贡献，同时，也为清代的书学发展奠定了理论基础。

清初学者冯班（1620—1671年）曾指出"画有南北，书亦有南北"，但仅仅是点到而已，没有任何更为深刻的阐述。阮元从书学发展的历史而创立的这个观点，的确在书学界有振聋发聩之影响，得到了同时期学者的赞同。与阮元有学术交往的书法家钱泳（1759—1844年）也说："画家有南北宗，人尽知之；书家亦有南北宗，人不知也。嘉庆甲戌春三月，余至淮阴谒阮云台先生，时先生为七省漕务总督，款留者竟日，论及书法一道，先生出示《南北书派论》一篇……真为确论。余以为如蔡、苏、黄、米、及赵松雪、董思翁辈亦昧于此，皆以碑榜之书作启牍者，亦毋足为怪也。"敬佩之至，溢于言表。可以这样说，阮元是开了清代书学流派的先河，为中国书学发展在理论上作了重大贡献。

三、"究心北派"，推明古训

阮元曾自述说："余之说经，推明古训，实事求是而已，非敢立异也。"[2]因此，他的这种学术特点也反映到书学的研究中。

---

[1] 阮元：《南北书派论》，《揅经室集》（下）三集卷一，邓经元点校，第593—594页。
[2] 阮元：《揅经室集》（上）自序，邓经元点校，第1页。

他认为北派"承袭古法",南派为"江左风流"。北派书法直接承袭中原汉、魏正脉古法而来的。中国的书法,自周、秦、汉以来,篆、隶两种书体是正式场合书碑时专用的,隶书承续篆书而发展,代表着中原正统的书体,一脉相随,后来的楷书,即由隶书体蜕变而成。草书方面,章草于汉代已在中原发展完成,行草、行书则在汉末、魏晋时发展出来。这些都可以从各种碑版形式流传下来的书体得到印证。阮元称:"魏、齐诸碑出于汉、魏、三国,隋、唐以后,欧、褚体实魏、齐诸碑之苗裔。"①就隋、唐书法大势而言,也应当归之于北派,他在《南北书派论》中指出:

> 元笔札最劣,见道已迟,惟从金石、正史得观两派分合,别为《碑跋》一卷,以便稽览。所望颖敏之士,振拔流俗,究心北派,守欧、褚之旧规,寻魏齐之堕业,庶几汉、魏古法,不为俗书所掩,不亦祎欤!②

在当时考据学盛行的时候,阮元推明古训,学问都在所谓的"求真""求古"中进行,提倡"北派"书法也就是在这种历史背景下产生的。

阮元把北派奉为中国书法的主流,称:"窃谓书法自唐以前多是北朝旧法,其新法南派,多分别于贞观、永徽之间。"③阮元

---

① 阮元:《摹刻天发神谶碑跋》,《揅经室集》(下)三集卷一,邓经元点校,第600页。
② 阮元:《南北书派论》,《揅经室集》(下)三集卷一,邓经元点校,第596页。
③ 阮元:《复程竹庵编修邦宪书》,《揅经室集》(下)三集卷一,邓经元点校,第601页。

指出了只有贞观到永徽这一短暂时期内,才是王羲之南派书法的极盛时期,其余大趋势都是北派书法为主流,这就把人们所忽略了的这一问题揭示出来。北派承袭古法,反映了中原文化的特点。他在《北碑南帖论》中指出:

> 北魏、周、齐、隋、唐,变隶为真,渐失其本。而其书碑也,必有波磔,杂以隶意,古人遗法,犹多存者,重隶故也。隋、唐人碑画未出锋,犹存隶体者,指不胜屈。褚遂良,唐初人,宜多正书,乃今所存褚迹,则隶体为多。间习南朝体书,《圣教序》即嫌飘逸。盖登善深知古法,非隶书不足以被丰碑而凿贞石也。宫殿之榜,亦直篆隶,是以北朝书家,史传称之每曰"长于碑榜"。今榜不可见,而瓦当、碑头及《天发神忏碑》可以类推。晋室南渡,以《宣示表》诸迹为江东书法之祖。然衣带所携者,帖也。帖者始于卷帛之署书,后世凡一缣半纸,珍藏墨迹,皆归之帖,今《阁帖》如钟、王、郗、谢诸书,皆帖也,非碑也。①

唐以后仍然以北派书法为主。又称:"故开元间修孔子庙诸碑,为李邕撰文者,邕必请张廷珪以八分书书之。邕亦谓非隶不足以敬碑也。唐之殷氏(仲容)、颜氏(真卿)并以碑版隶楷世传家学。王行满、韩择木、徐浩、柳公权等,亦各名家,皆由沿习北法,始能自立。是故短笺长卷,意态挥洒,则帖擅其长;界格方

---

① 阮元:《北碑南帖论》,《揅经室集》(下)三集卷一,邓经元点校,第596—597页。

严,法书深刻,则碑据其胜。宋蔡襄能得北法。元赵孟頫楷书摹拟李邕。明董其昌楷书托迹欧阳。盖端书正画之时,非此则笔力无立卓之地,自然入于北派也。"①如果说,南派书法在世族中还辉煌过一段时间,那么,在民间,则北派书法则基本处于主导地位。他在考证了东晋时期流传下来的永和泰元砖字说:

此砖新出于湖州古冢中,近在兰亭前后十数年。此种字体,乃东晋时民间通用之体。墓人为圹,匠人写坯,尚皆如此。可见尔时民间尚有篆、隶遗意,何尚似羲、献之体?所以唐初人皆名世俗通行之字为隶书也。羲、献之体,乃世族风流,譬之麈尾、如意,惟王、谢子弟握之,非民间所有。②

同时,他又在《复程竹庵编修邦宪书》中说:

终唐之世,民间岁俗砖石,今存旧迹,无不与北齐、周、隋相似,无似《阁帖》者,无似羲、献者,盖民间实未能沿习南派也。③

所以,阮元对北派书法的大力提倡,将北朝碑版书法和南朝帖

---

① 阮元:《北碑南帖论》,《揅经室集》(下)三集卷一,邓经元点校,第598页。
② 阮元:《晋永和泰元砖字拓本跋》,《揅经室集》(下)三集卷一,邓经元点校,第602页。
③ 阮元:《复程竹庵编修邦宪书》,《揅经室集》(下)三集卷一,邓经元点校,第601页。

学平行抗衡，甚至立论北派超越了南派的成就，这就将世人的关注点移到了碑版，提高了北派书法的艺术价值和影响。阮元的这种观点，是其"推明古训，实事求是"的学术思想特点在书学研究中的体现；也是清代乾嘉时期学术昌明，经学发达，文献整理取得重大成就的反映，具有重要的学术影响。凡是研究中国古代书法者，无不对阮元的理论研究给予高度重视。

当然，由于历史的局限，阮元的书法理论中，也有矫枉过正的地方，也有存在着的一些值得探讨的问题。

首先，他认为："两派判若江河，南北世族，不相通习。"阮元除开了清代书学流派理论的重要成就外，但又偏于把两派书法看成是互不干涉，则忽视了书风的南北融合的一面。中华民族是一个大家庭，共同创造了灿烂的民族文化，书法艺术也是一样，不可能不相通习，不相融合。以初唐三家而言，不论是欧阳询、虞世南及褚遂良的父亲褚亮，他们都生长在南方，并且都在南朝入仕多年，其中，欧、虞二人入唐时均已年过六旬，其书法艺术受南派书法影响自当不浅，对风靡一时的二王书法也是比较熟悉的。就当时所流传下来的书法作品来看，除了所谓的"书风南迁"之外，北朝也产生了一些较为圆润规整，有南朝风味的书风。就以清代书风而言，也呈现了南北融合的趋势，把两派看成是判若江河，互不干涉则失之偏颇。

其次，以保留篆、隶遗意的北派书法为优，其提法亦值得商榷。自汉代以前，中原北方一直是中国的文化中心，而长安、洛阳则一直是政治经济的枢纽，而南方一直到三国和东晋南迁后，才逐渐得到开发，成为新的文化重心。北派书法肯定会是中国书法的源头，但不能认定南派书法就低下一等。而南派在书法上的创造也是明显的，应当说，南派书法一改北派书法的禁锢，特别是二王从隶体走向了今体，从而产生了清新与活跃，在楷书和草书的创新上，更是把中国书法艺术带到了一个新的境界。

就阮元的书学理论分析，的确是清代书学以及中国书学的一个里程碑。他是整个清代对金石书法涉猎极广的学者，德高名重，和当时的一些著名的书法家翁方纲、钱大昕、王昶、孙星衍、段玉裁、伊秉绶、桂馥、成亲王、钱泳等都有较多的接触，甚至引用了他们的一些书学研究的成就，融合众家，从而使自己书学理论更加系统化，理论化，成为同时代的研究核心。他整理铜器金文、摹学石鼓、访泰山秦碑，至山东云峰山观北魏摩崖，又考证汉碑，编山东、两浙金石志，并广泛收集北朝隋唐碑版拓本，及民间砖瓦，加上他曾在宫中主编过《石渠宝笈》，对中国的传统书法有很广泛的接触，其书法理论就更有坚实的基础。其局限性是由于时代的影响，也是我们所不能苛求前人的。

第八章　文献学成就与研究

第一节　整理文献的成就

有清一代学者，由于当时社会的政治经济原因，他们中的大多数人都把一生中最美好的年华用在整理古代文献上，取得了历史上最辉煌的成就。可以这样说，如果没有清代学者对文献的整理，我们则很难读到比较可靠的历史文献，更不可能比较准确地了解到当时的社会及思想状况。侯外庐先生指出："阮元是扮演了总结十八世纪汉学思潮的角色的"；"如果说焦循是在学说体系上清算乾嘉汉学的思想，则阮元是在汇刻编纂上结束汉学的成绩。他是一个戴学的继承者，并且是一个在最后倡导汉学学风的人"。[1]主要在嘉、道年间致力于学术文化事业的阮元，在整理文献上做出了重大成就，在中国学术史上总结了汉学成就，成了令人景仰的著名学者。

阮元整理文献的成就，主要表现在以下几个方面。

---

[1]　侯外庐：《中国思想通史》第五卷，人民出版社，1956，第577页。

一、汇刻大量图书,传播历史文献

中国历代学者都十分重视"书史",认为"书史"才是取之不尽、用之不竭的宝藏。苏轼说:"象犀珠玉怪珍之物,有悦于人之耳目,而不适于用;金石草木丝麻五谷六材,有适于用,而用之则弊,取之则竭;悦于人之耳目,而适于用,用之而不弊,取之而不竭,贤不肖之所得,各因其才,仁智之所见,各随其分,才分不同而求无不获者,惟书乎!"① 阮元也认为:

> 然则人生所见,数十年耳,将欲使后人见今,如今人见古,传圣贤之事,记文史之详,殆非书不可。……古人实赖此与后人接见也,后人亦赖此及见古人也。……此于古今人谓之有功,于己谓之有福。夫遗金不如诒经,犹徒为一家读书计耳,曷若以书公之天下后世乎!世之有金者无所不为,独不肯用之于书,若是者谓之无福。若在己无学术焉,则虽有之肯之,亦无能用之,若是者亦谓之无福。虽然福不可擅也,福虽不可擅,而有功以补之,则其得此福而居之也,岂不宜哉!②

阮元在长期的仕途生活中,时时以倡导学术文化为己任,汇刻了大量的文献典籍,是其一生最值得骄傲的盛德,也受到了史家的称赞。《清史稿·阮元传》对他给予了极高的评价,称其为:

---

① 苏轼:《李氏山房藏书记》,《苏东坡全集》卷十一。
② 阮元:《虞山张氏诒经堂记》,《揅经室集》(下)续三集卷三,邓经元点校,第1072页。

在浙江立诂经精舍，祀许慎、郑康成，选高才肄业；在粤立学海堂亦如之，并延揽通儒：造士有家法，人才蔚起。撰《十三经校勘记》《经籍籑诂》《皇清经解》百八十余种，专宗汉学，治经者奉为科律。集清代天文、律算诸家作《畴人传》，以章绝学。重修《浙江通志》《广东通志》，编辑《山左金石志》《两浙金石志》《积古斋钟鼎款识》《两浙輶轩录》《淮海英灵集》，刊当代名宿著述数十家为《文选楼丛书》。自著曰《揅经室集》。他纪事、谈艺诸编，并为世重。身历乾、嘉文物鼎盛之时，主持风会数十年，海内学者奉为泰斗焉。①

阮元对自己的这一成就也颇为自豪。道光十三年（1833年），阮元已年届70，正值云贵总督任上，他写了一首《和香山知非篇》的诗，其中几句是：

回思数十载，
浙粤到黔滇。
筹海与镇夷，
万绪如云烟。
役志在书史，
刻书卷三千。②

---

① 赵尔巽等：《清史稿》（第三十八册）卷三百六十四《阮元传》，第11424页。
② 阮元：《和香山知非篇》，《揅经室续集》卷十，文选楼本，1823。

此时的阮元，已经是政治上十分成熟的时候。回首往事，无限感慨。种种骄人的"政绩"，都不过是过眼烟云；而真正能传之后世，则是其在学术上的成就，即"役志在书史"。阮元汇刻了"三千卷书"，是我国文化事业上的一大盛事。在"刻书卷三千"的一句后，原注说："计刻《十三经注疏》、《皇清经解》、江浙诗选及师友各书约三千卷。"根据我们今天的统计，阮元的"刻书卷三千"仅仅是一个比较粗略的估计。嘉庆二十一年（1816年），他在作江西巡抚时，刊刻的《十三经注疏》460卷；在作两广总督时，刊刻了《皇清经解》1412卷；道光元年（1821年），《江苏诗征》183卷，录江苏诗人遗诗5430余家；在作浙江学政时，收集了两浙诗人遗篇达3000余家，编辑刊刻《两浙輶轩录》40卷以及《补遗》10卷。二书所录，皆清初至辑录时清代诗人的作品，并附有作家小传，给我们今天保留了非常宝贵的资料。注中所云师友各书，如朱珪的《知足斋集》、钱大昕的《三统术衍》《地球图说》、谢镛的《食物百吟》、张惠言的《虞氏易》《仪礼图》、汪中的《述学》、钱塘的《述古录》、刘台拱的《刘氏遗书》、凌廷堪的《礼经释列》、焦循的《雕菰楼集》、孔广森的《仪郑堂集》等，不下数十家。加上自己编撰的《经籍纂诂》《畴人传》《两浙金石志》《山左金石志》等书，重修的《浙江通志》《广东通志》，重刻的宋本《太平御览》等，则已经大大超过3000卷了。如对于像焦循这样的位卑学尊的学者，他于道光四年刊刻了其于嘉庆二十二年（1817年）的自定文集《雕菰楼集》，凡文326篇，诗420首，集中反映了其治学的观点，为后学研究焦循者提供了翔实资料。这些都不是一般官僚所愿意办，或者所能够办的事情。

清代学者，多以刻书家而兼藏书家，阮元在编刻《皇清经解》

《十三经注疏》时，很多都是以自己的所藏善本书为工作底本。洪亮吉在其《北江诗话》中谓：藏书家有数等，钱大昕、戴震为考订家；卢文弨、翁方纲为校雠家；鄞县范氏"天一阁"，钱塘吴氏"瓶花斋"，昆山徐氏"传是楼"，为收藏家；吴门黄丕烈，邬镇鲍廷博为赏鉴家；吴门书贾钱景开、陶五柳，湖南书贾施汉英为掠卖家。阮元刊刻的这大量图书，绝不同于一般的书商印书。他在文献学领域具有很高的学术水平，其治学范围十分广泛，涉及经学、小学、史学、文学、考古、科技等各个方面，在"十八世纪汉学思潮中"起到了总结者的作用，传播了历史文献，对一代学风产生了重要的影响。按洪氏的划分，阮元应该是具有第一等的水平，但其影响又是他们都不能具备的。

二、编撰大量珍贵著作，保存历史文献

阮元在图书的编撰上具有自己的特点，反映了其作为一代学术倡导者的气象。侯外庐先生指出，"阮元是扮演了总结18世纪汉学思潮的角色"，当为确论。清代的经学是当时学术的核心，阮元于经学也是用力最勤。《十三经》及其注疏保存了经学的重大成就，是一部非常重要的经学著作。据考定，经书之雕版始于后唐长兴三年（932年），由于历代统治者的倡导，刻印者不少，但是由于刊刻的原因，出现错讹是肯定的。乾嘉时期，有宋十行本，明代的闽本、监本、汲古阁本等，必须作一个统一的校勘工作。而在诸本中，宋十行本为诸本中最古的，最接近原版。明代诸本由于辗转相刻，讹谬百出，至汲古阁毛氏本，有的已经不可识别。学术界迫切需要一部校勘精良，包揽全局的经书注疏总集。为便士人阅读，阮元以宋十行本为基础，决心编刻一部《十三经注疏》，于嘉庆二十一年在江西任上刻成,使珍贵的宋本注疏复行于世,于学术界产生了重要的影响。

清代经学的成就巨大,如何把清代经学研究的成就保存下来,并传之后世,是作为一代学术总结者阮元时刻思考的重大问题。阮元于此的重大贡献是辑刻了《皇清经解》(因汇刻于广东学海堂,又称《学海堂经解》)。该书是阮元任两广总督时发起,任命其学生、著名学者严杰为编辑,夏修恕负责校勘,严格按照自己所拟定的体例所编辑的。"是编以人之先后为次序,不以书为次序,凡见于杂家、小说家及文集中者,亦挨次编录,计一千四百卷。"[①]该书网罗了清初至乾嘉时期的著名学者达73位之多,几乎囊括了阮元之前清代学者的优秀解经之书,其中包括了很多阮元同时期学者的著作,反映了清代学者的经学研究水平。所收书达180余种,是《十三经注疏》后之大观。该书虽名为解经之书,实际上除经学之外,凡史地、哲学、文字、音韵、训诂、校勘、天算、金石等都广泛涉及。它是乾嘉时期学术的一部总结性著作,使学者们得一书而数百种皆备,对于传播清代学术及推动学术研究工作的开展,都有十分巨大的影响。

以我国古代经书而言,《易经》为群经之首,是我国流传下来的一部最古老的经书,古往今来,注《易》者,"无虑数千百家"。焦循,字理堂,生于乾隆二十八年(1763年),卒于嘉庆二十五年(1820年),是一生生活在贫贱之中,而以刻苦努力而成功的著名文献学家。他"承祖、父之学,幼年好《易》",[②]把自

---

① 阮元编《清经解》(第一册)卷首,上海书店,1988,第4—5页。
② 焦循:《易通释自序》。

己平日积累的六书、九数之学,完全运用到《易经》的研究中去了。在其23岁时父母相继去世后,即辍举子业,遍求说《易》之书阅之,撰述成帙。焦氏研究《易经》的著作,计有《易学章句》《易图略》《易通释》《易话》《易广记》《周易补疏》共6种。而一生精力所萃,更在《易学章句》《易图略》《易通释》3种,又称为《雕菰楼易学三书》。焦氏治《易》,突破了数千年传注的重围,取《易》之经文与卦爻反复测定,直接从六十四卦中找到"参伍错综"的关系,从中抽出三条根本的原则,称为:一旁通,二相错,三时行,于三百八十四爻的变化,都可以按照这些原则去推求,打开了这把千年锈锁。他的易学心得,完全是从彖、象、系辞中推究出来的,"其易学之精,当先儒所未有,实古圣所本然",[①]具有十分重大的价值。阮元称:"读大著易学大略,实为石破天惊,昔顾亭林自负古音,以为天下未丧斯文,必有圣人复起,洵不易斯言。"[②]并称:"而后使圣人执笔著书之本义,豁然大明于数千年后。闻所未闻者警其奇,见所未见者服其正,卓然独辟,确然不磨,虽使义海以下诸贤,众咻之而不能折其说。"读之,"有闻道之喜"。[③]英和为其所撰序曰:"《易》之教得是书而明,《易》之理即是书而备矣。""疏通引证,使全《易》无剩名间字"。"今观其所学非列国,非汉,非晋唐,发千古未发之蕴,言四圣人所同然之言,是谓《周易》可焉"。王引之在给焦氏

---

① 黄承吉:《孟子正义序》,《梦陔堂文集》卷五,燕京大学图书馆,1939,第1a页。
② 《焦氏丛书》卷一《阮芸台先生手札》。
③ 阮元:《焦氏雕菰楼易学序》,《揅经室集》(上)一集卷五,邓经元点校,第122—123页。

手札亦极推崇他说《易》的新解和创见,其中有云:"凿破混沌,扫除云雾,可谓精锐之兵矣,——推求,皆至精至实。"①阮元将这样一部极有价值的著作收入了《皇清经解》,使其得到了广泛的传播。

咸丰九年(1859年)时任两广总督的劳崇光对该书进行了高度评价,称:"考据之学至本朝而精,故撰著之书至本朝而盛。文达公备出原书,刊为总部,厥费钜矣,厥功伟矣。"②张舜徽先生亦评价阮元说:"他一生嘉欢刻书,既将钱大昕、张惠言、汪中、钱塘、刘台拱、凌廷堪、焦循、孔广森诸家著述,广为刊布;后又汇刻《皇清经解》,差不多把清代全盛时期的研究成果,特别是经学方面的代表作品,都设法传播出来了。这对当时和后来的影响都极其重大。"③此外,其编辑《诂经精舍文集》和《学海堂集》,对于荟萃和保存历史文献,都是有积极作用的。阮元汇刻书籍,不是将其作为一种嗜好,而是他主持风会、倡导文教的一种责任,这种责任感一直延续到他的一生。他在《穀梁传学序》中写道:"道光十六年,始闻有镇江柳氏学《穀梁》之事。二十年夏,柳氏兴恩挟其书渡江来,始得读之,余甚惜见之之晚也。亟望礼堂写定,授之梓人,与海内学者共之,是余老年之一快也。"④这个事例发生在阮元已致仕两年,颐养天年的时候,这就更生动地说明了他一生的这种责任感。

---

① 王引之:《王文简公文集》卷四。
② 劳崇光:《皇清经解补刻后序》。
③ 张舜徽:《清代扬州学记》,第145页。
④ 柳兴恩:《雷塘庵主弟子》卷八,张鉴等撰《阮元年谱》,黄爱平点校,第201—202页。

三、搜集遗书，丰富历史文献

所谓钦定《四库全书》，是清代乾隆年间官修的荟萃所有各种典籍的综合丛书。始编于乾隆三十七年（1772年），历时10年，到乾隆四十七年（1782年）才纂修完成。乾隆在翰林院设"四库全书处"（乾隆四十年改为"四库全书馆"），以纪昀、陆锡熊为总纂官，参预其事者达400余人。令各省督抚购访遗书进呈，同时又从明代的《永乐大典》中搜录古书，分别有无，校勘异同。然后按经、史、子、集四部编定，馆臣将10000多种书应抄的和应存目的分别开列，每一种书各撰"提要"一篇，黏附在书的前面。"提要"的内容除论述"各书大旨及著作源流"外，还要"列作者之爵里"，"考本书之得失"，以及辨订"文字增删，篇帙分合"，等等。

《四库全书》共采录3461种书，79309卷，分装36000多册。加上没有采入而只存目的书，有6793种，凡93551卷。两者统计共计有10254种。乾隆以前的古书经过这一番整理、校正、编定，虽然由于政治原因，有不少的书被认为触犯清讳而滥遭删改，甚至焚毁，但是，毕竟可以使大量典籍免于散失，对于保存古代文化、弘扬学术具有重大意义。可以这样说，这是中国古代文化史上的一座万里长城，具有坐标性的作用。由著名学者纪昀主编的《四库全书总目提要》是这项工作的副产品，全书共200卷，依四部列目分类详明，编排有序，每一种书无论存目与否，都有"提要"，是一部超逾前代、内容丰富、极有价值的目录书，得到学者的高度赞扬。

阮元在浙江督学时，于杭州用文澜阁本刊《提要》200部，亲为之序，被称为嘉惠士林之盛举。同时，作为一个学者，他也看到了《四库全书》存在的不足，即还有部分古书尚未收入，于是，他为《四库全书》的完善作了重要的工作。其子阮福记载说：

家大人在浙时，曾购得《四库》未收古书进呈内府，每进一书，必仿《四库提要》之式，奏进《提要》一篇。凡所考论，皆从采访之处先查此书原委，继而又属鲍廷博、何元锡诸君子参互审定，家大人亲加改定纂写，然后奏之。十数年久，进书一百数十部。①

阮元根据《四库全书总目题要》的体例，留意散落在各地的文献，搜购秘书。凡四库所未收，存目所未载者，共著录书目175种。每部书附有《提要》1篇，都为5卷，为《四库全书未收书提要》。这些书大都很有价值，例如他在《衢本郡斋读书志二十卷提要》中写道：

宋晁公武撰。姚应绩编。应绩，公武门人。此书在宋时已两本并行。淳祐庚戌，鄱阳黎安朝守袁州所刻，谓之"袁本"，《四库全书》已著录。是编淳祐己酉，南充游钧知衢州时所刻。其收书较之袁本几倍之。马端临作《经籍考》，全据是册。如《京房易传》《宋太祖实录》《太宗实录》《建康实录》之类，悉与之合。其文亦多至数倍。伏读《四库全书提要》云："衢本不可复见。"此从旧钞依样影写。经凡十类，史凡十三类，子凡十八类，集凡四类。次序有法，足

---

① 阮元：《四库未收书提要》，《揅经室集》（下）外集卷一，邓经元点校，第1183页。

为考核之资。①

阮元将进呈的这部书之原委、价值、影响，一一予以阐述明白，足以补充"袁本"之不足，弥补了《四库全书》的缺陷。从《提要》来看，这些"四库未收书"，大多是唐、宋、元人的居多。在经、史、子、集四部中，以属于史部的几部书为例，如唐人韦述《两京新记》、马总的《通历》，宋人路振的《九国志》、杨仲良的《皇宋通鉴长编纪事本末》、章衡的《编年通载》，不著撰人的《元秘史》等等，都是一些比较重要的撰述。阮元认为这些书可"补正史之漏略"，或"有资考证"，或在见解上"发前人所未发"，或叙"历代兴亡分合，开卷了如""展帙了然"，各有所采之处。

阮元的《四库未收书提要》是一项十分有意义的工作，至今仍有重要的参考价值。值得注意的是，阮元是在由乾隆皇帝钦定之《四库全书》颁布不久，就敢于做这样一项敏感性很强的工作，揭示了他在学术上的"实事求是"的性格和令人敬佩的精神。

四、编辑工具书，整理历史文献

阮元在治学上，特别注意在推广文化、传播文献上狠下了功夫，因此，他相当注重工具书的编纂。如对《经籍籑诂》的编纂，就是他在文献学上的一大贡献。他手定体例，组织了一批学者，按照自己所要求，完成了这一重要工作。该书荟萃了古代经典和诸子百

---

① 阮元：《衢本郡斋读书志二十卷提要》，《揅经室集》（下）外集卷二，邓经元点校，第1224页。

家训诂，群经旧注；古史及诸子旧注；史部、集部旧注以及字书等各方面的材料，该书将唐以前的训诂资料几乎网罗殆尽。王引之说：

> 曩者，戴东原庶常、朱笥河学士，皆欲纂集传注以示学者，未及成编。吾师云台先生欲与孙渊如编修，朱少河孝廉共成之，亦未果。及先生督学浙江，乃手定体例，逐韵增收，总汇名流，分书类辑。凡历二年之久，编成一百十六卷。展一韵而众字毕备，检一字而诸训皆存，寻一训而原书可识。所谓握六艺之钤键，廓九流之潭奥者矣。①

钱大昕称：

> 此书出，而穷经之彦，焯然有所遵循，乡壁虚造之辈，不得滕其说以炫世。学术正而士习端，其必由是矣。②

这本书对于阅读和整理古代文献提供了方便，对于今天研究古汉语和查原书具有重要意义，同时，对端正当时的学风亦很有好处。从广义上讲《十三经注疏》及其《校勘记》《皇清经解》，亦可称为工具书，通过这些书籍的作用，推动了文献的整理工作。

我们总结阮元在整理文献中的重大成就，究其原因，则不能仅仅强调他身居高位，具有强大的财力。还应该注意到他本身所具有

---

① 王引之：《经籍纂诂序》，阮元等撰辑《经籍纂诂》（上）卷首，第2页下栏、第3页上栏。
② 钱大昕：《经籍纂诂序》，阮元等撰辑《经籍纂诂》（上）卷首，第1页下栏。

深厚的学问功底，对古代文献义例深刻的认识，和在文献学整理所具有的极强组织能力。他说：

> 稽古之学，必确得古人之义例，执其正，穷其变，而后其说之也不诬。政事之学，必审知利弊之所丛生，与后日所终极，而立之法，使其弊不胜利，可持久不变。盖未有不精于稽古而能精于政事者也。①

他认为只有深刻理解了"古人之义例"，才能"执其正，穷其变"，真正掌握整理文献的方法。所以其整理文献发凡起例都很有创见。

阮元把"政事"与"稽古"联系起来，这是他的一大创见。"精于稽古"，则能"精于政事"，对于一个学者来说，在文献整理工作中就能"审知利弊之所丛生"。反之，"精于政事"者，同样也可能更好地"稽古"。阮元在整理文献工作中，把"精于政事"的才能运用到文献整理的组织工作中，就可以集中集体的智慧，完成一般学者个体很难完成的大型文献整理项目。

第二节 整理文献的方法

阮元在文献学史上具有重要的历史地位，其整理文献的方法

---

① 阮元：《汉读考周礼六卷序》，《揅经室集》（上）一集卷十一，邓经元点校，第241页。

同样是值得重视的。首先，阮元是一个学问广博的学者，他长于训诂，精于考订，被称为"于学无所不通"。其次，他身居显宦，历仕三朝，利用自己的地位和影响，策划和组织了一项项大型的文献整理工作，取得了重大成就，这些都是其他人所不能企及的。他在整理校勘文献上的方法具有重要的特点。

首先是广泛地搜罗旧本，力求善本，每到一地，都尽力访求。在掌握了尽可能多的版本后，使文献的校勘在比较科学的基础上进行。

阮元在校勘学上有很深的功底。乾隆五十六年（1791年），时年28岁即奉诏充任石经校勘官，并分校得《仪礼》18篇。阮元称："臣今总汉《石经》残字、陆德明《释文》、唐《石经》、杜佑《通典》、朱熹《经传通解》、李如圭《集释》、张淳《识误》、杨复《图》、敖继公《集说》、明监本、钦定《义疏》、武英殿《注疏》诸本，以及内廷天禄琳琅所收诸宋、元本、曲阜孔氏宋本综而核之，经文字体择善而从，录成四卷，用付经馆，以待总裁加勘。"①从阮元对《仪礼》石经的校勘中，即可以考察到他在整理文献工作中严谨治学态度和科学方法。在校勘"十三经"时，阮元几乎将历代精校之本网罗毕至，所据版本之富可谓空前。根据考察，所集各经版本，少则8、9种，多至10数种，总计达126种之多。于众本之中，尤其重视选择工作底本，其所依据者，即当时所能收集到的最好版本。其中有"十一经"使用的为家藏宋"十行本"，乃诸经中最古之册。虽然没有《仪礼》和《尔雅》二经，但

---

① 阮元：《仪礼石经校勘记序》，《揅经室集》（上）一集卷二，邓经元点校，第41页。

借得了苏州黄氏所藏北宋所刻之单疏版本,为贾公彦、邢昺之原书,此二经更在宋"十行本"之前,为诸本中之最好刻本,这样就从根本上保证了校勘的质量。然后组织了精通经学、擅长校勘的学者卢宣旬、黄中杰等人,在自己多年来所撰《校勘记》的基础上,以严谨的态度和科学的方法,辨彰学术、考镜源流,对每部书都进行了精深的研究,完成了这一具有重要意义的校勘汇刻工作,被称为嘉惠士林之盛举。清代著名学者张之洞说:"《十三经注疏》。共四百一十六卷。……阮文达公元刻附校勘记本,……阮本最于学者有益。"①直到今天,该书仍然是我们研究古代经学的重要参考书籍。

其次,是不存门户之见。

作为乾嘉学派总结者的阮元,他不囿于汉、宋二学之门墙,而是汉、宋兼采,唯求其是。曾说:"余以为儒者之于经,但求其是而已矣,是之所在,从注可,违注亦可,不必定如孔、贾义疏之例也。"②他自己也申明其治学态度说:"不敢存昔人门户之见,实以济近时流派之偏。"③因此,这些观点都反映在其整理文献工作上。

他注意吸收诸家的校勘成果,不问门户,不问古今。"十三经"的校勘工作最能体现阮元整理文献的思想和方法。以《尚书》为例,其于经书中最是聚讼纷纭,如何校勘也显得十分棘手。阮元集历代精校之本,析诸家研经之说,咸能取其所当取。他先后搜罗了唐石经以下版本10种,又集有唐陆德明《经典释文》,宋毛

---

① 张之洞:《书目答问》卷一《经部》,第1页。
② 阮元:《焦里堂循群经宫室图序》,《揅经室集》(上)一集卷十一,邓经元点校,第250页。
③ 阮亨:《瀛舟笔谈》卷一,转引自张舜徽《清代扬州学记》,第144页。

居正《六经正误》，元王天与《尚书纂传》，清彭元瑞《石经考文提要》、顾炎武《九经误字》、浦镗《十三经正字》、卢文弨《群书拾补》，还有日本山井鼎的《七经孟子考文》。然后"定其是非"，"考其颠末"，最大限度地反映了古代文献的原貌。

乾嘉汉学又有吴、皖两派，从治学渊源来说，阮元是继承了皖派，但是，他对惠栋的校勘成果完全采取了实事求是的态度，绝不排斥，《十三经注疏校勘记》就采用了惠栋的不少研究成果。对名家是这样，对一些名不见书传小人物的见解，只要是卓有创见的，他都能积极采用，以正权威学者之误。如《左传》桓公六年："周人以讳事神，名终将讳之。"陆德明认为，应以"周人以讳事神名"断句。阮元则在《校勘记》中引用陈树华之说以正陆氏之误。陈氏云：《淮南子》曰："祝则名君。"高诱注："周人以讳事神，敬之至也。"《诗·公刘》正义引王基曰："周人以讳事神。"《书·盘庚》正义引文亦以神字断句。这样，就使一个众说纷纭的问题得到了解决。阮元在文献整理中兼容并包，不守一家之言；是之所在，无论是名家还是不享重名的学者，都要认真地予以采纳，这就使其文献整理成果能集诸家之大成，显示了一代学术总结者的气象。

其三，不凭主观臆断。

阮元主张整理文献必须具有广博的知识，在校勘古籍时则必须严谨科学。他认为"舍经而文，其文无质，舍诂求经，其经不实"。[①]校勘者应当具有文字、音韵、训诂的深厚基础，才可能了

---

① 阮元：《西湖诂经精舍记》，《揅经室集》（上）二集卷七，邓经元点校，第548页。

解古代文字的形体、音读、意义，把握其发生、发展和演变的规律，对于发生的错讹有正确的判断。他说："古书之最重者，莫逾于经，经自汉晋经及唐宋，固全赖古儒解注之力，然其间未发明而沿旧误者尚多，皆由声音、文字、假借、转注，未能通彻之故。"他还特别举了"昔郢人遗燕相书，夜书曰举烛，因而过书举烛。燕相受书说之曰：'举烛者尚明也，尚明者举贤也。'国以治。治则治矣，非书意也。郑人谓玉未理者璞，周人谓鼠未腊者璞。周人曰：'欲买璞乎？'郑贾曰：'欲之'。出其璞，乃鼠也"。称"非究心于声音文字以通训诂之本原者，恐终以燕说为大宝而吓其腐鼠也"。①

由于古书流传年代久远，版本众多，同一字往往形体各不相同，加之，历经了抄书者，刻书者，引书者，校书者之手，抄错、刻错、引错、校错均不可避免。故形成错乱纷杂，给读书者已经带来不少困难。阮元凭借自己对古代文字、音韵、训诂的精深研究，从字体演变和古音通假入手，对文字异同加以辨析，指出孰正孰误，孰为古今字，孰为通假字，孰为正体，孰为俗体，从纷繁复杂的现象中理出文字发展演变的线索。同时，鉴于宋明士子校书凭主观臆断所带来的严重后果，阮元极力主张校书不改字。他说："刻书者最患以臆见改古书，今重刻宋板，凡有明知宋板之误字，亦不使轻改。但加圈于误字之旁，而别据《校勘记》，择其说附载于每卷之末，俾后之学者，不疑于古籍之不可据。慎之至也。"②阮元的这种主张受到后学的敬仰，以后洋务派代表，著名学者张之洞曾

---

① 阮元：《王伯申经义述闻序》，《揅经室集》（上）一集卷五，邓经元点校，第119—120页。
② 阮元：《重刻宋板注疏总目录》，《十三经注疏附校勘记》（上），第2页。

称赞说："《十三经注疏》。共四百一十六卷。……阮文达公元刻附校勘记本，……阮本最于学者有益，凡有关校勘处旁有一圈，依圈检之，精妙全在于此。"①一句"精妙全在于此"，即代表了后人对是书的评价。

阮元在文献学思想中是尊崇汉学的，故有"推明古训，实事求是而已，非敢立异也"之说。同时，他又有调和汉宋的倾向，称："儒者之于经，但求其是而已矣。是之所在，从注可，违注亦可，不必定如伏贾之义例也。"因此，他在"推明古训，实事求是"思想指导下，在清代文献学中作出了重要的成就。

阮元主张整理文献还必须具有目录学的知识，并且在实际操作中作了不少的工作。王鸣盛说："目录之学，学中第一紧要事，必从此问途，方能得其门而入。"②又说："凡读书最切要者，目录之学。目录明，方可读书；不明，终是乱读。"③重视目录之学成为清代学者的一种风气，特别是《四库全书总目提要》的撰成，对学术界产生了深刻的影响。故阮元评价纪昀之学时称："辨汉、宋儒术之是非，析诗文流派之正伪，主持风会，非公不能。"其书是："光稽古之圣治，传于无穷。"④纪昀以此书即可传之后世，名垂千古。而又一个巧合的是，他们二人都对目录学很有研究，而逝世后均被谥为"文达"，足可见二人对清代学术史的影响。

阮元对《四库全书总目提要》这样一部大型目录专书非常重

---

① 张之洞：《书目答问》卷一《经部》，第1页。
② 王鸣盛：《十七史商榷》卷一，中国书店，1987年影印本，第1a页。
③ 王鸣盛：《十七史商榷》卷七，第1a页。
④ 阮元：《纪文达公集序》，《揅经室集》（下）三集卷五，邓经元点校，第678—679页。

视，称："《四库》卷帙繁多，嗜古者未及遍览，而《提要》一书，实备载时地姓名及作者大旨，承学之士，钞录尤勤，毫楮丛集，求者不给。"[1]即在浙江刊布其书，实为嘉惠后学之盛举，为后学整理文献提供了方便。又在宁波范氏天一阁观书，命其后人编成《天一阁书目》10卷，由浙江府学教授汪本"校其书目、金石目，并刻之"，并撰《宁波范氏天一阁书目序》概述其渊源，对如何发展完善天一阁藏书提出了希望。阮元还积十数年之功，搜集了四库未收书一百数十部，并仿《四库提要》之式，精心考订，写成了《四库未收书提要》5卷，至今还具有重要的参考价值。

另外，阮元具有很强的组织能力。他利用自己的地位和影响，组织人才，用人所长，发挥集体智慧，编辑大型书籍，作了很多同时期学者所不能作到的事情。

以对后学有很大帮助的《经籍纂诂》为例，该书计106卷，并于每卷之末，各附《补遗》。他的学生王引之说：

> 曩者，戴东原庶常、朱笥河学士，皆欲纂集传注以示学者，未及成编。吾师云台先生欲与孙渊如编修，朱少河孝廉共成之，亦未果。及先生督学浙江，乃手定体例，逐韵增收，总汇名流，分书类辑。凡历二年之久，编成一百十六卷。展一韵而众字毕备，检一字而诸训皆存，寻一训而原书可识。所谓握六艺之钤键，廓九流之潭奥者矣。[2]

---

[1] 阮元：《浙江刻四库书提要恭跋》，《揅经室集》（上）二集卷八，邓经元点校，第565页。
[2] 王引之：《经籍纂诂序》，阮元等撰辑《经籍纂诂》（上）卷首，第2页下栏、第3页上栏。

王引之于此把阮元在整理文献的特殊能耐和贡献说得十分明白。戴震、孙星衍等辈其学可谓甚高，然都未成功，阮元则完成了他们想作而没有作和想作没能作的事情。原因何在？这是一个非常值得探讨的问题。

首先，全书由阮元本人"手定凡例，逐韵增收，总汇名流，分书类辑"。其所定凡例，显示了他的卓识。阮元称："稽古之学，必确得古人之义例，执其正，穷其变，而后其说之也不诬。"[①]如果他没有这样的卓越见解，《经籍纂诂》是不可能完成的。其次，他利用督学浙江的地位，聘请当时知名学者臧镛堂、臧礼堂、宋咸熙、严杰、赵坦、洪颐煊、洪震煊、倪绶等约50人，将"十三经"和唐以前（包括唐代在内）的经、史、子、集中重要著作的旧注以及汉晋以来的各种字书，共约100余种汇集在一起。把稽古之学与政事之学有机地结合在一起，发挥集体智慧，终于编辑成功这样一本工具书。不仅对整理文献、阅读古籍带来了方便，对纯正当时的学风起了重要的作用，更重要的是培养了一批人才，为光大汉学学风带来了积极的影响。

阮元在学术上组织能力的又一块丰碑，体现于其在两广总督任上编辑了《皇清经解》，夏修恕称其"聚本朝解经之书，以继《十三经注疏》之迹也"。是书也是由他手定凡例，作了整体的筹划和具体的编辑刊刻工作。一年后因移节去滇，仍布置夏修恕、严杰完成了此项工作。并随时邮寄指示，亲自予以指导。其子阮福是

---

① 阮元：《汉读考周礼六卷序》，《揅经室集》（上）一集卷十一，邓经元点校，第241页。

这样记载的：

> 是书大人于道光五年在粤编辑开雕，六年夏，移节来滇，乃嘱粮道夏观察修恕接理其事，严厚民先生杰总司编集。凡书之应刻与否，大半皆邮筒商酌所定。①

这就和《四库全书》以亲王永瑢领衔，实际乃纪昀之功；《明史》署张廷钰之名，实是万斯同等人成就的这类事例完全不同。阮元所编著之书不是倩人捉刀，徒具虚名；而是反映了其学术上水平和创见，是真正意义的主编。学识水平、组织才能、经济实力，此三者是大型文献整理主持者必备的三要素。可以这样说，在当时的条件下，除他以外，是没有第二个人能承担起这一重任的。

阮元在文献整理上的成就，在于他有深厚的学术功底和丰富的阅历，而这些都是经过长期的积累所形成的。他在对《十三经注疏》的整理后说道："臣幼被治化，肄业诸经，校理注疏，综核经义，于诸本之异同，见相沿之舛误，每多订正，尚未成书。乾隆五十六年，奉敕分校太学石经，曾以唐石经及各宋板悉心校勘，比之幼时所校，又加详备。"②同时，阮元在整理文献的方法上，继承和发展了乾嘉时代学者的成就，并且形成了自己的特点，这就很能说明阮元在整理文献工作中所取得成绩不是偶然的。

---

① 阮福：《雷塘庵主弟子记》卷六，张鉴等撰《阮元年谱》，黄爱平点校，第165页。
② 阮元：《恭进十三经注疏校勘记折子》，《揅经室集》（上）二集卷八，邓经元点校，第589—590页。

第三节　在文献学上的地位及影响

侯外庐先生指出，"阮元是扮演了总结十八世纪汉学思潮的角色的"；"如果说焦循是在学说体系上清算乾嘉汉学的思想，则阮元是在汇刻编纂上结束汉学的成绩。他是一个戴学的继承者，并且是一个在最后倡导汉学学风的人"。①这个评价是恰当的。

首先，阮元是一个具有博大气象的文献学家，因此，他在文献整理上显示了"十八世纪汉学思潮"总结者的特点。一般的文献学家只是治"一经"或"数经"，研究学问或只局限于某一方面的学问，而阮元则几乎是"无经不治"，"无学不通"。在其长期的仕途生涯中，他大力提倡整理典籍，刊刻图书。如前所述，由他亲手参与并主持编纂的《十三经注疏》附《校勘记》、《经籍纂诂》和《皇清经解》三部大书，既反映了当时经学、小学、校勘学领域的成就，同时也是这些领域中总结性的成果，几乎把当时这些领域的成果囊括殆尽，显示了其作为乾嘉学术强有力殿军的博大气象。

其次，他总结和发展了乾嘉时期整理文献的科学方法。清代，特别是乾嘉时期，一些学者对经书乃至诸子书都作了不少的考订、校勘与注疏工作。如惠栋的《周易述》，戴震的《毛郑诗考证》，段玉裁的《周礼汉读考》，焦循的《易学三书》，凌廷堪《礼经考释》等等，不一而足，其中一些成就已经达到了当时的最高水平。阮元发展和总结了当时汉学中最先进的文献整理方法，更是反

---

① 侯外庐：《中国思想通史》第五卷，第577页。

映了其乾嘉学术总结者的特点。以阮元的《十三经注疏》附《校勘记》为例，即可对其进行基本了解。《十三经注疏》是我国古代流传后世经书注疏的合刻。我国经书的最早刻版出现于后唐长兴三年（932年），至宋代，各种刻本逐渐增多，著名的有宋"十行本"，明代刻者就更多，如"闽版""监版"，汲古阁"毛氏版"流传。各版"辗转相刻，讹谬百出"，而"近人修补，更多讹舛"。[①]阮元以自己的家藏宋本11经，和《仪礼》《尔雅》2经的北宋单刻本为基础，嘉庆二十年（1815年），阮元在江西巡抚任上，组织了精通经学、擅长校勘的学者卢宣旬、黄中杰等人，在自己多年来所撰《校勘记》的基础上，再广泛收集汉、唐石经以及宋元以来各种版本，再详加校勘、罗列异同、辨彰得失、考订讹误，倡导了学术的方向，给后学提供了一条整理文献的成功途径。张之洞称"阮本最于学者有益"，[②]就是对阮元这项工作的高度评价。

同样，《经籍籑诂》这部总汇经书传注文字训诂的专著，也反映了阮元作为乾嘉汉学思潮"总结者角色"的这一特点。早在阮元之前，戴震就曾倡议汇刻诸书诂训，朱筠在任安徽学政时也有志于此，但都未能实现。阮元在内廷供职时，也曾"日与阳湖孙渊如、大兴朱少白、桐城马鲁陈相约分籑，钞撮群经，未及半而中缀"。[③]但阮元在担任浙江学政时，遂利用公务之暇，"手定凡例，即字而审其义，依韵而类其字，有本训，有转训，次叙布列，若网在纲，择浙士之秀者若干人，分门编录，以教授归安丁小雅董其

---

① 阮元：《重刻宋版注疏总目录》，《十三经注疏附校勘记》（上），第2页。
② 张之洞：《书目答问》卷一《经部》，第1页。
③ 钱大昕：《经籍籑诂序》，阮元等撰辑《经籍籑诂》（上）卷首，第1页下栏。

事,又延武进藏在东专司校勘",①完成了这一重要工作。著名学者王引之称其"所谓握六艺之钤键,廓九流之潭奥者矣"。②钱大昕称其"此书出,而穷经之彦,焯然有所遵循,乡壁虚造之辈,不得滕其说以炫世。学术正而士习端,其必由是矣"。③这项工作,他是在戴震、朱筠等学者的基础上,继承、总结和发展了他们的研究与设想,于文献整理上起到了总结成就、纯正学风的旗帜作用。

此外,阮元以其很高的学识,杰出的组织能力,丰富的人生经历,主持风会达数十年,其成就远远超过了清代被号称"爱士"与"重学"者,如徐乾学、李绂、朱筠、翁方纲、毕沅等人,在当世即为学人所敬重。

阮元在文献学方面还有一个不常被人注意的成就。这就是他丰富了中国的图书馆藏书制度,为近代中国图书馆制度的产生奠定了一定的基础。

中国图书馆事业具有悠久的历史,早在2000多年前,周即有所谓的"盟府",即收藏图书的地方。司马迁曾记载说:"老子者,楚苦县历乡曲仁里人也,姓李氏,名耳,字聃,周守藏室之史也。"《史记》司马贞《索隐》解释说:"藏室史,周藏书室之史也。又《张苍传》:'老子为柱下史',盖即藏室之柱下,因以为官名。"④所谓

---

① 钱大昕:《经籍纂诂序》,阮元等撰辑《经籍纂诂》(上)卷首,第1页下栏。
② 王引之:《经籍纂诂序》,阮元等撰辑《经籍纂诂》(上)卷首,第2页下栏、第3页上栏。
③ 钱大昕:《经籍纂诂序》,阮元等撰辑《经籍纂诂》(上)卷首,第1页下栏。
④ 司马迁:《史记》(第七册)卷六三《老子韩非列传第三》,中华书局,1959,第2140页。

的"藏室",大致可以相当于今之国家图书馆,而藏室史即相当于今之国家图书馆馆长。这就是我国古代藏书的最早记录。

中国近代的图书馆制度历史很短,西学东渐后,西方的图书馆制度作为社会教育的工具,逐渐成为人们的要求。中国近代的图书馆制度也才逐渐脱离古代的藏书制度,在艰难的跋涉中产生。而阮元却在中国古代图书馆藏制度的完善上作了重要工作,为近代中国图书馆藏制度诞生作了一些量的酝酿,奠定了一定的基础,阮元的这些成绩,也是我们今天所应该注意的。

中国古代的藏书制度主要是从四个藏书源头发展而来。

其一是官方藏书,从史书记载,周代就有了国家藏书,并有了主管藏书的官吏"柱下史",以后又有了"金匮石室"这些用以藏图书档案的地方。历代政府都有专门的藏书制度、机构和人员。

其二是私人藏书,南宋叶梦得说:"孔子曰:仕而优则学,学而优则仕。古之君子未尝一日不学也。"[1]苏轼说:"自孔子,圣人其学必始于观书。"[2]自有图书典籍以来,有个人读书即会有私人藏书出现。所谓鲁恭王坏孔子宅得到大批古文书籍,秦博士伏生献所藏的今文《尚书》,即可见民间藏书之广泛。而每一次大的社会动乱,当国家的图书受到损失后,政府即要向民间收集图书,以补充国家藏书之不足。如历史上的遂初堂[3]、天一阁[4]、

---

[1] 叶梦得:《绸书阁记》,《石林居士建康集》卷四,北京市图书出版业,出版时间不详,影印本,第1a页。
[2] 苏轼《苏东坡全集》卷十一《李氏山房藏书记》。
[3] 遂初堂:为南宋尤袤的藏书室。
[4] 天一阁:为著名藏书家范氏藏书室,始于明代,历史悠久。阮元称:"海内藏书之家最久者,今惟宁波范氏天一阁独存。"

汲古阁①、爱日精庐②、传是楼，都是著名的私人藏书楼。

其三是书院藏书，中国的书院本起源于唐，但它仅为唐代文人修业、藏书之所，掌管搜求遗逸图书，校理典籍、撰集文章等。到了宋代初年，书院得到发展，著名的有白鹿洞、石鼓、应天、岳麓、嵩阳、茅山等六大书院。这些书院都藏有一定数目的图书，以供学子攻读。

其四是寺院藏书。寺院是宗教建筑，是供神像、作法事和僧众生活、学习的地方。由于它地处幽静，远离喧嚣，又有藏经阁，是寺院设置的专业图书馆。释、道藏经典，被称为释藏、道藏。我国有不少著名的寺院，有的已经有上千年的历史，这是保存图书典籍的好地方。

阮元本人也是一位著名的藏书家。他的一生学术经历，对于这四类藏书都有接触，而且作了大量的工作。他曾在内廷读了大量图书，又接触私人图书如范氏天一阁图书，对海宁书院、诂经精舍、学海堂等图书工作予以重视。但阮元贡献最大的当数对寺院藏书制度的建设。在阮元之前的明代，曾有过人议论，应当建立"儒藏"，但无人实行，更未建立完整的书藏制度。光绪年间的丁丙说："嘉庆十四年（1809年）阮文达抚浙时，推广教思无穷之意，立书藏于灵隐寺。十八年（1813年），督漕江上，又立焦山书藏，

---

① 汲古阁：明末常熟毛晋（1599—1659年）藏书阁名。藏书84000余册，多宋元刻本。
② 爱日精庐：系道光时昭文（今江苏常熟县）张金吾藏书室名。张金吾藏书80000余卷，曾取其中宋、元刻本及罕见新旧钞本，著《爱日精庐读书志》四十卷。

丁观察百川为治其事。文达并有记，刊于《揅经室文集》。"①阮元自己也记载说，建立"灵隐书藏"的起因是翁方纲提议，其《复初堂集》刻成后，藏一部于灵隐寺。时任浙江巡抚的阮元，与杭州的学界名流语及此事，复其议曰："史迁之书，藏之名山，副在京师，白少傅分藏其集于东林诸寺，孙洙得《古文苑》于佛龛，皆因宽闲远辟之地可传久也。今《复初》一集尚未成箱箧，盍使凡愿以所著所刊所写所藏之书藏灵隐者，皆裒之，其为藏也大矣！"阮元接受了这些学者的建议，建立了规模宏大的"灵隐书藏"，"盖缘始于《复初》诸集，而成诸君子立藏之议也"。②为此，他还订立了《书藏条例》如下：

一、送书入藏者，寺僧转一收到字票。
一、书不分部，惟以次第分号，收满"鹫"字号厨，再收"岭"字号厨。
一、印钤书面暨书首页，每本皆然。
一、每书或写书脑，或挂绵纸笺，以便查检。
一、守藏僧二人由盐运司月给香镫银六两。其送书来者或给以钱，则积之以为修书增厨之用。不给勿索。
一、书既入藏，不许复出。纵有翻阅之人，但在阁中，毋出阁门。寺僧有鬻借霉乱者，外人有携窃涂损者，皆究之。
一、印内及簿内部字之上分经、史、子、集填注之，疑者缺之。

---

① 丁丙：《焦山书藏书目》。
② 阮元：《杭州灵隐书藏记》，《揅经室集》（下）三集卷二，邓经元点校，第617页。

一、唐人诗内复"对天"二字,将来编为"后对""后天"二字。

一、守藏僧如出缺,由方丈秉公举明静谨细知文字之僧充补之。①

阮元于嘉庆十八年(1813年)所立的"焦山书藏",则与杭州灵隐书藏基本相同,惟增加了防火措施"灯火毋许近楼"。从以上可知,阮元所建立的书藏制度,对储藏、经费、管理、人员配备都作了比较详细的规定。尽管它仍然是以保存书籍为目的,但已经在开始萌芽近代图书馆的某些因素。

综观阮元的文献学思想、成就以及活动,我们发现他凭借着学者、官僚一身二任的有利条件,总结和发展了乾嘉学派整理文献的先进思想,积极进行着文献学的实践工作,大大地推动了我国古代文献的发展和传播。他以自己学术上的成就,无可争议地成了清代乾嘉学派的总结者,成为中国文献学史上一个重要人物。

---

① 阮元:《杭州灵隐书藏记》,《揅经室集》(下)三集卷二,邓经元点校,第617—618页。

第九章 科技思想

第一节 科学技术观念

阮元是我国清代天文学家和数学家,并在这些领域取得了重要成就,他在科学技术上的观念体现了转型期封建官僚的特点。面对西方资本主义先进文化,阮元一方面要保持其所谓"天朝大国,无所不有"之威严,认为西方的先进科学技术,中国是"早已有之";而另一方面,又不采取"闭关自守"的封闭政策,还能多少承认其进步,认为其有可用的地方。在中西文化交流冲突的特定时代中,通过对阮元这种看似矛盾态度的分析,恰恰可以帮助我们认识封建政权中一些头脑比较清醒的官僚们的思想特点。

首先,阮元在科学技术上的一个特点是"实用性"。表现为他"实事求是"的科学态度,对西方科学技术的某种容纳。

阮元称:"盖中西术其理则同,而立法则异。"[1]认为中西方

---

[1] 阮元:《李尚之传》,《揅经室集》(上)二集卷四,邓经元点校,第482页。

科学技术本质是一致的，但在思维方式上存在着某些差别。他在《畴人传》中记载陈万策所著的《中西算法异同》时，对中西算法进行了比较，他很赞成陈万策的看法：

> 古今之为算学者，自隶首商高而后，若刘徽、祖冲之、赵友钦、郭守敬之徒，皆精诣其术，及西法至，而其说又出于中法之外者。①

在此，他实事求是地承认了西方算学的先进性，敢于称"其说又出于中法之外者"，这在那些把清王朝视为世界的中央，大清朝皇帝应当俯视天下，"天朝大国，无所不有"的陈腐愚昧者面前，岂止是一个进步？

在论及西法与中国古法之差别时，阮元认为中法与西法，二者应当各有所长。如："夫中法言异乘同除，而西法总之四率，可谓异矣，而比例之理则同也。"又说：

> 至中法谓之勾股也用边；而西法谓之三角也用角，三边三角，可以互求。中法有不逮于西法者，则八线立成表是也，剖全圆而为半周，又剖为象限立切割弦矢之线，以成正方角，何尝非勾股与弦哉！其所以妙于中法者，用边之术，可以高深广远而已；用角之术，则本于天度，所以在璇玑而齐七政，亦无不具乎此！盖用边者斜剖之方；而用角者，剖心之圆。方者测地，而圆者并可以窥天也。方程之用，西法所无，而借根方之

---

① 阮元：《畴人传》（五）卷四十《陈万策》，第507页。

算，中法绝未有闻也。又比例数之表，不用乘除而并减，于平方立方三乘方以上之算尤捷焉，皆中法之所未有也。①

这样就把西方数学里的三角、解析几何、高次方的快捷运算等等，中国传统数学中所不具备的优点都讲清楚了，并且给予了实事求是的评价，主张中国学者应当向西法学习。

对西方科学的又一个先进认识是"惟求其是，不设成心"。如在对待西方历法问题上，他主张通过人们的实践进行检验，凡经证明正确者，就坚决采用。他说西方历算"用以测日月食不爽秒忽"时，因"其术验于天，即录而用之"。对西方来到中国的科技工作者，主张"用人行政，惟求其是，而不先设成心"。阮元对西方科学的这种进步认识，确实是当时一些死守祖宗家法，不思变革的人难望其项背的。当然，我们也不能将阮元的这种思想估计过高，他也不是全面无条件地接受西方科学技术。而且对明末徐光启完全接受西学的做法，对西历"盛行于世，历者莫不奉为俎豆"表示了异议。阮元称：

> 吾谓西历善矣，然以为测候精详可也，以为深知法意，未可也；循其理而求通，可也，安其误而不辨，不可也。②

阮元的这种态度，正表明了封建的东方文化与西方文化从矛盾冲突到逐渐消化接纳中的变化，反映了封建社会中一些头脑比较清

---

① 阮元：《畴人传》（五）卷四十《陈万策》，第507页。
② 阮元：《畴人传》（四）卷三四《王锡阐上》，第422页。

醒的官僚,在对西方科技问题上的实用主义思想。

对西方科技的实用主义,还表现在他对西方科学测量仪器先进性尤为重视,并且竭力在实际中推广运用。他在评论西人南怀仁说:

> 怀仁谓推步之学,未有略形器而可骤语精微者,斯言固不为无见也。西人熟于几何,故所制仪象极为精审,盖仪象精审,则测量真确,测量真确,则推步密合,西法之有验于天,实仪象有以先之也,不此之求,而徒骛乎钟律卦气之说,宜为彼之所窃笑哉![1]

阮元在这里不仅接受了西方科学,而且对中国传统的带有唯心主义色彩的卦气之说,表示了极大的反感。对西方传来的先进的机械和仪器,他都持欢迎态度。如对西方传来的自鸣钟、望远镜都大加称赞。他曾用望远镜来测月球与地球之间的距离,并在诗句《望远镜中望月歌》写道:

> 别有一球名曰月,影借日光作盈缺。
> 广寒玉兔尽空谈,搔首问天此何物?
> 吾思此亦地球耳,暗者为山明者水。
> 舟楫应行大海中,人民也在千山里。
> 昼夜当分十五日,我见月食彼日食。

---

[1] 阮元:《畴人传》(六)卷四五《南怀仁》,第595页。

若从月里望地球，也成明月金波色。①

还说："吾有五尺窥天筒。能见月光深浅白，能见日光不射红。"他通过测量地球与月球的距离后在其自注中说："地球大于月球四倍，地、月相距四十八万余里。"②把当时对人们还十分神秘的地球与月球都说得十分清楚，摆脱了封建社会对地、月的种种猜测，使自己对客观世界的认识比较实际和科学了。

对自鸣钟，他没有把它称为"奇技淫巧"，而是抱了一种接纳的态度。他通过对自鸣钟的拆卸，认真分析其原理后说：

自鸣钟以铁为卷，置铜鼓之中，捩之使屈其力，力由屈求伸，亦由重而渐减为轻也。钟凡二鼓，一鼓以记时，一鼓以击钟。记时之筒外缠绳，以夺第二塔轮之力。塔轮者，形如卧塔，所以受绳也。塔轮夺第三中心轮之力，记时之针，管乎中轮。中心轮夺第四直轮之力。直轮夺第五齿轮之力。若齿轮无物以节之，使齿声其数以渐退，则各轮之力不胜鼓中铁卷之力，砉然立解，其绳顷刻已尽，而其卷亦骤伸矣。故有悬锤往来摇动，藉以节之，与齿轮之齿相应，齿轮渐退，则四、三、二轮亦递退，绳渐解，而卷渐伸也。击钟之筒外缠绳，以夺第二塔轮之力。塔轮夺第三击轮之力。击轮者，外管击齿，内树杙，以动钟锤。第三击轮夺第四鸟头轮之力。第四鸟头轮夺第

---

① 阮元：《望远镜中望月歌》，《揅经室集》（下）四集诗卷十一，邓经元点校，第971—972页。
② 阮元：《望远镜中望月歌》，《揅经室集》（下）四集诗卷十一，邓经元点校，第972页。

> 五小轮之力。第五小轮夺第六风轮之力。若无风轮，使其力少重而滞于转，则其击钟也甚速无节矣。击钟之鼓，其机亦管乎时轮，时至则击齿卸，而鼓中铁卷之力伸矣。伸少者击少，伸多者击多，击毕则齿碍而关其力，以待后时。或以二铅锤代铁卷之力，则无两鼓。其为重学者益明。两鼓各轮皆合于二铜版。其合也，皆螺钉之力。其转也，皆轮之力。究其塔轮与铁卷，亦皆螺旋也。综其理，皆由重以减轻，故曰重学也。此制乃古刻漏之遗，非西洋所能独创也。①

阮元不仅体现为使用，而且在认真了解、分析其之所以先进的原理的同时，总结了"螺旋"和"重学"这两个理论，因此，在多方面显示了对西方科学实用性，特别注重对"为什么"的理论研究，这就为他以后的学者作出了一个榜样。

其次，阮元在科学技术上仍然不可避免地遗传有"天朝大国，无所不有"的保守性，表现出则是对西方科技的一种骄傲自大的态度，在这一点上他又具有封建官僚的共性。

阮元把西方学者来到中国，称为"来归""归化""纳贡"，有一副"王者"俯视天下的盲目自尊。如他在《畴人传》中的《汤若望传论》中评论说：

> 夫欧罗巴，极西之小国也，若望，小国之陪臣也，而其术验于天，即录而用之。我国家圣圣相传，用人行政，惟求其

---

① 阮元：《自鸣钟说》，《揅经室集》（下）三集卷五，邓经元点校，第700—701页。

是，而不先设成心，即是一端，可以仰见如天之度量矣。[1]

在阮元的心目中，清王朝的封建政权如"天"，他把清王朝置于中心地位。能采用他们带来的新科学，就是有"如天之度量"，就是对他们的恩泽。虽然阮元是能接受西方进步科学的，但这种态度则必然会带来他的局限性，因此，他对西方进步科学的评价也就摆脱不了这种精神桎梏。他在《利玛窦传论》中说：

自利玛窦入中国，西人接踵而至，其于天学者皆有所得。采而用之，此礼失求野之义也。而徐光启至谓利氏为今日之羲和，是何言之妄而敢耶？天文算数之学，吾中土讲明而切究者，代不乏人。自明季空谈性命，不务实学，而此业遂微。台官步勘天道，疏阔弥甚，于是西人起乘其衰，不得不骄然自异矣。然则但可云明之算家不如泰西，不得云古人皆不如泰西也。我国家右文尊道，六艺昌明，若吴江王氏，宣城梅氏皆精于数学，实能尽得西法之长而匡所不逮。至休宁戴东原先生发明《五曹》《孙子》等经，而古算学明矣。嘉定钱竹汀先生著《二十二史考异》详论《三统》《四分》以来诸家之法术，而古推步学又明矣。学者苟能综二千年来相传之步算诸书，一一取而研究之，则知吾中土之法精微深妙，有非西人所能及者。彼不读古书，谬云西法胜于中法，是盖但知西法而已，安知所谓古法哉！[2]

---

[1] 阮元：《畴人传》（六）卷四五《汤若望》，第589页。
[2] 阮元：《畴人传》（六）卷四四《利玛窦》，第568页。

阮元在《自鸣钟说》中又谈道：

> 自鸣钟来自西洋，其制出于自古之漏刻。《小学绀珠》载薛季宣云："晷漏有四，曰铜壶，曰香篆，曰圭表，曰辊弹。"元谓辊弹即自鸣钟之制，宋以前本有之，失其传耳。……此制古刻漏之遗，非西洋所能独创也。[①]

阮元特别强调的是，中国古代的天文步算，"有非西人所能及者"。西方的很多东西在中国都是"早已有之"，而落后原因，也仅仅从明代学风空疏时才开始出现。要学习西方的科学技术，首先应当正本清源，特别应当了解中国古老科学的历史，认识中国科学家自己的成果，"实能尽得西法之长而匡所不逮"。应当说，阮元的有些话是说得有道理的，但他不理解产生于封建社会的天文历算，是不可能与产生于资本主义的天文历算所抗衡的，因为这是属于两个不同的历史阶段。阮元一方面要主张学习西法，在同时代官僚中显示了其对科学认识的进步性。而另一方面又有所谓"天朝大国"的盲目自尊，维护封建王朝千古不变之政体，这就反映了其学习西学思想的保守性一面。

阮元谈到中西历法差异时，其有些分析也是符合实际的。他在《汤若望传论》中说道：

[①] 阮元：《自鸣钟说》，《揅经室集》（下）三集卷五，邓经元点校，第700—701页。

若望以四十二事表西法之异，证中术之疏，由是习于西说者，咸谓西人之学，非中土之所能及。然元尝博观史志，综览天文算术家言，而知新法亦集合古今之长而为之，非彼中人所能独创也。如地为圆体，则《曾子》十篇中已言之，太阳高卑，与考灵曜地有四游之说合，蒙气有差，即姜岌地有游气之论，诸曜异天，即郤萌不附天体之说。凡此之等，安知非出于中国？如借根方之本为东来法乎！盖步算之道，必后胜于前，有故可求，则修改易善。古法之所以疏者，汉魏之术，冀合图谶；唐宋之术，拘泥演撰，天事微眇，而徒欲以算术缀之，无惑乎其术之未久辄差也。至授时而去积年历法不用，一一凭诸实测，其于天道已能渐近自然。然则由授时而加精，不得不密于前代矣。彼西人者幸值其时耳。使生于授时以前，则其术必不能如今日之密。唐之九执，元之万年可证也。且西术之密，亦密于今耳，必不能将来永用无复差忒，小轮之法旋改椭圆，可见也。世有郭守敬其人，诚能遍通古今推步之法，亲验七政运行之故，精益求精，期于至当，则其造诣当必有出于西人之上者。①

阮元在此认真分析了中西历法之间的差异，反映了他进步的科技思想。他的这些看法，在《畴人传》和其他著作中同样也有所反映。具体地讲他有这样几个观点：

其一，他认为"西法"是比较精密的。汤若望以四十二事表西法之异，这四十二事，从地球的经纬度、天体的运行、节气的变化

---

① 阮元：《畴人传》（六）卷四五《汤若望》，第589页。

等谈起,基本上把西方的现代天文学、地理学的知识传播开了。西法的先进,是由于时代使之而然,是总结了前代的成果而形成的,即所谓"幸值其时耳"。

其二,明清时期所传来的"西法",绝非西人所独创,乃"集合古今之长而为之",从史书上考察,中国古代学者早就在这方面有了认识。西方人的成绩,甚至本身可能就是从中国传到西方去的。他说:"大约古人立一法必有一理,详于法而不著其理,理具法中,好学深思者,自能力索而得之也。西人窃取其意,岂能越其范围,就彼所命创始者,事不过如此,此其大略可观矣。"①主张对西方科学技术的吸收,当与中国已有的科学技术相结合。

其三,在事实上承认了中国的历法和西方的差距,中国古法"之所以疏者,汉魏之术,冀合图谶;唐宋之术,拘泥演撰,天事微眇,而徒欲以算术缀之无惑乎,其术之末久辄差也"。只要"遍通古今推步之法,亲验七政运行之故,精益求精,期于至当,则其造诣当必有出于西人之上者"。这就反映了中国封建官僚们认识了西学先进性时,又表现得羞羞答答的样子。

阮元的这些观点,自然比不上他的前辈徐光启。但是,在清王朝铁桶般的思想禁锢中,又比那些闭目无视西学先进性者大大前进了一步。由于历史的局限,中国封建官僚们,即便是其中的一些清醒者,也很难脱离这个历史悲剧。使得他们面对先进的西方科学显示某种包容性的同时,又不可避免地表现出某种保守性。

阮元在科技思想上的第三个特点是其发展性。阮元推崇中国古代的科学技术,认为中国古代的科学技术走在了世界的前面,这是

---

① 阮元:《畴人传》(四)卷三五《王锡阐下》,第439页。

不能有丝毫怀疑的。但是，他又认为科学应当是不断发展的，到了明代，中国的科学技术，特别是天文步算，确实又落后了，这就反映了他"实事求是"的学术思想。

世界著名的科学史专家李约瑟曾经说过："在第一至第十五世纪，中国文明在把自然知识应用于人类实践需要方面，要比西方高明得多。"[1]只是由于14、15世纪后，中国与伽利略时代的近代科学相比，才开始落后于世界。阮元也清楚地看到这一点。他认为中国的科学技术"自明季空谈性命，不务实学，而此业遂微"。但只要"推明古训、实事求是"，"一一凭诸实测"，则"其于天道，已能渐近自然"。就能"尽得西法之长而匡所不逮"。这一点上，他的发展观点具有一定的进步性。

以天文历算为例，他说："盖步算之道，必后胜于前，有故可求，则修改易善。"[2]而新历法的产生，是随着时代的前进，科学技术的进步而产生的，是时代发展的必然。他评价西方先进历法的产生时说：

彼西人者幸值其时耳。使生于授时以前，则其术必不能如今日之密。唐之九执，元之万年可证也。且西术之密，亦密于今耳，必不能将来永用无复差忒，小轮之法旋改椭圆，可见也。[3]

---

[1] 李约瑟：《东西方的科学与社会》，M.戈德史密斯、A.L.马凯主编《科学的科学——技术时代的社会》，赵红州、蒋国华译，科学出版社，1985，第148页。
[2] 阮元：《畴人传》（六）卷四五《汤若望》，第589页。
[3] 阮元：《畴人传》（六）卷四五《汤若望》，第589页。

即便是当时西方比较先进的历法,也会随着时间的推移,而发生差异,也会不断地发展进步的。

阮元认为:"盖中西术其理则同,而立法则异。"①即古法与西法是殊途同归、异行均义,最终的完善,应当兼得中西之长。他在《里堂算学记序》中说道:

> 元思天文算学,至今日而大备,而谈西学者辄诋古法为粗疏不足道,于是中西两家遂多异同之论。然元尝稽考算氏之遗文,泛览欧罗之述作,而知夫中之与西,枝条虽分,而本干则一也。如地为圆体,则《曾子》十篇中已言之。七政各有本天,与郗萌日月不附天体之说相合。月食入于地景,与张衡蔽于地之说不别。熊三拔简平仪说寓浑于平,而崔灵恩已立义以浑盖为一矣。的谷四方行测创蒙气反光之差,而姜岌已云有游气蒙蒙四合矣。然中之与西,不同者其名,而同者其实。乃强生畛域,安所习而毁所不见,何其陋欤?②

而阮元称赞焦循说:"里堂会通两家之长,不主一偏之见。于古法穿穴十经,研求三数,而折中乎刘氏徽之注《九章》。西法随事立说,阐其隐秘。……今里堂之说算,不屑屑举夫数而数之精,意无不包,简而不遗,典而有则,……"阮元的这些观点,多少反映了他在科学技术上的唯物主义思想。他《望远镜中望月歌》中

---

① 阮元:《李尚之传》,《揅经室集》(上)二集卷四,邓经元点校,第482页。
② 阮元:《里堂算学记序》,《揅经室集》(下)三集卷五,邓经元点校,第682页。

写道：

> 邹衍善谈且勿空，吾有五尺窥天筒。
> 能见月光深浅白，能见日光不射红。
> 见月不似寻常小，平处如波高处岛。
> 许多泡影生魄边，大珠小珠光皎皎。
> 月中人性当清灵，也看恒星同五星。
> 也有畴人好子弟，抽镜窥吾明月形。
> 相窥彼此不相见，同是团圆光一片。
> 彼中镜子若更精，吴刚竟可窥吾面。
> 吾与吴刚隔两洲，海波尽处谁能舟？
> 羲和敲日照双月，分出大小玻璃球。
> 吾从四十万里外，多加明月三分秋。[1]

阮元把邹衍的理论和现实的观察结合起来，显示了科学的进步与发展。并预想天外智能人也像地球人一样，在窥探地球的秘密。这些与众不同的观点，无疑是进步的。

中国的传统文化与西方近代文化的碰撞，经历了一个冲击与反应，引进与拒绝，吸收与融合的漫长过程。在中华民族和中国人民反抗外国侵略和封建压迫的斗争中，逐渐产生了新的政治、经济力量和新的文化形态。阮元则是这种中国的传统文化与西方近代文化碰撞过程中，封建政权中的一个采取实用主义态度的重要人物。

---

[1] 阮元：《望远镜中望月歌》，《揅经室集》（下）四集诗卷十一，邓经元点校，第972页。

其态度就是"推明古训"和"实事求是"。他认为：中国的古法必须无条件地继承，西方的技术可以学习，西方的观念绝不能接受。他的科技思想和对待西方科技思想的态度，也对当时和后来的社会产生了重要的影响。

数十年后，由于外国资本主义的入侵，中国社会出现了巨大的危机，社会思想发生了天崩地坼的变动，"中学为体、西学为用"的思想也就应时而生。从魏源的"师夷长技以制夷"，到1861年，冯桂芬在《校邠庐抗议》中提出中国要强大，应当以"中国之伦常名教为原本，辅以诸国富强之术"。要广泛地"采西学"，因为西学中的"算学、重学、视学、光学、化学等皆格物至理。舆地书备列百国山川厄塞风土物产，多中人所不及"。继之冯桂芬的是薛福成，1865年，他在曾国藩的幕府中筹备海防事宜时就指出"防之有策，有体有用。言其体，则必修政刑、厚风俗、植贤才、变旧法、祛积弊、养民练兵、通商惠工"。[①]从阮元在面对西方文化时的态度，及西方文化在社会历史上产生的重要影响来分析，我们可以找到近代史上洋务派"中学为体，西学为用"思想诞生的暖床。

第二节　科学技术成就

中国古代相当多的知识分子，长期信奉的是"劳心者治人，劳力者治于人"。一般只习惯于所谓"纸上谈兵"的理论研究，而不大习惯于亲自动手的"实践操作"。阮元不同于清代社会的其他官

[①] 薛福成：《上曾相书》，《薛福成选集》，上海人民出版社，1987，第23页。

僚的特点是,他不仅对科技有一定的理论研究,而且有一定的实践兴趣。在封闭的封建王朝中,他敢于透过紧闭的门户去摸索、去寻找那可能出现的一点点亮光。因此,在科学技术的推广与应用上,他都带来了一些新的气象,其主要成绩有以下几个方面。

一、钻研科学理论

阮元在研究了西学后,得出了一个重要的结论,说:"大约古人立一法必有一理,详于法而不著其理,理具法中,好学深思者,自能力索而得之也。西人窃取其意,岂能越其范围,就彼所命创始者,事不过如此,此其大略可观矣。"[①]因此,古人的立"一法",是根据一定的科学原理制定。如果排除阮元时的"中学"和"西学"是两个不同的社会发展阶段而不能相比外,那么,中国古学和近代西学,二者确实是存在着理论思维上的差别。中国古学,往往只偏重"是什么"实际结论,缺乏"为什么"的理论探讨。甚至有已经涉足某一重大领域,但就缺乏进一步的理论研究,而使重大理论成就与我国科学家失之交臂。展开这一页页历史,这就成了后学们仰天长嗟的一个个话题。

以中国古代算学的勾股定理为例,阮元曾说:

> 至中法谓之勾股也用边;而西法谓之三角也用角,三边三角,可以互求。中法有不逮于西法者,则八线立成表是也,剖全圆而为半周,又剖为象限立切割弦矢之线,以成正方角,何

[①] 阮元:《畴人传》(四)卷三五《王锡阐下》,第439页。

尝非勾股与弦哉！①

"中法之勾股"实际上从一个角度已经涉及三角形的边角关系，但它仅仅是从"边"的关系上说清楚，而西学就从"角"的这样一个角度出发，使三边三角可以互求，从而使数学中"三角"这样一门科学应运而生，形成了一个完整的体系。"三角"这门数学学科的诞生，就说明了中、西两种不同的理论思维方式，即阮元所说的"中法有不逮于西法者"。能从这样一个角度来思考中国和西方科学的差距，可以说，对于中国人如何认识自己，是一个了不起的进步。

中国古代的科学发明不少，特别是《天工开物》《农政全书》与《本草纲目》，更是中国古代科学技术的集大成之作。这三部书的作者宋应星、徐光启、李时珍，都是中国16、17世纪的大科学家。他们以特殊的方式参预了16、17世纪那场全球性科学技术的复兴运动。以《天工开物》为例，这部宏大的实用性科技著作，被称为中国古代实用技术的百科全书。著名的英国科学家李约瑟在多卷本的《中国科学技术史》中，大量引用了这些书中所列的实用技术。但正如阮元所说的那样，中国是"详于法而不著其理"，这种思维方式和做法，故使中国古法"有不逮于西法者"。阮元在实际操作中，着手纠正我国古代科技的这些弊病，并在这方面取得了重要成果。

如对西方传来的自鸣钟，他将其进行了认真的解剖、分析，他认为："自鸣钟以铁为卷，置铜鼓之中，掠之使屈其力，力由

---

① 阮元：《畴人传》（五）卷四十《陈万策》，第507页。

曲求伸，亦由重而渐减为轻也。"最后得出一个重要的结论是："西洋之制器也，其精者曰重学。重学者，以重轻为学术，凡奇器皆出乎此。而其作重学以为用者，曰轮、曰螺，是以自鸣钟之理则重学也，其用则轮也，螺也。"这就把机械原理中的轮轴、螺旋等原理，和以弹簧伸屈为动力的所谓"重学"理论的这些特点探索清楚，使中国人开始对西方的科学问一个"为什么"，他在理论研究上已经走在了同时代人的前面。而近代史上向西方学习的学者，也把阮元提出的"重学"，作为应当向西方学习的一个重要理论。

二、宣传科学理论

我们曾经谈到，阮元在文献学方面的重要成就之一，就是汇刻了大量图书，传播了历史文献。如前所述，阮元是一个著名的科学家，在科学理论上有很深的造诣，同时他在学术界也有很多朋友。如李锐、焦循、凌廷堪三人都是著名的学者，他们在天文历算上都有重要的成就，被当时学界誉为"谈天三友"。凌廷堪是阮元一生中最为得益的朋友，被朱珪誉为"君才富江、戴"。阮元称其为"博览强记、识力精卓、贯通群经"。李锐是著名的科学家，精天文步算，解答了许多古代遗留下来的算学问题。阮元在撰《畴人传》时，与之共商榷者为多。焦循是他的族姐夫，是一位无学不通的大学者。而阮元与他们都有很深的交往。对他们的著作和成就，阮元都给予了宣传。

中国古老的数学一直在人类发展史上处于先进地位，有很多光辉的成就。由于种种原因，"土生土产的中国数学便被埋入坟墓中，直到晚近，重视整理科学遗产的梅毂成及他的继承者才使它复活过来"。[1]阮元也说:"数为六艺之一。而广其用,则天地之纲纪,群伦之统系也。天与星辰之高远,非数无以效其灵。地域之广轮,非数无以步其极。世事之纠纷繁颐,非数无以提其要。通天地人之道曰儒,孰谓儒者而可以不知数乎!"[2]清代不少学者不仅通文,而且精于数学。如果没有起码的数学知识,要读通他们的文集是有困难的。被誉为"谈天三友"之一的焦循,就是清代在数学上作出了重要贡献的学者。焦循与阮元"少同游,长同学",时年25岁之时,其青少年时期最亲密的学友顾凤毛,曾以《梅氏丛书》相赠,并称:"君善苦思,可卒业于此。"这就成了其用力于算学之始。一年后,仅比焦循大一岁的顾凤毛不幸逝世,不辜负亡友的嘱托,是其在数学钻研上取得重要成绩的动力。

焦循在数学研究中得中西之秘,整理、校注和复活了许多古代算书,在数学史上有重要的地位。他所著的《里堂算学记》5种,含《加减乘除释》8卷、《天元一释》2卷、《释弧》3卷、《释轮》2卷、《释椭》1卷。此外,还有《开方通释》以及《孙子算经注》《乘方释例》等。其中对"天元术"的研究很深,并能用浅显的语言进行阐述,具有重要的贡献。(案:天元术为古代算法名,本古代的九章方程,相当于今天代数中的方程式解法,为中国古代算学独立之利器也。)焦循对刘徽之注《九章算术》评价极高,称之为许慎之撰《说文解字》,讲"六书"者,不能舍许氏之书;讲"九章"者,亦不能舍刘氏之书,其评价可谓高矣。所作《加减乘

---

[1] 李约瑟:《中国科学技术史》第三卷,《中国科学技术史》翻译小组译,科学出版社,1978,第382页。

[2] 阮元:《里堂算学记序》,《揅经室集》(下)三集卷五,邓经元点校,第681页。

除释》8卷，黄承吉称赞说："凡弧矢之相求，正负之相得，方员凸凹之异形，齐同比例之殊制，靡不充列其纲，次疏其目，俾学者可以穷源以知流，揣本而齐末……里堂之书，殆《周髀》以来诸书之统记，不独刘氏之功臣也。"[1]其《乘方释例》与《开方通释》互为表里，盖今世所谓二项式定理之初步也。根据梅文鼎对弧、三角和戴震对勾股割圆的研究，焦循进一步研究写成《释弧》3卷，钱大昕称之为："理无不包，法无不备。"[2]焦循就所著《里堂算学记》请教对数学很有造诣的阮元，阮元称："是书会通中西两家之长，不主一偏之见。""不屑屑举夫数而数之精，意无不包，简而不遗，典而有则"。并评价说："吾乡通天文算学者，国朝以来惟泰州陈编修厚耀最精。今里堂之学，似有过之而无不及也。"[3]这样，通过阮元的宣传，极大地扩大了中西天文步算的影响。

在传播科学方面，阮元注意博访古算逸书，以广学术的传布。如金、元时期李冶的《测圆海镜》《益古演段》，这是两部极有价值的天算书籍。阮元访得此书后，即命著名的科学家李锐和焦循校勘付梓，广为传布。阮元又给著名的学者凌廷堪、李锐、焦循立传，宣传他们的成果。另一方面，阮元又在学海堂的教学中加入了天文步算的学习，还把西方的天算之学作为一项研学的内容，这就从客观上培养了中国的科学技术人才。

更是值得一提的是，阮元为总结我国古代的天算成就，编辑

---

[1] 黄承吉：《焦里堂加减乘除释序》，《梦陔堂文集》卷五，第1b页。
[2] 李元度：《国朝先正事略》（上册）卷三十四《焦里堂先生事略》，易梦醇点校，第960页。
[3] 阮元：《里堂算学记序》，《揅经室集》（下）三集卷五，邓经元点校，第682页。

了中国历史上第一部科学家传记《畴人传》。是书掇拾史书，荟萃群籍，成《畴人传》46卷，凡得200余人。所录的这些人中，囊括了古今中外的天算学者。是书出后，清代学者通经兼明算者十有六七，产生了一股古代天文步算的复兴高潮，这和阮元的提倡之功是分不开的。阮元即通过这些工作，宣传了中外的科学理论，做了十分有意义的工作。

三、实践科学理论

阮元不仅是一个科技理论的研究者，而且是一个科学理论的实践者。他善于把科学理论运用于实践，转化到实际的社会生产中去。

数学是一门古老的科学，阮元称："数为六艺之一。而广其用，则天地之纲纪，群伦之统系也。天与星辰之高远，非数无以效其灵。地域之广轮，非数无以步其极。世事之纠纷繁颐，非数无以提其要。通天地人之道曰儒，孰谓儒者而可以不知数乎！"[①]但是如何把数学运用于生活实践，则是一个从古到今学者们时刻思考的问题。阮元在担任八省漕运总督时，每年应过盘算者达5000船，而每船10余舱，舱载米数十石至百石不相等。而计算之法极不准确，甚至连漕运总督自己也觉得"未尽明也"。他根据自己掌握的数学知识，对这种计量方法给予了改进。

> 今余以部颁铁斛较准一石米，立为六面相同之立方形，即

---

① 阮元：《里堂算学记序》，《揅经室集》（下）三集卷五，邓经元点校，第681页。

命其一面之宽，长为一尺，是以平方之一面分十条为十尺，每尺一升也，又分一条为十寸，每寸一合，连十合为一条，得一升，排十条为一面平方，一层得一斗，再叠平方一尺一斗者十层，即得立方形为一石。此理易明，人所共晓也。即用此尺以量粮船，得其宽、长二数，初乘之，得丈尺寸分之数，再以初乘之数与深者之数乘之，得丈尺寸分之数，是此再乘所得之丈尺寸分之数，即米之石斗升合之数，故较旧法捷省一半，简便易晓也。①

阮元认为这种"铺地锦"乘法画界填数，"但用纸笔，不用珠盘，则笔笔具存，勿能改变"。总漕可以有能实知其多实知其少之据，而下属亦不敢从中作弊。这就把科学运用于实践，取得了管理上的效益。

如嘉庆五年，他在浙江任巡抚时，获得西方先进武器武装的安南海匪扰乱闽浙边境，阮元对所缴获的海匪先进武器"蝴蝶炮"进行了认真的研究，并仿造用以武装部队，取得了良好的效果。史载：

> 嘉庆五年，余破安南夷寇于浙江台州之松门，获其军器，其炮重数千斤者甚多，其铜炮子圆径四五寸。又有蝴蝶炮子，战时得之，其子以两半圆空铜壳合为圆球之形，两壳之中以铜索二尺连缀不离蟠，其索纳入两壳而合之，熔铅灌之，铅凝而球坚矣。以球入炮，炮发球出，铅熔壳开，索连之飞舞而去，

---

① 阮元：《粮船量米捷法说》，《揅经室集》（下）三集卷二，邓经元点校，第612页。阮元自注："铺地锦法"载方中通度数衍内。

凡遇战船高樯帆索无不破断者矣。余仿其式造之，甚良。[①]

另外，嘉庆年间，浙江海匪猖獗，他们利用高大快速的海船，严重地骚扰了沿海人民的安定生活。阮元利用投降艇船，认真研究，"仿样制造"，"因于杭州、宁波、温州，设冶局，铸锻大炮四百余门"。又在沿海建造炮台，很快增强了沿海的防卫力量。同时，还把科技知识运用于民生。在浙江、广东用于水利兴建；合理地运用水资源，在漕运时运用于粮船的航运；在江西制造红船（一种快船），方便于赣江和鄱阳湖上的交通；利用望远镜观察月球，测月地之间的距离；运用西方传来的自鸣钟，研究其工作原理；利用西方传来的数学理论，解决数学中的疑难问题。这一系列的科技实践，都取得了明显的成效，对一个封建大官僚来讲，实在是十分难得的。

在科学实践中，他特别注重对科学人才的培养。在他所兴办的学校中，注意把这些思想体现在教育中，表现在倡导对西方科学技术的认真学习与研究。他在《学海堂策问》中向学生提问说：

今大、小西洋之历法来至中国在于何时？所由何路？小西洋即今港脚等国，在今回疆之南，古天竺等处。元之《回回历》是否如明《大西洋新法》之由广东海舶而来？大、小西洋之法，自必亦如中国之由疏而密，但孰先孰后？孰密孰疏？其创始造历由今上溯若干年？准中国之何代何年？西法言依巴谷

[①] 阮元：《记蝴蝶炮子》，《揅经室集》（下）三集卷二，邓经元点校，第628—629页。

在汉武帝、周显王时,确否?六朝番舶已与广东相通,故达摩得入中国。中国汉郄萌已有诸曜不附天之说,后秦姜岌已有游气之论,宋何承天立强弱二率,齐祖冲之立岁差等法,皆比汉为密,与明来之《大西洋新法》相合,是皆在达摩未入中国前也。至于唐时市舶与西洋各国往来更熟,元之《回回法》,明之《大西洋新法》如是古法,何以不来于唐《九执法》之前?《九执法》又自何来?且西洋又何以名借根方为东来法也?其考证之。①

通过这些研究,使学生对西方科学知识,对中国科学史有了一定的了解和认识,对培养科技人才,普及科学知识,作了重要的工作。就在这些科学实践中,走出了一条新路。

总之,阮元的科技思想和科技成就中,对先进的科技理论与知识的钻研,绝不仅仅满足于了解,而且着重于实践知识的运用,在推广科技方面也作出了一定的成就,这就成为他高出同时期学者一筹的地方。

第三节 第一部科学家传记——《畴人传》

梁启超说:"史学者,学问之最博大而最切要者也,国民之明镜也,爱国心之源泉也。今日欧州民族主义所以发达,列国所

---

① 阮元:《学海堂策问》,《揅经室集》(下)续集卷三,邓经元点校,第1067—1068页。

以日进文明,史学之功居其半焉。"[1]史学是人类经验和智慧的宝库。它不仅仅是简单的过去了的事情,而是和现实生活息息相关,对社会实践和生产实践都有深刻的借鉴作用。阮元所编纂的《畴人传》,被称为"天下奇书"。是书阐明天文算学的源流,开拓了中国编撰科技史的历史,具有重要的意义。

阮元所编纂的《畴人传》初编,辑录了从黄帝到清中叶的中国天文、数学家243人,西方天文数学家37人,凡280人。此编创始于乾隆六十年(1795年),完稿于嘉庆四年(1799年)。是书的材料来源,主要是摘录二十四史、四库全书子部天文算法类的记载,外加自己的所见所闻。著者在为天文、数学家列传时,只介绍传主的姓名、乡里以及所处时代,天文算学论著及其成就,与此无关的则一律不收,保持了很强的专业性。并注意对史料的科学抉择,特别注意和唯心主义思想划清界限,剔除了史料中那些有象数神秘色彩的材料。每篇传记里都注明了材料的来源,便于读者检阅。对所引史料有不同见解或补充说明时,均在该篇传后加以评述。阮元慨叹于当时"九九之术,俗儒鄙不之讲"的学风,在他看来"数术穷天地,制作侔造化,儒者之学,斯为大矣"。并称其编纂《畴人传》的目的是,"综算氏之大名,记步天之正规,质之艺林,以谂来学",所以"掇拾史书,荟萃群籍,甄而录之,以为列传"。[2]阮元此书之所以奇特,就在于它有以下重要特点。

首先,《畴人传》一书为我国科技史的滥觞,对乾嘉学术从科技上给予了总结。阮元作为乾嘉学术的总结者,在科学技术、特别

---

[1] 梁启超:《新史学》,梁启超著,李华兴、吴嘉勋编《梁启超选集》,上海人民出版社,第277页。

[2] 阮元:《畴人传序》,《畴人传》(一)卷首,第1页。

是天文历算学上有很深的研究。《畴人传》的问世，也从天文历算学方面确立了阮元作为乾嘉学术殿军的地位。

天文历算学，在中国具有悠久的历史，在清代学术界占有极为重要的位置。梁启超说：

> 历算学在中国发达盖甚早。六朝唐以来，学校以之课士，科举以之取士；学者于其理与法，殆童而习焉。宋元两朝名家辈出，斯学称盛。明代，心宗与文士交哄，凡百实学，悉见鄙夷，及其末叶，始生反动。入清，则学尚专门，万流骈进，历算一科，旧学新知，迭相摩荡，其所树立乃斐然矣。[①]

历史的发展，需要人们对中国的天文历算学进行总结，时代正呼唤着一部中国科技史的出现。正是在这一历史背景下，阮元写成了《畴人传》，开始了这一有重大意义的工作。其后，编纂了《畴人传》三编的诸可宝对是书价值评价说：

> 自勿庵兴，而算学之术显；东原起，而算学之道尊；仪征太傅出，而算学之源流传习，始得专书。昔河间纪文达公淹通经籍，人疑其不自著书，则但曰："毕生精力备见于《四库书目提要》已。"吾谓仪征公于算学亦然。非必他有著述而后成一家言也。言不朽之盛业，孰有大于《畴人传》者乎？又岂屑屑焉与曲艺自矜者校尺寸之寴率，絜短长于迹象乎？然则仪征

---

① 梁启超：《梁启超论清史学二种·中国近三百年学术史》，朱维铮校注，第481页。

之有功艺苑,与河间将毋同!①

诸称"仪征太傅出,而算学之源流传习,始得专书"。"言不朽之盛业,孰有大于《畴人传》者乎"?此谓其后学对这部科技专史的高度评价。中国近代史上高呼"史界革命"的梁启超,曾对中国古代的史书大加否定,称为:"汗牛充栋之史书,皆如腊人院之偶像,毫无生气,读之徒费脑力。是中国之史,非益民智之具,而耗民智之具也。"②尽管这样,他对《畴人传》一书,还是给予了比较肯定的评价。他称:"文学美术等宜有专史久矣,至竟阙然。无已,则姑举其类似者数书。一、阮芸台之《畴人传》四十六卷,罗茗香士琳《续畴人传》六卷,诸可宝之《畴人传三编》七卷,详述历代天算渊源流别。"③这就给予了《畴人传》这部中国历史上的第一部科学家传记恰当的定位。

其次,开创了中国科技史的体例,为后学编撰科技史提出了新的课题。《畴人传》是一部以人物为中心,用纪传体体裁,记载从上古到清代的天文学家和数学家,叙述其生平事迹和科学成就的历史著作。

阮元撰写《畴人传》,其体例实际上是黄宗羲《明儒学案》体例的一个蜕变,与《明儒学案》有不少相近的地方。梁启超说:"黄梨洲著《明儒学案》,史家未曾有之盛业也。中国数千年惟

---

① 诸可宝语载《畴人传》三编卷三。
② 梁启超:《新史学》,梁启超著、李华兴、吴嘉勋编《梁启超选集》,第280页。
③ 梁启超:《梁启超论清史学二种·中国近三百年学术史》,朱维铮校注,第438页。

有政治史，而其他一无所闻。梨洲乃创为学史之格，使后人能师其意，则中国文学史可作也，中国种族史可作也，中国财富史可作也，中国宗教史可作也。诸类此者，其数何限！"[1]梁氏还以此书为由，称梨洲为中国古代史学史上有创见的六位史学家之一。[2]就阮元本人来说，他对黄宗羲的学问十分敬重，在《畴人传》中称其"博览群书，兼通步算"，是浙东学派的前辈。从编书的宗旨而言，也有《明儒学案》的启迪之功。二者具有一定的渊源。

从体例上研究，《畴人传》的体例不仅具有与《明儒学案》相近似的地方，同时，也糅合了纪传体史书的某些特点。

首先是确定了以人物为中心的纪事体例。全书共四十六卷，辑录了从黄帝到清中期的天文学家、数学家243人，西方天文学家37人，凡280人。并简要介绍其生平、籍贯，罗列其学术成就和贡献，特详于诸家学说要旨及天文仪器制度。读之，纲举目张，条理非常清楚，可以使读者清楚地了解中国古代天文历算的发展源流。

其二，是书着重从整理史料着手，介绍天文学家和数学家的论著及成就。在材料的处理上，反映了编者严谨的治学态度。凡所辑录学者的观点，都要一一注明出处；凡以星象占验吉凶，或事涉荒诞者概不录。由于作者对这些科学家成就都有很深的研究，因此，

---

[1] 梁启超：《新史学》，梁启超著，李华兴、吴嘉勋编《梁启超选集》，第282页。

[2] 梁启超在《中国之旧史》称："细数中国二千年来史家，稍有创作之才者，惟六人：一曰太史公，诚史界之造物主也。……二曰杜君卿。《通典》之作，不纪事而纪制度。……三曰郑渔仲。夹祭之识，卓绝千古，而史才不足以称之。……四曰司马温公。……五曰袁枢。……六曰黄梨洲。……"参见梁启超《新史学》，梁启超著，李华兴、吴嘉勋编《梁启超选集》，第281—282页。

在材料的选择上都比较精审,且具有代表性,显示了很强的宏观驾驭能力。其叙述又简明扼要,间有己见,能比较全面地反映了传主在天文历算上的学术成就。

其三,是书兼容并包,显示了史学家的博大气象。它不仅介绍了清代的天算学家,而且,对古代的天算学家,对外国的天算学家,都根据朝代的先后给予了介绍。如西方的默冬、依巴谷、多禄某、哥白尼、亚尔巴德、第谷等,以及把西方历算介绍到中国来的如利玛窦、汤若望、熊三拔等在天文历算方面的成就都一一写出,比较系统地介绍了中外天文历算的成就。这样,在中西文化发生碰撞的时代,是书为中国消化西方科学文化作了一定的工作。

其四,是书反映了著者的史识。能选择"畴人传"这样一个课题来研究,留下了这样一本奇书传世,本身就反映了阮元的卓越识见。编者还在书中不少的重要人物的传后间加评论,这些"传论"语言精练,同样也反映阮元杰出的史识。章学诚说:"才、学、识三者,得一不易,而兼三尤难。千古多文人而少良史,职是故也。"又称:"史所贵者义也,而所具者事,所凭者文也。"且"非识无以断其义,非才无以善其文,非学无以练其事"。①无论从阮元编纂《畴人传》的目的"综算氏之大名,记步天之正规,质之艺林,以谂来学"来考察;还是从《畴人传》书中"善别裁"所反映编者的观点来分析;特别是在对所引史料有不同的见解时,或需要补充说明时,在该篇传记后所加以评述的"传论",更是可以看出阮元在编纂我国第一部科技史中所具有的史识。

---

① 章学诚:《文史通义》卷三,刘知几、章学诚:《史通·文史通义》,第66页。

自《畴人传》一书出后，流风所被，100年间（1799—1898年），竟有三次续补。罗士琳（1789—1853年）继阮元之后，搜集其未收资料，于道光二十年（1840年）编撰了《畴人传续编》六卷。是书仍仿其体例，对畴人各自立传。补遗了宋朝的杨辉，金代的元好问，元朝的蒋周、朱世杰、赵诚，清代的明安图、陈际新、张肱、孔广森、博启、许如兰、陈懋龄等；续补清代钱大昕、凌廷堪、李潢、程瑶田等25人。计收《补遗》12人，《附见》5人，《续补》20人，《附见》7人，共44篇。第二次，清光绪十二年（1886年）诸可宝又编撰了《畴人传三编》7卷，第一、二卷补遗从清初到《续编》（1840年）以前已故的天算学者30人，附见22人；第三、四、五、六卷续记1840年后已故的天算学者31人，附见27；第七卷记有女性畴人2人，附录西方11人，附见4人，附记东洋又1人，总128人。第三次是光绪二十四年（1898年），湖南澧州人黄钟骏父子作《畴人传四编》共12卷，补遗、续补各朝畴人247人，附见28人；西方98人，附见54人；附录女性3人，附见1人；西方女性1人，附见3人。是书主要补前三编的遗漏。这样，由于《畴人传》一书问世，一部比较完整的以中国科学家传记为中心的科技史就初步形成了。

再次，《畴人传》初步探索了中国科技落后的原因，促进了中国天文历算的发展。史者何？叙社会历史之发展也。必须清楚历史的本质，并且能从中探索产生这一事件的原因。中国科学技术曾经有辉煌的历史，为人类作出了杰出的贡献，这是不争的事实。中国落后的原因是什么？阮元在其中作了一定的探索。他在《汤若望传论》中说道：

论曰：若望以四十二事表西法之异，证中术之疏，由是习于西说者，咸谓西人之学，非中土之所能及。然元尝博观史志，综览天文算术家言，而知新法亦集合古今之长而为之，非彼中人所能独创也。如地为圆体，则《曾子》十篇中已言之，太阳高卑，与考灵曜地有四游之说合，蒙气有差，即姜岌地有游气之论，诸曜异天，即郗萌不附天体之说。凡此之等，安知非出于中国？如借根方之本为东来法乎！①

阮元认为，自明代以后，中国的科技落后了。但是，不应当忘记我们曾经有过辉煌发展的历史，还要相信，科学技术也是不断发展的。他在探讨落后原因时说：

天文算数之学，吾中土讲明而切究者，代不乏人。自明季空谈性命，不务实学，而此业遂微。台官步勘天道，疏阔弥甚，于是西人起乘其衰，不得不矫然自异矣。然则但可云明之算家不如泰西，不得云古人皆不如泰西也。②

阮元认为中国科技的落后时间在中国的明代，这一断限是正确的。但是在探讨中国科技落后原因时，却是这样分析的：

古法之所以疏者，汉魏之术，冀合图谶；唐宋之术，拘泥演撰，天事微眇，而徒欲以算术缀之，无惑乎其术之未久辄差

---

① 阮元：《畴人传》（六）卷四五《汤若望》，第589页。
② 阮元：《畴人传》（六）卷四四《利玛窦》，第568页。

也。至授时去积年历法不用,一一凭诸实测,其于天道已能渐近自然。然则由授时而加精,不得不密于前代矣。彼西人者幸值其时耳。使生于授时以前,则其术必不能如今日之密。唐之《九执》,元之《万年》可证也。且西术之密,亦密于今耳,必不能将来永用无复差忒,小轮之法旋改椭圆,可见也。世有郭守敬其人,诚能遍通古今推步之法,亲验七政运行之故,精益求精,期于至当,则其造诣当必有出于西人之上者。[1]

阮元还分析说:"大约古人立一法必有一理,详于法而不著其理,理具法中,好学深思者,自能力索而得之也。西人窃取其意,岂能越其范围,就彼所命创始者,事不过如此,此其大略可观矣。"[2]

阮元认为中国科技落后的原因,在于中国传统的思维形式落后,在于神秘、空谈,不务实学,特别是到了中国的明王朝,中国的科技确确实实地落后了。寻找落后原因时,应当说,阮元在撰写《畴人传》中是下了一番功夫的,也确实从其表现上找到了一些重要原因。但是作为封建地主阶级统治集团中的一员,他从根本上无法了解,中国封建社会科技落后的原因,是由于封建制度的桎梏。这也是时代使然,是我们不应该强求阮元的。

总之,《畴人传》作为中国史学上第一部科技专史的雏形,在中国史学史上具有重要的影响。由于阮元对天文历算学的倡导,自此以后,在中国掀起了一股复活古代天文历算学的热潮,自此"通

---

[1] 阮元:《畴人传》(六)卷四五《汤若望》,第589页。
[2] 阮元:《畴人传》(四)卷三五《王锡阐下》,第439页。

经明算者十六七",从客观实际推动了中国科学技术的发展。由于历史的局限,《畴人传》对于天文学数学知识的发展规律尚不能正确认识,更多的是只强调了个人的作用。另外,在"推明古训"的思想指导下,不恰当地夸大了中国古人在天算上的成就,反映了封建地主阶级在日新月异的西方科技面前的盲目自尊,也在一定程度上影响了中国封建地主阶级知识分子对西方科学技术的全面认识。对近代史上的中国进一步走上了"中学为体,西学为用"怪圈而产生了一定的影响。

附录一：阮元学术交游考略

东汉著名经学大师郑玄在其《诫子益恩书》中说道："显誉成于僚友，德行立于己志。"[1]阮元主持风会60年，得以成功的一个重要原因，就是因为他有一大批学术界的朋友。

阮元一生以结交文士为好，其门生、门下之生遍布天下。由于其本身就是著名学者，加之地位显要，且待人以礼，奖掖后进，故乾、嘉、道三朝的著名学者大都与其往来。所识师友"皆博雅宏通，极九等人表之最"。既有宰辅名臣，也有儒林文苑；既有声名显达之辈，也有不遭际遇之士。根据其自编文集和其门生子弟所作的《雷塘庵主弟子记》中所记，与其交往者，有姓名者达数百人之多，涉及乾隆、嘉庆、道光三朝政治、经济、军事、文化，甚至宗教等各个方面的人物。

阮元是一位"学者型"的官僚，尤为可贵的是，他对各个学派的思想都能持平，兼容并包。这就是阮元能成为一代学界领袖，在

---

[1] 范晔撰，李贤等注《后汉书》（第五册）卷三五《张曹郑列传第二十五》，中华书局，1965，第1210页。

文化教育方面作出了重大成就的原因。1849年10月13日阮元以高寿去世后，被清王朝谥为"文达"，与著名学者纪昀享受同一殊誉。根据《清谥法考》引《清会典》《王谥字样》说，"道德博闻曰文，勤学好问曰文"，"质直好善曰达"。阮元受此封谥，自然与他一生问学及学术界的影响有密切联系的。研究阮元一生的学术交游，可以使我们更深入地认识阮元。通过这些研究，可以从一个横断面勾画出乾嘉时代的学术史梗概。

恩格斯说："主要人物是一定阶级和倾向的代表，因而也是他们时代的一定思想的代表，他们的动机不是从琐碎的个人欲望中，而正是从他们所处的历史潮流中得来的。"[1]列宁说"全部历史本来由个人活动构成，而社会科学的任务在于解释这些活动，……"[2]研究阮元所交往的各类人物，可以从一个大的横断面进行剖析，更深入地研究这个时期的历史。由于阮元一生涉及的历史人物太多，拙著不可能涉及太宽，因此，着重对其一生的"学术交游"进行研究。今将其一生在学界的主要朋友，择其要者胪列如下：

1. 凌廷堪

凌廷堪，字次仲，一字仲子，安徽歙县人，乾隆二十年（1855年）生，长阮元九岁，嘉庆十四年（1809年）逝世，享年55岁。凌廷堪是一个著名的学者，同时，也是清代学术界一个传奇人物。

廷堪6岁而孤，学贾不成，年20余始奋力读书问学，具有超乎

---

[1] 恩格斯：《致斐·拉萨尔》，中共中央马克思、恩格斯、列宁、斯大林著作编译局编《马克思恩格斯选集》第4卷，第343—344页。
[2] 列宁：《民粹主义的经济内容及其在司徒卢威先生的书中受到的批评》，中共中央马克思、恩格斯、列宁、斯大林著作编译局编《列宁全集》第1卷，人民出版社，1984，第360页。

寻常的毅力。廷堪自力于学，群经皆手抄读之。其私淑戴震、江永和古代荀卿之学，后又得到学者翁方纲的器重和指导，逐渐形成了自己的治学特点。其学博通经史，又擅词章，而尤精于《礼》及推步之学。对古代的音乐亦有很深的研究，"江君郑堂谓其由燕乐通古乐，思能鬼神矣"。①中式乾隆五十五年进士，与洪亮吉齐名。立志治学，竟弃任知县而自选任宁国府学教授。

凌氏治学态度十分严谨，他曾严厉地批评那些浅薄者说："读《易》未终，而谓王、韩可废；诵《诗》未竟，即以毛、郑为宗。《左》氏之句读未分，已言服虔胜杜预；《尚书》之篇次未悉，已云梅赜伪古文。甚至挟许慎一编，置九经而不习；忆《说文》数字，改六经而不疑。不明千古学术之源流，而但以讥弹宋儒为能事。所谓天下不见学术之异，其弊将有不可胜言者。"②并对乾嘉考证学末流很不以为然，认为"搜断碑半通，刺佚书数简，为之考同异，校偏旁。而语以古今成败，若坐雾雾之中，此风会之所趋，而学者之所弊也"。③

他极力提倡人们读史。他对自己的学生学习历史要求十分严格，每天都要诵读《资治通鉴》，以期成为有用之学。著名学者江藩称其"无史不习，大事本末，名臣行业，谈论时若瓶泻水，纤悉不误。地理沿革，官制变置，《元史》姓氏，有诘之者，从容应答，如数家珍"。④阮元称赞说："君雄于文，《九慰》《七戒》

---

① 阮元：《次仲凌君传》，《揅经室集》（上）二集卷四，邓经元点校，第475页。
② 凌廷堪：《与胡敬仲书》，《校礼堂文集卷》二三。
③ 凌廷堪：《大梁与牛次原书》，《校礼堂文集》卷二三。
④ 江藩著，钟哲整理《国朝汉学师承记》卷七，第121页。

《两晋辨亡论》《十六国名臣序赞》诸篇,上拟《骚》《选》。《乡射五物考》《九拜解》《九祭解》《释牲》《诗楚茨考》《旅酬下为上解》诸篇,皆说经之文,发古人所未发。其尤卓然可传者,则有《复礼》三篇,唐、宋以来儒者所未有也。"①

阮元从19岁与凌廷堪结交,以学问相益,即为终身挚友。二人文集中互有唱答。阮元称:"次仲长子七年,合志同方,谊若兄弟,"②凌母寿辰,阮元为之作《凌母王太孺人寿诗序》,情真意切,令人赞叹。嘉庆十三年(1808年),阮元复任浙抚,凌廷堪来游,把自己多年的著作交给阮元观看,元命其子常生从其学,易子而教,可见阮、凌二人情感之深。由阮元子弟所记的年谱《雷塘庵主弟子记》第一卷中记载:"得歙凌次仲上舍廷堪为益友。"凌廷堪的过早去世,阮元十分悲痛,为此,他写了《次仲凌君传》作为纪念。以后,还去凌墓凭吊,写下了《过海州板埔悼凌次仲教授》诗,有"山海斯如旧,斯人世已无""耐久真成友,成名定作儒"句。可以这样说,凌氏是阮元一生影响最大的学友。

2. 焦循

焦循,字理堂,一字里堂,江苏甘泉人。生于乾隆二十八年(1763年),卒于嘉庆二十五年(1820年),享年58岁。是清代乾嘉时期著名的学者,被誉为"一代通儒"。

焦循从小聪明颖异,对学问有特别的钻研兴趣,引起了世人的惊奇。循为学私淑休宁戴氏,亦由训诂以求义理,辟宋明以恶意杂

---

① 阮元:《次仲凌君传》,《揅经室集》(上)二集卷四,邓经元点校,第468页。
② 阮元:《凌母王太孺人寿诗序》,《揅经室集》(下)三集卷五,邓经元点校,第468页。案:原书为七年,实当为九年,疑记载有误。

入禅学之书。于学无所不通,著书数百卷,于经学、天文、数学、史学、文学都有不少成就,甚至连音乐、戏剧、医药都有研究。特别是对《易经》的研究,其所著的《雕菰楼易学三书》40卷,利用精湛的数学理论,独辟蹊径,突破了数千年传注重围,直从六十四卦参伍错综之际,而求其通例,实发千古所未发,打开了这把千年锈锁,受到所有研究易学者的重视。

焦循的一生不以功名名世,其学问是在与贫病作斗争取得的。39岁时中嘉庆六年辛酉科举人,一应会试不中,便以母老为辞绝意科举。母亲去世后,更于故居建雕菰楼,有湖光山色之胜,为研究学问之所。从此,便以足疾为辞,足不入城市10余年,被称为"江南老名士"。

他年长阮元1岁,是阮元的同乡、好友和族姐夫。焦、阮二家仅一湖之隔,幼年往来湖中,感情十分真挚,讨论学问,互有得益,时人有"焦、阮"之称。阮元任山东学政时,曾召焦循至山东论学。曾有诗云:

光岳楼前见里堂,
执襟一一问江乡。
十年旧雨兼新雨,
几处青杨间白扬。
(用《南史》何、萧事。)
元、白州邻曾共卜,
庚、周肥瘦各胜常。
累君同作风尘客,

敢咏冰心寄洛阳。①

当阮元已是49岁,而又官居封疆大吏的时候,还写了《寄题焦里堂姊夫半九书塾八咏并示琥甥》;焦循有著作问世,阮元为之作序,为之刊布;焦循去世后,阮元为之作传以为纪念。阮元曾经深情地称赞说:

> 焦君与元年相若,且元族姊夫也,弱冠与元齐名,自元服官后,君学乃精深博大,远迈于元矣。今君虽殂而学不朽,元哀之切,知之深,综其学之大指而为之传,且名之为通儒,谂之史馆之传儒林者曰:"斯一大家,曷可遗也!"②

阮元不仅关心焦循,宣传焦循,就是对焦循的儿子焦廷琥,同样给以极大的关注,二人关系之深,可见一斑。

3. 刘端临

刘端临,讳台拱,生于乾隆十六年(1751年),卒于嘉庆十年(1805年),享年55岁,年长阮元13岁。

刘氏幼不好戏,钻研理学,以宋五子为榜样,以饬躬行,时人有"小朱子"之目,为学界人士所敬仰。21岁中举,礼部试不第,则授徒教学。生平无所好,唯聚书数万及金石文字而已。慎于结交,人有所长,必诱掖之使进。若有短,但绝口不言,惟劝勉之使

---

① 阮元:《喜晤焦里堂循姊丈于东昌寄怀里中诸友》,《揅经室集》(下)四集诗卷二,邓经元点校,第768页。
② 阮元:《通儒扬州焦君传》,《揅经室集》(上)二集卷四,邓经元点校,第481页。

自悔。在问学之友中，与著名学者朱筠、程晋芳、戴震、邵晋涵、任大椿、王念孙等，"并为昆弟交"，稽经考古，旦夕讲论，虽年纪最小，但每发一议，"诸老先生莫不折服"。与段玉裁、王念孙、汪中最为莫逆，皆服其渊通静远，德操卓然，其德行在当时学者中深受佩服。

刘氏治学专宗汉诂，不杂以宋人之说。做人则以宋贤义理涵养身心，以汉儒之训诂董其籍。博专群书，尤邃于《三礼》《论语》《荀子》《汉书》之学，今存《刘端临先生文集》一卷，以丹徒县训导终。其女为阮元长子阮常生之妻，其孙女又为常生媳。端临逝世后，常生理其遗稿，以布于世。阮元称："元与先生友学最深，且为姻家。"① 并于其后撰写了《刘端临先生墓表》，收入《揅经室二集》。

4. 孙星衍

孙星衍，字渊如，又字季仇，江苏阳湖人。乾隆十八年（1753年）生，长阮元11岁；嘉庆二十三年（1818年）卒，享年66岁。

星衍幼有异禀，读书过目成诵。及长，与同郡杨芳灿、洪亮吉、黄景仁齐名，受到著名学者袁枚的赞赏，并与之定"忘年交"。中式乾隆五十二年（1787年）进士，授编修，散馆改主事，官至山东粮道。星衍性格耿介，"熟习刑名、操守廉洁"，是一个办事极认真的官吏。其居官不废诵习，而著述不休。与钱大昕、毕沅、朱珪、王昶等大批学者往来密切。其深究经史、文字、音训之学，旁及诸子百家、金石碑版。工篆隶、精校勘、善诗文。其一生

---

① 阮元：《刘端临先生墓表》，《揅经室集》（上）二集卷二，邓经元点校，第401页。

著述宏富，有《尚书古今文义疏》30卷、《周易集解》10卷、《夏小正传校正》3卷、《魏三体石经残字考》1卷、《仓颉篇》3卷、《史记天官书考证》10卷、《寰宇访碑录》12卷、《平津馆金石萃编》20卷、《孙氏家藏书目》7卷、《续古文苑》20卷、有《芳茂山人文集》、《问字堂文稿》5卷、《岱南阁文稿》5卷、《五松园文稿》1卷、《平津馆文稿》2卷、《孔子集语》若干卷、古今体诗若干卷。

阮元在谈到与星衍的关系说："元与君丙午同出朱文正公之门，学问相长，交最密，知君性诚正，无伪言伪行，立身行事皆以儒术，廉而不刻，和而介，屡以谔谔者不获乎大府。于其卒也，海内学者皆悼慕之。"①星衍早阮元一科成进士。同在北京，交往甚密，常有诗词唱和。阮元任山东学政时，星衍初任兖沂漕道，阮元在《柬孙渊如同年》诗中写道：

> 济南亭馆傍湖开，
> 湖上秋风且漫催。
> 万朵荷花五名士，
> 一时齐望使君来。

阮元抚浙时其又被延为"诂经精舍"主讲席，是阮元在办好诂经精舍的主要助手。辅佐阮元为培养儒学人才，使两浙学风为之一变。阮、孙相交30余年，两人的文集中都各自记载了他们的

---

① 阮元：《山东粮道渊如孙君传》，《揅经室集》（上）二集卷三，邓经元点校，第439页。

深厚友谊。

5. 江藩

江藩，字子屏，号郑堂，晚年又号节甫，江苏甘泉县人。江藩生于乾隆二十六年（1761年），比阮元长3岁。道光十一年（1831年）卒，享年71岁。

江藩少受业于元和惠栋、吴县余萧客、江声诸学者之门，博览群经，尤熟于史学。在当时与焦循齐名，并称"二堂"。阮元曾挽为幕僚，过从甚密，并委以编纂《广东通志》的重任，成书325卷，体例精善，为文有体，受到学界的赞誉。阮元称赞说："甘泉江郑堂藩，淹贯经史，博通群籍，旁及九流，二氏之书，无不综览。所为诗古文词，豪迈雄俊，卓然可观。……元和惠征君定宇栋，经学冠天下，郑堂受业于惠氏弟子余君仲林、尽得其传。所著《周易述补》《尔雅正字》诸书，皆有发明。为人权奇倜傥，能走马夺槊。豪放好客，至贫其家。遍游齐、晋、燕、赵、闽、粤、江、浙。"①江藩之学源于惠氏。其所著《国朝汉学师承记》8卷，是书可使读者对两汉儒林家法之承受，清代经学之源流了然于心。虽有门户之见，但不失为一部对18世纪中国学术的总结书籍。阮元和江藩关系密切，称其"江君未弱冠，读书已万卷。百家无不收，岂徒集坟典。款识列尊彝，石墨堆碑版。我年幼于君，获与君友善。谈经析郑注，问字及许篆"。②他说："元幼与君同里同学，窃闻论说三十余年。"在谈到自己设想编纂《皇清经解》，又由于自己的精力有限，而叹言道："而能总其事，审是非，定去取者，

---

① 阮元：《定香亭笔谈》卷四，商务印书馆，1985，第168—169页。
② 阮元：《题江子屏藩书窠图卷》，《揅经室集》（下）四集诗卷四，邓经元点校，第818页。

海内学友惟江君暨顾君千里二三人。"[①]由此可见，阮元对江藩评价之高。

6. 王昶

王昶，字德浦，号述庵，又号兰泉，又字琴德，江南松江府清浦县人。清雍正二年（1724年）生，嘉庆十一年（1806年）卒，享年83岁。

王昶是清代著名的文献学家，年长阮元40岁。他少而聪敏，18岁应学使试，以第一名入学。肄业紫阳书院，从惠定宇游，于是潜心经术，讲求声音训诂之学。昶文章尔雅，被誉为"吴中七子"之一。中乾隆十九年进士，官至刑部左侍郎，曾长期在军旅中生活。年70乞休归，历事娄东、敷文两书院主讲席。王昶其学宗惠栋、戴震，于学无所不窥，尤邃于《易》，在文字学、金石学、史学上都有不少创见。由于王昶博学而高寿，研究学问垂60年，故述造丰富。著有《春融堂文集》《金石萃编》《明词综》《国朝词综》等一系列著作传世。由于王昶德高望重，阮元对其十分敬重。阮元在学问上与王有很多相契之处，故其任浙江巡抚时，礼聘王昶主敷文书院，并与孙星衍二人同为"诂经精舍"主讲席。阮、王、孙三人以经史小学课弟子，培养了一大批朴学人才，为改变浙江地区的学风起了重要作用。王昶逝世前，委托阮元为其逝世后撰碑铭，阮元写了《诰授光禄大夫刑部右侍郎述庵王公神道碑》，以资纪念，并收入《揅经室二集》卷三。

[①] 阮元：《国朝汉学师承记序》，《揅经室集》（上）一集卷十一，邓经元点校，第249页。

7. 邵晋涵

邵晋涵，字与桐，又字二云，浙江余姚人，是清代著名的史学家、经学家，生于乾隆八年（1743年），长阮元21岁。卒于嘉庆元年（1796年），年甫54岁。

晋涵生而颖异，读书十行并下，终身不忘。乾隆三十年（1765年）中举，钱大昕为其座师，乾隆三十六年进士，礼部会试第一，参加了《四库全书》的编校工作，被当时任总裁的纪昀"倚为左右手"。邵氏一生好学不倦，学识渊博，经、史、子、集无不研究，"寒暑舟车，未尝顷刻辍业"；奖掖后学，一有空暇，即以授徒为业，弟子多至数百人。赤诚待人，正直修身，懿文博学，知名海内。阮元称赞他"以醇和廉介之性，为沈博邃深之学，经学、史学并冠一时，久为海内共推"。[①]其史学"得甬上姚江史学之正传，博闻强记，询问宋时以来史事最深"，在四库馆与戴东原等人共事，编辑载籍，而史学诸书多由邵氏订其略，提其要。阮元23岁进京结识邵氏，直到33岁之间，二人多有交往。受其博学的影响，"元咸随事请问，捧手有所授焉"，[②]称其为前辈，惜其54岁而去世。元既深折于邵氏之学行，又获交于其子邵秉华，并在其逝世若干年后，还为其子秉华所编辑的《南江邵氏遗书》作序，以资纪念。

8. 汪中

汪中，字容甫，江苏江都（今扬州）人。生于乾隆九年（1744年），长阮元20岁，卒于乾隆五十九年（1794年），享年51岁。

---

① 阮元：《南江邵氏遗书序》，《揅经室集》（上）二集卷七，邓经元点校，第544页。

② 阮元：《南江邵氏遗书序》，《揅经室集》（上）二集卷七，邓经元点校，第544页。

汪中幼起孤寒，由寡母抚养成人，从一贩书少年出身，自学成才而为清代著名学者，是清代学界中的又一传奇人物。其治学是遵循顾亭林的路子前进的，著名学者杭世骏曾对其极力称赞，与郑虎文、王兰泉、钱大昕并受世人延誉，学问广博，是清代扬州学派的开派人物之一。中所治经，最精于《周官》《左氏》。其文词章清丽，所为《哀盐船文》，杭世骏所序之，以为"惊心动魄、一字千金"。并世学人王念孙、刘台拱均很佩服。汪中一生仅得拔贡生而已。按年岁汪中当为阮元前辈，但又因阮元少年早达，均为谢东墪及门弟子，阮元的姻家刘台拱、族姐夫焦循都与汪中交往很深，故又为同辈。阮元19岁至20岁时结识汪中，学问多所授受，通籍之后没再见面。阮元、汪中、焦循并称扬州三大儒，学问之间影响很大。汪中逝世后，刘台拱、孙星衍、江藩等都作文以纪念。

9. 黄承吉

黄承吉，字谦牧，号春谷，江苏江都（今扬州）人。生于乾隆三十六年（1771年），小阮元7岁；卒于道光二十二年（1842年），享年72岁。少年时与同郡焦循、李钟泗、江藩诸人友善，以学问相切磋，当时有"江、焦、黄、李"之称。黄氏为嘉庆十年进士，曾作过广西兴安、岑溪知县。罢官归里后，发愤著述，刊布于世的有《梦陔堂文集》10卷，《文说》11篇，《梦陔堂诗集》50卷等著述。黄氏与焦循最为友善，其治学方法也受焦氏影响，近儒刘师培对其最为佩服。黄氏与阮元同乡，阮元出任浙江巡抚后，黄氏才中进士。二人在学问上亦有交往，承吉逝世后，阮元为其撰写了《江都春谷黄君墓志铭》，并收入《揅经室再续集》。

10. 桂馥

桂馥，字冬卉，号未谷，山东曲阜人。生于乾隆元年（1736

年），嘉庆十年（1805年）卒，享年70岁。

桂馥长阮元28岁，乾隆五十四年（1784年）中举人，乾隆五十五年（1790年）进士。桂氏工篆刻，对金石、六书之学有非常精湛的研究，是清代研究《说文解字》的一大功臣。自诸生到通籍，凡40余年，中进士时，他已经是50多岁的人了。先师张舜徽先生称："馥之为学，于乾嘉诸儒中最为笃实不欺。"桂馥本人不慕虚声，治学从最基础的地方开始。他在与友人书中说："有名满海内，叩之空空者，有名不出里巷，而敦实精核者。"①在长时期的问学过程中，日取《说文》与诸经义相疏证，集一生精力于许书。他在给《上阮学使书》中说：自己在30岁以后，遇周永年、戴震诸人，劝之专精经传，"取注疏伏而读之，乃知万事皆本于经也"。②所著有《许氏说文解字义证》50卷，《札朴》10卷，文集《晚学集》8卷传世。其中《许氏说文解字义证》50卷，世称小学巨著。张舜徽先生评价其在文字学上的功力、成就当在同时代段玉裁之上。

阮元任山东学政时，得识桂馥，推为学人，时时相互砥砺学问，交往密切。元有诗云，"万朵荷花五名士"，在"五名士"下其自注云：五人谓马秋药、桂未谷、武虚谷、颜衡斋、朱明斋。③阮元还对他在治学上的谦虚态度大加称赞。桂馥自己认为所学者晚，而谦虚地自命其文集为《晚学集》，阮元为之作序说："学苟

---

① 桂馥：《与友人书》，《晚学集》卷六，商务印书馆，1936年影印本，第184页。
② 桂馥：《上阮学使书》，《晚学集》卷六，第166页。
③ 阮元：《柬孙渊如同年》，《揅经室集》（下）四集诗卷二，邓经元点校，第774页。

得见根柢，何晚之有？"①

11. 武亿

武亿，字虚谷，河南偃师人（今河南洛阳）。乾隆十年（1745年）生，年长阮元19岁。嘉庆四年（1799年）卒，享年55岁。

虚谷父母早逝，幼年读书十分刻苦，年22进学，乾隆四十五年中进士，选为山东博山知县，清廉自励、勤政爱民，敢于同邪恶势力作斗争。于当地创立范泉书院，亲立课程以励诸生，有很好的官声。与武氏结交20年的好友江藩评价说："君生而状貌魁梧，有兼人之力，兼人之量。生平深于经史，《七经注疏》、《三史》、涑水《通鉴》皆能暗诵。"②在经学、史学上有不少成就，特别在金石学上功力甚深。其学友桂馥佩服其金石之学，赠诗云："一行作吏早归田，金石遗文出郑笺。来往鹊华秋色里，逢人但乞打碑钱。"其所著书有《经读考异义证》《偃师金石记》《校定五经异议驳异议补遗》《箴膏肓》《起废疾》《发墨守》《郑志》等书。其学问交游著名者有洪亮吉、黄景仁、江藩、朱筠、桂馥等。

阮元与武亿相识，适初为山东学政，而武亿罢官不久之时。阮元与之学问相切磋，称其为"五名士"之一。并邀武亿佐其编纂《山左金石志》，在此书的编纂过程中起了重要作用。但从乾隆五十八年二人相识后不到6年，武亿就过早地离开了人世。26年后，阮元在广州编辑《皇清经解》，将其《经读考异义证》刻入《皇清经解》。

---

① 阮元：《晚学集序》，《晚学集》，第1页。
② 江藩著，钟哲整理《国朝汉学师承记》卷四，第70页。

12. 臧庸

臧庸,字西成,又字拜经,本名镛堂,江苏武进人。乾隆四十一年(1776年)生,年少阮元12岁;嘉庆十六年(1811年)卒,享年仅45岁。

臧庸沈默敦重,天性孝友,世有家学渊源。少游卢文弨之门,誉卢氏为"天下第一读书人",故学宗卢氏。称"为学之道,约有二端,一曰勤,二曰细心"。[①]后又受钱大昕、王昶、段玉裁等的影响,学问更臻精湛。其学宗汉学,长于校勘与辑佚,天文历算无不通晓,尤精于文字训诂,以对《尔雅》功夫为最著。其有《拜经堂文集》等著作传世。

臧庸一生虽然在科举场未曾取得荣誉,但其学问却为世人所称道。许宗彦称其为"好学深造,如皇侃、熊安生,当求之唐以上矣"。著名学者孙星衍与臧同里,对其学问也很敬重,曾邀臧下榻月余,并以为一时佳话。臧受知于阮元,居阮元幕府尤久。阮元与之讨论学问,有《与臧拜经书》收入《揅经室集》。并受元之托为《经籍纂诂》总纂之任,还参加了《十三经注疏校勘记》的工作。臧庸逝世后,阮元十分惋惜,曾为之作传,称:"元初因宝应刘端临台拱获交拜经,十年之间,于我乎馆者最多。"[②]并将其所著书全部抄为副本存之,并荐之史馆录入《儒林传》。

13. 朱珪

朱珪,字石君,顺天府大兴人,雍正九年(1731年)生,嘉庆

---

① 臧庸:《与顾子明书》,《拜经堂文集》卷三,汉阳叶氏写本,1930,第59页。

② 阮元:《臧拜经列传》,《揅经室集》(上)二集卷六,邓经元点校,第524页。

十一年（1806年）逝世，享年76岁，是阮元一生的恩师。

朱珪幼习诗书，"与兄筠同乡举，并负时誉。乾隆十三年成进士，年甫十八，选庶吉士，散馆授编修"。①官至体仁阁大学士。

朱珪有家学渊源，有《知足斋文集》6卷传世。但因为官过早，精力分散，具体成就不多。朱氏的特点是"识人"，在他的手中，选拔了一大批朴学人才。他把治学问的严谨方法用在作官上，故一是"方正"，二是"详慎"。因此，深得乾隆皇帝的赏识。在45岁时改侍讲学士，直上书房，并任嘉庆皇帝的师傅，时间长达5年之久。在告别时为太子的嘉庆而赴新任时，曾上"五箴"，曰：养心、敬身、勤业、虚己、致诚。乾隆逝世后，嘉庆亲政即星夜召回朱，"命直南书房，管户部三库，加太子少保，赐第西华门外。时召独对，用人行政悉以咨之"。②阮元蒙嘉庆重用，为封疆大吏，与朱有重要关系；而阮元持身清慎、提倡文教、致力学问研究都与朱氏的诱导有关。

14. 谢墉

谢墉，字昆城，号金圃、又号东墅，浙江嘉善人。生于康熙五十八年（1719年），卒于乾隆六十年（1795年），享年76岁。

墉少颖异，读书不忘，究心实学，经史百家，靡不综览。其治学以经史小学为本，有《安雅堂文集》12卷，《安雅堂诗集》10卷，《六书正说》4卷。乾隆十七年进士，曾直上书房，在工部、礼部、吏部任职，于宦海浮沉30余年。史论其"九掌文衡，而江南典试者再，督学者再，论文不拘一格，皆衷于典雅，经义策问，尤

---

① 赵尔巽等：《清史稿》（第三十七册）卷三四〇《朱珪传》，第11091页。
② 赵尔巽等：《清史稿》（第三十七册）卷三四〇《朱珪传》，第11093页。

急甄拔"。①首任学政时,提拔了汪中,"尝字之曰:予上容甫,爵也;若以学,予于容甫北面矣"!②再作学政时,选拔了阮元,并称"余前任在江苏得汪中,此次得阮某矣"。对阮元奖掖有加,相约馆于其学使者署中,为其创造进学条件。谢任满回京时,携阮元以公车同行。元初试未中,留京备考,墉予之多有指教。阮元中进士前后,谢墉正直上书房,墉对其帮助是很有作用的。

15. 李锐

李锐,字尚之,号四香,江苏元和(今苏州)人。乾隆三十三年(1768年)生,小阮元4岁;嘉庆二十二年(1817年)逝世,享年50岁。

李氏天禀高明,有过人之资;潜心经史,有深厚的学问功底,尤精于天文步算与校勘之学。李锐在科举上不得意,屡试不中,然家居教学,从游者多登第。因此,他把一生精力都放在治学上,尤其是在天算上。阮元在《李尚之传》说:

> 古算术至唐以后几于亡,……李君起而振之,力求古学。王孝通《辑古算经》,词隐理奥,无能通之者,君与阳城张君古余共著《细草》,详论二十术,而《商功》之平地役功广袤之术,较若列眉矣。又与同邑顾君千里得秦九韶《九章算经》,乃穷究天元一术,论其法与借根方不同,于是郭守敬、李冶之说始明,知唐顺之、顾应详之书甚无谓也。③

---

① 阮元:《吏部左侍郎谢公墓志铭》,《揅经室集》(上)二集卷三,邓经元点校,第427页。
② 赵尔巽等:《清史稿》(第三十五册)卷三〇五《谢墉传》,第10522页。
③ 阮元:《李尚之传》,《揅经室集》(上)二集卷四,邓经元点校,第482页。

阮元对其评价很高。其学与顾广圻、江藩相善,著有《三统术注》《四分术注》《乾象术注》《奉元术注》《占天术注》《日法朔余强弱考》《召诰日名考》《方程新术草》《勾股算术细草》《弧矢算术细草》《开方说》等,是一位很有天才的数学家。他在天算上的一个重要特点,是他于阐明古法,消化西法,并为此作出了重要成就。

阮元对李锐的学问很是赞赏,曾多次聘他作为助手。称:"元昔在浙,延君至西湖,校《礼记正义》,予所辑《畴人传》亦与君共商榷,君之力为多。"①阮元在学术上有两件大事,即《十三经注疏校勘记》和《畴人传》的编撰,是在李锐的协助下成功的。因长期操劳,得咯血疾而不幸逝世,阮元深为惋惜,并写了《李尚之传》以为纪念。

16. 毕沅

毕沅,字秋帆,字壤蘅,一字秋帆,江苏镇洋(今太仓)人,自号灵岩山人。雍正八年(1730年)生,长阮元34岁;卒于嘉庆二年(1797年),享年68岁。

乾隆十五年(1760年)中进士第一,历官翰林院修撰、侍读、左春坊左庶子等。38岁后出任地方官,历任陕西、山东、河南、湖广等省巡抚、总督等显职。毕沅能诗文,于经史、文字、金石、地理诸学都涉猎过,有《灵岩山人文集》40卷,《诗集》20卷传世。其幕府多集文人学者,让他们代己立言,如《续资治通鉴》《传经

---

① 阮元:《李尚之传》,《揅经室集》(上)二集卷四,邓经元点校,第483页。

表》《通经表》等均属这类作品。著名学者邵晋涵、章学诚、孙星衍、洪亮吉等均入过其幕,故有"爱士"之雅称。

阮元与毕沅二人结交的时间不长,但关系密切,在其《山左金石志序》中说得非常清楚。"元以是书本与先生商定分纂,先生莅楚,虽羽檄纷驰,而邮筒往复,指证颇多。先生为元词馆前辈,与元父交素深,先生又元妻弟衍圣公孔冶山庆镕之外舅也,学术情谊,肫然相同。元今写付板削,哀然成卷帙,而先生竟未及一顾也,噫,是可悲已。"①

17. 王念孙

王念孙,字怀祖,号石臞,江苏高邮人。乾隆九年(1744年)生,道光十二年(1832年)逝世,享年89岁。乾隆四十年进士。其父王安国曾延戴震授念孙读,因于文字、声韵、训诂尽得其传,而于训诂造诣最深,自得家法,其代表作《广雅疏证》在训诂学上有极高的价值。另外,其校勘学亦很有成就,所著《读书杂志》亦很有影响。有《王石臞先生遗文》4卷,《补编》1卷问世。阮元比之年少20岁,但又是其子王引之的座师,曾为其《经义述闻》写序。阮元曾说:"元于先生,为乡后学,乾隆丙午入京,谒先生。先生之学,精微广博。语元,元能略知其意。先生遂乐以教。元之稍知声音、文字、训诂者,得于先生也。"②故阮元之学与高邮王氏父子是一脉相通的。

18. 王引之

王引之,字伯申,号曼卿,江苏高邮人。乾隆三十一年(1766

---

① 阮元:《山左金石志序》,《揅经室集》(上)三集卷三,邓经元点校,第639页。
② 《揅经室再续集》卷二之下《王怀祖先生墓志铭》。

年）生，比阮元小两岁；清道光十四年（1834年）逝世，享年69岁。嘉庆四年进士，官至工部尚书，谥"文简"。

引之幼承庭训，精于名物训诂之学，少年既负重名。王昶在其游淮海之结交得"四士"，其中，"刘台拱有曾、闵之孝，汪中有扬、马之文，而给事中王念孙及其子国子监生引之，有苍、雅之学。时人称为四士三美"。①引之所著《经义述闻》《经传释词》等书，在训诂学上价值极高。王氏一家学问，在当时就负有盛名。

阮元和引之关系殊深，且治学方法多同，结交的时间也很长。阮元自己说："昔余初入京师，尝问字于怀祖先生，先生颇有所授。既而伯申及余门，余平日说经之意，与王氏乔梓投合无间。"②引之为嘉庆四年（1799年）进士，是科号称"得士之盛"。阮元是其坐师，引之也对其十分敬重，对阮元的《经籍纂诂》评价很高，二人论学唱答甚多。

19. 郝懿行

郝懿行，字恂九，号兰皋，山东栖霞人。乾隆二十二年（1757年）生，道光五年（1825年）逝世。嘉庆四年进士，官户部主事。

郝氏读书时间较晚，30岁后才有志于读书。居贫力学，著书以自娱，为朋友所敬重。身为穷官，无意去与人争斗，"惟肆力于经义，漏下四鼓者四十年"。其学重在训诂，著述甚多，而尤以《尔雅义疏》为其力作。并有《晒书堂文集》12卷，《外集》2卷传世。

阮元和郝氏关系密切，为学多有问答。阮元称道："郝氏名懿

---

① 语载《春融堂集》卷三五。
② 阮元：《王伯申经传释词序》一集卷五。

行,字兰皋,山东栖霞人,户部主事,余己未总裁会试,从经义中识拔实学士也。家贫行修,为学益力,所著尚有《尔雅疏》诸书。兰皋妻王安人,字瑞玉,亦治经史,与兰皋共著书于车鹿春庑之间,所著书有《诗经小记》《列女传注》等书,于此经疏亦多校正之力,亦可尚异之也。"①阮元与其在学问上多所研讨,在《与郝兰皋户部论尔雅书》中说道:"训诂错则言语错,……今子为《尔雅》之学,以声音为主而通其训诂,余极许之,以为得其简矣。以简通繁,古今天下之言皆有部居而不越乎喉舌之地。孔子曰:'辨言之乐不下席。'余与子接席而辨之,其乐何如!"②郝氏在阮元处受益甚多,在读阮元所编的《经籍纂诂》后,称其"绝无检书之劳,而有引书之乐也"。③

20. 顾广圻

顾广圻,字千里,号涧苹,后以字行,江苏元和(今江苏苏州)人。乾隆三十五年(1770年)生,道光十九年(1839年)逝世,享年70岁。

千里少而读书,不事科举,年30,始补博士生员。其学宗惠氏,尽通训诂名物之奥,尤长于校勘。曾先后与江声、段玉裁、孙星衍、黄丕烈等论学,是一位著名的训诂学家和校书家,其所校勘正定之书,尤为精审,为当世学者所推崇。

阮元任浙江巡抚时,曾在吴山之麓的紫阳书院组织校勘"十三

---

① 阮元:《郝户部山海经笺疏序》,《揅经室集》(下)三集卷五,邓经元点校,第694—695页。
② 阮元:《与郝兰皋户部论尔雅书》,《揅经室集》(上)一集卷五,邓经元点校,第125页。
③ 郝懿行:《再奉云台先生论尔雅书》,《晒书堂文集》卷二。

经"，顾千里应召参加这项工作，在阮元的主持下，这项工作进行得很有成效，在经学方面最为嘉惠后学。

21. 洪颐煊、洪震煊

洪颐煊，字旌贤，号筠轩，浙江临海人。乾隆三十年（1765年）生，卒年不详。其弟洪震煊，字百里，乾隆三十五年（1770年）生，嘉庆二十年（1815年）逝世，享年46岁。

颐煊、震煊为昆弟，读书刻苦，夜就佛灯读诵不辍，有良好的学风，其精神受到阮元的称赞，认为："台郡能读书者，惟此二人。"即将二人招至诂经精舍。其时，由王昶、孙星衍任主讲席，在阮元的倡导下，以朴学为根柢，学风淳正。颐煊、震煊精研经训，贯通诸史，甚有成就，是诂经精舍的高才生。颐煊有《礼经宫室答问》《孔子三朝记》《管子义证》《读书丛录》《经典集林》及《筠轩文钞》8卷等传世。

阮元对其奖掖有加，并培养成诂经精舍的高才生。颐煊为嘉庆六年（1801年）拔贡，后任广东新兴县事，阮元时任两广总督，知其学优而非吏才，将其招为幕僚。并时常与之讨论学问，其在《与洪筠轩颐煊论三朝纪书》中说："今子注之甚善，余绅绎之有疑而为解之者，为子列之。……凡此数事，致之，子以为何如？"[①]

22. 王豫

王豫，字柳村，生卒年不详，江苏丹徒翠屏洲人。博学多才，性酷嗜诗。"曾拥书下榻于焦山佛阁中，总督铁保闻而异之，因题其阁曰诗征阁。"[②]阮元在称其诗是"有异于时俗之所为也"。

---

① 阮元：《与洪筠轩颐煊论三朝记书》，《揅经室集》（上）一集卷十一，邓经元点校，第252—253页。
② 《王豫传》载《扬州府志》。

称赞其人是:"王君身处蓬茅,名满海内,布衣而老,必为传人。"[1]嘉庆十一年(1806年)至十二年(1807年),阮元在籍守制期间,与王氏相识于扬州,畅谈诗文,多有所合。时阮元重修《皇朝碑版录》成若干卷,付王柳村补辑。为振兴家乡文化,相约编辑《江苏诗征》,数年后,又相会于扬子江边同订《诗征》,时已收集到江苏诗人达4000余家,183卷。阮元为其《群雅集》作序,以后多有诗词唱和,并建立了较深的友谊。

23. 任大椿

任大椿,字幼植,一字子田,江苏兴化人。乾隆三年(1738年)生,长阮元26岁;乾隆五十四年(1789年)去世,享年52岁。

子田与戴震同举于乡,于是心闻其论说,究心汉儒之学,受戴震影响为深。早年以词学为名,继而钻研经史,有深厚的治学功底。年28,乾隆二十七年(1762年)进士,历任《四库全书》纂修官,书之提要,多出其手。有《弁服释例》10卷,《深衣释例》3卷,《字林考译》8卷,《小学钩沉》20卷,《子田诗集》4卷等著作问世。阮元受任氏影响亦不小,他说:"元居在江、淮间,乡里先进多治经之儒,若兴化顾进士文子九苞、李进士成裕惇、刘广文端临台拱、任侍御子田大椿、王黄门石臞念孙、汪明经容甫中,皆耳目所及,或奉手有所受。丁未、戊申间,元在京师,见任侍御,相问难为尤多。"[2]阮元对子田的学问极为称赞,子田去世后,在为其《弁服释例》作序时称是书"所用之例,以五礼区之,凡

---

[1] 阮元:《王柳村种竹轩诗序》,《揅经室集》(下)三集卷五,邓经元点校,第686页。
[2] 阮元:《任子田侍御弁服释例序》,《揅经室集》(上)一集卷十一,邓经元点校,第243页。

百四十余事。综览经疏史志，发微定讹，灿然经纬毕著矣"。①

24. 张鉴

张鉴，字春冶，号秋水，浙江乌程（今浙江吴兴）人。乾隆三十三年（1768年）生，清道光三十年（1850年）逝世，享年83岁。

张鉴其性喜涉览，尝自称有"书癖"。系阮元诂经精舍学生，受阮元所赏拔，尝预修《经籍纂诂》，后久居阮元幕，又曾在阮元的指导下校《四库未见书》。有《冬青馆甲集》6卷、《乙集》8卷传世。张鉴一生对师长兼首长的阮元十分尊敬，曾编纂了《雷塘庵主弟子记》卷一、卷二传世，给后学留下了研究阮元十分宝贵的资料。他在是书卷一说："吾师年甫强仕，已扬历中外，虽立朝行政，来者方兹，而教学、救荒、靖寇数大事，昭然在浙。鉴浙产，且侍坐甚久，粗能得其崖略，因仿刘公是《弟子记》之名，取其岁月，都为一册。"②这就为后来续记者定下了一个比较适当的体例。

25. 程瑶田

程瑶田，字易畴，安徽歙县人。生于雍正三年（1725年），卒于嘉庆十九年（1814年），享年90岁。

易畴为乾隆三十五年进士，选授嘉定教谕，是阮元的老前辈。其治学严谨，好为深沉之思，尤善言名物礼制，从秦汉古儒之说，探求其根源。且学综汉、宋，不立门户。在乾嘉朴学大家中，与王念孙齐名，有《通艺录》等著作传世。汪喜孙说："今之经学书，无过《通艺录》《经义述闻》二种。《通艺录》既精且博，千门万

---

① 阮元：《任子田侍御弁服释服例序》，《揅经室集》（上）一集卷十一，邓经元点校，第243页。
② 张鉴：《雷塘庵主弟子记》卷一，张鉴等撰《阮元年谱》，黄爱平点校，第1页。

户,非读书数十年之功不能成,亦非读书数十年之功不能读。《经义述闻》实事求是,不尚墨守,非读书数万卷者不能览,亦非读书数万卷者不能著。"①阮元对程氏的学问人品都十分尊敬,而治学又与程氏有不少相契之处。他在《与程易畴孝廉方正论磬直县书》说:"《通艺录》论《考工记》磬直县于鼓上,及鼓右之际设孔,已明白,大著于儒林无疑义矣。"②嘉庆六年(1801年),阮元主持修杭州孔子大庙成,还专门延请程氏案《礼图》铸祠乐制器。程氏在与之讨论学问中,大胆地提出了自己的看法,对推明古训亦多有成就。

26. 钱大昕

钱大昕,字晓征,一字辛楣,号竹汀居士,江苏嘉定(今属上海)人。雍正六年(1728年)生,嘉庆九年卒(1804年),享年77岁。

大昕年轻时即以诗文知名,乾隆十九年(1754年)进士,选翰林院庶吉士,散馆授编修。曾官至詹事府少詹事,旋引疾而归,历任钟山、娄东、紫阳三书院山长,其学生超过2000人。其为人行事都十分洒脱,亦仕亦隐,讲学著书不断。大昕学宗顾炎武、黄宗羲,覃思六艺,浩博审密,饶有创见,是清代的第一流学者。治经则属惠栋为首的吴派,也受到皖派经师戴震的推许,乾嘉学术中以硕学懿行而负海内重望。他用治经的方法转而治史,从文字音韵训诂入手,兼及天算、舆地、金石之学,而尤精于考史,是清代著名的三大考史学家之一。著有《廿二史考异》100卷、《潜研堂诗文集》70卷,《十驾斋养新录》23卷及《元史记事》等著作传世。

---

① 汪喜孙:《从政录·再示左生书》。
② 阮元:《与程易畴孝廉方正论磬直县书》,《揅经室集》(上)一集卷五,邓经元点校,第118页。

乾隆五十一年（1786年）经谢镛而认识年仅23岁的阮元，"是时宫保方以诸生应举，公引为忘年交"。①以后学问交往密切。阮元在浙时，还邀钱氏去杭州，在学问上时有问答。阮元曾经说："国初以来，诸儒或言道德、或言经术、或言史学、或言天学、或言地理、或言文字音韵、或言金石诗文，专精者固多，兼擅者尚少，惟嘉定钱辛楣先生，能兼其成。"②并称赞其有九个不同于一般学者的特点。然当阮元为钱大昕《十驾斋养新录》写好序寄去时，书未达而大昕凶讯忽至，遂派人追而书之轴以祭之。

27. 谢启昆

谢启昆，字蕴山，号苏潭，江西南康人。乾隆二年（1737年）生，嘉庆七年（1802年）逝世，享年66岁。

启昆乾隆二十六年（1761年）进士，朝考第一，选庶吉士，授编翰林院编修，作过阮元家乡扬州的知府，办事颇为干练，官至广西巡抚。启昆少以文学名，博闻强识，尤善为诗，与著名学者袁枚、赵翼、姚鼐善。后乃从事经史朴学，尤在考镜源流，发明其深意。其著作有《树经堂集》《西魏书》《小学考》《广西通志》诸种。其《小学考》所以广朱氏《经义考》之所未及，尤便学者。谢启昆为阮元前辈，阮元对其学问亦很赞赏。启昆在浙江主持刊刻《四库全书总目提要》，"以惠士人"，受到阮元及东南学人的赞许。③其晚年所撰《广西通志》，记载有法，为学者所称道。元还对其《咏史诗》称誉毕至，为其写序说："有唐一代，咏史七

---

① 《竹汀居士年谱》扬州乾隆五十一年条，钱大昕自编手定，曾孙庆曾校注。
② 阮元：《十驾斋养新录序》，钱大昕：《十驾斋养新录》第7页。
③ 阮元：《浙江刻四库书提要恭跋》，《揅经室集》（上）二集卷八，邓经元点校，第565页。

言,惟周昙孙、元晏积数十百首。然皆断句,罕见律篇。未有上下一千六百四载,胪叙五百二十六人,扬清风以作诵,激浊流而成讽,如苏潭先生之以律咏史者也。"①阮元在修《广东通志》时称:"元莅两广,阅《广西通志》,乃嘉庆初谢中丞启昆所修,喜其载录详明,体例雅饬。"对于新修《广东通志》,"大略以《广西通志》体例为本而有所增损。凡总纂、分纂、采访、校录莫不肩任得人,富于学而肯勤其力,三年有成,奏进御览"。②是书延江藩为总纂,成书334卷,首1卷,记叙详赅,为文有体,是现存6种《广东通志》中的最佳本,海内推为善本。各地以后修志仿此体例者甚多,影响较大。阮元在史学上,尤以方志修撰上受其影响较大。

28. 翁方纲

翁方纲,字正三,号覃溪,又号苏斋,直隶大兴(今属北京)人。雍正十一年(1733年)生,嘉庆二十三年(1818年)去世,享年86岁。

覃溪学有功底,尤深于金石、谱录、书法、词章等学,乾隆十七年(1752年)进士,年仅20岁。选庶吉士、授编修,先后典江西、湖北、江南、顺天乡试,又尝督广东、江西、山东学政。由于其少年早达,且负海内清望垂60年,一时博学之士,如刘台拱、凌廷堪、孔广森、王聘珍皆出其门。覃溪治学主张调和汉、宋,不存门户之见。说:"今之为经学者,约有二端,曰汉学、曰宋儒之

---

① 阮元:《谢苏潭咏史诗序》,《揅经室集》(下)四集卷二,邓经元点校,第737页。
② 阮元:《重修广州省通志序》,《揅经室集》(上)二集卷八,邓经元点校,第588页。

学。其敝又有二端,曰执、曰通。执之为敝,人知之;通之为敝,人不知。……执之为敝显,而通之为敝隐;执之为害小,而通之为害大。吾尝抉其受敝之由,曰果于自是,曰耻于阙疑,是二者皆意气之为也,非学也。"[1]翁氏治学严谨,他说:"学者立言,应以圣人三言为法,曰多闻、曰阙疑、曰慎言,三者备而后可以谈考订。"这种主张是具有进步意义的。今有《复初斋文集》35卷,《集外文》4卷问世。

翁方纲比阮元年长31岁,又是其好友刘台拱、凌廷堪的老师,当为阮元的前辈。阮元和翁氏后半生交往甚多。阮元失去浙江巡抚职务,而回京城任职的那一段时间,二人更有不少诗词唱和。阮元对翁氏十分尊敬,称其"先生学与精神合,试看江河万古流"。[2]最能反映翁、阮二人一生交谊的是在翁氏逝世后八年,即道光六年(1826年),所写的《得复初斋全集邕州舟中读之即寄野云山人》一诗,其中写道:

> 我初闻苏斋,(案:苏斋即翁方纲),
> 是闻凌氏说。(案:凌廷堪学于翁氏,乙巳、丙午在扬州。)
> 及我入翰林,
> 公秉学使节。
> 山东我代公,(案:阮元接替翁氏山东学政之职。)
> 石帆亭上别。
> 居杭又数年,

---

[1] 翁方纲:《巽斋记》,《复初斋文集》卷六,影印本,第3页。
[2] 阮元:《贺翁覃溪先生重赴甲戌科恩荣宴》,《揅经室集》(下)四集诗卷十,邓经元点校,第931页。

公诗自辑缀。
寄来前数集，
刊校始于浙。
……
忆昔庚辛间，（案：指嘉庆十五到十六年。）
袂与野云挈。（案：野云指朱鹤年。）
红尘足不到，
常向苏斋谒。
谈经兼论诗，
金石缘亦结。
石墨书楼中，
摩挲遍碑碣。
有时坐诗境，
清言落玉屑。
有时石画轩，
山云赠怡悦。
东郊古寺游，（案：古寺指万柳堂）
拈花听僧偈。（案：万柳堂又称拈花寺。）
壬秋潞水诗，（案：指嘉庆十七年秋天。）
柳向亦园折。
丙科复相见，
暖室畏寒雪。
尔时公渐衰，
则亦嗟大耋。
公遽归峨嵋，

遗集今悲阅。①

这就把阮元和翁氏一生深厚友谊,叙述得十分清楚。以及翁氏逝世多年后,阮元还对他表示深刻怀念。

29. 王鸣盛

王鸣盛,字凤喈,号西庄,晚年自称西沚居士,江苏嘉定(今上海嘉定)人。生于康熙六十一年(1722年),卒于嘉庆二年(1797年),享年76岁。

王氏少有才名,17岁补诸生,26岁中举人,肄业于紫阳书院,与其妹夫钱大昕、著名学者王昶等为同学。33岁中榜眼,由翰林院编修官至光禄寺卿。后因官场失意,杜门著述,是清代乾嘉时期著名的学者。王氏年轻时曾和吴派经师惠栋往来,受惠栋影响很深。就经学来说,他是发挥惠氏之治学方法,其优点是讲求"实学",反对重议论褒贬之虚文。其缺点是"斤斤守古",而缺乏创新。王氏最突出的成就还在于其100卷《十七史商榷》。是书对先秦到隋的17部史书,包括从《史记》到《隋书》的15部正史,以及《旧唐书》《旧五代史》,无论从文字上的错误、事实上的讹谬、记载上的遗漏、文句上的含糊,还是版本上的真伪,都作了详细的考辨和论证,取得了一些重要的成就。他还十分重视目录学的作用,特别是《十七史商榷》的后两卷《缀言》中,他还列举重要史书加以评述,指示读书门径,对后学有重要的参考价值。《蛾术编》是王鸣盛晚年编成的一部综合性的读书

---

① 阮元:《得复初斋全集邕州舟中读之即寄野云山人》,《揅经室集》(下)续集卷七,邓经元点校,第1114—1115页。

笔记，内容涉及经义、史地、小学，旁及人物、制度、名物、诗文等，全书共分10类，相当于一部小百科全书。王氏的学问遍及四部，他认为自己"于经有《尚书后案》，于史有《十七史商榷》，于子有《蛾术编》，于集部有诗文"。有《尚书后案》30卷，《十七史商榷》100卷，《蛾术编》82卷、《西庄始存稿》30卷等著作传世。

阮元和王鸣盛因钱大昕而结交，从而建立了比较好的学术关系，二人的学问时有切磋。他曾和王氏讨论了古代的碑刻，涉及古代典章制度和小学中的问题，文集中保留了他们的书信往来。阮元称："先生自归田后，以经术文章发海内者数十年，大江南北承学之士知究经术者，实奉先生与竹汀少詹为归焉。"①对王、钱二人的学术地位给予了肯定。阮元在《皇清经解》中收录了王氏的《尚书后案》《周礼军赋考》等著作。

30. 陈澧

陈澧，字兰甫，号东塾先生，广东番禺人。嘉庆十五年（1810年）生，光绪八年（1882年）逝世，享年73岁。

陈澧少时入粤秀书院肄业，年22中举人。六应会试不第，遂绝意仕进，为学海堂学长数十年，晚年主讲菊坡书舍，其生徒众多。兰甫学问十分广博，凡天文、地理、乐律、算术、古文、骈文、诗词，篆、隶、真、行书等等，无不涉猎。且学风朴实，每钻研一学，必定要专精卓著，干出成就，与阮元的小门生柳兴恩交厚。陈氏曾在六次进京考试中，凡途经扬州必恭敬地去向阮元求教。而归

---

① 阮元：《王西庄先生全集序》，《揅经室集》（上）二集卷七，邓经元点校，第545页。

田后的阮元与之谈论经义甚欢，引为一时佳话。陈氏为学海堂山长数十年，一生著述甚多。陈澧是阮元学海堂办学思想的继承者，对于近代两广学风产生了重要影响。

31. 龚自珍

龚自珍，字尔玉，又字瑟人，更名易简，字伯定，又更名巩祚，号定庵，浙江仁和（今杭州）人，是著名的文字学家段玉裁的外孙。生于乾隆五十七年（1792年），比阮元小28岁；卒于道光二十一年（1841年），享年50岁。

自珍自幼资质聪颖，年12即从玉裁学《说文》，才气横溢，不拘一格，不囿于乾嘉文字、音韵、训诂的窠臼，其辨章学术与章学诚相近，治今文经学，年38成进士。自珍不屑为章句儒，而喜发经世之论，是中国近代著名的思想家，也是嘉道年间勇开风气的第一人。龚对阮元十分尊敬，阮元督粤时，龚在京为之撰《阮尚书年谱第一序》以祝60寿辰，是一篇很有价值的文章。阮元与段玉裁交厚，对后学龚自珍也十分赏识。晚年致仕归隐以耳聋托词避俗，龚自珍却独能得见，受盛情接待，且深谈尽日。阮、龚二人对清代后期深刻的社会矛盾都有所认识，也有不同意见的争论。近人谓之曰："阮公耳聋，遇龚则聪，阮公俭啬，交龚必阔。"阮元与中国近代启蒙思想先驱龚自珍的相契，作为封建社会后期转型期的地主官僚，在兼容并包这一点上，远比同时期官僚开明。

32. 严杰

严杰，字厚民，号鸥盟，浙江余姚人。乾隆二十八年（1763年）生，道光二十三年（1843年）逝世，享年80岁。

严杰有很深的经学功底，对校勘尤有研究。阮元说："钱塘严杰，通经术，余诂经精舍翘材生也。"①同时，又是其爱婿张熙之严师。严杰比阮元长1岁，并长期为其幕僚，或在浙江、或在京城、或在两广，都追随阮元作了不少工作。阮元在两广主政时，道光五年八月，受元之命，"是月，辑刻《皇清经解》。此书编辑者为钱塘严厚民杰，监刻者为吴石华学博，校对者为学海堂诸生"，②在《皇清经解》的辑刻工作中作出了重要的贡献。阮元对严杰的学问十分赏识，称其"可比古人"。阮、严二人师生情谊殊深，在《题严厚民杰书福楼图》一诗中称："厚民湛深经籍，校勘精详，因昔人云：书不饱蠹鱼，不经俗子误改，书之福也，因以名楼。"又称："严子精校雠，馆我日最长。校经校《文选》，十目始一行。"其自注又说："世人每矜一目十行之才，余哂之。夫必十目一行，始是真能读书也。"③严氏在经学和校勘古籍上，都反映了阮元的治学思想。

33. 陈文述

陈文述，原名文杰，字云伯，浙江钱塘（今浙江杭州）人。生卒年不详，嘉庆五年（1800年）举人，为阮元的弟子。有文才，少与族兄鸿寿为阮元所赏识，时有"二陈"之称，元试杭州以团扇命题为诗，文述曾以扇文述诗第一，时呼"团扇诗人"，后客京师与杨芳灿齐名。"工诗长于歌行，才藻富有，雄视一世，近体亦韶

---

① 阮元：《严忍公子餐方贻传》，《揅经室集》（上）二集卷五，邓经元点校，第484页。
② 阮福：《雷塘庵主弟子记》卷六，张鉴等撰《阮元年谱》，黄爱平点校，第148—149页。
③ 阮元：《题严厚民杰书福楼图》，《揅经室集》（下）续集卷六，邓经元点校，第1109页。

秀,集中多指陈得失,表章忠孝之作。"①嘉庆八年,阮元在《青石梁用陈云伯顾郑乡廷纶昌和诗韵》诗中写道:"顾陈诗并好,山林复台阁。"②因礼部屡试不中,而授吏职,后宰江都,修浚水利,赈济灾民,疏通运河,修建桥梁,多有惠政,深得民心。因丁外艰而去官。阮元曾说:云伯所历,与吾己丑年在浙赈丁忧相似也。陈氏对阮元亦十分尊敬,在其《颐道堂集》中有《过文选楼》一诗说,"我是春风旧桃李,种花还得傍门墙",表达其对阮元的真挚感情。

34. 梁章钜

梁章钜,字芷邻、闳中,又号茝林,退庵,福建长乐人。乾隆四十年(1775年)生,道光二十九年(1849年)逝世,享年75岁。

章钜幼而颖悟,9岁能诗,学问广博。乾隆五十九年(1794年),年20举于乡;嘉庆七年,时年30成进士。宦海40余年,林则徐称其"为政崇持大体,不以科条缴绕,乐奖掖人才,出诸天性,故人皆乐为之用"。③自少至老,终生不释卷;笔耕不已,有不少著作传世,涉及经、史、子、集四部及金石诸学。与阮元、翁方纲、伊墨卿、程春海等过从甚密。章钜对阮元以师事之,晚年,则交往更多。阮元对其学指教甚多,时有书信来往,并为其《文选旁证》作序,对是书称赞不已。梁氏在其《归田琐记》中记载,询

---

① 《陈文述传》,闵尔昌录:《碑传集补》(卷四七至卷五一)卷四八,台北:文海出版社,1980年影印本,第2629页。
② 阮元:《过青石梁用陈云伯顾郑乡廷纶倡和诗韵》,《揅经室集》(下)四集诗卷六,邓经元点校,第853页。
③ 林则徐:《诰授资政大夫兵部侍郎都察院右副都御使江苏巡抚梁公墓志铭》,闵尔昌录《碑传集补》(卷十四至卷十八)卷十四,第849页。

问阮元为何不置园林的原因时说:"我无买园之力,即有,亦断不买园。凡有园者,郡人即以姓名之。如张姓、李姓,则呼张园、李园,若我有园,则亦被呼为阮园,是诚不以已乎。"阮元的侧室刘氏70寿辰,章钜制一联祝贺,祝句云:"鹿宴沐恩浓,正及臣门膺旷典;翟衣襄政久,更看子舍策清名。"翌日,阮元亲自表示谢意,并曰:"此番同人所赠联轴颇多,惟阁下及右原所撰句最佳。"[①]与阮元同年逝世。

35. 钱泳

钱泳,字立群,一字梅溪,号梅华溪居士。江苏金匮(今无锡)人,曾客毕沅幕中。乾隆二十四年(1759年)生,清道光二十四年(1844年)逝世,享年86岁。

梅溪喜好问学,而尤精于金石与书法。著有《履园丛话》《履园金石目》《说文识小录》《唐赐铁卷考》《金涂铜塔考》等传世。钱氏工书画篆刻,尤善篆隶,尝缩临汉碑、唐刻数十种,受到世人重视。著名学者俞樾言之梅小岩,出白金百两,嵌之杭州诂经精舍之壁。梅溪是阮元金石学及书法之友,阮元作漕督时,其所作的《南北书派论》刚一问世,梅溪就对其理论敬佩之至。他说:"画家有南北宗,人尽知之;书家亦有南北宗,人不知也。嘉庆甲戌春三月,余至淮阴谒阮芸台先生,时先生为七省漕务总督,款留者竟日,论及书法一道,先生出示《南北书派论》一篇……真为确论。余以为如蔡、苏、黄、米及赵松雪、董思翁辈亦昧于此,皆以碑榜之书作启牍者,亦毋足为怪也。"这就把阮元的书学理论的价

[①] 梁章钜:《浪迹丛谈》卷一,刘叶秋、苑育新校注,福建人民出版社,1983,第14页。

值给予了一个恰当的评价,引起后人的高度重视。道光二十二年,阮元在扬州文选楼设宴款待钱泳、梁章钜二位"金石知己",尽以所藏之钟鼎古器予以鉴赏,三人志雅趣相同,情致甚高。时年阮元79岁,钱泳则84岁,梁章钜最年少亦有68岁。故有"三老一堂,而摩挲三代法物"之趣闻佚事。

36. 朱为弼

朱为弼,字右甫,号椒堂,安徽休宁人。乾隆三十六年(1771年)生,道光二十年(1840年)逝世,享年70岁。

朱为弼是阮元门下之士,嘉庆十年进士,官至漕运总督。为弼早岁即精于金石之学,能识古文奇字,且沉思翰藻,喜为骈俪之词。有《蕉声馆集》8集传世。是集中尤以卷一说字释器诠礼之作最精,可谓字字珠玑,具有较高的学术价值。朱氏曾在浙抚幕下时达5年之久,为阮元之"金石之友",两人在学问上有很深的交往。为弼受元之命,为《积古斋钟鼎彝器款识》10卷。阮元称:"平湖朱氏右甫,酷嗜古金文字,且能辨识疑文,稽考古籍国邑大夫之名,有可补经传所未备者,偏旁篆籀之字,有可补《说文》所未及者,余以各拓本属之编定审释之。"[①]是书乃续宋人后之总结。阮元称:"友人之与余同好者,则江侍御德量、朱右甫为弼、赵银台秉冲、翁比部树培、秦太史恩复、宋学博葆醇、钱博士坫、赵晋齐魏、何梦华元锡、江郑堂藩、张解元廷济等,各有藏器,各有拓本,余皆聚之,与余所自藏自拓者,集为《钟鼎款识》一书,以续薛尚功之后。薛尚功所辑共四百九十三器,余所集

---

① 阮元:《积古斋钟鼎彝器款识序》,《揅经室集》(下)三集卷三,邓经元点校,第637页。

器五百五十，数殆过之。"①实可使一时之器永传不朽，为一大功绩。嘉庆九年（1804年），朱为弼将赴京会试，阮元集众人与之送行，有诗云：

> 一卷新图好护持，
> 送君应到凤凰池。
> 邀将金石论交契，
> 付与湖山记别离。
> 谈遍五年书里事，
> 藏来七子集中诗。
> 飞腾颇愿诸君去，
> 但恼云山寂寞时。

阮元在"藏来七子集中诗"诗句后自注云："在予署内下榻今去者，吴澹川、端木子彝、陈云伯、陈曼生、童萼君、邵东汇并朱椒堂为七子矣。"②阮元与为弼过从甚密，且唱和亦多。《积古斋钟鼎款识》一书乃阮元与朱氏共同商定者，是其学术交谊的结晶。据是书留传下来的稿本证实，中之涂之者多为阮元亲笔。光绪年间，俞樾为是书作跋称："中有原文而文达改定者，亦有文达草稿而附之书者，其笔削具见精意。"因此，可以这样说，为弼因是书而显其学，亦因是书而高其学。朱氏在是书后序及阮元的60寿序

---

① 阮元：《积古斋钟鼎彝器款识序》，《揅经室集》（下）三集卷三，邓经元点校，第636—637页。
② 阮元：《题朱椒堂西泠话别图》，《揅经室集》（下）四集诗卷七，邓经元点校，第873页。

中，都对阮元表示了极大的尊敬。

37. 罗士琳

罗士琳，号茗香，江苏扬州甘泉人，乾隆四十九年（1784年）生，咸丰三年（1853年）卒，享年70岁。士琳为著名的科学家，是阮元在天文步算上的知己。

罗氏早岁治经师从舅父，其文则有初唐骈俪之风。后去举子业，而究心于天文步算。游京师，尝考取天文生。为阮元弟子，曾入学诂经精舍，遍交通人，当时精天算学者尤多相识，学问日臻成熟。他对西方传来的天文步算十分重视，其研习中西步算，唯以兴复古学，昌明中法为宗旨。阮元访得元朱世杰《四元玉鉴》一书，传之李锐。李锐略演其法，则不幸早逝。罗氏得其书，乃精思神解，反复设例推演订证，尽发朱子之意。就原书3卷24门，阐发为《四元玉鉴细草》24卷。其在天算方面的成就，深得阮元的推许。而罗氏出于阮元门下，对阮元也是推崇致至。阮元与李锐商定义例，撰《畴人传》46卷问世，乃中国科技史之滥觞。是书出后，"通经明算者十有六七"，为天算的昌明起了重要作用。罗士琳则继阮元之后，根据其体例，搜集其未收资料，于道光二十年（1840年）编撰了《畴人传续编》6卷，发扬光大了其体例。罗氏对阮元十分尊敬，称："吾乡仪征师相扬历中外，振卓古今，专门并兴，实事求是。立德、功、言以名世，通天、地、人之谓儒。"[①]率先刊印了《雷塘庵主弟子记》前七卷以传世。

38. 柳兴恩

柳兴恩，字宾叔，江苏丹徒人。乾隆六十年（1795年），光绪

---

① 柳兴恩：《雷塘庵主弟子》卷八，道光二十一年，甘泉罗士琳跋。

六年（1880年）逝世，享年86岁。

兴恩中式道光十二年（1832年）江南乡试第七名举人，因典试官汤金钊为阮元门生，故柳兴恩自称是阮元的小门生。兴恩自幼习于经学，尤精于《毛诗正义》及《穀梁春秋》，其著有《穀梁春秋大义述》《毛诗注疏纠补》《宿台斋诗文集》等书10余种。阮元在叙其关系时也对其极尽称赞，在予柳兴恩的《穀梁传学序》中说："道光十六年，始闻镇江柳氏学《穀梁》之事。二十年夏，柳氏兴恩挟其书渡江来，始得读之，余甚惜见之之晚也。亟望礼堂写定，授之梓人，与海内学者共之，是余老年之一快也。兴恩为余门生之门生，贫而好学，镇江实学敦行之士也。"①道光二十七年（1847年），阮元去世前两年，还延请兴恩为其诸孙及外孙授经。而兴恩则在阮元逝世后，为其编撰了《雷塘庵主弟子记》卷八，记述了阮元归里后12年间事，是阮元晚年的知己。

39. 许宗彦

许宗彦，字积卿，又字周生，浙江德清人。乾隆三十三年（1768年）生，比阮元年少四岁；嘉庆二十三年（1818年）逝世，享年仅51岁。

宗彦生有异质，9岁能读经史，10岁即不从师，经史文章皆自习之。且于学无所不通，探赜索隐，识力卓然，发千年儒者所未发。濡染浙东学派黄宗羲、万斯同、毛奇龄、朱彝尊、全祖望、杭世骏等先辈遗风，以博通为尚。又与当世通儒程瑶田、钱大昕、段玉裁、王昶、姚鼐游，对经学造诣很深。有《鉴止水斋集》20卷传

---

① 柳兴恩：《雷塘庵主弟子》卷八，张鉴等撰《阮元年谱》，黄爱平点校，第201—202页。

世。宗彦中式乾隆五十一年举人，嘉庆四年进士。阮元曾回忆说："是科得人最盛。朱文正公曰：经学有张惠言，小学有王引之，词章有吴鼒等，兼之者，宗彦乎！"曾授兵部车驾司主事，就官两月，遽引疾归，居杭州，专意读书。

阮元抚浙时间较长，其子阮福娶宗彦女延锦。阮元与宗彦为同年、师生兼儿女亲家，故一生交往甚多。阮元称："元与君丙午同举于乡；己未会试，元副朱文正公，为君座主，又以子女为姻家，学术行谊，相契最深。"①宗彦对阮元亦十分尊敬，他在《诂经精舍文集序》中说："吾师芸台先生，以名世之德，为人伦藻鉴。先是视学两浙，以行谊经术厉士，士风旷然一变。既奉命镇抚是邦，纲举目张，百为具理，鲸鲵就戮，江海如砥。爰于湖滨立诂经精舍，祀许洨长、郑司农两先师，择十一郡端谨之士尤好古力学者萃处其中。相与讲明雅训，兼治诗古文辞，公暇亲为点定，并请王兰泉、孙渊如两先生为之主讲。"②宗彦逝世后，阮元为之作传以纪念。

40. 伊秉绶

伊秉授，字祖似，又字墨卿，福建汀州（今宁化）人。乾隆十九年（1754年）生，长阮元10岁；嘉庆二十年（1815年）逝世，享年62岁。

墨卿为乾隆四十四年（1779年）举人，五十四年（1789年）成进士。曾任扬州知府，于阮元家乡秉政。秉绶为官办事果决，颇

---

① 阮元：《浙儒许君积卿传》，《揅经室集》（上）二集卷二，邓经元点校，第405页。
② 许宗彦：《诂经精舍文集序》，阮元订《诂经精舍文集》（一），商务印书馆，1936，第1页。

有德政，每至一处，必兴利除弊，深受士民拥戴。其为官与阮元颇有相似之处，扬州士民对其十分赞赏，其逝世后未及一月，即群祀其于扬州"三贤祠"①，并尊为"四贤祠"。秉绶"善古书，嗜金石"，②"工诗，尤善隶法，好蓄古书画，而以前贤手迹为重。颇究性命之学，不傍门户"，③著有《留春草堂集》传世。秉绶亦是清代著名书法家，清代赵光《退庵随笔》称："（墨卿）遥接汉隶真传，能拓汉隶而大之，愈大愈壮。"康有为又称："汀洲精于八分，以其八分为真书，师仿《吊比干文》，瘦劲独绝。"又称："集分书之成，伊汀洲也。"④

伊秉绶为阮元的同榜进士，伊、阮之间交往颇深，直接接触的时间也比较久。⑤阮元丁忧在籍时，二人交往尤多，建立了深厚的友谊。阮元修复隋炀帝陵时，请伊秉绶为之写碑以记。后阮元又应秉绶之嘱，于范氏天一阁将岐阳石鼓文摹刻十石，置于扬州府学。在讨论扬州地方志修撰时，秉绶以修志而访阮元，阮元写了《扬州府志事志氏族表图说三门记》一文，发表了他对修地方志的看法，收入《揅经室二集》卷八。

---

① 案：扬州"三贤"祠为祭祀宋代欧阳修、苏轼及清代王士禛三人。
② 阮元：《甘泉山获石记》，《揅经室集》（下）三集卷三，邓经元点校，第647页。
③ 赵怀玉：《扬州府知府伊君秉绶墓表》，钱仪吉纂《碑传集》（第九册）卷一一〇，中华书局，1993，第3156页。
④ 康有为：《广艺舟双辑·尊碑第二》，祝嘉编《广艺舟双辑疏证》，（香港）中华书局，1979，第14—15页。
⑤ 《揅经室集》四集诗卷十《伊墨卿太守秉绶由闽赴都过南昌赋别》中有句云："洪都三宿住，淮海十年情。子子皆孤子，嘤嘤是友生。"其自注云："嘉庆乙丑，余丁忧回扬州，时墨卿同年为扬州太守，旋以忧去官。"参见阮元《揅经室集》（下）四集诗卷十，邓经元点校，第937页。

41. 钱楷

钱楷，字宗范，又字斐山，浙江嘉兴人。乾隆二十五年（1760年）生，嘉庆十七年（1812年）逝世，享年53岁。

钱楷，生少器宇凝重。伯曾祖父见之曰："子其为我宗之范乎？"遂字宗范，后又字斐山。性本明敏，锐志精勤，其家以忠孝而名世。楷八岁失怙，幼秉母教，奋自孤苦，力学敦行，年十二补县学生，选贡入成均，充四库缮写。乾隆四十八年举人。乾隆五十四年恩科中二甲第一名，选庶吉士。改主事，任军机处行走。历任河南、广西、湖北、安徽巡抚，勤政忘我，临事镇静，故官声很好，百姓交口称誉。学工于文，其诗风格清超，有《绿天书舍存草》6卷传世。

钱楷长元4岁，元与楷未第时即相友好，又以同榜中进士。阮元称："余丙午岁入京师，叠相友善。己酉同榜成进士，入翰林，登堂拜母，益相爱重。"又说："当丙午、丁未间，余与斐山居京师，尝共乘敝车，以文艺相示，俄为翰林，……"[1]楷出抚外省时，二人亦时有诗词唱答。阮元对其亦十分尊敬，其有诗称："吾友钱君富经术，吴山越水开须眉。文章一出冠天下，奉诏偏走西南陲。"[2]楷逝世后，由其母以其独女德容适阮元三子阮祜。阮元又为其亡友整理遗稿，写传纪念。

42. 张惠言

张惠言，字皋文，江苏武进人。乾隆二十六年（1761年）生，

---

[1] 阮元：《绿天书舍存草序》，《揅经室集》（下）三集卷五，邓经元点校，第683—684页。

[2] 阮元：《题钱斐山同年使车纪胜图》，《揅经室集》（下）四集诗卷六，邓经元点校，第854页。

嘉庆七年（1802年）逝世，年仅42岁。

张惠言，"幼孤，家至贫，母姜孺人抚以成立。修学立行，敦礼自守，貌若和易，而中不可干"。其为人勤于事亲，友于弟，睦于族。"其为学博而精，旁探百氏，要归六经，而尤深《易》《礼》。"其所著诗文皆卓然成家，而尤以经学著称于世。其治学态度则笃实不欺，他说："治经术当不杂名利。近时考订之学，似兴古而实谬古，果有志斯道，当潜心读注，勿求异说，勿好口谭，久久自有入处。此时天下为实学者殊少，倘肯用力，不患不为当代传人，但勿求为天下名士乃可耳。"①这种甘坐"冷板凳"的精神，正是做学问所应当积极提倡的。惠言乾隆五十一年中本省举人，嘉庆四年会试中进士，改庶吉士，官翰林院编修，以学问受知于清王朝。著有《周易虞氏义》9卷，《仪礼图》6卷等16种著作传世。

阮元在《张皋文仪礼图序》中说："予举于乡，与编修同榜，其举进士，乃予总裁会试所取，予知之也久，故序而论之。"又称惠言"与人审而后交，交者必端，凡为其友者，无不称之敬之"。②惠言年长阮元3岁，二人相识应当不晚于乾隆丙午（1786年）。张氏从26岁中举后，明年赴礼部会试，例充内阁中书，是年考中景山宫官学教习，曾七试礼部而后遇。从1786年到1799年，其14年间大部分时间都在京师，阮元也从1786年到1793年，有8年的时间在北京，二人都是同年中举，座师都是朱珪。朱珪对阮、张二人都十分器

---

① 张惠言：《与陈扶雅书》，《茗柯文补编》卷上，商务印书版，出版时间不详，影印本，第23页上栏。
② 阮元：《张皋文仪礼图序》，《揅经室集》（上）一集卷十一，邓经元点校，第243—244页。

重。后阮元于己未科成为惠言的座师。这样，同乡、同年，又成为师生，相知也就更深。惠言为己未科之佼佼者，其经术早为世人瞩目。阮元曾为其《仪礼图》作序，表达了很深的感情。惠言也曾向阮元致书直言政事，受到阮元的重视。阮元对年方42岁的张惠言，"方以学问受知于朝，不幸早卒"，而表示极大的惋惜。

43. 王聘珍

王聘珍，字贞吾，号实斋，江西南城人，生卒年不详。乾隆五十四年（1789年）由翁方纲为学使时选为拔贡。王氏自幼以力学闻，为人厚重诚笃，廉介自守，治经确守后郑之学。曾在浙西与凌廷堪论学，得廷堪深许之，为谢启昆、阮元参订古籍。著有《大戴礼记解诂》13卷，《目录》1卷，其发凡大旨礼典器数，默守郑义；解诂文字一依《尔雅》《说文》及两汉经师训诂。其学恪守汉法，多所发明，有不知而阙，无杜撰之言。这种治学态度，深受时人称赞。焦循将其《大戴礼记解诂》作为"读书三十二赞"之一，即可见王氏治学特点及其影响。

阮元与王氏在学问上有不少交往，王氏年龄应长于阮元。阮元记载说："元从北平翁覃溪先生得识王君。王君厚重诚笃，先大夫敬之，以为有古人风，无南人浮竞之习，延教家塾子弟有年。"① 聘王氏参订古籍，并为王聘珍《大戴礼记解诂》作序，称其"能使三千年孔壁古文无隐滞之义，无虚造之文，用力勤而为功钜矣"。② 同时，又将自己平素所校大戴本付与王氏，望其与己所校

---

① 阮元：《王实斋大戴礼记解诂序》，《揅经室集》（上）一集卷十一，邓经元点校，第245页。
② 阮元：《王实斋大戴礼记解诂序》，《揅经室集》（上）一集卷十一，邓经元点校，第245页。

者相衡量比较，加以去取，以便推出新的成果。

44. 段玉裁

段玉裁，字若膺，号茂堂，江苏金坛人。雍正十三年（1735年）生，嘉庆二十年（1815年）卒，享年81岁。

段玉裁是清代著名的文字学家，精于校勘考订，其于经学有很深的功底。就年龄而言，年少于戴震十二岁，初为论学之友，后则师事之，尽得其传。戴震逝世后，处处维护其师的威信，不容任何人有半点不敬。段玉裁的根柢在经学，其文集名为《经韵楼集》，即可略见其旨。中乾隆三十五年举人，曾署贵州玉屏、四川富顺、南溪、巫山等县事，后引疾归，于苏州枫桥，潜心读书30余年。段氏对学界影响最大者，当数其《说文解字注》一书。是书博大精深，一生精力尽瘁于此，为今日研究《说文》必备书籍之一。然玉裁本人则说："注此书，为读郑之阶级；读此注，而知许、郑之异，亦知许、郑之同，而知天下之字无不异，而知天下之字无不同。其要在以经注许，以郑注许，而尤要在以许注许。"①这样就把《说文解字注》的实质不仅是注文字，而更重要的是抒其治经心得说清楚了，而玉裁也就理所当然地归为乾嘉经学的干臣。

段玉裁比阮元年长29岁，但二人的学术交往很深。阮元称其"食贫乐道二十年所矣，其诸所得于己者深欤"。对段氏古音韵的研究工作十分佩服，誉其为《说文》功臣。称："金坛段若膺先生于其间，研摩经籍，甄综百氏，聪可以辨牛铎，舌可以别淄、渑，巧可以分风擘流，其书有功于天下后世者，可得而言也。其言

---

① 段玉裁：《与刘端临第二十三书》，刘盼遂辑《经韵楼集补编》卷下，来薰阁书店，1936，第14a页。

古音也，……古音今音，皆可得其条贯。此先生之功一也。其言《说文》也，……学者以其说求之，斯《说文》无不可通之处。《说文》无不可通之处，斯经传无不可通之处矣。此先生之功二也。……自先生此言出，学者凡读汉儒经、子、《汉书》之注，如梦得觉，如醉得醒，不至如冥行摘埴。此先生之功三也。"[1]在组织校勘《十三经注疏》这项规模宏大的工作时，阮元对段氏给予了很大的信任。根据有学者考订，其分工如下："元和李锐校《易》《春秋穀梁传》《孟子》，德清徐养源校《尚书》《仪礼》，元和顾广圻校《诗》，武进臧庸校《周礼》《春秋公羊传》《尔雅》，临海洪震煊校《礼记》，钱塘严杰校《春秋左氏传》《孝经》，仁和孙同元校《论语》。而总其成者为段玉裁。"[2]而段氏逝世二十余年后，阮元在《与学海堂吴学博兰修书》时还说道："因思古韵之分合，近惟金坛段氏若膺《六书音韵表》十七部为善。""高邮王怀祖先生精研六书音韵，欲著古音一书，因段氏成书，遂此辍笔。"（自注：余三十年前即闻此论。）[3]对其表示了深深的怀念。段氏的外孙龚自珍与阮元为忘年交，其不能不考虑到有段氏的因素存在。

45. 何元锡

何元锡，字梦华，号敬祉，浙江钱塘（今浙江杭州）人。乾隆三十一年（1766年）生，道光九年（1829年）逝世，享年64岁。

---

[1] 阮元：《汉读考周礼六卷序》，《揅经室集》（上）一集卷十一，邓经元点校，第241—242页。

[2] 王欣夫《文献学讲义》，上海古籍出版社，1986，第450页。

[3] 阮元：《与学海堂吴学博兰修书》，《揅经室集》（下）续三集卷三，邓经元点校，第1071页。

何氏学有根柢，书画兼通，而尤精于古籍整理与金石之学。阮元与何氏在学术上交往颇多。其一是金石方面，阮元在《题何梦华元锡林外得碑图》中说："孔林墙外夕阳明，永寿碑酬访古情。我后何君来曲阜，手摩残字得熹平。"其自注说："癸丑冬，元至曲阜，适黄小松之访碑人以见汉隶残石来告，元亟命掘异至试院，手剔其文，乃熹平二年石也。"①何氏曾协助阮元作《两浙金石志》。阮元在《两浙金石志序》中记载说："尔时助余搜访考证者，则有赵晋斋魏，何梦华元锡诸君子，许周生兵部宗彦亦多考订增益，目录全藁以去，匆匆十余年矣。"②其二，帮助阮元搜访四库未收书，做了大量的工作。阮元在《题何梦华上舍访书图》诗中说："何君涉九流，咨询在古编。""何君为我行，时泛贯月船。写进六十部，恩赉下木天。（自注：丁卯冬，元进《四库》未收书六十种，皆蒙乙览，被赐纸墨手砚、蟒衣等物。）再访再写进，屡得翰墨缘。（自注：后又进四十种，共百种。）……何君绘此图，志学何精研。昔日求金石，雅意同清坚"。③何氏在阮元的学术交往中有很重要的地位。

46. 法式善

法式善，字开文，号时帆，又称梧门先生，蒙古正黄旗人。生于乾隆十八年（1753年），卒于嘉庆十八年（1813年），享年

---

① 阮元：《题何梦华元锡林外得碑图》，《揅经室集》（下）四集诗卷二，邓经元点校，第775页。
② 阮元：《两浙金石志序》，《揅经室集》（下）续三集卷三，邓经元点校，第1070页。
③ 阮元：《题何梦华上舍访书图》，《揅经室集》（下）四集诗卷八，邓经元点校，第888—889页。

61岁。

式善学问广博，学风朴实，曾说："天下事，惟平淡可以感人，真切可以行远。"[①]对古籍和诗文尤长。乾隆四十五年进士，官翰林时间尤久。亟善奖掖学人，深受士林敬仰。阮元与其有深厚的友谊，尊其为前辈。《揅经室四集》诗卷九，有其所写的《与法梧门前辈式善同游西山先过八里庄慈善寺》诗，记叙了他们的交往。式善逝世后，阮元回忆说："回忆二十余年交谊，伤悼不已。念先生具良史才，主持诗派，衷于雅正，足为后学之式。平生学问交游，敦笃靡已。"[②]并且刻印其诗文集，并为其《存素堂诗续集》作序，其意真切。

47. 孙梅

孙梅，字松友，浙江乌程人，生卒年不详。乾隆年间进士出身，曾为太平府同知，为阮元丙午科房师。

孙梅为清代文学理论家，其对骈文有很深的研究。有《四六丛话》20篇、《旧言堂集》4卷传世。阮元受知于孙梅，在文学上亦主张骈文，与其在文学上有很深的交往。阮元称："吾师乌程孙松友先生，学博文雄，尤深《选》学，挚虞刘勰，心志实同。夫且上溯初唐，下沿南宋，百家书集，靡不观览。是以濡墨洒翰，兼擅众长，不泥古而弃今，不矜今而废古。曩撰《四六丛话》二十篇，各穷源委，冠以叙文，学者诵习，得研指趣。"把孙氏的为学宗旨说得十分清楚。又说："元籍列门生，旧被教泽，凡师心力所诣，

[①] 法式善：《存素堂文集》卷三《寄闲堂诗集序》。
[②] 阮元：《存素堂诗续集序》，《揅经室集》（下）三集卷五，邓经元点校，第688页。

略能仰见一二。"① "元才囿陋质，心好丽文，幸得师承，侧闻绪论。妄执丹管而西行，愿附骥尾而千里。固知卢、王出于今时，流江河而不废，子云生于后世，悬日月而不刊者矣。"②又为孙梅的《四六丛话》和《旧言堂集》作序，其关系亲密似可略见。

48. 孙韶

孙韶，字莲水，江宁府上元（今江苏南京）人。乾隆十七年（1752年）生，嘉庆十六年（1811年）去世，享年60岁。

莲水其诗有唐人风范，阮元32岁于山东得识莲水，以后抚浙江时又有交往。阮元称："乾隆乙卯春，予识莲水于历下，同为蓬莱观海之游，嘉庆己未冬，又同为武林之游，诗中踪迹略可见。"有《春雨楼诗》传世，为阮元在文学上的朋友。阮元在《孙莲水春雨楼诗序》称："吾观莲水之为诗清丽，有则唐人正轨也。且不苟作，不多作，意必新警，语必遒峭，一字未安，吟想累日。所以性情正而词气醇，与其肆于诗之外，无宁有所蓄于诗之中，吾固曰此唐人正轨而善学随园者也。"③孙氏归南京后，订《春雨楼诗》集，阮元为之作序。

49. 吴兰修

吴兰修，字石华，号学博，广东嘉应州（今广东梅州）人。嘉庆十三年举人，道光元年署番禺县训导。兰修学问广博，学风朴

---

① 阮元：《旧言堂集后序》，《揅经室集》（下）三集卷五，邓经元点校，第683页。
② 阮元：《四六丛话序》，《揅经室集》（下）四集卷二，邓经元点校，第740页。
③ 阮元：《孙莲水春雨楼诗序》，《揅经室集》（下）三集卷五，邓经元点校，第685页。

实，家富藏书。生平研经治史，"其文有二种，有学六朝者，学八家者，论事之作，通达治体，切中事情"。"治史精于考核"，博综诸家，寻其条贯，对南汉历史研究很深，史称其考证史实"皆详而有体，核而不华，荀、袁两汉之俦也"。[①]原文为："详而有法，武进李兆洛称为荀袁两汉之俦也。"没有"核而不华"四个字同时深通算学古法，为发明古算学作出了成就。其著作有《南汉纪》5卷、《南汉地理志》1卷、《南汉金石志》2卷、《端溪砚史》3卷、《荔枝吟草》2卷、《桐华阁词》1卷及《宋史地理志补正》等传世。

道光四年，阮元在粤建学海堂，吴氏与顺德赵均负责具体策划。学海堂建成后，被举为学海堂学长，兼粤秀书院监院。在贯彻阮元的教育思想方面作出了成就，参加了《皇清经解》的编刻工作，与阮元建立了很深的友谊。阮元多次到学海堂课士，并且学海堂作生日"茶隐"。二人讨论学问甚多，阮元赴云南任上后，和吴氏在学问上都还有往来。其中《与学海堂吴学博兰修书》谈及古音韵问题，收入《揅经室续集》。

50. 刘凤诰

刘凤诰，字丞牧，号金门，江西萍乡人，生卒年不详。其学以考订见长，少年得志，中乾隆五十一年探花，由翰林院官至吏部右侍郎。

刘氏为彭元瑞入室弟子，少年博学，而尤以史学见长。彭元瑞尝病欧阳修的《新五代史》过于简略，欲仿裴松之注《三国志》例

[①] 《番禺县续志·官师传》，台北：成文出版社，1967年影印本，第206页下栏。

予以补注，未成而殁。刘氏承其业，博采宋人典籍，集二十年之心力续成此书。此书具有一定价值，不仅可以考当日注史之法，亦是书林中一大掌故。凤诰对诗歌亦有一定功力，其《杜诗话》5卷，考订详密，议论平允，颇有一定创见。有《存悔斋集》28卷，《外集》4卷传世。阮元与凤诰为同年，都是少年得志，感情亦多相契之处。阮元抚浙时，刘以侍郎视学浙江，二人诗词时有唱和，有游天台山未遇之佳话。然刘凤诰因科场舞弊案被严惩，撤职遣戍。而阮元亦因此受到牵连，被撤职查办，使阮元在政治上经历了一个短短的低潮期。

51. 朱鹤年

朱鹤年，字野云，又号野云山人，江南泰州（今江苏泰州）人。乾隆十五年（1760年）生，道光十四年（1834年）卒，享年75岁。

鹤年工书画，于画理尤天性所近。年方9岁为寺僧，因画而得州牧赏识，又得一道士指点，以800钱徒步入京师，以卖画为生，画理益精，名噪一时。阮元称："山人虽以艺名而有孝行，人品特高，外和而内介，无邪伪杂于其间。又喜行善事，放生埋骼，不惜劳费。提掖寒素，曾救人于死，故同时人皆乐与之游。"因结交翁覃溪、任子田、法式善、马秋药、张船山等一时名士。

鹤年是阮元结交时间很长的又一位平民学者。阮元称："元与山人早以同乡相友善，己巳（1809年）后数年，曾与山人遍游都下诸伽蓝。"[①]当时北京城东南崇文门外有万柳堂，为元代廉野云别业，而清初由益都冯亦园重葺，一时鸿儒皆有题咏。阮元与野云喜

---

① 阮元：《野云山人传》，载《碑传集》卷五六。

游其间，寒食日尝宿其寺中，或小园坐雨，或上已日看野云栽柳皆有诗。其《题朱野云处士鹤年祭研图》云：

> 久与端溪订石交，
> 岁寒为尔拜深宵。
> 须知一片闲云意，
> 除却苍崖不折腰。
> 不食官仓不种田，
> 一家耕石祝丰年。
> 来年再写新诗卷，
> 更是焚香贾浪仙。①

该诗叙述了他们的友谊和情趣。特别是辛未（1811年）所写的《同野云山人小园坐雨》：

> 风雨秋园竹树摇，
> 黄昏时候更潇潇，
> 却如江岸荒庵里，
> 早掩柴门避晚潮。②

该诗反映了他政治低潮期的思想。阮、朱二人的交往反映了阮

---

① 阮元：《题朱野云处士鹤年祭研图》，《揅经室集》（下）四集诗卷八，邓经元点校，第896页。
② 阮元：《同野云山人小园坐雨》，《揅经室集》（下）四集诗卷九，邓经元点校，第909页。

元的欲超凡脱俗的思想，野云逝世后，阮元还为其写传以资纪念。

52. 鲍廷博

鲍廷博，字以文，号渌饮，安徽歙县人。雍正六年（1728年）生，嘉庆十九年（1814年）卒，享年87岁。

以文幼而聪敏，勤学耽吟，不求仕进，天趣清远，事大父及父以孝闻。其父以嗜藏书有名，以文继父志，父子均为清代著名的藏书家，对版本有很深的研究，洪亮吉称其为"赏鉴家"。乾隆年间开四库馆，以文命长子恭进家藏善本600余种，其中大半为宋元版本或手抄本，又手自校雠，时为天下献书之冠，受到乾隆皇帝的奖赏。因其好古积学，老而不倦，年逾八旬，被加恩赐予举人。

廷博长阮元36岁，是其版本目录学方面的朋友。阮元抚浙时其已年近八旬，和阮元有较多的交往。廷博作诗甚工，曾作《夕阳诗》世人传诵，并世誉之为"鲍夕阳"。阮元说："元在浙常常见君，从君访问古籍。凡某书美恶所在，意旨何在，见于某代某家目录，经几家收藏，几家钞刊，真伪若何，校误若何，无不矢口而出，问难不竭。古人云，读书破万卷。君所读破者，奚翅数万卷哉！"①廷博还大量刊刻了所藏古书善本，公诸海内，数量多达27集。受阮元嘱托与何元锡等协助审定《四库未收书》，得到阮元的称赞。

53. 释心平

释心平，阮元故居雷塘庵僧，生卒年不详。心平通翰墨，对诗歌亦有较深造诣，阮元丁父忧时结识，阮元称之为"诗僧"。心

---

① 阮元：《知不足斋鲍君传》，《揅经室集》（上）二集卷五，邓经元点校，第495页。

平身在空门，与阮元超凡脱俗的思想一拍即合，故结成了深厚的友谊。从心平那里，他了解到了家乡的情况，人民的苦难。他在《甲戌除夕接雷塘庵僧心平书以答之》中写道：

> 劳劳已终岁，今日少务闲。
> 静坐玩窗影，积雪何增寒。
> 念及君恩重，肩力惧未殚。
> 忽来诗僧简，古院忆木兰。

当阮元已年过60，乡情甚浓的时候，远在他乡的阮元十分关心家乡人民的生活痛苦、关心父母的墓庐，一得到心平向其所报告的家乡消息，兴奋不已。当听道：

> 上言墓木好，下言民食艰。
> 民食聊相助，墓木常相看。[①]

阮元则感到是一种莫大的安慰。这种友谊在他们之间持续了很久，在描写他们这种友谊的《桂林除夕忆雷塘庵僧心平》诗中写道：

> 每当岁暮多风雪，是忆雷塘老衲时。
> 云色昏寒低石马，涛声呜咽起松枝。

---

① 阮元：《甲戌除夕接雷塘庵僧心平书诗以答之》，《揅经室集》（下）四集诗卷十，邓经元点校，第935页。

墓门梅树开犹未,精舍蒲团坐可知。

本不能如僧伴住,桂林何况隔天涯。①

这种友谊已成了阮元晚年的一种精神安慰与寄托。

54. 姚文田

姚文田,字秋农,浙江归安(今浙江吴兴)人。乾隆二十三年(1758年)生,道光七年(1827年)逝世,享年70岁。嘉庆四年进士,殿试一甲一名及第,授翰林院修撰,累官至礼部尚书。姚氏自幼苦读,从小就有大志,"于书无所不读,学宗程、朱,尝言五代后人道不至陵夷者,宋儒之力",②特长于制式之文。与王引之、许宗彦、郝懿行、陈寿祺、张惠言等为同年进士,且同出于阮元门下。由于师友濡渐,故究心汉儒之学,所著《说文声系》30卷,《说文考异》30卷,《古音谐》8卷,《四声易知录》4卷,《后汉郡国志校补》1卷,《广陵事略》7卷,以及《邃雅堂集》10卷,《续编》1卷,其著作为儒林所重视。阮元对文田影响还有在地方志的修撰上,阮元曾与伊秉绶建议在地方志《扬州图经》中立"事志"一门,成书6卷,使"三千年事,粲然毕著"。后秉绶丁忧去职,著述中辍。阮元将稿本授予及门姚文田,并称:"勿可改也。"这就使"此门刊成独详备,特名事志为《事略》耳"。③文

---

① 阮元:《桂林除夕忆雷塘庵僧心平》,《揅经室集》(下)四集诗卷十一,邓经元点校,第955页。

② 刘鸿翱:《礼部尚书姚文僖公墓志铭》,缪荃孙纂录《续碑传集》(卷八至卷十五)卷八,台北:文海出版社,1980年影印本,第20b页。

③ 阮元:《扬州府志事志氏族表图说三门记》,《揅经室集》(上)二集卷八,邓经元点校,第581页。

田对阮元也十分尊敬。

55. 黄文旸及净因道人夫妇

黄文旸，字秋平，乾隆二年（1737年）生，江苏甘泉人，长阮元27岁。秋平雄于文，为里中老宿，屡不第。家贫，以教书为生，阮元曾荐其馆于阙里衍圣公家，著有《埽垢山房诗集》。其妻张因，号净因道人。"幼读书，习《诗》《礼》，知孝义，兼工绘事，夜观恒星，皆能指而名之"，著有《绿秋书屋诗集》5卷。张因与阮元继室经楼夫人孔令华为闺中诗友，且多有唱和。阮元与二人交往很深，称："余童时见居士、道人于埽垢山房。"①元居官后，曾邀黄氏夫妇来浙抚，居之别馆，给予了很高的礼遇。阮元还在《题秋平黄居士文旸净因张道人因埽垢山房联吟图》诗中说："吾友黄居士，德与少君并。""山居得埽垢，一尘不来凝。"②对其夫妇都给予了高度评价。

我们考察阮元同一时期的著名学者，几乎都与其有过各种不同的交往。阮元一生问学之友很多，概而言之，其中大致可以分为几类。一是前辈、老师；如王念孙、邵晋涵、翁方纲、朱珪、孙梅等等即是。二是同科考试的同年；如孙星衍、伊秉绶、钱楷、刘凤诰等人即是。三是门生、故吏，尤以主持两次会试所取的学生，以及诂经精舍、学海堂的学生数量最大；如王引之、郝懿行、张皋文、许宗彦、洪颐煊、朱为弼等人即是。四是社会各界的朋友，如凌廷堪、刘端临、焦循、朱鹤年、释平心、王豫等人。就这些关系交往

---

① 阮元：《净因道人传》，《揅经室集》（上）二集卷六，邓经元点校，第531页。

② 阮元：《题秋平黄居士文旸净因张道人因埽垢山房联吟图》，《揅经室集》（下）四集诗卷七，邓经元点校，第863页。

而言，有终身至交，有一个时期之交。但无论其人之年长年少，也无论其身份之高低，阮元都是以高尚的人品，精湛的学术，而对他们产生了极大的魅力，感染了每一个与他相交往的学者，使他们觉得阮元可敬、可信。阮元通过这些学界朋友，砥砺学问，倡导文化，组成了强大的"关系网"，使他得以完成了很多空前的文化成就，对他在政治上的成功形成了奥援，同时，也是阮元能成为乾嘉学术总结者的重要原因。

附录二：阮元生平纪要

阮元名元，字伯元，号云台（或芸台），别号雷塘庵主，又号挈经老人，系出陈留阮氏，明代由淮安迁扬州。崇祯徙郡城北四十里之公道桥。祖玉堂始占籍仪征，仍居郡城，父承信，号湘圃，母林氏。

1764年（乾隆二十九年，甲申）年1岁。

正月二十日，阮元生于扬州郡城府西门白瓦巷旧第南宅，所生月日与唐白居易同。（其父阮承信1734年，即雍正十二年生，26岁娶阮元母林氏于扬州，31岁时生阮元，自后十多年皆居扬州，故阮元为扬州人应当无误。）

其外祖父林廷和，1753年举人，任过福建大田知县。

其母林氏，"通书史，明古今大谊，间为韵语"，"操持内外，礼无不举"；且不信佛道，以儒学教子。铅山蒋心余编修奉其母居安定书院，林氏与其交往，对元说："读书做官，当为翰林，若蒋夫人教子可矣。"

1768年（乾隆三十三年，戊子）年5岁。

由林氏教识字。

1769年（乾隆三十四年，己丑）年6岁。

就外傅，元从小口吃，读《孟子》"孟施舍守气"等章，期期不能上口，从塾归，自愤泣。林氏置几于阶沿前，令其坐下，由其口授。一夕，得其理，乃背诵如流水。

林母又以外曾祖所选王维、孟浩然、高适、岑参四家诗教元读诵。又手写白居易《燕诗》《示刘叟》等篇授读之。并教以四声对仗，故元8、9岁即能作诗。

林氏办事很有主见，每问以外事，测真伪如目见，对丈夫支持很大。治家事不动声色，凡事井井有条。时人称叹："真女中丈夫，且世之丈夫亦不如也。"

1772年（乾隆三十七年，壬辰）年9岁。

受业于乔书酉先生，先生性颖悟，勤学，通诸经义。涉猎百家经史，尤深于《易》，居陋室，甚贫。枕席皆书，苟非义，虽周之不受，体弱多病，终生未婚，省试一生未中。

乾隆五十八年（1793年）阮元督学山东，曾迎书酉相见于孔子故乡，第二年病逝于山东。乔氏由于有阮元这样一个学生而心得意满，去世时年仅43岁，（案：乔书酉仅比元大12岁）元为之棺葬。阮元曾说："吾年九岁，从乔先生学。十七从李先生学。两先生，吾乡特立独行之儒，而吾皆师之，吾所幸也。"

9岁订婚江氏，系江文韬先生之第四女，即其祖妣江夫人孙侄。

1778年（乾隆四十三年，戊戌）年15岁。

始应童子试。

1780年（乾隆四十五年，庚子）年17岁。

经外祖父之挚友胡衡之先生介绍，受业李进士晴山（讳道南）。李先生，自幼家贫，靠母亲女红抚之就读。所居草屋数间，冬衣葛，行者夜分犹闻其读书声，以学行高于时。常说："文以励行，若视为科第之陞，末也。"屡不中式，贫益甚，常食不果腹，但不妄受一钱。乾隆三十一年（1771年）中进士。例选官，不赴任，设教乡里，生徒达数百人。事母孝，事兄悌，著有《四书集说》12卷。初教元时年69岁，在当地有相当高的声誉。

1781年（乾隆四十六年，辛丑）年18岁。

是年七月，林氏因徙房劳苦，猝中重暑，八月二日忽然去世，丁母林氏忧。

1782年（乾隆四十七年，壬寅）年19岁。

始究心经学，得歙凌次仲廷堪为益友。

1783年（乾隆四十八年，癸卯）年20岁。

娶妻江氏，以理家事。

1784年（乾隆四十九年，甲辰）年21岁。

嘉善谢墉为江苏学政。岁试，取入仪征县学第四名。

1785年（乾隆五十年，乙巳）年22岁。

科试一等第一名，补廪膳生员。场中经解策问，条对无遗，文亦冠场。谢墉惊赏曰："余前任在江苏得汪中，此次得阮某矣。"遂延定明年至江阴馆于学使者署中。

1786年（乾隆五十一年，丙午）年23岁。

应江南乡试，中式第八名，典试官为大兴朱珪，副考官为大庚戴心亨，房考官乌程孙梅。

十月赴京会试，寓前门内西城根，结识了著名学者余姚邵二云、高邮王怀祖、兴化任子田3位学者。"皆耳目所及，或捧手有所受"。

1787年（乾隆五十二年，丁未）年24岁。

当年会试未中。奉父命留京师。

女荃生。

1788年（乾隆五十三年，戊申）年25岁。

以所著《考工记车制图解》付梓。

1789年（乾隆五十四年，己酉）年26岁。

会试中第二十八名，主考官为东阁大学士兼礼部尚书王杰，礼部右侍郎铁保，工部右侍郎管干珍。

殿试二甲第三名，朝考钦取第九名，改翰林院庶吉士。为江苏吉士中最年轻者。庶吉士大教习为大学士和珅、吏部尚书彭元瑞。

1790年（乾隆五十五年，庚戌）年27岁。

散馆，钦取一等第一名，授编修。掌院大学士为阿桂。

1791年（乾隆五十六年，辛亥）年28岁。

大考翰詹，始置一等第二名，乾隆亲自阅后称其诗文俱佳，"是能做古文者"，擢一等第一名。

升少詹事，命在南书房行走。

修纂内府各书画为《石渠宝笈》，充石经校勘官，分校得《仪礼》。

二月十五日，乾隆皇帝召见军机大臣，谕大学士阿桂说："阮元明白老实，象个有福的，不意朕八旬以外又得一人。"

十月，赐貂裘1件，《旧五代史》4套，《钦定兰州纪略》1函。

1792年（乾隆五十七年，壬子）年29岁。

十月，幼女荃出痘早亡。

冬十一月江氏卒于京。

乾隆皇帝赐端砚1方。

1793年（乾隆五十八年，癸丑）年30岁。

放山东学政到济南后，出试各府州属。

其父命纳妾刘氏。（刘氏名文如，字书之，有文才）

1794年（乾隆五十九年，甲寅）年31岁。

毕沅为山东巡抚，与毕相交。

命段松龄访碑于各岳镇，始修《山左金石志》。

1795年（乾隆六十年，乙卯）年32岁。

为王渔洋书立墓道碑。

捐修高密郑康成祠堂。

恩升内阁学士，礼部侍郎，调浙江学政。

始纂《畴人传》。

其父以族孙阮常生过继为元子，明年入国学，补六品荫生。

江氏前在京卒，巡抚毕沅（秋帆）为媒，联衍圣公女孔令华为继室。

毕沅巡抚山东，元父阮承信与毕沅交好。承信为之作伐，先以毕沅之女配衍圣公孔庆镕。至是，毕沅又为媒，聘诰封衍圣公孔宪增长女孔令华与阮元联姻。

1796年（嘉庆元年，丙辰）年33岁。

撰《小沧浪笔谈》。

登天一阁观书。

刻《山左金石志》成。

始修《淮海英灵传》。

1797年（嘉庆二年，丁巳）年34岁。

正月，始修《经籍纂诂》。

闰六月，纳妾谢氏。

摹刻天一阁北宋石鼓文嵌置杭州府学。

1798年（嘉庆三年，戊午）年35岁。

升兵部右侍郎，转礼部右侍郎。

修《淮海英灵集》成。

撰《两浙輶轩录》成，得诗3000余家。

注释《曾子》10篇成，凡三易稿。

撰《经籍纂诂》106卷成。

任满入都。

1799年（嘉庆四年，己未）年36岁。

嘉庆亲政。命元仍在南书房行走，不久补经筵讲席官，调补户部左侍郎，兼署礼部、兵部侍郎，充会试副总裁。时会试总裁为朱珪。得士史致俨等209人，多积学之士，名士经生多从此出，是科号称"得人之盛"。

撰《广陵诗事》成。

刻《经籍纂诂》成。

冬十月，奉署浙江巡抚之命。自此，始任封疆重任。

1800年（嘉庆五年，庚申）年37岁。

正月，赴浙江巡抚任。

剿灭闽浙海匪大部和安南海匪，浙江"吏治大有起色"。受到嘉庆的表彰。时李长庚，福建同安人，武进士，倜傥过人，为元平匪得力助手，任会剿总统，被称为"杰出之员"。

订《定香亭笔谈》成。

赴金华等地赈济灾民。

立《育婴堂章程》。

捐资购地建祠于江都公道桥镇之南，祠侧设塾，延请名师教族中子弟能读书者。

1801年（嘉庆六年、辛酉）年38岁。

立诂经精舍于孤山之麓。选两浙诸生肄业其中，延王兰泉（昶）、孙渊如（星衍）任主讲席。

撰《两浙防护录》成。

撰《经籍纂诂补遗》成。

妾谢氏生子福。

1802年（嘉庆七年、壬戌）年39岁。

撰《浙江图考》成。

刻宋王复斋《钟鼎款识》。

置两汉定陶鼎于焦山。

撰《皇朝碑版录》。

纳妾唐氏。

孔夫人生女安。

立普济堂于武林门，每岁冬赈贫民粥，凡40日，以为例。

1803年（嘉庆八年，癸亥）年40岁。

立海宁安澜书院，创建玉环厅学宫，添设学额。

刻朱石君《知足斋集》。

刻海内著述，如钱竹汀、谢东墅、张皋文、汪容甫、刘端临、焦里堂等学者书籍不下数十家。

因在城内无家庙，遵父命故建家庙于扬州府旧城文选楼北兴仁街。

1804年（嘉庆九年，甲子）年41岁。

撰《经郛》，阮元手定体例分纂。

撰《积古斋钟鼎彝器款识》10卷，至是刻成。

修《海塘志》成。

辑《海运考》2卷，为河决运道梗塞故也。

刘氏生子祜，以所居"受祜堂"乃康熙皇帝手书匾以命名也。

1805年（嘉庆十年、乙丑）年42岁。

命海塘兵剪柳3000枝，遍插西湖，命海防道以后每岁添插柳1000株，永为公案。

属元和何元锡修《两浙金石志》至是成。

刻《熙朝雅颂集》成。

赈仁和、钱塘等15州县灾民，搭设男、女两粥厂，命司事者与灾民同食之。

夏，在阮元的提议下，奏请调浙江提督李长庚为总统，统一指挥。长庚身先士卒，转战于浙、台之间，为元左右臂。

闰六月二十五日酉时，丁父忧。其父享年72岁，在浙江巡抚衙门住所去世。卸任回墓庐守制。

隋文选楼成。有文《扬州隋文选楼记》。

孔夫人生子，后改名孔厚。

1806年（嘉庆十一年，丙寅）年43岁。

阮元居忧，以墓庐在雷塘，号"雷塘庵主"。

重修《皇朝碑版录》成若干卷，付丹徒王柳村豫补辑。

于扬州捐修万松、尹公等渡。

伊墨卿（秉授）太守嘱重刻北宋石鼓文置扬州府学。

置仪征江中芦洲一区以为祀产，曰"礼祀洲"。

纂刻《十三经注疏校勘记》243卷成。阮元自誉曰："此我大清朝之《经典释文》也。"

1807年（嘉庆十二年，丁卯）年44岁。

编《瀛舟书记》成。

修雷塘隋炀帝陵。

获西汉厉王胥墓碑石于甘泉山。

重修宋死节魏（俊）王（方）旌忠庙成。

子常生娶宝应刘氏。（案：刘氏系刘台拱端临女）

服阕入都。

进四库未收经史子集杂书60种。

再抚浙江。

李长庚率军于广东黑水外洋，奋勇当先。十二月二十五日与安南海匪蔡牵大战，中炮殉国，赐谥"忠毅"。其治兵有纪律，恩威并施，诸盗皆畏之，为之语曰："不怕千万兵，但怕李长庚。"

1808年（嘉庆十三年，戊辰）年45岁。

为前提督李长庚立昭忠祠。

加紧主持进剿闽浙海匪。

1809年（嘉庆十四年，己巳）年46岁。

重浚西湖以备农田水利。

立书藏于灵隐云林寺。

整顿通省钱粮，取得重大成绩。

浙洋土盗至是全尽，为20年来未有之盛事。

八月，浙江海匪蔡牵被击毙。

刘凤诰科场舞弊案发，阮元因不能察举，发部议革职，赏给编修。

1810年（嘉庆十五年，庚午）年47岁。

自编录《十三经经郛》。

兼国史馆总辑，辑《儒林传》。

前与李尚之（锐）商撰《畴人传》，至是写定。

1811年（嘉庆十六年，辛未）年48岁。

编《汉延熹西岳华山碑考》4卷成。

编《四库未收百种书提要》成。

补授内阁学士兼礼部侍郎。

1812年（嘉庆十七年，壬申）年49岁。

派阅大考翰詹卷。

补授漕运总督。

《儒林传》稿本付国史馆。

其《文苑传》创稿未就。

过海州阅兵云台山。

1813年（嘉庆十八年，癸酉）年50岁。

微山湖水浅不敷济运，条奏加堤闸一丈二尺为一丈四尺，奉旨议行。

仿杭州灵隐添设焦山书藏。

1814年（嘉庆十九年，甲戌）年51岁。

立粮船尺算。

补授江西巡抚赴南昌。

以残酷的手段镇压江西天地会组织，受到清王朝的嘉奖。

首倡捐银2000两赈济扬州灾民。

1815年（嘉庆二十年，乙亥）年52岁。

继续镇压天地会组织。

刻《宋本十三经注疏》。

1816年（嘉庆二十一年，丙子）年53岁。

完全镇压了江西天地会组织。

改建江西贡院号舍成。

整顿科场考试秩序。

调补河南巡抚赴开封。

补授湖广总督,再赴湖北新任。

英国遣使入北京,未达成协议而回国。

1817年(嘉庆二十二年,丁丑)年54岁。

阅荆州江窖、金洲等堤,著《江堤说》。

奏建江陵范家堤,沔阳州龙王庙石闸。

由武昌赴湖南阅兵。

调补两广总督。

谒南岳庙登祝融峰顶。

阮元莅粤,首以严驭洋商、夷商为务,严惩敢于为非作歹的歹徒。

命阮福娶许宗彦女。

至广州往海口阅兵,登沙角炮台,过零丁、鸡颈诸洋,遍观内外形势及澳门夷市。

奏建大黄窖、大虎山二炮台。

1818年(嘉庆二十三年,戊寅)年55岁。

新建大黄窖、大虎山两炮台成,为以后保卫广州创造了条件。

创"猫、鼠理论"。即:"养猫所以捕鼠,若无鼠则不养猫,鼠又出矣。"

撰《广东通志》。

发广州,由梧州、平乐阅兵,往广西省城。

1819年(嘉庆二十四年,己卯)年56岁。

生日谢客,游桂林隐山。

由桂林之柳州、宾州、海宁、浔州阅兵。

1820年（嘉庆二十五年，庚辰）年57岁。

仿诂经精舍例开"学海堂"，以经古文学课士。手书匾额悬于文澜书院。

命三子阮祜娶妇嘉兴钱氏，安徽巡抚钱楷女。

女阮安适江都张熙。

镇压广西天地会。

1821年（道光元年，辛巳）年58岁。

女婿张熙病故于广州节署，不久女安又去世。

刻《江苏诗徵》成，凡5430余家，勒成183卷。

奏建恤嫠公局。

奏严禁夷船鸦片，查拿各处卖鸦片匪徒，拿获澳门总头叶恒树。

1822年（道光二年，壬午）年59岁。

修《广东通志》成。

惩劝文武，合力拿办会党、盗匪、洋盗。

至京师，旋溯江入江西，度庾岭，至广州。

改建广州贡院号舍成。

命四子阮孔厚娶苏州彭氏，乃刑部侍郎彭希濂女。

发广州，往惠州、湖州二府阅兵，并督饬拿办械斗烂崽。

1823年（道光三年，癸未）年60岁。

《揅经室集》亲刻成，编例分经、史、子及文4集。

往广西各地阅兵。

1824年（道光四年，甲申）年61岁。

奏请定"洋米易货"折。

刻焦氏《雕菰楼集》成。

建三水行台书院，阮元名曰"三十六江楼"。

亲至越秀山觅地建"学海堂"成。

1825年（道光五年，乙酉）年62岁。

抵肇庆住阅江楼，作《文韵说》。

视察各地水陆武备，坐巡船考察大虎、横档炮台，虎门水师及各营将弁。

辑刻《皇清经解》。

暹罗国遣使进例贡。

1826年（道光六年，丙戌）年63岁。

于珠江南岸漱珠岗万松山外建汉议郎杨孝元（孚）南云祠。

出巡广西省城营伍，在省少住，赴柳州、南宁一带查阅。

祭马伏波将军庙。

倡议捐修清远至英德纤道。"计造道路二万四千四百余丈、用银四万九千有奇"。工成，立碑峡山寺门。

调云贵总督，到滇复往开化，"是年行一万数千里，得诗一卷，题曰《万里集》"。

1827年（道光九年，丁亥）年64岁。

至云南各地阅兵。

题奏整理滇省各井盐务。

招募傈僳300户驻腾越厅边境屯种，不久即边境晏然。

1828年（道光八年，戊子）年65岁。

新建太平仓，制定"一米易二谷"之法。

至贵州安顺府阅兵，兼阅新演抬炮速战阵。

入觐进京。

1829年（道光九年，己丑）年66岁。

返云贵总督任。

整饬各地防务，在昆明阅抬炮速战阵。

《皇清经解》在粤东刻成。计书180余种，1400余卷，版存学海堂刷印通行。

1830年（道光十年，庚寅）年67岁。

平定龙陵厅芒市土司内部的纷争，因处置得当，受朝廷称誉。

越南国王故意制造边境纠纷，阮元奉旨照会该国，刚柔并济，其国王理屈词穷，边境事态平息。

长子阮常生补授直隶永平府知府。

1831年（道光十一年，辛卯）年68岁。

云贵边境晏然，社会安定。

阮元于节署西建碧鸡台。

1832年（道光十二年，壬辰）年69岁。

长子常生以直隶清河道兼署保定府事。

阮元所提拔的副将曾胜，智勇双全、英勇善战，以军功升广东提督。

拜协办大学士。

奉命入京陛见。

孔夫人在滇病故，享年56岁。

1833年（道光十三年，癸巳）年70岁。

道光赏70寿辰，御笔书"亮功锡祜"四字匾。

充会试副总裁，得士220名。

长子常生病故道署。

回云贵总督任。

急赈云南地震灾民，取得了积极效果。

1834年（道光十四年，甲午）年71岁。

阮元恩威并重，平定车里土司刀氏叔侄之间的纷争。

《石画记》4卷成。

1835年（道光十五年，乙未）年72岁。

卸滇督任到京充体仁阁大学士管理兵部，

奉旨兼署都察院左都御使事。

1836年（道光十六年，丙申）年73岁。

充经筵讲官，殿试读卷官，教习庶吉士。

妾谢氏在京病故，享年55岁。

1837年（道光十七年，丁酉）年74岁。

经筵奉旨派讲《四书论》。

奉遣祭"至圣庙"，斋宿国子监。

1838年（道光十八年，戊戌）年75岁。

因病足奏请开缺，旋请休致返籍，加恩赏给半俸。

归扬州，回东大门福寿庭宅。

谨守"清慎持躬"和"怡志林泉"之上谕，命福寿庭之井曰"怡泉"。

1839年（道光十九年，己亥）年76岁。

南万柳堂成。

1840年（道光二十年，庚子）年77岁。

自订《揅经室再续集》，以《穀梁传学序》冠其首。

1841年（道光二十一年，辛丑）年78岁。

鸦片战争期间，阮元向钦差大臣伊里布建议用以咪夷制英夷之法，事不果行。

自订《寿圹记》。

1842年（道光二十二年，壬寅）年79岁。

扬州郡城筹办防堵事宜，阮元捐输制钱1000缗，以济经费。

1843年（道光二十三年，癸卯）年80岁。

三月三日，阮元携子福赴公道桥扫墓。

是夜，福寿庭火，书物皆焚。

八月迁居徐宁门康山之右。

阮祜以五经应顺天乡试，中式第31名举人。

1844年（道光二十四年，甲辰）年81岁。

重游泮水。

1845年（道光二十五年，乙巳）年82岁。

游金、焦二山。

1846年（道光二十六年，丙午）年83岁。

重赴鹿鸣宴。

晋太傅衔，在籍支食全俸。

1847年（道光二十七年，丁未）年84岁。

晋封夫人刘氏书之卒，享年71岁。刘氏为女史学家，著有《四史疑年录》。

1848年（道光二十八年，戊申）年85岁。

长江发生洪水灾害，仪征尤盛，阮元带头捐金倡赈。

1849年（道光二十九年，乙酉）年86岁。

五月，沿江洲圩田庐遭长江洪水冲没，官绅议赈，阮元捐金为之倡。

十月初六日，至旧城谒家庙。

十月十三日阮元逝古，赐祭奠，谥"文达"。

重版后记

舅舅李成良辞世整整20年了。20年来，我没有写过怀念他的文章，因为失去至爱亲人的痛，无法言说。十分感激他的学生杨振之教授、李凤鸣教授等人，他们写过很深情的悼念文章。特别是李凤鸣教授写的两篇《我的老师》，感人至深。我读了一遍又一遍，每个字都刻到了心里。得到学生如此爱戴，那真是"有的人死了，他还活着"。

《阮元思想研究》出版于1997年，当时是第一部研究阮元的专著。舅舅之所以要写这部书，是受到张舜徽先生的影响。张先生对清代扬州学人十分推崇，对阮元的评价很高，但没来得及展开专题研究。他希望自己的学生能做下去，还把有关资料交给了舅舅。舅舅追随张先生读书的时间不算长，师生情谊却很深，他是沿着恩师指引的路，一步一步往前走的。

阮元是个大人物，要对他做比较全面的研究、评述，并不容易。研究者本身就应该博学多闻，有相当的旧学功底，也要有下断语的胆略。舅舅能写出这部书，足见他的才学与雄心壮志。他是能成就学问的人，可惜青年时代太坎坷，等到有了社会地位和安定的生活，却只恨天不假年。当然，二十多年来，海内外对阮元的研究很多，有了多部专著，后来者的学问或许更好，本书也未必是"绕不过去的"，不敢指望还有多少读者。所以，这次重版主要的意义，就是"纪念"，纪念一位勤奋刻苦、不屈不挠的历史学者，纪念一位胸襟博大、正派厚道的好领导、好老师。他没有当到多大的"官"，却有大官的气度、气魄；他直接指导的研究生不多，但只要和他有接触的年轻人，都认他为师，尊重他，信任他，爱他。

罗志田老师是舅舅生前好友，他能赐序，使本书有了新的价值。谭徐锋先生玉成此事，他豪爽大气，做事的效率极高，我深深感谢他和四川人民出版社。此外，还要感谢川师的王川老师、汪明义校长、祁晓玲校长、曾令秋老师、骆平老师、肖明辉老师、甘露老师、汪洪亮院长等师友的帮助。

现在，书印好了，我可以献到舅舅的墓前了。

任羽中
2024年8月

图书在版编目（CIP）数据

阮元思想研究 / 李成良著. —— 成都：四川人民出版社，2025.1. —— (论世衡史). —— ISBN 978-7-220-13896-6

Ⅰ. B249.9

中国国家版本馆CIP数据核字第2024W09Z51号

RUANYUAN SIXIANG YANJIU

阮元思想研究

李成良 著

出 版 人	黄立新
策划统筹	封 龙
责任编辑	李如一
版式设计	张迪茗
封面设计	周伟伟
责任印制	周 奇
出版发行	四川人民出版社（成都三色路238号）
网 址	http://www.scpph.com
E—mail	scrmcbs@sina.com
新浪微博	@四川人民出版社
微信公众号	四川人民出版社
发行部业务电话	（028）86361653 86361656
防盗版举报电话	（028）86361653
照 排	四川最近文化传播有限公司
印 刷	成都东江印务有限公司
成品尺寸	145mm×210mm
印 张	14.375
字 数	330千
版 次	2025年1月第1版
印 次	2025年1月第1次印刷
书 号	ISBN 978-7-220-13896-6
定 价	89.00元

■版权所有·侵权必究

本书若出现质量问题，请与我社发行部联系更换

电话：（028）86361656

壹卷
YE BOOK

洞 见 人 和 时 代

官方微博：@壹卷YeBook
官方豆瓣：壹卷YeBook
微信公众号：壹卷YeBook
媒体联系：yebook2019@163.com

壹卷工作室
微信公众号